대한민국 TEPS 대표강사 Joseph Kim의

THE TOP in TEPS

650 입문편

어 VOCABULARY 휘

By Joseph Kim

for your dream
english LanguagePLUS
www.langpl.com

THE TOP in TEPS 650 어휘 입문편

초판 발행 First Published	2010년 8월 30일
초판 2쇄 Second Published	2013년 9월 25일
지은이 Author	죠셉 킴
회장 President	엄호열
발행인 Publisher	엄태상
영어 편집장 Editor in Chief	이성
기획 및 진행 Project Manager	이정화
편집 및 교정 Editor	이정화, 유미조, 유지원
표지 디자인 Cover Design	신영미
본문 디자인 Text Design	이건화
표지 삽화 Cover Illustrate	이성헌
등록일자 Registration Day	2000년 8월 17일
등록번호 Registration Number	제 1-2718호
주소 Address	서울시 강남구 역삼동 826-28 범추빌딩 14층
TEL Call to Editorial Dept.	편집부 02-744-0509
Call to Marketing Dept.	도시주문 문의 02-3671-0582, FAX 02-3671-0500
E-mail	tltk@chol.com
Homepage	www.langpl.com

ISBN 978-89-5518-893-6 13740
ISBN 978-89-5518-886-8 SET

대한민국 TEPS 대표강사 Joseph Kim의
THE
TOP in TEPS
650
입문편
어 VOCABULARY 휘

대한민국 대표 공인 영어시험 TEPS를 준비하는 수험자들을 위해 국내 어학교육의 핵심 역할을 하고있는 랭귀지 플러스와 대한민국 대표 TEPS 강사 죠셉킴이 오랜시간의 노력과 연구를 통해 단기간 안에 최대 점수를 올려놓을수 있는 텝스 학습교재 시리즈 – The TOP in TEPS 시리즈 12권을 출간하게 되었습니다.

The TOP in TEPS 시리즈 12권은 단순한 참고서들이 아니라 처음으로 텝스를 시작하는 학생들을 위한 입문 시리즈 4권, 800점 이상을 목표로 하는 중급레벨 학생들을 위한 기본 시리즈 4권, 그리고 실제 시험장과 같은 환경에서 본인의 실력을 최종 점검할 수 있는 실전 시리즈 4권으로 구성된 시리즈입니다.

본 교재의 출간 목표는 역대 기출문제를 99% 활용하여 실전 테스트를 통해 실질적인 전략을 키워서 가장 빠른 시간 안에 점수를 획득할 수 있게 하는 것이고, 서울대 언어교육원의 출제 경향의 토대 위에서 실전 레벨의 수준으로 가장 양질의 문제들만을 엄선했다고 자부하는 바입니다. 본 시리즈를 통해 '이것이 바로 TEPS다!'라는 것을 느끼실 수 있으실 것이며, 본 시리즈의 구성에 따라 지속적인 학습을 하면서 990점 만점의 꿈을 키워가시기 바랍니다.

최근 TEPS가 많이 어려워졌고, 이런 상황에서 고득점을 위해서는 모의고사를 스스로 많이 풀어서 문제 푸는 능력과 시간 활용 능력을 키우는 것이 상당히 중요합니다. 특히 TEPS는 다른 시험들과 다른 점들이 많기 때문에 모의고사를 보지 않고 곧바로 시험장으로 향할 경우 예상치 못한 상황들 때문에 많이 당황할 수 있으므로 각별히 유의해야 합니다.

본 시리즈는 실제로 TEPS를 수험생들과 함께 보며 문제 유형을 100% 정확히 파악하고 있는 현직 TEPS 전문강사가 집필했다는 점에서 양질의 TEPS 문제집에 갈급한 수험자들에게 좋은 학습 길잡이가 될 수 있으리라고 믿습니다. 아무쪼록 이 문제집들을 통해서 좋은 결과 얻으시길 바랍니다.

이 책이 나오기까지 정말 많은 기도와 격려로 가장 큰 힘이 되어준 아내, 그리고 나의 모든 것 되신 좋으신 하나님께 이 책을 바칩니다.

2010년 8월
서초동에서
Joseph Kim

CONTENTS

정답 및 해설

Chapter 01 동사

Chapter 02 명사

Chapter 03 형용사&부사

Chapter 04 연어(Collocation)

Chapter 05 관용표현

Chapter 06 형태에 혼동을 주는 어휘

01 The Top in TEPS Example

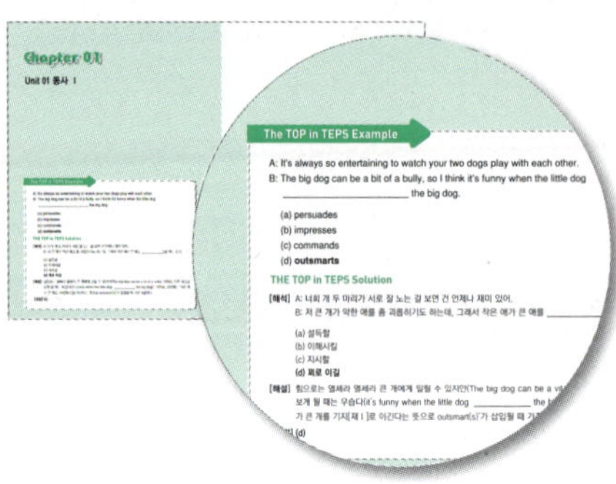

본격적인 TEPS 어휘 학습에 들어가기 전에 각 Unit을 실제 문제를 통해 먼저 만나 봅니다. 또한 바로 이어서 해당하는 문제를 해결하는 방법을 통해서 TEPS 어휘 문제를 먼저 경험해 볼 수 있습니다.

02 Power Vocabulary

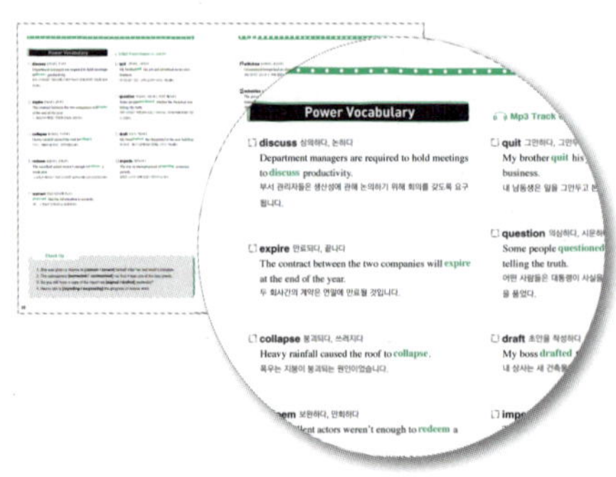

TEPS 어휘 문제를 영역별로 분류하여 필수 어휘들만을 선별하였습니다. 단순한 어휘 목록을 넘어서, 시험에 자주 출제되는 어휘들을 분류하여 예문과 함께 제공합니다. 또한 어휘들과 예문을 MP3파일로 들으면서 학습할 수 있게 구성하였습니다.

03 Check Up

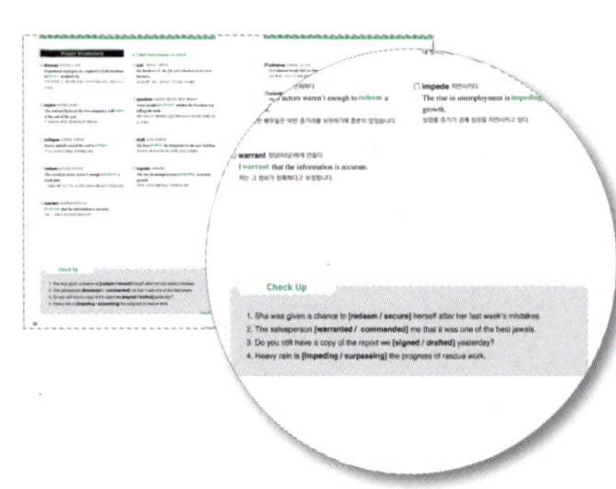

학습한 어휘들을 문제로 확인해 보는 공간입니다. 유의어, 또는 형태에 혼동을 주는 어휘로 문제를 구성하여 실제 TEPS 어휘 영역에 많은 도움이 되도록 만들었습니다. Check Up에서 언급되었던 어휘들을 위주로 정리한다면 어휘 점수 향상에 많은 도움이 될 것입니다.

04 Practice TEST

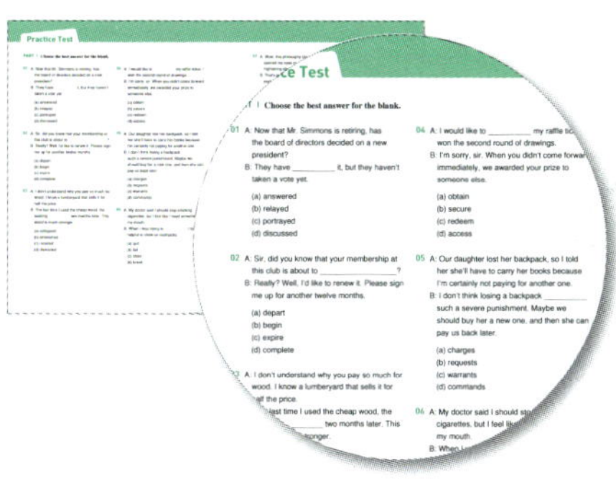

실전과 유사한 난이도의 문제로 Practice TEST를 구성하였습니다. 각 Unit마다 시험에서 자주 출제되는 어휘들을 위주로 문제를 만들었기 때문에, Practice TEST의 어휘들은 반드시 정리하고 넘어가도록 합시다.

05 Review TEST

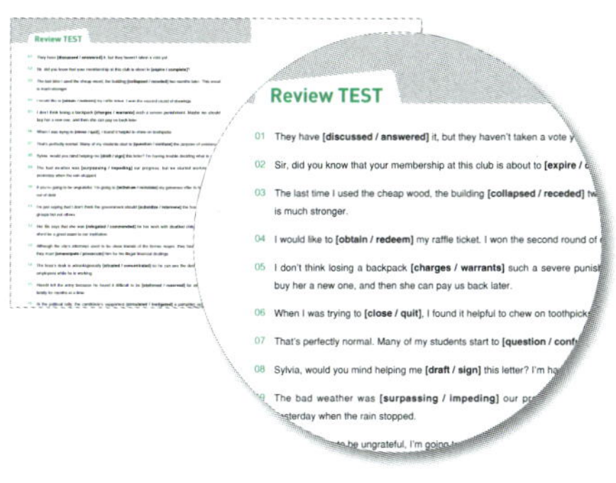

Practice TEST에서 정답이 되었던 문장들을 다시 한번에 정리하여 제공합니다. 풍부한 양의 어휘를 학습하는 것과 동시에 반복학습이 중요하기 때문에 다시 한번 문제를 통해서 어휘를 숙지하도록 만들었습니다.

06 Joseph's Solution

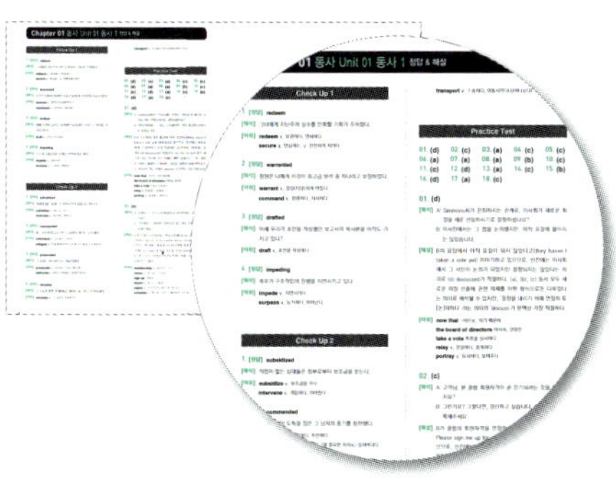

Check Up 문제의 정답과 해석을 제공합니다. 또한 각 Practice TEST에서 상세한 문제에 대한 설명과 함께 해결 방법을 제시합니다. Joseph Kim이 제공하는 TEPS 어휘의 해법을 The TOP in TEPS 어휘에서 공개하였습니다. 이제, 어렵다고 느끼는 TEPS 어휘를 The TOP in TEPS 시리즈와 함께 하나씩 정리해 나가실 수 있습니다.

Joseph's Tip for TEPS Vocabulary

▶ Joseph Kim이 말하는 TEPS 어휘란?

어휘영역에서는 쉬운 단어에 특히 주목해야 한다. 우리가 익숙하다고 주의를 기울이지 않지만, 실상은 정확한 쓰임을 몰라서 실수할 수 있는 단어들이 TEPS 어휘영역의 주요 출제 대상이다. 또한 철자가 비슷한 단어들이나 모양이 비슷한 단어들을 구별하는 문제들도 매회 거의 빠지지 않고 출제되고 있다. 흔히 동의어라고 생각되지만, 쓰임이 각각 다른 단어들이 많이 있으므로, 양적인 면에 너무 집중하지 말고 개별단어의 정확한 쓰임을 의미 있는 문장을 통해 평소에 자주 접하는 것이 중요하다.

어휘영역은 15분내에 50문항을 풀도록 되어 있으며, 대화문에서 구문의 빈칸에 들어갈 단어를 선택하는 문제 25개와 1~2개의 문장으로 이루어진 짧은 글 속의 빈칸에 들어갈 단어를 선택하는 문제 25개로 구성되어 있다. TEPS에서 어휘 Part는 수험자들이 가장 까다롭게 여기는 영역이다. 또한 다른 어떤 시험보다 수준이 높을 거라고 생각하지만 절대 그렇지 않다. 단, 다른 시험과 공부하는 방법을 조금 다르게 접근해야 효과를 볼 수 있다.

▶ Joseph Kim이 말하는 TEPS 어휘 학습법

▶ 청해 어휘와 동시에 학습하자!

우선, TEPS 시험에는 어휘 영역이 따로 있기는 하지만 다른 시험 준비를 하듯이 단어를 단순한 의미파악 위주로 공부해서는 별로 효과를 보지 못한다. 따라서 듣기에 나오는 표현에 익숙해져야 한다. 청해에 나왔던 표현들이 100% 어휘에 나온다고 생각하면 되는데, 단어 하나하나의 의미만을 보지 말고 문장 전체를 외우면서 의미를 파악하는 게 효과적이다. 점차 현에 익숙해지게 되어 단어의 쓰임새를 정확하게 파악하게 된다. 이미 알고 있는 단어임에도 불구하고 정확한 쓰임을 몰라서 실수할 수 있는 단어들이 TEPS 어휘 영역의 주요 출제 대상이 되며 TEPS에서는 실제 영어에서 활용 빈도가 낮은 표현이나 구문은 출제되지 않는다는 것을 기억하도록 하자.

▶ 다양한 어휘에 노출하자!

어휘의 양적인 면에 너무 연연하지 말고 개별 단어의 활용도에 초점을 두어 매 문장을 통해 꼼꼼히 이해해 가는 습관이 필요하다. 예문이 풍부한 영영 사전을 이용하면 더 효과적일 수 있다. 문어체의 경우 어느 한 분야에 국한되지 않고, 시사, 문화, 과학 등 다양한 분야의 어휘가 나오므로, 각 주제별 어휘를 골고루 학습할 필요가 있다. 특히, 건강, 법과 관련된 어휘는 항상 출제되므로 외운 만큼 효과를 볼 수 있다. 실용영어 실력에 TOEFL 수준의 어휘력으로 공부해 간다면 큰 어려움이 없을 것이며 거의 사용하지 않는 단어나 표현에 연연하지 않도록 하자.

▶ 속도화된 어휘 시험에 익숙해지자!

TEPS 어휘영역에서 가장 중요한 것은 빠른 속도로 문제를 정확히 푸는 것이다. 다른 시험과 비교할 때 TEPS 단어 수준은 결코 어렵지는 않지만 기본적으로 속도 감각이 뒷받침 되어야 높은 점수를 얻을 수 있다. 따라서 단어 하나하나의 의미파악보다는 독해와 청해의 기본을 쌓는다는 자세로 공부해야 한다.

● ● TEPS를 알아보다!

TEPS는 Test of English Proficiency developed by Seoul National University의 약자로 서울대학교 언어교육원이 오랜 시간에 걸쳐 집중적인 연구를 통해 개발한 한국인의 실용 영어능력 평가시험이다. Proficiency는 '숙달도'라는 뜻으로서 그 사람의 영어 실력이 얼마나 몸에 배어 있고 익숙한가를 측정한다. 따라서 단순한 암기와 요령만으로 고득점을 얻게 되는 시험이 아니라 꾸준히 폭넓은 학습을 통하여 영어에 대한 전체적인 이해력이 바탕이 되어야 하는 시험이다. 또한 TEPS는 한국인들의 살아 있는 영어 실력을 가장 효과적이고 정확하게 측정해주며, 변별력에 있어서 수험자의 정확한 실력 파악에 실제적인 도움이 된다. TEPS 성적표는 수험생의 영어 능력을 파트별로 세분화하여 평가, 첨삭하여 주기 때문에 수험자에게 있어 어느 부분이 강하고 약한지를 쉽게 파악할 수 있게 해줄 뿐 아니라 효과적인 영어공부 방향을 제시해주기도 한다. TEPS는 다양하고 일반적인 영어능력을 평가하는 시험으로 시험기관인 서울대 진학뿐만 아니라 최근에는 신대원, 사관학교, 유학시험, 공무원시험, 인사고과등 다양한 목적으로 사용되고 있다.

● ● TEPS의 특징을 살펴보다!

✚ 편법과 눈속임이 통하지 않는 시험

개인의 어학능력은 결코 단기간에 급속도로 향상되지 않는다. 그런데도 실력배양은 아랑곳하지 않고 영어성적만을 올리기 위해 요령과 편법을 가르치는 교육기관이 현재 난무하고 있는 현실이다. TEPS는 수험자의 영어능력을 있는 그대로 정확하게 판단하기 위해 다양한 테스트 방법을 적용했다. 듣기시험에서 인쇄된 질문지를 주지 않고 방송으로 직접 들려주기 때문에 미리 문제를 보고 감을 잡는 편법과 요령이 통하지 않는다. 독해시험에서도 1지문 1문항 원칙을 지켜 한 문제의 답을 알면 그 뒤에 연결된 문제들의 답을 유추할 수 있는 가능성을 원천적으로 배제하였다.

✚ 속도화 시험

TEPS는 기존의 다른 시험에 비해 많은 지문을 주고 이를 짧은 시간 내에 이해하여 풀어낼 수 있는지를 측정한다. 이는 실제 생활에서 활용할 수 없는 단순암기 위주의 영어가 아니라 완벽히 습득하여 자유롭게 구사할 수 있는 "살아있는" 영어실력을 평가하기 위한 것이다.

✚ 첨단 테스팅 기법 도입

TEPS는 첨단 어학능력 검증기법인 문항반응 이론 『IRT: Item Response Theory』을 도입했다. 문항반응 이론은 문항을 개발할 때 각 문항별로 1차 난이도를 정의하고 다시 시험 시행 후 전체 수험자들이 각각의 문항에 대해 맞고 틀린 것을 종합해 그 문항의 난이도를 2차로 재조정해 이를 근거로 다시 한 번 채점해 성적을 내게 된다. 이 과정에서 최고점은 990점, 최하점은 10점으로 조정된다. 특히 문항반응 이론은 맞은 개수의 합을 총점으로 하는 고전적인 평가방식과는 달리, 각 문항의 난이도와 변별력에 대한 수험자의 반응 패턴을 근거로 영어 능력을 추정하는 확률 이론이다. 결국 같은 개수의 정답을 맞추더라도 난이도가 높은 문제를 많이 맞춘 수험자가 좋은 점수를 취득하게 되어 있다. 문항반응 이론을 적용할 경우, 낮은 난이도의 문제를 많이 틀린 수험자가 높은 난이도의 문제를 맞출 경우 실력에 관계없이 추측(Guessing)이나 우연히 맞출 가능성이 높다고 판단하여 감점처리를 한다. 이러한 문항반응 이론은 가장 선진적인 검정방식으로서 TEPS는 이 이론에 기초한 국내 최초의 영어능력 평가시험이다.

● ● TEPS 시험 진행에 관한 사항『서울대학교 TEPS 관리위원회 홈페이지 기준』

TEPS 정기시험은 주로 일요일에 시행되지만 매년 1월, 5월, 7월, 10월에는 토요일(오후 3시)에 시행된다. 매년 11월 중에 다음 해 응시 일정이 발표되는데 시험은 일요일의 경우, 오전 9시30분에 치르게 되며, 대개 9시까지 고사실에 입실하여야 한다. 오전 9시30분부터 치르는 일요일 시험이 진행되는 과정을 정리하면 다음과 같다.

AM 09:20	입실 완료
AM 09:30~09:50	답안지 오리엔테이션『각종 기재사항 기재』
AM 09:50~10:00	10분간 휴식『시험 중간에 휴식시간 없음』
AM 10:00~10:05	문제지 배포
AM 10:05	시험 시작
AM 12:25	시험 종료

※ 시험 당일 사정에 따라 분 단위로 조금씩 변동이 있을 수 있다.

✚ 시험 시간

영역	파트	내용	문항 수	시간	배점
청해 Listening Comprehension	Part I	질의 응답	15	55분	400점
	Part II	짧은 대화	15		
	Part III	긴 대화	15		
	Part IV	담화문	15		
문법 Grammar	Part I	구어체	20	55분	100점
	Part II	문어체	20		
	Part III	대화문	5		
	Part IV	담화문	5		
어휘 Vocabulary	Part I	구어체	25	15분	100점
	Part II	문어체	25		
독해 Reading Comprehension	Part I	빈칸 채우기	16	45분	400점
	Part II	내용 이해	21		
	Part III	흐름 찾기	3		
			200문항	140분	990점

인터넷 접수	www.teps.or.kr 접속 후 '온라인 접수'메뉴 이용 (사진파일, 응시료를 결제 할 신용카드 및 인터넷 뱅킹 계좌)
방문 접수	가까운 접수처 이용 (3×4cm 사진 한 장, 응시료) *일반 접수 응시료: 일반 33,000원 / 군인 17,000원 (대상: 현역 간부, 군무원, 육사 / 해사 / 간호사관 생도) *추가접수 응시료: 일반 36,000원
정기 시험	연 12회

+ 환불규정

접수 후 개인적인 사정으로 시험에 응시할 수 없는 경우, 접수를 취소할 수 있다.
(차기 회차로 연기는 불가능함)

+ 취소신청 방법

- 인터넷 취소신청: 회원만 가능하며 비회원은 회원가입 후 취소신청이 가능하다.
- 접수처 취소신청: 수험표와 신분증을 소지하고 가까운 접수처를 방문하여 취소신청을 할 수 있다.
                    (접수처 취소는 TEPS 접수 취소만 가능)
- 시험별 취소 환불금

『정기접수자』

- 정기접수기간 내: 33,000원 환불
- 익일 ~ 1주: 23,000원 환불
- 익일 ~ 시험 전일 15시 (토요일 시험: 전일 24시): 11,000원 환불

『추가접수자』

- 추가접수기간 내: 36,000원 환불
- 익일 ~ 시험 전일 15시(토요일 시험: 전일 24시): 11,000원 환불

+ 성적 확인

정기시험의 성석은 시험일로부터 15일 이후 텝스 홈페이지(www.teps.or.kr)에서 확인이 가능하다. 정기시험 성적표는 시험일로부터 대략 20일 안에 우편으로 발송되고, 특별시험 성적표는 시험일로부터 7일 이내에 해당 기관이나 단체로 통보된다. 정기시험 응시자 중 텝스 성적표가 급히 필요한 사람은 텝스 사업본부(02- 886-3330)를 방문하여 성적표를 직접 수령해 갈 수 있다. 방문하여 성적표를 수령해 가고자 하는 경우 응시일로부터 12~13일이 지난 후 추가 수수료 2,000원과 신분증을 준비하여 방문하면 된다. 경우에 따라 성적 처리가 늦어지는 경우도 있으므로 방문 전에 성적표 수령 가능 여부를 전화로 확인하고 방문해야 한다.

✚ 시험 전날 점검 사항

TEPS는 보안이 철저히 유지되고 잘 유출되지 않는다. TEPS시험을 여러 번 보다 보면 대략적으로 그 방향과 성격을 어느 정도 파악할 수 있을 것이다. 실제로 시험을 본 사람만이 정확히 어떤 문제가 나오는지 체감할 수 있다. 그러므로 실제 시험에 응시하여 어느 정도의 유형과 경향, 분위기 등을 체험해보는 것이 도움이 된다. 하지만 여러 가지 사정으로 상황이 여의치 않을 경우 실제 출제경향에 맞춘 적중률 높은 실전 문제를 가능한 한 많이 풀어는 것도 시간을 절약하고, 심리적인 부담감을 줄일 수 있는 한 방법이다. 실전 문제를 풀 때는 실제 시험을 볼 때와 똑같은 긴장감과 똑같은 시간으로 집중하여 문제를 풀어야 한다. 오히려 실제 시험의 120% 정도의 긴장감과 120% 정도의 집중력으로 문제를 풀라고 권하고 싶다. 실제 시험에서는 더욱 더 긴장되고 예기치 않은 여러 변수가 작용할 수 있기 때문이다. 또한 청해 시험을 보는 동안은 "내가 어떤 방법으로 청취를 해야겠다"는 생각조차 잡념이 된다는 사실을 명심해야 한다. TEPS 청해는 어떠한 내용도 주어지지 않는다. 자칫하여 한 마디를 놓치게 되면 결국 그 문제뿐만 아니라 전반적인 시험에 영향을 끼치게 된다. 마음을 완전히 비우고 한 문제 한 문제에 대해 순간순간 정확한 판단을 하면서 최선을 다해 풀어야 할 것이다.

✚ 시험 당일

TEPS는 청해, 문법, 어휘, 독해 네 가지 영역으로 구성되어 있다. 시험은 청해 55분, 문법 25분, 어휘 15분, 독해 45분으로 진행된다. TEPS는 다른 영어시험과 달리 각 영역별로 주어진 시간에 그 영역의 문제만 풀도록 규정되어 있다. 정해진 시간 안에 정확하게 문제를 풀어내는 능력을 테스트하는 속도 시험이기 때문이다. 이 때문에 한 영역의 문제를 모두 끝냈다 하더라도 다른 영역의 문제를 풀 수 없다. 각 영역별 시간이 바뀔 때마다 방송이 나오고, 또 감독관이 칠판에 시간을 써놓기 때문에 수험생 본인이 시간 안배를 잘 해야 한다. 감독관 몰래 다른 영역의 시험을 풀어볼 수 있겠지만, 이 행위는 TEPS 규정에 따르면 명백한 부정행위이다. 참고할 것은 TEPS 시험 시 수정 테이프 사용이 가능하므로, 답안지를 바꾸지 않고 감독관에게 요청해 수정 테이프로 수정해도 아무런 문제가 없다.

시험에 들어가기 전 영문 이름, 주민등록번호, 주소 등 개인 신상에 관한 정보를 OCR 답안지에 입력할 때 실수하지 않도록 침착하고 정확하게 표기해야 한다. 만약 실수를 했을 경우엔 감독관에게 답안지를 바꾸어 달라고 요청하여 모든 정보를 새로 입력하면 된다. 실제 시험 전에는 모든 것이 불필요하게 긴장을 유발하는 요인이 될 수 있으므로 시험장에 여유 있게 도착하여 최상의 컨디션을 유지할 수 있도록 철저한 자기관리가 필요하다.

✚ 시간 안배

LC의 경우에는 TOEIC처럼 사진이나 문제가 미리 주어지지 않고 문자 그대로 들려주기만 하기 때문에 듣는 그 순간순간 내용포착을 잘 하는 것이 중요하다. 어휘의 경우 50문제를 15분에 풀어내야 하므로 한 문제당 15초 정도 이상을 할애하면 안 된다. 문법과 독해의 경우 뒤에 있는 문제부터 풀어나가는 것이 중요하다. 문법의 경우 50문제를 15분에 풀어내야 하므로 한 문제당 25초를 넘기면 안 된다. 특히 독해의 경우 38, 39, 40번 문제(파트 3)가 배점이 가장 높기 때문에 먼저 풀고, 그 다음 빈칸 채우기 형식의 파트 1(1-16번)을 푼 다음 파트 2(17-37)를 마지막으로 푸는 순서로 하는 것이 고득점을 얻을 수 있는 한 방법이다.

TEPS는 청해, 문법, 어휘, 독해 4개 영역에 걸쳐 총 200문항으로 구성되어 있으며 시험시간은 140분이다. 만점은 문항반응이론(IRT)에 따라 채점하기 때문에 전부 맞아도 990점이고 모두 틀려도 10점은 나온다.

✚ 청해 (Listening Comprehension) 60문항

정확한 청해 능력을 측정하기 위하여 문제와 보기문항을 문제지에 인쇄하지 않고 들려줌으로써 자연스러운 의사소통의 인지과정을 최대한 반영하였다. 다양한 의사소통 기능(Communicative Functions)의 대화와 다양한 상황(공고, 방송, 일상 업무 상황, 대학 교양수준의 강의 등)을 이해하는 데 필요한 전반적인 청해력을 측정하기 위해 대화문(Dialogue)과 담화문(Monologue)의 소재를 균형 있게 다루었다.

PART 1 (15문항)

Choose the most appropriate response to the statement. (1-15)

M: Do you think you could turn down the volume on the television?

W: _______________________________

    (a) I certainly didn't mean anything by it.
    (b) I can't believe that you turned down the offer.
    (c) I didn't realize it was disturbing you.
    (d) No, I don't think he'll mind at all.

해석

남: TV의 볼륨을 좀 내려주실 수 있으세요?

여: _______________________________

    (a) 전 분명히 아무런 뜻도 없었어요.
    (b) 당신이 제 제안을 거절 했다니 믿을 수 없어요.
    (c) 당신을 방해하고 있는지 몰랐어요.
    (d) 아니요, 그는 개의치 않아 할 것 같아요.

Part 1은 질의응답 문제를 다루며 한 번만 들려준다. 내용 자체는 단순하고 기본적인 수준의 생활 영어 표현으로 구성되어 있지만 교과서적인 지식보다는 재빠른 상황 판단 능력을 요구한다. 따라서 이 파트에서는 속도 적응 능력뿐만 아니라 순발력 있는 상황 판단 능력이 요구된다.

PART 2 (15문항)

Choose the most appropriate response to complete the conversation. (16-30)

W: Hello, I have an appointment with Dr. Summers.
M: OK. You must be Kate. I need you to fill out this form on your medical history.
W: All right. Here you go.
M: _______________________________

    (a) Have you ever had these symptoms before?
    (b) I keep sneezing and my nose is runny all day.
    (c) Stay warm and drink plenty of water.
    (d) Please have a seat and the nurse will call your name soon.

해석

여: 안녕하세요, Summers선생님과 진료 예약을 했는데요.
남: 네, Kate맞으시죠? 병력에 대해 이 양식을 작성해 주시겠어요?
여: 알겠어요. 여기 있어요.
남: _______________________________

    (a) 이런 증세가 이전에도 있었나요?
    (b) 계속 재채기가 나고 하루 종일 콧물이 흘러요.
    (c) 몸을 따뜻하게 하시고 물을 충분히 마시세요.
    (d) 자리에 앉아 계시면 간호사가 곧 호명할 거예요.

Part 2는 짧은 대화 문제로서 두 사람이 A-B-A-B 순으로 보통 속도로 대화하는 형식이며, 소요 시간은 약 12초 전후로 짧게 구성되어 있다. Part 1과 마찬가지로 한 번만 들려주는 부분이다.

PART 3 (15문항)

Choose the option that best answers the question. (31-45)

W: Have you decided what you're going to buy for your mother's birthday?

M: Not yet. She's very picky, so it's very hard to shop for her.

W: Well, you'd better decide soon. You only have a week.

M: I'm thinking about getting her this vase she saw in the mall the other day.

W: That's a good idea. Since she already saw it, you know she will like it.

M: The only problem is, they're out of stock in the store and will have to special order it.

W: Oh. Will it get here in time?

M: They said it shouldn't take any longer than three days, but maybe I'll find something else.

Q: Which is correct according to the dialogue?
(a) The man wants the gift to be a surprise.
(b) The man isn't sure what he's going to buy.
(c) The woman wants to buy the man a gift.
(d) The vase will take a week to arrive.

해석

여: 엄마 생일 선물로 뭘 살지 결정했니?

남: 아직. 우리 엄마는 아주 까다롭거든 그래서 엄마 선물을 사는 건 아주 어려워.

여: 빨리 결정을 해야 할 거야. 일 주일 밖에 안 남았잖아.

남: 지난 번에 엄마가 쇼핑 몰에서 본 꽃병을 살까 생각 중이야.

여: 그거 좋은 생각이네. 엄마가 보셨으니까 좋아하실 거라는 걸 알잖아.

남: 문제는 가게에 재고가 없어서 특별 주문을 해야 한다는 거야.

여: 그러면 제 시간에 도착할까?

남: 3일 이상은 안 걸릴 거라고 했는데, 아마도 다른 걸 찾아야겠지.

질문: 대화의 내용과 일치하는 것은?
(a) 남자는 선물이 깜짝 선물이 되길 바란다.
(b) 남자는 무엇을 살 지 잘 모른다.
(c) 여자는 남자에게 선물을 사 주고 싶어한다.
(d) 꽃병은 도착하는데 일주일이 걸릴 것이다.

Part 3은 앞의 두 파트에 비해 다소 긴 대화를 들려준다. 대신 대화 부분과 질문을 들려준 뒤 다시 한 번 대화 부분을 들려주기 때문에 대화의 길이가 길어진 것에 비하여 많이 어렵다고 할 수 없다.

PART 4 (15문항)

Choose the option that best answers the question. (46-60)

Thanks for your interest in Happy Times Foods, a leading manufacturer of custom-made food products. Our main goal is to make sure you're always satisfied with our service and the selection we provide. We understand that the restaurant industry is highly competitive and that's why our premium breads, sauces, desserts, and other specialty items are prepared with you in mind. We even tailor our recipes and ingredients to your company's needs. So

해석

일류 주문 생산 식품 제조업체인 Happy Times Foods에 관심을 가져 주셔서 감사합니다. 저희의 주요 목표는 귀하께서 저희가 제공하는 서비스와 선택에 확실히 만족하도록 하는 것입니다. 저희는 식당 업계가 매우 경쟁이 심하다는 것을 알고 있기 때문에 저희의 고급 빵, 소스, 후식과 다른 별미 제품들은 귀하를 염두 하여 준비되고 있습니다. 저희는 귀사의 필요에 맞도록 저희 조리법과 재료들을 맞춤 제공하기도 합니다. 귀사의 식당이 성공을 이루도록 Happy Times Foods에 한 번 기회를 주시면 어떨까요?

why not give Happy Times Foods a chance to make your eatery a success?

Q: What is the announcement about?
   (a) an inquiry about an order
   (b) a complaint about a product
   (c) a follow-up to a potential customer
   (d) a proposal for an advertisement

Part 4는 담화문을 다룬다. 영어권 나라에서 영어로 뉴스를 듣거나 강의를 들을 때와 비슷한 상황을 설정하여 얼마나 잘 이해하는지를 측정하는 부분이다. 이야기의 주제, 목적, 화제, 세부 사항 및 이를 근거로 한 추론의 문제들이 출제된다. 직청 직해 실력, 즉 들으면서 곧바로 내용을 이해할 수 있는지를 잘 평가하는 부분이다.

✚ 문법 (Grammar) 50문항

밑줄 친 부분 중 오류를 식별하는 유형 등의 단편적이며 기계적인 문법지식 학습을 조장할 우려가 있는 분리식 시험 유형을 배제하고, 의미 있는 문맥을 근거로 오류를 식별하는 유형을 통하여 진정한 의사소통 능력의 바탕이 되는 살아 있는 문법, 어법능력을 문어체와 구어체를 통하여 측정한다.

PART 1 (20문항)

Choose the best answer for the blank. (1-20)

A: How was Felicia when you went to visit her yesterday?
B: I could tell she _________________ although she tried to pretend that everything was OK.

   (a) have cried
   (b) had been crying
   (c) was crying
   (d) would be crying

Part 1은 A, B 두 사람의 짧은 대화를 통해 전치사 표현력, 구문 이해력, 품사 이해도, 시제, 접속사 등 문법에 대한 이해력을 묻는 형태로 되어 있다. 주로 후자(B)의 대화 중에 빈칸이 있으며, 이에 적절한 표현을 고르는 형식의 문제이다.

PART 2 (20문항)

Choose the best answer for the blank. (21-40)

_________________ performed some of the most popular songs in the history of music, the Beatles are still one of the most celebrated bands in the world.

(a) As
(b) Have
(c) Had
(d) Having

Part 2는 문어체 질문을 다룬다. 서술문 속의 빈칸을 채우는 문제로 총 20문항으로 되어 있다. 이 파트에서는 문법 자체에 대한 이해도는 물론 구문에 대한 이해력이 중요하다.

PART 3 (5문항)

Identify the option that contains an awkward expression or an error in grammar. (41-45)

(a) A: I'm really bored. How about going out and seeing a movie or something?
(b) B: I don't know about that. Why do we always have to go out lately at night?
(c) A: Oh, come on. It's only 10:30 and the night is still young.
(d) B: Well, I guess it is Saturday and I feel kind of restless myself.

해석
(a) A: 정말 지루해. 나가서 영화를 보든지 하는 게 어때?
(b) B: 좋은 생각이 아닌 것 같아. 왜 꼭 밤 늦게 외출을 해야 하는데?
(c) A: 그러지 말고 가자. 이제 겨우 10시 30분이고 아직 이른 시간 이잖아.
(d) B: 하긴, 토요일이고 나도 잠이 안 오니까 괜찮겠지.

Answer
(b) lately → late

Part 3은 대화문에서 어법상 틀리거나 어색한 부분이 있는 문장을 고르는 문제로 구성 되어 있다. 이 영역 역시 문법뿐만 아니라 정확한 구문 파악, 회화 내용의 식별능력이 대단히 중요하다.

PART 4 (5문항)

Identify the option that contains an awkward expression or an error in grammar. (46-50)

(a) There is a widespread misconception that it is necessary to exercise for long periods of time every day in order to stay fit. **(b) Some people would be surprising to find that this is not necessarily the case.** (c) Many studies have shown that exercising for just thirty minutes a day, three times a week has significant health benefits. (d) The most important thing is to be faithful to a routine, rather than only hitting the gym sporadically.

해석
건강을 유지하기 위해서 매일 오랜 시간 동안 운동을 하는 것이 필요하다는 보편적인 오해가 있다. (b) 어떤 사람들은 이것이 사실이 아니라는 것을 알고 놀랄 것이다. (c) 많은 연구들에 의하면 하루에 30분 동안, 일주일에 세 번 운동을 하는 것이 상당한 건강상의 혜택이 있다는 것을 보여준다. (d) 가장 중요한 것은 어쩌다 한 번씩 체육관에 가는 것 보다는 꾸준한 일상을 유지하는 것이다.

Answer
(b) surprising → surprised

Part 4는 한 문단을 주고 그 가운데 문법적으로 틀리거나 어색한 문장을 고르는 다섯 문항으로 되어 있다. 틀린 부분을 신속하게 골라야 하므로 속독 능력도 굉장히 중요하다.

문맥 없이 단순한 동의어 및 반의어를 선택하는 시험 유형을 배제하고 의미 있는 문맥을 근거로 가장 적절한 어휘를 선택하는 유형을 문어체와 구어체로 나누어 측정한다.

PART 1 (25문항)

Choose the best answer for the blank. (1-25)

A: So I hear the tightrope walker is performing here tonight.
B: Yeah, his name is "Amazing Sam" and he's going to walk between two ten-________________ buildings.

(a) story
(b) degree
(c) level
(d) layer

해석
A: 줄타기 꾼이 오늘 여기서 공연을 한다고 들었어.
B: 맞아. 그 사람의 이름은 "놀라운 Sam"인데 두 개의 10층 건물 사이를 걸을 거야.

Part 1은 구어체로 되어 있는 A, B의 대화 중 빈칸에 가장 적절한 단어를 넣는 25문항으로 구성되어 있다. 단어의 단편적인 의미보다는 문맥에서 쓰인 상대적인 의미를 더 중요시 한다.

PART 2 (25문항)

Choose the best answer for the blank. (26-50)

After stealing money from the company over the past five years, the accountant was arrested on a charge of ________________ , and if convicted, he could face serious jail time.

(a) deception
(b) embezzlement
(c) entrapment
(d) transmission

해석
지난 5년 동안 회사로부터 돈을 훔치고 나서 회계사는 횡령 혐의로 구속되었고 만일 유죄 판결을 받을 경우에 심각한 실형을 받게 될 수도 있다.

Part 2는 하나 또는 두 개의 문장으로 구성된 글 속의 빈칸에 들어갈 가장 적당한 단어를 선택하는 문제로 구성되어 있다. 어휘를 늘릴 때 한 개씩 단편적으로 암기하는 것보다는 하나의 표현으로, 즉 의미구로 알아 놓는 것이 15분이라는 제한된 시간 내에 어휘 시험을 정확히 푸는 데 많은 도움이 될 것이다.

✚ **독해 (Reading Comprehension) 50문항**

교양 있는 수준의 글(신문, 잡지, 대학 교양과목 개론 등)과 실용적인 글(서신, 광고, 홍보, 지시문, 설명문, 도표, 양식 등)을 이해하는 데 요구되는 총체적인 독해력을 측정하기 위해서 실용문 및 비전문적 학술문과 같은 독해 지문의 소재를 균형 있게 다루었다.

PART 1 (16문항)

Read the passage. Then choose the option that best completes the passage. (1-16)

It's common knowledge that smoking, eating the wrong foods, and failing to get enough exercise are all contributors to poor health. But not many people truly understand that one of the most serious threats to well-being is stress. Medical professionals have known for years that stress can lead to serious physical and mental disorders. Research has shown that individuals who experience high levels of stress have high blood pressure, which affects cardiovascular health. In addition, stress not only worsens preexisting medical conditions, such as diabetes, but it may also suppress the body's ability to fight off illness. _________________ , it is important to understand the risks associated with life's pressures.

(a) Likewise
(b) In contrast
(c) Therefore
(d) However

해석

흡연과 나쁜 음식을 먹는 것, 그리고 충분한 운동을 하지 않는 것은 모두 건강을 해치는데 기여하는 요인들이라는 것은 상식이다. 그러나 건강에 가장 심각한 위협중의 하나는 스트레스라는 것을 진정으로 이해하는 사람들은 많지 않다. 의학 전문가들은 수 년 동안 스트레스가 심각한 신체적 정신적 장애를 일으킬 수 있다는 것을 알고 있었다. 연구에 의하면 높은 스트레스를 경험하는 사람들은 혈압이 높은 것으로 나타났는데 높은 혈압은 심장혈관 질환에 영향을 끼친다. 게다가 스트레스는 당뇨병과 같은 기존의 질병을 악화시킬 뿐만 아니라 질병을 물리치는 신체의 능력을 억제시킬 수도 있다. **그러므로** 삶의 압박감과 연관된 위험들을 이해하는 것이 중요하다.

(a) 이와 같이
(b) 대조적으로
(c) 그러므로
(d) 하지만

Part 1은 빈칸 넣기 유형이다. 한 단락의 글을 주고 그 안에 빈칸을 넣어 알맞은 표현을 고르는 16문항으로 이루어져 있다. 글 전체의 흐름을 파악하여 문맥상 빈칸에 들어갈 내용을 찾는 문제이다.

PART 2 (21문항)

Read the passage. Then choose the option that best answers the question. (17-37)

Even if the rest of your body is lean and mean, researchers now say that extra fat around the middle often referred to as "love handles" increases the risk of early death. Just two inches of excess flesh around the waist increased the chance of dying sooner by thirteen to seventeen percent. While the link between fat around the middle and health problems is not a

해석

당신 몸이 군살 없고 말랐어도, 현재 연구자들은 흔히 "러브 핸들"이라고 불리는 허리 부분의 군살이 조기 사망의 위험을 증가시킨다고 주장한다. 허리 둘레가 평균보다 2인치 초과하는 것만으로도 일찍 사망할 가능성이 13에서 17퍼센트까지 증가한다. 허리 둘레의 지방과 건강 문제간의 관련성이 새로운 것은 아니지만 가장 최근의 연구는 의사들에게 단순히 일반적인

new one, the newest study gives doctors much more evidence that simply using the standard body mass index (BMI) is not necessarily the best way to assess health risks such as cardiovascular disease. In fact, the study showed that adults with a healthy BMI but larger than average waists were still candidates for early deaths.

Q: Which of the following can be inferred from the passage?

(a) The group involved in the study was composed of male adults.
(b) Cardiovascular disease does not just affect the overweight.
(c) Doctors still need to study how body mass affects longevity.
(d) Losing excess fat around your waist can add years to your life.

체질량 지수를 사용하는 것이 심장질환과 같은 건강상의 위험을 평가하는데 있어 꼭 최고의 방법은 아니라는 많은 증거를 제공한다. 실제로 연구에 의하면 건강한 체질량 지수를 가졌지만 평균 이상의 허리 둘레를 가진 성인들이 여전히 조기 사망을 할 수 있는 후보자들이라는 것을 보여주었다.

질문: 주어진 지문의 내용에서 유추할 수 있는 것은?

(a) 연구에 참가한 집단은 남자 성인들로 구성되어 있었다.
(b) 심장 질환은 반드시 과체중인 사람에게만 발생하지 않는다.
(c) 의사들은 어떻게 체질량 지수가 수명에 영향을 끼치는지 연구할 필요가 있다.
(d) 허리 둘레의 과 지방을 없애는 것이 수명을 연장시킬 수 있다.

Part 2는 글의 내용 이해를 측정하는 문제로 21문항으로 구성되어 있다. 주제나 대의 혹은 전반적 논조 파악, 세부내용 파악, 논리적 추론 등이 있다.

PART 3 (3문항)

Read the passage. Then identify the option that does NOT belong. (38-40)

A breakthrough scientific discovery made in Germany may one day offer hope to millions of people affected by HIV. (a) Doctors say that a man who received a bone marrow transplant from a donor who had a genetic resistance to the virus appears to have been cured. **(b) HIV first came to the public's attention in the 1980s after French and American scientists discovered the infection.** (c) Although the patient's response to the transplant was highly unusual, doctors believe it may increase interest in gene therapy for the disease. (d) However, experts still maintain that to suggest that this case will lead to a cure would be a dangerous stretch.

해석
독일에서의 획기적인 과학적 발견은 HIV에 감염된 수백만명의 사람들에게 희망을 제공해 줄지도 모른다. (a) 의사들은 이 바이러스에 유전적인 항체를 지니고 있는 기부자로부터 골수 이식을 받은 한 남지가 완치된 것으로 보인다고 말한다. **(b) HIV는 1980년대 프랑스와 미국 과학자들이 감염을 발견한 후 대중의 이목을 받게 되었다.** (c) 이식에 대한 환자의 반응이 매우 특이하긴 했지만 의사들은 이것이 에이즈에 대한 유전자 치료법에 대한 관심을 증가시킬 것이라고 믿는다. (d) 그러나 전문가들은 여전히 이 경우가 치료법에 이르게 될 것이라고 주장하는 것은 위험하다는 입장을 고수한다.

Part 3은 한 문단의 글에서 내용의 흐름상 어색한 곳을 고르는 문제로 3문항으로 구성되어 있다. 전체 흐름을 파악하여 흐름상 필요 없는 내용을 고르는 문제이다. 이런 유형의 문제는 응집력 있는 영작문 실력을 간접적으로 측정한다.

등급	점수	영역	능력검정기준
1+급	901-990 361-400 91-100	전반 청해 독해 문법 어휘	교양있는 원어민에 버금가는 정도로 의사소통이 가능하고 전문분야 업무에 대처할 수 있음. 교양있는 원어민에 버금가는 수준의 청해력 교양있는 원어민에 버금가는 수준의 독해력 교양있는 원어민에 버금가는 수준으로 내재화된 문법능력 교양있는 원어민에 버금가는 수준으로 내재화된 어휘력
1급	801-900 321-360 81-90	전반 청해 독해 문법 어휘	단기간 집중 교육을 받으면 대부분의 의사소통이 가능하고 전문분야 업무에 별 무리 없이 대처할 수 있음. 다양한 상황의 수준 높은 내용을 별 무리 없이 이해할 수 있는 정도의 청해, 독해력 다양한 구문을 별 무리 없이 신속하게 이해할 수 있을 정도로 내재화된 문법, 어휘 능력
2+급	701-800 281-320 71-80	전반 청해 독해 문법 어휘	단기간 집중 교육을 받으면 일반 분야업무를 큰 어려움 없이 수행할 수 있음. 일반적 소재에 보통수준의 내용을 별 무리 없이 이해하는 정도의 청해력과 독해력 일반적인 구문을 별 무리 없이 이해하는 정도의 문법능력, 어휘력
2급	601-700 241-280 61-70	전반 청해 독해 문법 어휘	중장기간 집중 교육을 받으면 일반분야 업무를 큰 어려움 없이 수행할 수 있음. 일반적 상황에 보통수준의 내용을 대체로 이해하는 정도의 청해력과 독해력 일반적인 구문을 대체로 이해하는 정도의 문법 능력 일반적인 표현을 대체로 이해하는 정도의 어휘력
3+급	501-600 201-240 51-60	전반 청해 독해 문법 어휘	중장기간 집중 교육을 받으면 한정된 분야의 업무를 큰 어려움 없이 수행할 수 있음 일반적 상황에 보통 수준의 내용을 다소 이해하는 정도의 청해력 일반적 소재에 보통 수준의 내용을 다소 이해하는 정도의 독해력 일반적인 구문에 대한 의미파악이 어느 정도 가능한 문법 능력 일반적인 표현에 대한 의미파악이 어느 정도 가능한 어휘력
3급	401-500 161-200 41-50	전반 청해 독해 문법 어휘	중장기간 집중 교육을 받으면 한정된 분야의 업무를 다소 미흡하지만 큰 지장없이 수행할 수 있음. 일반적인 상황에 보통수준의 내용을 이해하기 다소 어려운 정도의 청해력과 독해력 일반적인 구문에 대한 신속한 의미파악이 다소 어려운 정도의 문법능력 일반적인 표현에 대한 신속한 의미파악이 다소 어려운 정도의 어휘력
4+급	301-400 201-300	전반	장기간의 집중 교육을 받으면 한정된 분야의 업무를 대체로 어렵게 수행 할 수 있음.
5+급	101-200 10-100	전반	단편적인 지식만을 갖추고 있어 의사소통이 거의 불가능함.

● ● TEPS 관련시험 소개

1. i-TEPS (Integrated Test of English Proficiency developed by Seoul national University)

i-TEPS는 서울대학교 언어교육원에서 출제하고 서울대학교 TEPS관리위원회에서 주관, 시행하는 통합 영어능력평가 시험이다. i-TEPS는 별도로 시행되며 기존 TEPS와 TEPS-Speaking & Writing 시험은 현행 과 같이 유지된다. 듣기, 읽기, 말하기, 쓰기 능력은 서로 밀접한 관계를 가진 요소로 듣기, 읽기 능력 혹 은 말하기, 쓰기 능력의 측정만으로는 정확한 영어능력을 평가하기 어려우므로 i-TEPS는 유기적인 연관 성을 지닌 이 네 가지 의사소통능력을 통합적으로 측정하여 수험자의 영어능력에 대한 정확한 평가를 하 는 것을 목적으로 한다. i-TEPS는 국내 최고 권위의 영어능력평가로 듣기, 읽기 분야에서 탁월한 변별력 을 인정받은 TEPS와 국내 최초 CBT방식의 영어 말하기, 쓰기 시험인 TEPS-Speaking & Writing의 성공 노하우를 바탕으로 개발되었다. 실전 영어능력을 보다 정밀하게 측정할 수 있도록 세분화된 채점 요소를 적용하고 있으며, 출제자와 채점자를 어학분야의 최고 전문가들로 선정하여 높은 신뢰도와 탁월한 변별 력을 지니고 있다. 한번의 시험으로 듣기, 말하기, 읽기, 쓰기 능력을 종합적으로 평가함으로써 각각의 영 역을 별도로 평가해야 하는 여타 시험과 비교하여도 응시료 부담이 적다. i-TEPS는 최소의 시간과 비용 으로 수험자의 영어능력을 정확히 측정하는 효율성이 높은 시험이다.

i-TEPS는 Listening, Grammar & Vocabulary, Reading, Speaking, Writing의 5개 영역에 걸쳐 총 143문항 으로 구성되어 있으며 시험시간은 약 2시간 45분이다. 총점은 각 영역의 점수를 합산하여 400점 만점으로 채점된다.

* I-TEPS 에 관한 더 자세한 정보는 TEPS 관리위원회 홈페이지 (www.teps.or.kr)에서 얻을 수 있다.

2. TEPS Speaking & Writing

TEPS-Speaking & Writing 은 서울대학교 언어교육원에서 출제하고 서울대학교 TEPS관리위원회가 주관, 시행하는 영어 말하기, 쓰기 시험이다. 대규모로 치러지는 영어능력검정에서 평가하기 어려운 말하기, 쓰 기 능력을 보다 정밀하게 측정하기 위해 세분화된 채점 요소를 적용하고 있으며, 출제자와 채점자 모두 어학분야의 최고 전문가로 구성되어 탁월한 변별력을 지니고 있다. 보다 객관적인 채점을 위해 분석적 채 점과 종합적 채점이 포함된 5 단계 채점체계와 문항별 채점방식을 채택하였다. TEPS-Speaking & Writing 은 컴퓨터 모니터를 통해 지문과 그림이 제시되면 수험자가 이에 대해 답변을 하는 CBT 방식으로 시행 된다. 편리한 인터페이스와 화면구성을 개선하고 테스트의 전 과정을 자동화하여 수험자의 편의를 증대 시켰다. 한국수출입은행, 외교통상부 등의 기관에서 신입사원 모집 및 해외파견직원 선발시험에 TEPS-Speaking & Writing을 채택하고 있다.

3. SNULT

SNULT는 Seoul National University Language Test의 약자로, 서울대학교 언어교육원에서 개발하여 TEPS 관리위원회에서 시행하는 시험이다. SNULT 정기시험은 7개 언어(영어, 일본어, 중국어, 프랑스어, 독일 어, 스페인어, 러시아어)로 구성되어 있다. 완벽한 보안 속에서 해당 언어의 박사 학위를 소지한 연구원, 원어민, 교수 등 최고의 전문가들이 출제와 검토 후 녹음과 인쇄를 거쳐 시행하고 있으며, 지난 30여 년

간의 시험 데이터와 성과를 바탕으로 한 신뢰도와 타당도가 매우 높은 시험이다.

근래에는 신입사원 선발과 각급 기관 단체의 직원 인사 고과를 위한 교육훈련, 성적평가 등의 용도로 어학능력 평가에 대한 요구가 증가하여 연간 200,000명 정도가 외국어 능력을 검정 받고 있다.

* i-TEPS 및 SNULT 에 관한 더 자세한 정보는 TEPS 관리위원회 홈페이지 (www.teps.or.kr)에서 얻을 수 있다.

전문강사가 알려드리는 변화하는 TEPS 시험의 올바른 이해

TEPS는 수험자의 영어능력을 있는 그대로 정확하게 판단하기 위해 다양한 테스트 방법을 적용했습니다. 예를 들어 듣기시험에서 인쇄된 질문지를 주지 않고 방송으로 직접 들려주기 때문에 미리 문제를 보고 감을 잡는 요령이 통하지 않으며 독해 시험도 1 지문 1 문항 원칙을 지켜 한 문제의 답을 알면 그 뒤에 연결된 문제들의 답을 유추할 수 있는 가능성을 원천적으로 배제했습니다.

TEPS의 채점기준은 상대평가이며 해당 시험의 난이도, 응시인원에 따라 채점기준이 달라질 수 있습니다. 작년 10월 부터 새로운 텝스시험인 i-TEPS가 시작되었는데, 기존 텝스시험과는 별도로 시행됩니다. 이 시험은 Intergrated Test of English Proficiency developed by Seoul National University의 약자로 듣기, 읽기, 말하기, 쓰기능력을 종합적으로 측정하는 통합영어능력평가 시험입니다. i-TEPS는 영어능력평가로 듣기, 읽기 분야에서 탁월한 변별력을 인정받은 TEPS와 국내 최초 CBT방식의 영어 말하기, 쓰기 시험인 TEPS-Speaking & Writing를 기본으로 구성이 되어있으며 기존의 TEPS와 TEPS - Speaking & Writing을 통합하여 한번에 보는 것이라고 생각하시면 됩니다.

최근들어 중고생들 사이에서 특히 TEPS에 대한 관심이 높아지면서 TEPS 인지도가 예전보다 크게 높아졌음을 느낄 수 있습니다. 하지만, 정작 TEPS가 어떤 의미를 가진 시험인지는 TEPS 학습자들 상당수가 올바로 이해하고 있지 못한 것이 현실입니다. 따라서 TEPS 공부를 TOEFL-TOEIC 공부할 때처럼 단어를 암기하고, 시중 참고서 한번 훑어보고, 실전모의고사 문제집 한 두권 풀어서 틀린 문제 정리하는 식으로 하면서, 거의 대부분의 학습자들이 몇 개월 동안 성적 향상이 되지 않아서 매우 스트레스를 받습니다. "지피지기(知彼知己)면 백전백승(百戰百勝)"이라고 했습니다. TEPS를 올바로 이해하는 것이 TEPS 고득점을 위한 첩경이 아닐 수 없습니다.

TEPS의 P는 proficiency이며, 이것은 "숙달"이라는 뜻입니다. proficiency와 상대적인 개념이 knowledge(지식)입니다. TOEFL-TOEIC처럼 지식을 측정하는 시험의 특징은 문제의 양은 적고 제한시간이 넉넉해서 충분히 사고(思考)할 시간을 주는 것입니다. 이에 비해, TEPS처럼 '숙달'을 측정하는 시험은 문제의 양은 많고 제한시간이 적어서 사고(思考)할 시간을 주지 않습니다. 따라서 TEPS는 제한시간 내에 모두 풀어야 하는 개념이 아니라, 제한시간 내에 얼마만큼 풀 수 있는가를 측정하는 시험인 것입니다. 이런 개념에 익숙지 않은 수험자들은 자신의 능력 범위를 넘어 TEPS의 모든 문제를 풀려고 무작정 서두르다가 문제를 다 풀지도 못하고 풀었던 문제마저도 틀리는 최악의 경우를 경험하게 됩니다. TEPS처럼 '숙달'을 측정하는 시험에서 과욕은 금물입니다. 풀 수 있는 만큼만 여유 있게 풀겠다는 마음가짐이 더 좋은 결과를 가져옵니다.

정형화된 문제와 반복 출제되는 문제들이 많아서 모의고사 문제풀이를 많이 할수록 유리한 TOEFL, TOEIC 들과는 달리 생활영어 및 시사영어 시험인 TEPS는 청해 속도가 TOEFL,TOEIC 보다 2배 이상 빠릅니다. 또한 시사영어를 다루는 시험답게 TEPS RC에서 다루는 주제는 '정치, 경제, 사회, 문화, 건강, 예술, 종교, 환경' 등 상당히 다양하고 포괄적입니다.

이러한 특징의 TEPS를 준비하는 데 있어서 가장 중요한 학습법은 다독입니다. 평소에 다양한 주제의 영어를 접한 사람들은 시험문제의 RC 지문 내용을 모두 읽지 않고도 첫 문장만 가지고 정답을 찾을 수 있는 문제들이 의외로 많기 때문에 시간이 전혀 모자라지 않습니다. 적어도 글을 빨리 읽을 수 있는 능력이 있기 때문입니다. 예를 들어, 지구 온난화와 이상 기온 문제, 국제 분쟁 상황이나 세계의 고대, 근대 역사등에 대해 평소에 영자신문의 시사적인 내용을 관심 있게 읽은 사람들은 그에 관한 독해 혹은 청해 문제를 아주 쉽게 풀 수 있습니다.

Part3,4의 경우 대화나 지문은 그리 어렵지 않은데 선택지에 등장하는 어휘가 난이도가 있어서 힘들게 푸는 문제도 등장했고 또 앞으로도 등장할것이기 때문에 평소에 어휘 공부를 틈틈이 해두는 것이 도움이 될 것입니다. 그리고 기존의 TOEIC이나 TOEFL시험에서 편법에 의존하지 않고 착실히 청해능력을 쌓아 온 응시자라면 크게 걱정할 수준은 아닐 것입니다.

내용면에서 있어서 Listening을 공부할 때 지나치게 TEPS라는 점에 얽매이지 말고, 꾸준히 관심을 갖고 착실하게 준비하면 충분히 고득점이 가능한 영역이 청해입니다. TOEIC이 실무 영어에 편중되어 있고, TOEFL이 학술 영어에 치중하고 있다는 한계를 극복하기 위해 TEPS가 개발되었다는 점을 상기하면서 학습에 임하면 좋은 효과를 거둘 수 있을 것입니다.

청해영역 에 대해서 살펴보면 PartⅠ에서 PartⅢ까지는 까다로운 관용표현들을 제외하면 큰 무리가 없다고 하겠으나 PartⅣ에 자주 등장하는 기사체의 문장에 까다로움을 느끼는 응시자들이 의외로 많은 것으로 보입니다. 이 Part는 특별한 준비 방법보다는 평소에 영자신문을 자주 접하고 빠른 속도로 의미를 생각하면서 읽는 훈련을 꾸준히 하면 좋은 성과를 얻을 수 있을 것입니다.

청해의 비법이란 다름이 아니라 모국어 화자가 말하는 속도에 버금가는 독해 속도를 연마하는 것입니다. 최소한 1분에 160자 정도를 읽고 이해할 수 있으면 여러분의 영어청취 정복은 시간문제라고 해도 과언이 아닙니다. 독해력이 뒷받침이 되지 않은 상태에서 한두 달, 또는 서너 달 만에 청해를 정복할 수 있다는 순진한 생각은 빨리 버리는 것이 좋을 것입니다.

문법영역 의 경우 50문제에 25분이 주어지므로 계산상으로는 문제당 25초를 쓸 수 있지만, 답을 기입하는 시간 등을 감안하면 한 문제를 약 20초 이내에 해결할 수 있어야 합니다.
따라서, 문장의 구조를 분석하려 하기 보다는 직감적으로 표현의 옳고 그름을 파악할 수 있는 수준에 이르도록 노력해야 합니다. 또한 TEPS의 문법영역은 기존의 TOEIC이나 TOEFL과는 크게 다른 형식을 취하고 있습니다. 밑줄 친 부분의 오류 파악과 같은 문제는 출제되지 않는다는 점에 유의해야 합니다. 그렇다고 지금까지의 문법지식이 전혀 필요 없다는 것은 아니며, 상당부분 일치하기 때문에 단편적으로 알고 있었던 문법적 내용을 체계화 할 필요가 있습니다. 반드시 활용할 수 있는 문장과 연결해서 학습하도록 해야 합니다.

그리고 TEPS 문법영역에서는 반드시 실용문법에 숙달되어 있어야 좋은 점수를 기대할 수 있습니다. 여기서 실용문법이라고 하는 것은 독해는 물론 의사소통 능력에 직결되는 문법을 말합니다.

분야별로 보면 TEPS 문법영역에서 중요하게 다루어지는 내용 중 한 가지가 화법에 대한 이해문제입니다. 지금까지 치러진 TEPS시험에서 화법 문제가 빠진 적이 거의 없었습니다. 화법문제는 관용표현과 겹쳐서 출제가 되므로 평소에 청해나 어휘표현을 암기할 때 각 상황과 표현에 대한 명확한 이해가 필요합니다.

그리고 수동분사구문과 능동분사구문을 직감적으로 파악할 수 있는 수준에 도달하도록 많은 예문을 접하고, 능동적으로 활용해 보아야 합니다. 수동 구문에 대한 이해는 관계사와 더불어 영어를 공부하는 데 있어 가장 기본적인 사항이므로, 반드시 숙지하고 넘어가야 합니다.
다음으로 부정사, 동명사의 쓰임에도 눈여겨 볼 필요가 있습니다. 이 부분도 TEPS 문법영역에서 자주 출제되는데, 단편적으로 to부정사를 목적어로 취하는 동사 내지는 동명사를 목적으로 취하는 동사를 암기하기 보다는 다양한 표현을 접하면서 to부정사나 동명사가 나올 때마다 관심을 갖고 하나씩 익혀 나가는 것이 효과적입니다.

지금까지 시행되었던 일반 시험의 내용을 토대로 TEPS 문법영역의 문제의 성격을 분석해본 결과, 수동표현과 능동표현의 이해를 묻는 문제도 여러 형식으로 출제된 것으로 파악됩니다. 이 부분은 능동태와 수동태에 대한 이해를 철저히 한 다음, 준동사 구문에서도 이를 자유롭게 활용할 수 있느냐 하는 것이 관건이 됩니다.

어휘영역에서는 쉬운 단어에 특히 주목할 필요가 있습니다. 우리가 익숙하다고 주의를 기울이지 않지만, 실상은 정확한 쓰임을 몰라서 실수할 수 있는 단어들이 TEPS 어휘영역의 주요 출제 대상이 됩니다. 그리고 철자가 비슷한 단어들이나 모양이 비슷한 단어들을 구별하는 문제들도 매회 거의 빠지지 않고 출제되고 있습니다. 흔히 동의어라고 생각되지만, 쓰임이 각각 다른 단어들이 많이 있으므로, 양적인 면에서 너무 집착하지 말고 개별단어의 정확한 쓰임을 의미 있는 문장을 통해 착실히 익혀두는 습관이 필요합니다.

중고생들의 경우 가급적이면 예문이 풍부한 영영사전을 이용하는 것이 좋고, 이러한 실용영어능력에 추가하여 SAT나 TOEFL 수준의 어휘력으로 보강한다면 TEPS 어휘영역에서 큰 어려움은 없을 것입니다.

개인적인 목적이 있다면 모르겠지만, 몇 년이 가도 한 번 볼까 말까한 난해한 어휘를 공부하는데 더 이상 시간을 낭비하지 않는 것이 좋습니다. TEPS에서는 실제 영어에서 활용 빈도가 낮은 표현이나 구문은 출제를 꺼리는 경향이 있다는 점을 명심해 두기를 바랍니다.

지금까지 TEPS 어휘영역에서 출제된 단어의 수준은 기존의 다른 영어 시험들과 비교할 때 결코 어렵다고 할 수는 없으나, 한 문제당 주어지는 시간이 총 15초 밖에 안되므로 기본적으로 속도 감각이 뒷받침 되어야 좋은 점수를 얻을 수 있습니다. 신속한 문제 해결 능력을 위해서는 정확한 표현이 내재화되어 있어야 하므로, 쉬운 의미라고 하더라도 반복적으로 활용하는 습관이 중요합니다.

그리고 informal한 영어 표현들에도 익숙해져야 합니다. 여기서 informal이라는 말은 경의 없이 일반 구어체에서 빈번하게 사용되는 표현으로, 저속한 표현과는 다른 개념입니다.

문어체 표현과 관련해서는 기존의 다른 시험과 큰 차이를 나타내지 않고 있습니다.

TEPS 어휘영역에서는 문제를 빠른 속도로 해석하지 못하면 정답을 맞출 수 없습니다. 개별적인 단어의 뜻을 아는 것만으로는 부족합니다. 따라서 이 영역은 독해와 청해의 기초를 쌓는다는 마음으로 접근하기를 바랍니다.

독해영역에서는 한 문제의 길이는 평균적으로 6~7줄 정도이고, 단어수도 100단어를 넘지 않는 것이 보통입니다. 그렇지만 여기에 질문을 읽는 시간과 문제를 푸는 시간을 더한다면 기본적으로 1분에 200단어 이상을 소화해낼 수 있어야 합니다. 내용면에서 볼 때, 전문적인 학술문은 출제되지 않고 있는데, 앞으로도 이러한 경향은 지속되리라고 판단됩니다.

실무적인 내용의 문제로는 상품판매, 예약편지, 광고 등을 소재로 한 것들이 있고, 시사적인 내용과 관련해서는 유럽의 금융 관련 기사, UN의 위상 약화에 대해 언급한 글 등이 있습니다. 글의 수준은 영자신문을 무리 없이 읽을 수 있는 정도면 된다고 봅니다. 영자신문은 꼭 시사적인 내용에 익숙해진다는 차원보다는 일반적인 교양을 위해서도 가까이할 만합니다.

최근 독해시험 영역에서는 정보를 전달하는 목적의 글이 자주 등장하는 편입니다. 하지만 명심하실 것은 회를 거듭하면서 한 분야에 치중된 내용의 출제는 가급적 피할 것으로 예상되기 때문에, 특정 분야의 글이나 문체에 편중된 독서를 하지 말고 가급적 다양한 내용의 글을 접하는 것이 좋습니다.

여전히 과학 및 의학 분야의 글도 꾸준히 등장하고 있으므로, 지구 이상기후나 나 인간 복제 등과 같은 시사성이 있는 내용들에도 관심을 가지고 읽어두면 좋고, 상업서한 부분도 3-4문제 정도 출제가 되고 있는데, 서식 자체에 대한 이해뿐만 아니라, 편지의 내용에 대한 것도 이해하고 있어야 원활하게 문제를 풀어 나갈 수 있습니다.

독해영역에서 좋은 점수를 얻으려면 글의 대의 파악 능력이 절대적으로 요구됩니다. 이를 위해서는, 영어로 된 책이나 신문 등을 읽을 때, Paragraph별로 요지를 파악해보는 연습을 하는 것이 좋습니다. 글을 읽고 내용을 요약할 수 없다면, 사실상 글을 제대로 읽었다고 할 수 없지요. 대의 파악 능력 자체가 바로 독해능력이고, 실질적인 자신의 영어 실력인 것입니다.

아무쪼록 대한민국 제1의 출판사 랭귀지 플러스와 TEPS 1등 강사 저 죠셉킴과 함께 최선을 다하셔서 최고의 결과를 얻으시길 바랍니다.

Joseph Kim

Chapter 01

Unit 01 동사 I

A: It's always so entertaining to watch your two dogs play with each other.
B: The big dog can be a bit of a bully, so I think it's funny when the little dog
_____________________ the big dog.

(a) persuades
(b) impresses
(c) commands
(d) outsmarts

[THE TOP in TEPS Solution]

[해석] A: 너희 개 두 마리가 서로 잘 노는 걸 보면 건 언제나 재미있어.
B: 저 큰 개가 약한 애를 좀 괴롭히기도 하는데, 그래서 작은 애가 큰 애를 꾀로 이기려고 할 때는 웃겨.

[해설] 힘으로는 열세라 큰 개에게 밀릴 수 있지만(The big dog can be a bit of a bully), 의외의 다른 모습을 보게 될 때는 우습다(it's funny when the little dog ~ the big dog)는 의미가 되어야 자연스럽다. 빈칸에는 '작은 개가 큰 개를 기지[재]로 이긴다는 뜻으로 outsmart(s)'가 들어가는 것이 가장 적절하다.

[정답] (d)

🎧 **Mp3 Track Chapter 01, unit 01**

☐ **discuss** 상의하다, 논하다

Department managers are required to hold meetings to **discuss** productivity.
부서 관리자들은 생산성에 관해 논의하기 위해 회의를 갖도록 요구 됩니다.

☐ **expire** 만료되다, 끝나다

The contract between the two companies will **expire** at the end of the year.
두 회사간의 계약은 연말에 만료될 것입니다.

☐ **collapse** 붕괴되다, 쓰러지다

Heavy rainfall caused the roof to **collapse**.
폭우는 지붕이 붕괴되는 원인이었습니다.

☐ **redeem** 보완하다, 만회하다

The excellent actors weren't enough to **redeem** a weak plot.
그 훌륭한 배우들은 약한 줄거리를 보완하기에 충분치 않았습니다.

☐ **warrant** 정당(타당)하게 만들다

I **warrant** that the information is accurate.
저는 그 정보가 정확하다고 보장합니다.

☐ **quit** 그만하다, 그만두다

My brother **quit** his job and embarked on his own business.
내 남동생은 일을 그만두고 본인 사업을 착수했다.

☐ **question** 의심하다, 시문하다, 이의를 제기하다

Some people **questioned** whether the President was telling the truth.
어떤 사람들은 대통령이 사실을 이야기하는지 아닌지에 대해서 의문 을 품었다.

☐ **draft** 초안을 작성하다

My boss **drafted** the blueprints for the new building.
내 상사는 새 건축물에 대한 설계도 초안을 작성했다.

☐ **impede** 지연시키다

The rise in unemployment is **impeding** economic growth.
실업률 증가가 경제 성장을 지연시키고 있다.

Check Up

1. She was given a chance to **[redeem / secure]** herself after her last week's mistakes.
2. The salesperson **[warranted / commanded]** me that it was one of the best jewels.
3. Do you still have a copy of the report we **[signed / drafted]** yesterday?
4. Heavy rain is **[impeding / surpassing]** the progress of rescue work.

□ **withdraw** 물러나다, 철수하다
Government troops had no choice but to **withdraw**.
정부 병력은 철수할 수 밖에 없었다.

□ **subsidize** 보조금을 주다
The government decided to **subsidize** local businesses.
정부는 지역 사업장에 보조금을 대기로 결정했다.

□ **commend** 칭찬하다, 추천하다
The teacher **commended** the students who did well on the exam.
선생님은 시험을 잘 본 학생들을 칭찬했다.

□ **cite** (이유, 예를) 들다
She **cited** her heavy workload as the reason for changing jobs.
그녀는 이직에 관한 이유로 과중한 업무를 예로 들었다.

□ **outsmart** ~보다 한 수 앞서다
He was very bright for his age and **outsmarted** his peer group. .
그는 나이에 비해 아주 영리했고 또래 집단보다 한 수 앞섰다.

□ **prosecute** 기소하다, 공소를 제기하다
The candidate was **prosecuted** for bribing voters during an election.
후보자는 선거기간 중 유권자들에게 뇌물 준 혐의로 기소되었다.

□ **situate** 위치시키다, 짓다
The city hall is **situated** in the center of the town.
시청은 도시 중앙에 위치해 있다.

□ **station** 배치하다, 가있다
After the demonstration, police officers are **stationed** at every street corner.
시위 후에, 경찰관들은 모든 거리 곳곳에 배치된다.

□ **circulate** ~을 돌리다, 순환시키다
I **circulated** the report to everyone at the meeting.
나는 회의에 참석한 모두에게 보고서를 돌렸다.

Check Up

1. The unemployed teenagers are **[subsidized / intervened]** by the government.
2. Everybody **[relegated / commended]** the man's bravery to have caught the robber.
3. The company was **[authorized / prosecuted]** for breaching the contract.
4. Rumors about the candidate's illegal campaigning began to **[circulate / transported]**.

PART I Choose the best answer for the blank.

01 A: Now that Mr. Simmons is retiring, has
the board of directors decided on a new
president?
B: They have ___________ it, but they haven't
taken a vote yet.

   (a) answered
   (b) relayed
   (c) portrayed
   (d) discussed

02 A: Sir, did you know that your membership at
this club is about to ___________________?
B: Really? Well, I'd like to renew it. Please sign
me up for another twelve months.

   (a) depart
   (b) begin
   (c) expire
   (d) complete

03 A: I don't understand why you pay so much for
wood. I know a lumberyard that sells it for
half the price.
B: The last time I used the cheap wood, the
building ___________ two months later. This
wood is much stronger.

   (a) collapsed
   (b) diminished
   (c) receded
   (d) distracted

04 A: I would like to ___________ my raffle ticket. I
won the second round of drawings.
B: I'm sorry, sir. When you didn't come forward
immediately, we awarded your prize to
someone else.

   (a) obtain
   (b) secure
   (c) redeem
   (d) access

05 A: Our daughter lost her backpack, so I told
her she'll have to carry her books because
I'm certainly not paying for another one.
B: I don't think losing a backpack ___________
such a severe punishment. Maybe we
should buy her a new one, and then she can
pay us back later.

   (a) charges
   (b) requests
   (c) warrants
   (d) commands

06 A: My doctor said I should stop smoking
cigarettes, but I feel like I need something in
my mouth.
B: When I was trying to ___________, I found it
helpful to chew on toothpicks.

   (a) quit
   (b) fail
   (c) close
   (d) break

07 A: Wow, this philosophy class has really
   opened my eyes to some serious and
   frightening ideas.
   B: That's perfectly normal. Many of my
   students start to ___________ the purpose of
   existence.

   (a) question
   (b) confuse
   (c) believe
   (d) suspect

08 A: Sylvia, would you mind helping me
   ___________ this letter? I'm having trouble
   deciding what to say.
   B: Of course I'll help. Who is the recipient, and
   what are we writing about?

   (a) draft
   (b) copy
   (c) reach
   (d) sign

09 A: Why hasn't your construction crew finished
   the new apartment building?
   B: The bad weather was ___________ our
   progress, but we started working again
   yesterday when the rain stopped.

   (a) abusing
   (b) impeding
   (c) destroying
   (d) surpassing

10 A: If you're going to be ungrateful, I'm going to
   ___________ my generous offer to help you
   get out of debt.
   B: No, please, I really could use your help. It's
   just hard for me to accept that I need to rely
   on the charity of others.

   (a) undermine
   (b) reinstate
   (c) withdraw
   (d) summon

11 A: Are you saying that the government
   shouldn't pay for homeless people to get
   new houses?
   B: No, I'm just saying that I don't think the
   government should ___________ the housing
   of some groups but not others.

   (a) intervene
   (b) mediate
   (c) subsidize
   (d) infiltrate

12 A: The next candidate is Carol Johnson.
   Should we accept her into our academic
   program?
   B: Her file says that she was ___________ for
   her work with disabled children, so I think
   she'd be a great asset to our institution.

   (a) encompassed
   (b) relegated
   (c) attributed
   (d) commended

13 A: This seems like an unusually high fine to
   pay for a routine traffic violation.
   B: Well, I was originally stopped for speeding,
   but then the officer ___________ me for not
   having a valid driver's license.

   (a) cited
   (b) expelled
   (c) fired
   (d) sentenced

PART II **Choose the best answer for the blank.**

14 The police are working hard to find the vandals who ___________ City Hall by painting offensive slogans on the windows.

(a) impaired
(b) assaulted
(c) defaced
(d) finished

15 Although the city's attorneys used to be close friends of the former mayor, they have decided that they must ___________ him for his illegal financial dealings.

(a) emancipate
(b) prosecute
(c) authorize
(d) deliver

16 The boss's desk is advantageously ___________ so he can see the desks of all of his employees while he is working.

(a) presented
(b) concentrated
(c) initiated
(d) situated

17 Harold left the army because he found it difficult to be ___________ far away from his family for months at a time.

(a) stationed
(b) centered
(c) detailed
(d) reserved

18 At the political rally, the candidate's supporters ___________ a pamphlet outlining her impressive qualifications for the job.

(a) instigated
(b) advanced
(c) circulated
(d) transported

01   They have **[discussed / answered]** it, but they haven't taken a vote yet.

02   Sir, did you know that your membership at this club is about to **[expire / complete]**?

03   The last time I used the cheap wood, the building **[collapsed / receded]** two months later. This wood is much stronger.

04   I would like to **[obtain / redeem]** my raffle ticket. I won the second round of drawings.

05   I don't think losing a backpack **[charges / warrants]** such a severe punishment. Maybe we should buy her a new one, and then she can pay us back later.

06   When I was trying to **[close / quit]**, I found it helpful to chew on toothpicks.

07   That's perfectly normal. Many of my students start to **[question / confuse]** the purpose of existence.

08   Sylvia, would you mind helping me **[draft / sign]** this letter? I'm having trouble deciding what to say.

09   The bad weather was **[surpassing / impeding]** our progress, but we started working again yesterday when the rain stopped.

10   If you're going to be ungrateful, I'm going to **[withdraw / reinstate]** my generous offer to help you get out of debt.

11   I'm just saying that I don't think the government should **[subsidize / intervene]** the housing of some groups but not others.

12   Her file says that she was **[relegated / commended]** for her work with disabled children, so I think she'd be a great asset to our institution.

13   Although the city's attorneys used to be close friends of the former mayor, they have decided that they must **[emancipate / prosecute]** him for his illegal financial dealings.

14   The boss's desk is advantageously **[situated / concentrated]** so he can see the desks of all of his employees while he is working.

15   Harold left the army because he found it difficult to be **[stationed / reserved]** far away from his family for months at a time.

16   At the political rally, the candidate's supporters **[circulated / instigated]** a pamphlet outlining her impressive qualifications for the job.

Chapter 01

Unit 02 동사 Ⅱ

A: I'm very concerned about this letter from your company. It says I owe for services in January, but I paid that bill.

B: You're absolutely right, so please ___________ the letter. We must have mailed it before you made your payment.

 (a) disregard
 (b) eliminate
 (c) reconcile
 (d) underline

[THE TOP in TEPS Solution]

[해석]　A: 저는 당신의 회사로부터 온 이 편지가 매우 염려스러워요. 1월 요금에 빚이 있다고 되어있는데, 전 그 요금을 냈거든요.
　　　　B: 고객님이 맞습니다. 그 편지를 그저 무시하세요. 납부하시기 전에 발송된 것이 분명합니다.

[해설]　빈칸 뒤의 내용에서 '편지가 요금 납부 전에 발송된 것이 분명하다'라고 하였으므로, '편지를 무시해달라'는 표현이 빈칸에 들어가는 것이 적절하다. 따라서 '무시하다'라는 뜻의 동사 disregard가 정답이다.

[정답]　(a)

Power Vocabulary

☐ **feature** 특별히 포함하다, 특징으로 삼다
Women's magazines generally **feature** diets and exercise regimes.
여성 잡지들은 다이어트와 운동 방법을 일반적으로 포함한다.

☐ **expel** 퇴학시키다, 쫓아내다
The student was **expelled** from school for delinquent conduct.
그 학생은 태만한 행동으로 학교에서 쫓겨났습니다.

☐ **salvage** 구조하다, 지키다, 회복하다
The shipwrecked crew was **salvaged** by a passing steamer.
난파된 선원들은 지나가는 증기선에 의해 구조되었다.

☐ **capture** ~의 관심을 사로잡다, 억류하다, 차지하다
The novel **captured** the hearts and minds of a generation.
그 소설은 한 세대의 마음과 정신을 사로잡았습니다.

☐ **disclose** 밝히다, 드러내다
We can not **disclose** the personal information of our customers.
저희는 고객의 개인 정보를 공개할 수 없습니다.

☐ **confirm** 사실임을 보여주다, 더 확실히 하다
I'd like to **confirm** my reservation for a flight to Tokyo tomorrow.
내일 도쿄행 비행기 예약을 확인하고 싶습니다.

☐ **imply** 암시(시사)하다, 의미하다
All the evidence **implied** that he was the culprit.
모든 증거는 그가 범죄 용의자라는 것을 의미했다.

☐ **evaporate** 증발하다, 사라지다
Some of the ocean **evaporates** or turns into vapor.
바다의 일부는 증발하거나 수증기로 바뀝니다.

☐ **depict** 묘사하다, 그리다
Her paintings **depict** the ordinary people in the 19th century.
그녀의 작품들은 19세기 보통 사람들을 묘사합니다.

Check Up

1. The firemen **[salvaged / captured]** the people from the burning house.
2. After they were freed on bail they **[depicted / narrated]** jail conditions as a "living hell".
3. The water is **[saturated / evaporated]** by the sun.
4. The government finally **[expelled / deported]** the demonstrators from the city.

☐ **confiscate** 몰수(압수)하다
The teacher threatened to **confiscate** cell phones if
the students use them in class.
선생님은 학생이 수업 중에 휴대폰을 사용하면 압수하겠다고 겁을
주었다.

☐ **resuscitate** 소생시키다
His heart stopped beating, but the doctors
successfully **resuscitated** him.
그의 심장 박동은 멈췄지만, 의사들은 성공적으로 그를 소생시켰다.

☐ **proclaim** 선언(선포)하다, 분명히 보여주다
The declaration **proclaimed** the loyalty to the
alliance.
그 발표는 동맹국에 대한 충성을 분명히 보여주었습니다.

☐ **bribe** 뇌물을 주다, 매수하다
She **bribed** the politician in the name of giving a
political donation.
그녀는 정치 기금을 기부하는 이름으로 정치인에게 뇌물을 주었습니
다.

☐ **reinforce** 강화하다, 보강하다
The endurance exercises **reinforce** back muscles
without jarring them.
지구력 운동은 갑작스런 통증없이 등 근육을 강화시켜줍니다.

☐ **leave** 남기다, 떠나다
I will **leave** the decision to your option.
저는 당신의 선택에 결정권을 주겠습니다 .

☐ **fail** 실패하다, 고장나다
These days, only a few businesses success and most
of the businesses **fail**.
요즘, 일부 몇 사업체만이 성공하고 대부분은 실패합니다.

☐ **brighten** 활기를 주다, 밝아지다
She **brightened** up the boring atmosphere of the
meeting.
그녀는 회의의 지루한 분위기에 활기를 주었습니다.

☐ **disregard** 무시(묵살)하다
She completely **disregards** other's opinion and
forces everyone to accept her position.
그녀는 완전히 다른 사람의 의견을 무시하고, 그녀의 견해를 받아들
이도록 모두를 강요합니다.

Check Up

1. Their land will be **[confiscated / terminated]** after the war.
2. The president **[proclaimed / consented]** a state of emergency yesterday.
3. She completely **[eliminated / disregarded]** her mother's advice.
4. She was **[compensated / resuscitated]** by the artificial respiration.

Practice Test

PART I **Choose the best answer for the blank.**

01 A: I want to let my son stay home alone, but I'm afraid of what he'll do if _______________ to his own devices.

B: You're probably wise to wait. Remember last time, when he forgot to turn off the bathwater and flooded the hallway?

(a) held
(b) given
(c) sent
(d) left

02 A: Dad, you're going to be angry. I got suspended from school for fighting with another student.

B: I don't know what to say, son. I'm so shocked that words _______________ me.

(a) fail
(b) neglect
(c) ignore
(d) miss

03 A: I know you've been under a lot of stress lately, so I brought some of your favorite chocolates to cheer you up.

B: Thank you! I've been feeling a little depressed, but these chocolates really _______________ my day.

(a) regulate
(b) preserve
(c) brighten
(d) convert

PART II **Choose the best answer for the blank.**

04 The Charitable Society is holding a fundraising concert _______________ some of the most talented musicians from around the world.

(a) featuring
(b) regarding
(c) allowing
(d) occupying

05 Fortunately, the passengers of the burning bus all escaped safely, but none of their luggage could be _______________ from the wreck.

(a) achieved
(b) realized
(c) captured
(d) salvaged

06 After Barbara bought the house, she discovered that the previous owner failed to _______________ that the roof needed immediate repair.

(a) depict
(b) instruct
(c) narrate
(d) disclose

07 Charlie did not say anything about the new paint color in the kitchen, but his facial expression _______________ that he did not like it.

(a) concealed
(b) encouraged
(c) implied
(d) accepted

08 The filmmaker's mother never forgave him
for _______________ her in his movie as a cruel
tyrant who never showed love for her children.

(a) inflicting
(b) convicting
(c) depicting
(d) evicting

09 The student who organized the library break-
in was _______________, but the other students
who were involved were only suspended.

(a) deported
(b) expelled
(c) displaced
(d) ejected

10 The reviewer was impressed that the actor in
the war movie accurately _______________ the
inner turmoil of a soldier on the battlefield.

(a) secured
(b) determined
(c) captured
(d) arrested

11 Without _______________ or denying any
definite plans, the mayor announced that new
legislation was being discussed by the city
council.

(a) representing
(b) confirming
(c) mandating
(d) dispatching

12 The weather expert on the news presented
a special program for kids about how water
_______________ from the earth and forms
clouds, then returns to the earth as rain.

(a) moisturizes
(b) saturates
(c) irrigates
(d) evaporates

13 After an employee threatened to hurt her
coworker with a pair of scissors, the office
manager _______________ every sharp object in
the building.

(a) demolished
(b) confiscated
(c) sabotaged
(d) terminated

14 Henry owed his life to the ambulance driver
who _______________ him after he nearly had a
fatal heart attack.

(a) resuscitated
(b) liberated
(c) delivered
(d) compensated

15 The leader of the protest stood up and
_______________ that he was willing to die fighting
for peace and justice.

(a) consented
(b) induced
(c) proclaimed
(d) endorsed

16 Herman was arrested at the border for trying
to _____________ the guards into letting him
through without a passport.

(a) bribe
(b) exchange
(c) convert
(d) settle

17 When the house collapsed, the builder
wished he had taken his boss's advice and
_____________ the supporting beams.

(a) reinforced
(b) developed
(c) established
(d) heightened

01 The Charitable Society is holding a fundraising concert **[regarding / featuring]** some of the most talented musicians from around the world.

02 Fortunately, the passengers of the burning bus all escaped safely, but none of their luggage could be **[salvaged / captured]** from the wreck.

03 After Barbara bought the house, she discovered that the previous owner failed to **[narrate / disclose]** that the roof needed immediate repair.

04 Charlie did not say anything about the new paint color in the kitchen, but his facial expression **[implied / accepted]** that he did not like it.

05 The filmmaker's mother never forgave him for **[inflicting / depicting]** her in his movie as a cruel tyrant who never showed love for her children.

06 The student who organized the library break-in was **[expelled / deported]**, but the other students who were involved were only suspended.

07 The reviewer was impressed that the actor in the war movie accurately **[captured / secured]** the inner turmoil of a soldier on the battlefield.

08 Without **[confirming / mandating]** or denying any definite plans, the mayor announced that new legislation was being discussed by the city council.

09 The weather expert on the news presented a special program for kids about how water **[moisturizes / evaporates]** from the earth and forms clouds, then returns to the earth as rain.

10 After an employee threatened to hurt her coworker with a pair of scissors, the office manager **[confiscated / terminated]** every sharp object in the building.

11 Henry owed his life to the ambulance driver who **[resuscitated / delivered]** him after he nearly had a fatal heart attack.

12 The leader of the protest stood up and **[proclaimed / endorsed]** that he was willing to die fighting for peace and justice.

13 Herman was arrested at the border for trying to **[exchange / bribe]** the guards into letting him through without a passport.

14 When the house collapsed, the builder wished he had taken his boss's advice and **[reinforced / developed]** the supporting beams.

15 I want to let my son stay home alone, but I'm afraid of what he'll do if **[left / sent]** to his own devices.

16 I don't know what to say, son. I'm so shocked that words **[fail / neglect]** me.

17 Thank you! I've been feeling a little depressed, but these chocolates really **[convert / brighten]** my day.

18 You're absolutely right, so please **[disregard / underline]** the letter. We must have mailed it before you made your payment.

Chapter 02

Unit 01 명사 I

A: The science institute is very impressed with your work on the sleep study, and we'd like you to present your ___________ at our annual dinner.

B: Thank you, I'm very honored. I'll collect my data and put together a presentation for the dinner.

(a) holdings
(b) findings
(c) keepings
(d) feelings

[THE TOP in TEPS Solution]

[해석] A: 그 과학 연구소는 귀하의 수면 연구에 대한 업적에 매우 감명을 받아서, 연구소의 연례 만찬에서 귀하의 연구의 결과를 직접 발표해 주셨으면 합니다.

B: 감사합니다, 저로서는 매우 영광입니다. 자료를 모아서 그 만찬을 위한 발표를 준비하겠습니다.

[해설] A는 B의 수면 연구에 대한 업적을 높게 평가하여 연구소의 만찬 강연에 초대하면서, 그 강연에서 발표해줄 것을 정중히 부탁하고 있다. 보기 중 연구자의 발표로 적당한 내용은 '발견 또는 연구의 결과'를 의미하는 (b) findings이다.

[정답] (b)

☐ **promise** 약속, 가능성
She broke her **promise** to visit her parents regularly.
그녀는 정기적으로 부모님을 방문하겠다는 약속을 어겼습니다.

☐ **novice** 초보자
Novice driver's accident rates have been mostly attributed to lack of experience.
초보 운전자의 사고율은 대부분 경험 부족에 원인이 있다.

☐ **warning** 경고, 주의
A **warning** of the danger of smoking cannot be overemphasized.
흡연 위험의 경고는 지나친 강조일 수 없다.

☐ **athletics** 운동경기, 육상경기
College students can participate in any forms of **athletics** in the field day.
대학생들은 야외 운동 일에 어떤 종류의 운동 경기에 참가할 수 있다.

☐ **means** 수단, 방법, 방도
Telephone is an effective **means** of communication.
전화는 의사소통의 효과적인 수단이다.

☐ **dimension** 크기, 치수, 차원
I measured the **dimensions** of the front yard.
나는 앞뜰의 크기를 측정했다.

☐ **service** 서비스, 봉사
This first-class hotel provides much better **service** than other ones.
1등급 호텔은 다른 곳보다 훨씬 나은 서비스를 제공한다.

☐ **proceeds** 수익금
The **proceeds** of the event the will go to charity.
행사 수익금은 기부 단체로 갈 것입니다.

☐ **obstacle** 장애, 장애물
Her lack of experience and educational background became a major **obstacle** to finding a job.
그녀의 경험과 교육 배경에 대한 부족은 일자리를 찾는 것에 있어 주된 장애가 되었다.

Check Up

1. I'm not very good at teaching, but I'm not a complete **[novice / expert]** either.
2. What's more interesting is what would happen in a fourth **[dimension / inspection]**.
3. The researchers continued their research in spite of the **[obstacles / segments]**.
4. Some of the **[proceeds / savings]** were donated to help underprivileged children.

□ **toll** 사상자(희생자)수, 통행료
The death **toll** continues to mount after the major
earthquake.
사망자수는 큰 지진 후 계속해서 증가한다.

□ **symptom** 증상, 징후
One of the **symptoms** of autism is a severe problem
with language.
자폐 증세의 하나는 심각한 언어 문제이다.

□ **significance** 중요성, 의의, 의미
Many people comprehend the **significance** of a
religion.
많은 사람들이 종교의 중요성을 이해한다.

□ **harm** 피해, 손해
Drinking too much alcohol will do more **harm** than
good to our bodies.
술을 많이 마시는 것은 우리 신체에 득보다는 해가 더 될 것이다.

□ **following** 추종자(팬)들
He has long been a **following** of the Communist
Party.
그는 오랫동안 공산당의 추종자였다.

□ **patronage** 후원
Thank you for your **patronage** and we would like
you to accept this gift.
여러분의 후원에 감사하며, 이 선물을 받아주시길 바랍니다.

□ **outtake** 촬영 후 상영 필름에서 커트한 장면, 발췌
The film also features **outtakes** of misses and
humorous moments.
그 영화는 또한 영화에서 빠졌던 재미있는 순간들을 모은 장면을 특
징으로 한다.

□ **finding** (조사, 연구등의) 결과, 결론
The recent **findings** do not correspond to those of
previous studies.
최근 연구 결과는 이전 연구에 일치하지 않습니다.

□ **intention** 의사, 의도, 목적
He had no **intention** of insulting the employees.
그는 직원들을 모욕할 의도는 없었습니다.

Check Up

1. The new drug had great **[significance / intelligence]** for healing the disease.
2. Customer's continued **[patronage / friendship]** is important to us.
3. Many countries have no **[resolution / intention]** of invading other countries.
4. A little liquor or tobacco will do no **[fuss / harm]**.

Practice Test

01 A: Rachel says she might quit the band
       because the other musicians are so much
       more experienced.
    B: I hope she sticks with it. She may be a little
       behind, but she has a lot of ______________.

    (a) consent
    (b) promise
    (c) warrant
    (d) bargain

02 A: I'm very impressed that you learned to play
       chess. I could never remember all the rules.
    B: Well, I'm only a(n) ______________, but with
       enough practice, I might be able to compete
       someday.

    (a) substitute
    (b) novice
    (c) regular
    (d) expert

03 A: My family's been much happier since we
       moved to the ______________. We have our
       own house with a big backyard.
    B: I've thought about doing that, but I would
       have such a long commute to the city every
       day for work.

    (a) capital
    (b) suburbs
    (c) neighborhood
    (d) territory

04 A: I hear that the college is building a new
       gym with a swimming pool and bigger locker
       rooms.
    B: The college also just announced that the
       library is losing funding. I don't understand
       how they have enough money for
       ______________, but not enough money for
       education.

    (a) athletics
    (b) practices
    (c) vocations
    (d) academics

05 A: Congratulations! I hear your wife is going to
       have twins. You are very lucky.
    B: I'm excited, but a little worried, too. I just
       hope we have the ______________ to
       support such a large family on one income.

    (a) trials
    (b) means
    (c) tricks
    (d) plans

06 A: This couch would look great in our new
       house. Should we buy it?
    B: Maybe we should check the ______________
       of the living room before we buy anything so
       we know that it will fit.

    (a) dimensions
    (b) extensions
    (c) assessments
    (d) inspections

07 A: It's so nice that everyone came to show
respect for my mother. She influenced many
people while she was alive.
B: Yes, and the preacher had some wonderful
things to say about her during the
______________.

(a) service
(b) display
(c) inspection
(d) course

08 A: I have to get these books back to the library
because they're two weeks ______________.
B: Uh oh. They probably won't let you get any
more books until you pay the fine.

(a) overdue
(b) subsequent
(c) punctual
(d) belated

09 A: What are you doing at home? I thought you
were going to be out looking for a job today.
B: I'll never find a job. With my lack of
experience and limited schedule, there are
just too many ______________ in my way.

(a) extensions
(b) obstacles
(c) divisions
(d) segments

10 A: Why are we stopping at the bank? I thought
we were going to Grandma's house.
B: We are, but we need to get some cash for
the ______________ on the River Street
Bridge.

(a) rate
(b) price
(c) cost
(d) toll

11 A: I'm worried that my frequent headaches
could be a(n) ______________ of a brain
tumor.
B: Headaches can be caused by a lot of
things. You should see a doctor before you
make an assumption.

(a) cause
(b) purpose
(c) agency
(d) symptom

12 A: My history teacher pointed out the absence
of the horse's head in the political cartoon,
but I don't see the ______________.
B: If the horse represents the nation and it has
no head, then I think the cartoonist is saying
that there's no one leading the nation.

(a) significance
(b) frequency
(c) intelligence
(d) development

13 A: My husband is worried about letting our
daughter sleep at her friend's house tonight,
but I don't see the ______________ in it.
B: Your husband has reasonable concerns.
Maybe you should at least call the friend's
parents first to make sure your daughter will
be safe.

(a) stress
(b) bother
(c) harm
(d) fuss

14 A: You don't really think Jim Stevens could win the election, do you?

B: I didn't think he could win when he first started his campaign, but he's developed quite a(n) _______________ over the past few months.

(a) protection
(b) following
(c) allowance
(d) benefactor

15 A: I don't know why I go back to that supermarket. They always overcharge me and then it's a big hassle to get it corrected.

B: You should try another store. If they can't treat their customers fairly, then they don't deserve your _______________.

(a) obedience
(b) patronage
(c) friendship
(d) security

16 A: I hear your brother is engaged to Cindy. Didn't you say that you don't like her?

B: Well, I have some _______________ about Cindy joining the family, but I want my brother to be happy.

(a) reservations
(b) inclinations
(c) limitations
(d) complications

17 A: I'm getting annoyed with Karen for coming to my house without calling first. Sometimes she arrives at inconvenient times.

B: It sounds like you need to set some clear _______________ with Karen. Nothing will change unless you tell her to respect your space.

(a) intentions
(b) margins
(c) boundaries
(d) interiors

18 A: I've been looking for a new place to live, and I was wondering of your apartment downtown was vacant.

B: We'd love to have you live there, but unfortunately we already have a

_______________.

(a) tenant
(b) patron
(c) subhect
(d) dweller

19 A: The elevator in my building is still broken, and I'm dreading walking up those stairs.

B: That's terrible! It must be eshausting to go up seven _______________ just to get to your apartment.

(a) flights
(b) grounds
(c) stages
(d) planes

20 Although the rescue workers had good
    _______________, they were inexperienced
    and provided very little help to the earthquake
    victims.

    (a) intentions
    (b) beliefs
    (c) purposes
    (d) resolutions

21 The basketball team used the _______________
    from the bake sale to buy new uniforms for the
    team members.

    (a) savings
    (b) receipts
    (c) interests
    (d) proceeds

22 The police officer let Joe off with a
    _______________ and told him that he would
    definitely get a ticket if he got caught speeding
    again.

    (a) threat
    (b) warning
    (c) lesson
    (d) signal

01   I hope she sticks with it. She may be a little behind, but she has a lot of **[promise / warrant]**.

02   Well, I'm only a(n) **[novice / expert]**, but with enough practice, I might be able to compete someday.

03   My family's been much happier since we moved to the **[neighborhood / suburbs]**. We have our own house with a big backyard.

04   The college also just announced that the library is losing funding. I don't understand how they have enough money for **[athletics / practices]**, but not enough money for education.

05   I'm excited, but a little worried, too. I just hope we have the **[means / plans]** to support such a large family on one income.

06   Maybe we should check the **[assessments / dimensions]** of the living room before we buy anything so we know that it will fit.

07   Yes, and the preacher had some wonderful things to say about her during the **[service / inspection]**.

08   I have to get these books back to the library because they're two weeks **[overdue / belated]**.

09   I'll never find a job. With my lack of experience and limited schedule, there are just too many **[obstacles / extensions]** in my way.

10   We are, but we need to get some cash for the **[toll / rate]** on the River Street Bridge.

11   I'm worried that my frequent headaches could be a(n) **[symptom / purpose]** of a brain tumor.

12   My history teacher pointed out the absence of the horse's head in the political cartoon, but I don't see the **[significance / development]**.

13   My husband is worried about letting our daughter sleep at her friend's house tonight, but I don't see the **[harm / fuss]** in it.

14   I didn't think he could win when he first started his campaign, but he's developed quite a(n) **[allowance / following]** over the past few months.

15   You should try another store. If they can't treat their customers fairly, then they don't deserve your **[obedience / patronage]**.

16   Although the rescue workers had good **[beliefs / intentions]**, they were inexperienced and provided very little help to the earthquake victims.

17   The basketball team used the **[proceeds / savings]** from the bake sale to buy new uniforms for the team members.

18   The police officer let Joe off with a **[warning / threat]** and told him that he would definitely get a ticket if he got caught speeding again.

Chapter 02

Unit 02 명사 Ⅱ

A: Are you sure that we're talking about the same movie? I don't remember the scene you're describing.

B: Now that I think about it, I saw that scene in the ___________ that were included on the DVD.

(a) outtakes
(b) prefixes
(c) underdogs
(d) overdrafts

[THE TOP in TEPS Solution]

[해석] A: 우리 같은 영화에 대해 이야기 하고 있는 게 맞는 거니? 난 네가 말하는 장면이 기억이 나지 않는 걸.
B: 생각해보니, 내가 그 장면을 DVD에 포함된 아웃 테이크에서 봤네.

[해설] 같은 영화를 이야기 하면서 묘사하고 있는 장면을 기억 못하자 DVD에서 봤던 것이라 말하고 있다. 영화나 음반 등의 최종 완성본이 아닌, 편집 시 잘려나가 본 작품에 포함되지 못한 부분을 일컬어 'outtakes'라고 하는데, 재발매 등의 이유로 잘려나간 장면이나 트랙이 DVD 버전에서 보너스 트랙(bonus tracks)이나 영상(bonus features)에 삽입되기도 한다.

[정답] (a)

☐ **subsidy** (국가,기관이 주는) 보조금
She is unemployed and is now living by **subsidies**.
그녀는 실업자이고 지금은 정부 보조금으로 살아가고 있다.

☐ **rating** 순위, (텔레비전의) 시청률
Our company holds the highest **rating** in the automobile industry.
우리 회사는 자동차 사업에서 가장 높은 순위를 지키고 있다.

☐ **generation** 세대
My grandparents' **generation** has grown up with the experience of a war.
저희 조부모님 세대는 전쟁 경험과 함께 성장했습니다.

☐ **division** (조직의)분과, 분할, 분배
The R&D **division** is the largest unit in this company.
연구 및 개발 부서는 이 회사에서 가장 큰 조직입니다.

☐ **vandalism** 공공 기물 파손죄
A **vandalism** is an act of damaging of things that are public property.
공공기물 파손은 공공 재산인 물건을 파괴하는 행위입니다.

☐ **agenda** 의제, 안건
The main **agenda** of today's meeting is cutting the budget.
오늘 회의의 주 의제는 예산 삭감입니다.

☐ **formula** 공식, 제조법
There should be a secret **formula** for the blending of the whisky.
위스키 혼합에 대한 비밀 제조법이 있다.

☐ **resolve** 결심, 결의
The hardships in her way merely strengthened her **resolve**.
그녀가 사는데 있어서 고난은 단지 그녀의 결의를 강하게 할 뿐이었다.

Check Up

1. The government decided to reduce the level of **[subsidy / donation]**.
2. He was acclaimed as the greatest scientist of his **[reproduction / generation]**.
3. The man was arrested for **[vandalism / injustice]**.
4. I became firm in my **[resolve / impulse]** to quit smoking.

☐ **copycat** 모방하는 사람

There's a good chance that the incidents are **copycat** crimes.

사건들이 모방 범죄일 가능성이 높습니다.

☐ **sign** 징후, 조짐, 신호

After the long winter, the first **sign** of spring finally is around now.

긴 겨울이 지나고, 봄의 첫 신호가 마침내 현재 주변을 둘러싸고 있습니다.

☐ **arrangement** 준비, 마련

We should make an **arrangement** for our travel.

우리는 여행 준비를 해야 합니다.

☐ **adapter** 어댑터, 개작자

The power **adapter** must be plugged into the computer.

전력 어댑터는 컴퓨터에 연결되어야만 합니다.

☐ **portfolio** 작품집, 서류가방

The manager was impressed with her **portfolio** and decided to hire her.

관리자는 그녀의 작품집에 인상을 받았고, 그녀를 채용하기로 결심했다.

☐ **inequality** 불평등, 불균등

She thought that social **inequality** was part of the natural order.

그녀는 사회적 불평등이 자연 질서의 부분이라 생각했습니다.

☐ **realtor** 부동산업자

It is important to find an experienced **realtor** who knows the market well.

시장을 잘 아는 경험 있는 부동산업자를 찾는 것은 중요합니다.

☐ **letter** 편지, 문자

We should always capitalize the first **letter** of the sentence.

우리는 항상 문장 첫 글자를 대문자로 써야 합니다.

Check Up

1. The little boy was trying to be a **[copycat / sidekick]** of his father.
2. He will make **[arrangements / compositions]** for you to get to the hotel from the airport.
3. The student would get a professional **[portfolio / monument]** after the semester.
4. The **[inequality / depression]** of these two nations caused friction.

Practice Test

PART I **Choose the best answer for the blank.**

01 A: I don't understand why the boss rejected my latest report. She said that all the information was correct, but that there was a minor formatting error.
B: You'll learn pretty quickly that she expects everyone to follow her instructions to the ______________.

(a) item
(b) book
(c) form
(d) letter

02 A: Do you want to go see that new action movie that everyone's been talking about?
B: I don't know. The newspaper gave it a pretty bad ______________. Maybe we should go see something else.

(a) rating
(b) viewing
(c) calling
(d) pricing

03 A: Why did your factory have to stop making clothing?
B: Our suppliers raised the prices on all the raw ______________, including cotton and wool.

(a) components
(b) equipments
(c) ingredients
(d) materials

04 A: Ever since I won all that money, I've been looking for a worthy ______________ to donate some of it to.
B: There's a children's home that could use some help. It has done a lot of good work for the community.

(a) goal
(b) result
(c) motive
(d) cause

05 A: Oh no! You'd better pull over to the side of the road because our rear tire is flat.
B: It's OK. I know how to change a tire. Where do you keep the ______________?

(a) spare
(b) basics
(c) other
(d) extras

06 A: I haven't seen Harriet for a while. Do you know if she's OK?
B: She used to hide in the stockroom while she was supposed to be working, so she was fired for job ______________.

(a) avoidance
(b) prevention
(c) departure
(d) intention

07 A: Being a construction worker must be dangerous. Are there many accidents on the job site?
B: The workers get cuts and ______________ all the time. It's important to have a ready supply of bandages and antibacterial spray.

(a) clashes
(b) jams
(c) scrapes
(d) grinds

08 A: I wish we could go Eddie's Restaurant, but now thanks to Karen, we're all banned from the ______________.
   B: You can't blame Karen for what happened. That other woman provoked her into a fight.

   (a) resources
   (b) belongings
   (c) securities
   (d) premises

09 A: My friend gave me a ticket to a speech by Billy Barnes, but I don't know who he is.
   B: Billy Barnes? I think he's the chef who writes a weekly cooking ______________ in the newspaper.

   (a) column
   (b) version
   (c) banner
   (d) record

PART II Choose the best answer for the blank.

10 Now that the hospital qualifies for a ______________ from the government, it will be able to afford new medical equipment without increasing the cost to its patients.

   (a) donation
   (b) measure
   (c) gratuity
   (d) subsidy

11 Harriet was very sad when she had to sell the old wardrobe that had been in her family for many ______________.

   (a) conceptions
   (b) preservations
   (c) reproductions
   (d) generations

12 Henry's basketball team is number one in the western ______________, but they still haven't defeated the leading eastern team.

   (a) duration
   (b) portion
   (c) division
   (d) partition

13 The city council was tired of kids spray-painting the park benches, so they voted to install video cameras in all the parks to discourage ______________.

   (a) corruption
   (b) vandalism
   (c) injustice
   (d) pollution

14 The store's owner hoped that the new landlords would allow him to stay in the building, but unfortunately they had their own ______________.

   (a) agenda
   (b) department
   (c) territory
   (d) function

15 The screenwriter told the interviewer that her ______________ for a successful screenplay was always a hero plus a villain plus an impossible romance.

   (a) character
   (b) mystery
   (c) purpose
   (d) formula

16 Linda's friends were worried that she would be discouraged by the tennis loss, but the experience only strengthened her _______________ to win at the tournament.

(a) contract
(b) exercise
(c) resolve
(d) impulse

17 The police determined that the same person committed the first three similar murders, but the fourth was committed by a _______________.

(a) miniature
(b) replica
(c) copycat
(d) sidekick

18 The mayor announced that the increase in employment was a sure _______________ that the local economy was improving.

(a) show
(b) hint
(c) sign
(d) need

19 The florist ordered rare roses that were very expensive so she could make a special _______________ for her sister's wedding.

(a) arrangement
(b) composition
(c) interpretation
(d) settlement

20 When Kyle traveled to another country, he discovered that his electric razor did not fit into the plugs, so he had to buy a(n) _______________.

(a) manual
(b) outlet
(c) adapter
(d) joint

21 The painter presented her _______________ to the gallery owner, hoping that her work was good enough to be displayed.

(a) portfolio
(b) alliance
(c) character
(d) monument

22 Norma was outraged about the _______________ of the restaurant's hiring policy, which prevented women from working at the bar.

(a) predicament
(b) emergency
(c) inequality
(d) depression

23 James realized he had overpaid for his house and wished he had hired a(n) _______________ to guide him through the process.

(a) instructor
(b) counselor
(c) accountant
(d) realtor

24 The dentist posted _______________ from some of his satisfied customers on the walls of his office and waiting room.

(a) settlement
(b) credentials
(c) testimonials
(d) chronicles

Review TEST

01   Harriet was very sad when she had to sell the old wardrobe that had been in her family for many **[preservations / generations]**.

02   Henry's basketball team is number one in the western **[division / partition]**, but they still haven't defeated the leading eastern team.

03   The city council was tired of kids spray-painting the park benches, so they voted to install video cameras in all the parks to discourage **[vandalism / corruption]**.

04   The store's owner hoped that the new landlords would allow him to stay in the building, but unfortunately they had their own **[function / agenda]**.

05   The screenwriter told the interviewer that her **[purpose / formula]** for a successful screenplay was always a hero plus a villain plus an impossible romance.

06   Linda's friends were worried that she would be discouraged by the tennis loss, but the experience only strengthened her **[resolve / impulse]** to win at the tournament.

07   The police determined that the same person committed the first three similar murders, but the fourth was committed by a **[copycat / replica]**.

08   The mayor announced that the increase in employment was a sure **[hint / sign]** that the local economy was improving.

09   The florist ordered rare roses that were very expensive so she could make a special **[arrangement / composition]** for her sister's wedding.

10   When Kyle traveled to another country, he discovered that his electric razor did not fit into the plugs, so he had to buy a(n) **[joint / adapter]**.

11   The painter presented her **[character / portfolio]** to the gallery owner, hoping that her work was good enough to be displayed.

12   Norma was outraged about the **[inequality / emergency]** of the restaurant's hiring policy, which prevented women from working at the bar.

13   James realized he had overpaid for his house and wished he had hired a **[realtor / counselor]** to guide him through the process.

14   The dentist posted **[testimonials / credentials]** from some of his satisfied customers on the walls of his office and waiting room.

15   You'll learn pretty quickly that she expects everyone to follow her instructions to the **[letter / form]**.

16   Now that the hospital qualifies for a **[donation / subsidy]** from the government, it will be able to afford new medical equipment without increasing the cost to its patients.

17   I don't know. The newspaper gave it a pretty bad **[viewing / rating]**. Maybe we should go see something else.

Chapter 03

Unit 01 형용사 & 부사 Ⅰ

A: Why do you think Dad is planning to sell the house? I don't remember him saying anything about it.

B: He didn't __________ say he would sell it, but he kept hinting at the advantages of renting instead of owning.

  (a) unexpectedly

  (b) accidentally

  (c) voluntarily

  (d) specifically

[THE TOP in TEPS Solution]

[해석] A: 아빠가 그 집을 왜 팔려고 하시는 거죠? 그 이유에 대해 말씀하신 걸 들은 것 같지 않아요.

      B: 팔 거라고 명확하게 말씀하지는 않으셨는데, 매입해서 소유하고 있는 것 대신 임대하는 것의 장점들을 간접적으로 반복하셨어.

[해설] 집을 파는 이유를 직접적으로 언급하지 않고, 임대에 대한 장점을 넌지시 반복적으로 말씀하셨다는 내용이다. 따라서 빈칸에는 '분명하게 말하지 않았다'는 의미로 '(He didn't) specifically (say ~)'가 들어가는 것이 적절하다.

[정답] (d)

☐ **secretly** 비밀히, 몰래

The company was accused of **secretly** opening the employees' email accounts.

회사는 몰래 직원들의 이메일 계정을 열었기 때문에 고소당했다.

☐ **prompt** 즉각적인, 신속한

I ask for your **prompt** reply to this annual report.

이 연례 보고서에 당신의 신속한 답장을 요청하는 바입니다.

☐ **frivolous** 경솔한, 하찮은

His **frivolous** attitude doesn't help getting votes in presidential elections.

그의 경솔한 태도는 대선에서 표를 얻는데 도움되지 않는다.

☐ **testy** 짜증을 잘 내는

Nancy has reasons for being **testy**, for the report's deadline on top of her.

Nancy는 짜증을 내는 이유가 있는데, 보고서 마감이 가까워오기 때문이다.

☐ **scarcely** ~하자마자, 겨우

Mike had **scarcely** turned off the radio when the telephone rang.

Mike가 라디오를 끄자마자 전화기가 울렸다.

☐ **runny** 콧물이 흐르는, 물기가 많은

I have a sore throat, cough and a **runny** nose.

목이 아프고, 기침하고 콧물이 흘러요.

☐ **thoughtful** 배려심 있는, 사려 깊은

It was really **thoughtful** of you to remember my birthday.

제 생일을 기억해 주시니 당신은 정말 사려 깊으시네요.

☐ **classified** 기밀의, 주제별로 분류된

The **classified** documents are only allowed to the authorized members.

기밀 서류는 오직 승인 받은 직원들에게 허용된다.

☐ **contagious** 전염되는, 전염성의

A highly **contagious** virus was found in tourists who travelled abroad.

전염성 높은 바이러스가 해외 여행을 했던 관광객에게서 발견되었다.

☐ **resourceful** 지략(기략)있는

She is a **resourceful** manager. Because she is good at finding way of dealing with many defficult problems.

그녀는 지략 있는 관리자이다. 왜냐하면 많은 어려운 문제를 다루는 방법을 알아내는 것을 잘한다.

☐ **futile** 헛된, 소용없는

All his attempts to do better turned out to be **futile**.

더 잘해보자는 그의 모든 시도는 헛되었다.

Check Up

1. His **[frivolous / eccentric]** character didn't help him in a teaching job.
2. She **[scarcely / closely]** ever goes to see the doctor.
3. The flu can be very **[precarious / contagious]** as it can spread easily.
4. It is **[futile / abrupt]** trying to revive him.

□ **occasional** 가끔의

Tomorrow, we expect a heavy rain with **occasional** lightning.
내일 번개를 간혹 동반한 폭우가 있을 것입니다.

□ **skillfully** 솜씨 있게, 교묘하게

The governor **skillfully** turned aside the questions of reporters.
주지사는 재치 있게 기자들의 질문을 피해나갔다.

□ **identical** 동일한, 똑같은

Look outside! The houses are in a row of **identical** shapes!
밖을 봐! 집들이 동일한 모양으로 줄지어 있어!

□ **outwardly** 겉으로는, 표면상으로

The wounded soldier was in pain, but he was **outwardly** positive.
부상당한 군인은 고통에 있지만, 그는 겉으로 긍정적이었다.

□ **infuriated** 화가난, 진노한

The methods of confronting protesters made the people **infuriated**.
시위자들과 부딪히는 방식이 사람들을 화나게 했다.

□ **specifically** 특별히, 분명히

The notice **specifically** asked applicants to submit their portfolios.
공지는 분명히 지원자들이 그들의 포트폴리오를 제출하도록 요청했다.

□ **indistinct** 또렷하지 않은, 희미한

His attitude remained **indistinct** throughout the job interview.
그의 태도는 면접 내내 또렷하지 않았다.

□ **neatly** 깔끔하게, 맵시있게

All kinds of jeans are **neatly** stacked on the shelves.
모든 종류의 청바지는 깔끔하게 선반 위에 쌓아져 있다.

□ **softly** 부드럽게

She closed the door **softly** as the baby was sleeping.
그녀는 아기가 잠들어 있을 때 문을 부드럽게 닫았다.

□ **forcibly** 강제로, 강력히

People who disobey the commander will be **forcibly** removed to jail.
지휘자에 불복종한 사람들은 강제로 감옥으로 옮겨질 것입니다.

Check Up

1. [**Painfully / Outwardly**] she seemed calm but in reality she felt too nervous.
2. His [**indistinct / unrefined**] voice made many listeners annoyed.
3. More than 100 villages had been destroyed and [**forcibly / willfully**] relocated.
4. The teacher was [**infuriated / peculiar**] at student's insolent behavior.

PART I **Choose the best answer for the blank.**

01 A: I wanted to go fishing with James, but he told me he only fishes alone.
B: He says it's because he needs to concentrate, but I think he ______________ likes to get away from everybody.

(a) secretly
(b) quietly
(c) literally
(d) publicly

02 A: I'm looking for a different restaurant. The service at my usual place has really gotten slow.
B: You should try the new restaurant downtown. They have great food and ______________ service.

(a) precise
(b) instant
(c) early
(d) prompt

03 A: After my first year in college, the conversations I used to have with my childhood friends seem so______________.
B: That's part of growing up. When you get an education, you start to have a more sophisticated and serious view of the world.

(a) frivolous
(b) eccentric
(c) literate
(d) awkward

04 A: Have you noticed the change in Thomas's behavior lately? He's been getting upset over the smallest things.
B: He's been a little ______________ since he lost his job. He's worried about how he's going to pay all the bills.

(a) rigid
(b) testy
(c) forceful
(d) severe

05 A: Why hasn't David been to class lately? It's been months since his accident.
B: He's still recovering. He can ______________ sit up straight, let alone participate in class.

(a) closely
(b) scarcely
(c) frequently
(d) slightly

06 A: This ice cream must have been sitting out in the heat because it's really ______________.
B: I'll take it back to the counter and ask for one that's not melted.

(a) rotten
(b) crumbly
(c) runny
(d) brittle

07 A: My mother loved the beautiful flowers you
    sent to the hospital for her. That was a
    ______________ gesture.
    B: Well, I think anyone in the hospital needs
    something to brighten up the day.

    (a) cautious
    (b) thoughtful
    (c) delicate
    (d) rational

08 A: My new house is too small for my collection
    of antique kitchenware, but I can't find
    anyone who is interested in buying it.
    B: Maybe you should put an advertisement
    in the ______________ section of the
    newspaper.

    (a) divided
    (b) reference
    (c) private
    (d) classified

09 A: Why do you want to sleep at my house?
    What's wrong with your house?
    B: My roommate is ______________, and I
    don't want to catch his nasty cold.

    (a) precarious
    (b) epidemic
    (c) ponderous
    (d) malignant

10 A: Poor James! He left for his camping trip
    this morning, but he left his tent poles in the
    garage.
    B: Don't worry. James is very______________,
    so I'm sure he'll figure out how to construct
    the tent without the poles.

    (a) observant
    (b) predictable
    (c) resourceful
    (d) instinctive

11 A: I wish you didn't have to move to another
    city. Have you told your dad that you don't
    want to go?
    B: He wouldn't listen. It's ______________ to
    talk to him once he's made a decision.

    (a) abrupt
    (b) lucky
    (c) futile
    (d) random

12 A: I've been waiting for the plumber to arrive
    for two hours, and now he's not answering
    his phone.
    B: You should try Bob's Plumbing. He always
    arrives ______________, and he calls if
    there's any delay.

    (a) entirely
    (b) promptly
    (c) strictly
    (d) positively

13 A: That sculpture is beautiful. You handled
    that clay so ______________ that it's hard to
    believe you're a beginner.
    B: My art teacher insisted that we learn the
    technique before we started sculpting.

    (a) skillfully
    (b) deceptively
    (c) positively
    (d) genuinely

14 A: How do the police know that they've caught the right suspect in the murder case?

B: His fingerprints were _____________ to the ones they found on the gun that was used to commit the crime.

(a) accustomed
(b) conspicuous
(c) identical
(d) significant

15 A: Rachel seems to be doing well with the news of her best friend.

B: Well, she's remaining _____________ strong, but I know she's really quite worried.

(a) unconsciously
(b) painfully
(c) outwardly
(d) innocently

16 A: Why did you decide to move out? I thought you and your roommate were close friends.

B: We're still friends, but sometimes I get _____________ by his housekeeping habits.

(a) detached
(b) infuriated
(c) uncertain
(d) peculiar

PART II Choose the best answer for the blank.

17 Since the new medication can be deadly when combined with alcohol, doctors never prescribe it even to a(n) _____________ drinker.

(a) occasional
(b) unusual
(c) intentional
(d) consensual

18 On tapes from older security cameras, people's faces were _____________, but the new cameras can capture much finer details.

(a) indistinct
(b) unrefined
(c) inaudible
(d) undecided

19 Carol _____________ arranged the herbs and spices on the shelf so the cooks can find each one easily.

(a) nearly
(b) fairly
(c) neatly
(d) loosely

20 Theresa tried to walk _____________ up the stairs because she knew her parents would be angry if they heard her coming home so late.

(a) softly
(b) weakly
(c) simply
(d) mildly

21 After the guards _____________ removed the protestors from the courthouse, one protestor had to be hospitalized for a broken arm.

(a) willfully
(b) acutely
(c) forcibly
(d) carefully

Review TEST

01 He says it's because he needs to concentrate, but I think he **[secretly / literally]** likes to get away from everybody.

02 You should try the new restaurant downtown. They have great food and **[early / prompt]** service.

03 After my first year in college, the conversations I used to have with my childhood friends seem so **[eccentric / frivolous]**.

04 He's been a little **[testy / rigid]** since he lost his job. He's worried about how he's going to pay all the bills.

05 He's still recovering. He can **[slightly / scarcely]** sit up straight, let alone participate in class.

06 This ice cream must have been sitting out in the heat because it's really **[brittle / runny]**.

07 My mother loved the beautiful flowers you sent to the hospital for her. That was a **[thoughtful / cautious]** gesture.

08 Maybe you should put an advertisement in the **[reference / classified]** section of the newspaper.

09 My roommate is **[contagious / malignant]**, and I don't want to catch his nasty cold.

10 Don't worry. James is very **[resourceful / predictable]**, so I'm sure he'll figure out how to construct the tent without the poles.

11 He wouldn't listen. It's **[abrupt / futile]** to talk to him once he's made a decision.

12 You should try Bob's Plumbing. He always arrives **[strictly / promptly]**, and he calls if there's any delay.

13 That sculpture is beautiful. You handled that clay so **[skillfully / deceptively]** that it's hard to believe you're a beginner.

14 His fingerprints were **[accustomed / identical]** to the ones they found on the gun that was used to commit the crime.

15 Well, she's remaining **[unconsciously / outwardly]** strong, but I know she's really quite worried.

16 We're still friends, but sometimes I get **[infuriated / detached]** by his housekeeping habits.

17 On tapes from older security cameras, people's faces were **[indistinct / unrefined]**, but the new cameras can capture much finer details.

18 Carol **[neatly / loosely]** arranged the herbs and spices on the shelf so the cooks can find each one easily.

19 Theresa tried to walk **[simply / softly]** up the stairs because she knew her parents would be angry if they heard her coming home so late.

20 After the guards **[willfully / forcibly]** removed the protestors from the courthouse, one protestor had to be hospitalized for a broken arm.

Chapter 03

Unit 02 형용사 & 부사 Ⅱ

Sam was embarrassed about his tuxedo when he arrived at the party and discovered that everyone else was ___________ dressed.

(a) mistakenly
(b) tastelessly
(c) informally
(d) realistically

[THE TOP in TEPS Solution]

[해석] Sam은 파티에 턱시도를 입고 도착했을 때 다른 사람들은 모두 평상복을 입고 있는걸 발견하고는 당황했다.

[해설] 문맥상 다른사람들은 평상복으로, 즉 비공식적으로 옷을 입고 왔으므로 턱시도를 입고 온 Sam이 당황했음을 알 수 있다. 따라서 빈칸은 '비공식으로, 형식에 구애되지 않은'의 의미의 informally가 정답이다.

[정답] (c)

Power Vocabulary

☐ **naturally** 자연스럽게, 당연히
She acquired English **naturally** by living with an English roommate.
그녀는 영국인 룸메이트와 살면서 자연스럽게 영어를 습득했다.

☐ **provocative** 자극적인, 도발적인
The music video was banned because it has a lot of **provocative** scenes.
뮤직비디오는 도발적인 장면이 많아 금지되었다.

☐ **awkward** 어색한, 곤란한
It is **awkward** and uneasy to talk to strangers.
낯선 사람과 말을 하는 것은 어색하고 부자연스럽다.

☐ **unflinchingly** 굴하지 않고
The company president coped with a difficult situation **unflinchingly**.
회사 책임자는 굴하지 않고 어려운 상황을 잘 대처했다.

☐ **palpable** 가지할 수 있는, 뚜렷한
There was a **palpable** tension between leaders at the UN Summit.
UN 정상회담에서 지도자들간의 뚜렷한 긴장감이 있었다.

☐ **coherently** 조리있게, 일관성있게
Despite the jeers and hisses, she spoke **coherently** in a press conference.
조롱과 야유에도 불구하고, 그녀는 기자 회견에서 일관성있게 얘기했다.

☐ **inflated** 폭등한, 부풀린
The landlord intends to sell the house for **inflated** price.
집주인은 부풀린 가격으로 집을 팔 생각이었다.

☐ **scathing** 준열한, 가차없는
She is **scathing** about the government's performance.
그녀는 정부의 성과에 대해 가차없다.

☐ **enlightening** 계몽적인, 밝혀주는
The book was so **enlightening** that I highly recommended it to people around me.
책은 아주 계몽적이어서 나는 내 주변 사람들에게 높이 추천했다.

☐ **symbolic** 상징적인
The 2002 World Cup was an enormous **symbolic** significance for Korea.
2002년 월드컵은 한국에게 있어 큰 상징적 중요성이었다.

☐ **transparently** 뻔히, 명백하게
It was **transparently** obvious that he got fired.
그가 해고당한 것은 명백하게 분명했다.

Check Up

1. The actress was quite [**provocative / considerable**] in the film.
2. She is still [**hazardous / awkward**] at using chopsticks.
3. The pain of the parent's death was still [**palpable / ambiguous**] in his voice.
4. The number of attendee at the meeting was [**inflated / overt**] by the speaker.

□ **allegedly** 주장한 바에 의하면, 이른바
Jake was **allegedly** arrested for selling illegal drugs.
들리는 바에 따르면 Jake는 불법 약물을 판매한 혐의로 붙잡혔다.

□ **pragmatic** 실용적인
It is necessary to have a **pragmatic** approach to the political problems.
정치적 문제에 실용적인 접근을 하는 것이 필요하다.

□ **problematic** 문제가 많은
She was such a **problematic** customer.
그녀는 꽤 문제가 많은 고객이었다.

□ **reasonably** 합리적으로, 상당히,꽤
He tried to find a **reasonably** priced accommodation in Japan.
그는 일본에서 합리적으로 가격이 책정된 숙소를 찾으려고 노력했다.

□ **inadequate** 불충분한, 부족한
The food supplies were **inadequate** to meet the needs of hunger.
식량 공급은 굶주림의 필요를 맞추는데 불충분했다.

□ **sound** 견실한, 건강한, 철저한
A sound mind in a **sound** body.
건강한 신체에 건강한 정신이 깃든다.

□ **unruly** 다루기 힘든, 제멋대로 구는
The teacher sent the **unruly** students out of the class.
선생님이 멋대로 행동하는 학생들은 교실 밖으로 내보냈다.

□ **incessantly** 끊임없는
They talked **incessantly** about their vacation plan.
그들은 휴가 계획에 대해 끊임없이 이야기했다.

□ **remedial** 개선하기 위한, 보충하는
Remedial action must be taken sooner rather than later.
개선책이 재빠르게 행해져야 한다.

□ **conspicuous** 눈에 잘 띄는, 튀는
He was **conspicuous** by his absence at the party.
파티에 그가 없는 것이 눈에 띄었다.

□ **informally** 비공식으로, 약식으로
I was told **informally** that I got the job.
나는 비공식적으로 일을 하게 되었다고 들었다.

□ **mentally** 정신적으로, 마음속으로
Everyone was **mentally** prepared to see the test result.
모두들 테스트 결과를 보기 위해 마음속으로 준비했다.

Check Up

1. The meeting room was [**excessive / inadequate**] for 100 people.
2. She is an English [**remedial / descriptive**] teacher that helps students who need extra help.
3. The young lady was [**conspicuous / invisible**] in her new dress.
4. It is too hard to manage an [**unruly / variable**] child.

PART I Choose the best answer for the blank.

01 A: Why has this trial been delayed so long? I thought it was supposed to start weeks ago.
B: The court ordered a psychiatric evaluation of the defendant to make sure that he's ______________ competent to stand trial.

(a) physically
(b) consciously
(c) mentally
(d) hysterically

02 A: I can't believe George was fired. He was always one of the best employees, so I can't imagine what he might have done.
B: He ______________ said something offensive to Franklin, but several people who overheard the conversation said Franklin was overreacting.

(a) equivocally
(b) unexpectedly
(c) allegedly
(d) coincidentally

03 A: I got the strangest phone call yesterday. I couldn't understand what the girl was saying, and then she started laughing and hung up.
B: That sounds like a ______________ caller. It was probably just a teenager and her friends having fun.

(a) prank
(b) sport
(c) funny
(d) mock

04 A: I've been trying to turn the lights on, but they only flicker when I flip the switch.
B: I've been meaning to call the landlord about the ______________ wiring in this place.

(a) faulty
(b) standard
(c) historic
(d) eccentric

05 A: Why do you think the boss decided to promote Lisa over you? Aren't you more qualified?
B: I think the boss made a(n) ______________ decision in retaliation for the complaint I filed to management against him.

(a) impatient
(b) spiteful
(c) reckless
(d) superficial

PART II Choose the best answer for the blank.

06 The hair stylist could always tell at first glance whether a person's hair was bleached or ______________ blond.

(a) reasonably
(b) commonly
(c) naturally
(d) physically

07 The sociology professor introduced ______________ ideas about unusual cultural values, hoping to encourage debate among the students.

(a) complementary
(b) interchangeable
(c) considerable
(d) provocative

08 Julian always feels _______________ among strangers because he never knows how to tell what topics are appropriate in conversation.

(a) cynical
(b) precious
(c) awkward
(d) hazardous

09 While many of the soldiers fled in panic, unable to face the oncoming siege, one officer stared _______________ into the eyes of his enemy.

(a) comparatively
(b) disingenuously
(c) recreationally
(d) unflinchingly

10 The tension in the room was _______________ when Vernon walked in and unexpectedly saw his ex-wife sitting with her new husband.

(a) effective
(b) translucent
(c) palpable
(d) ambiguous

11 The teacher was worried that Paul might have cheated on his essay because it was far more _______________ written than his previous work.

(a) dubiously
(b) marginally
(c) ambivalently
(d) coherently

12 Oliver often told people that he was a great artist, but most of his friends thought he had a(n) _______________ opinion of his talents.

(a) overt
(b) inflated
(c) explicit
(d) apparent

13 The author was devastated when the newspaper featured a(n) _______________ review of her latest novel on the front page.

(a) sincere
(b) innocuous
(c) scathing
(d) modest

14 Julian knew very little about the history of the car, so he thought the article on the automobile was very _______________.

(a) inconsistent
(b) distinguished
(c) enlightening
(d) preposterous

15 In the poem, the apple dangling from the highest branch is _______________ of the happiness that everyone seeks but few people attain.

(a) exclusive
(b) symbolic
(c) distinctive
(d) typical

16 Raymond tried to be polite to his fianc's parents, but his compliments about their home were _______________ insincere.

(a) believably
(b) uncommonly
(c) transparently
(d) curiously

17 Tom and Sheila worked well together because Tom's wildly creative way of solving problems complemented Sheila's more _______________ approach.

(a) ambitious
(b) pragmatic
(c) honorable
(d) mysterious

18 Even though Jane's proposal for a new library was very impressive, it was ______________ because the school didn't have the money or staff to handle the project.

(a) uncomfortable
(b) dangerous
(c) problematic
(d) laborious

19 Even though Leon could see close objects without his glasses, the details of faraway objects were ______________.

(a) concealed
(b) sightless
(c) indistinct
(d) oblivious

20 After seeing the evidence against the suspect, the jury was ______________ sure of his guilt, but there was still a small possibility that the police made a mistake.

(a) defensively
(b) absolutely
(c) carelessly
(d) reasonably

21 When several of the miners got lung cancer, they sued their employer for providing ______________ ventilation in the mines.

(a) ludicrous
(b) acceptable
(c) excessive
(d) inadequate

22 The house clearly needed a lot of work, but the renovator was pleased to discover that the foundation was ______________.

(a) sound
(b) true

(c) gone
(d) closed

23 When the students were found drinking and playing loud music in their dormitory, the college cited them for ______________ conduct.

(a) unruly
(b) peculiar
(c) customary
(d) variable

24 Victor complained to the police that he couldn't sleep because his neighbors played loud music ______________, even though he has asked them to turn it down.

(a) suspiciously
(b) peacefully
(c) undoubtedly
(d) incessantly

25 Elliot did poorly on the placement test, so he was assigned to a ______________ math class to help him catch up with the other students.

(a) remedial
(b) scholastic
(c) theoretical
(d) descriptive

26 Steven's absence from his wife's birthday party was ______________, and many of the guests wondered why he was not there.

(a) conspicuous
(b) invisible
(c) dependable
(d) approximate

Review TEST

01 The hair stylist could always tell at first glance whether a person's hair was bleached or **[naturally / commonly]** blond.

02 The sociology professor introduced **[provocative / considerable]** ideas about unusual cultural values, hoping to encourage debate among the students.

03 Julian always feels **[awkward / cynical]** among strangers because he never knows how to tell what topics are appropriate in conversation.

04 While many of the soldiers fled in panic, unable to face the oncoming siege, one officer stared **[comparatively / unflinchingly]** into the eyes of his enemy.

05 The tension in the room was **[ambiguous / palpable]** when Vernon walked in and unexpectedly saw his ex-wife sitting with her new husband.

06 The teacher was worried that Paul might have cheated on his essay because it was far more **[coherently / dubiously]** written than his previous work.

07 Oliver often told people that he was a great artist, but most of his friends thought he had a(n) **[overt / inflated]** opinion of his talents.

08 The author was devastated when the newspaper featured a(n) **[scathing / innocuous]** review of her latest novel on the front page.

09 Julian knew very little about the history of the car, so he thought the article on the automobile was very **[enlightening / inconsistent]**.

10 In the poem, the apple dangling from the highest branch is **[distinctive / symbolic]** of the happiness that everyone seeks but few people attain.

11 Raymond tried to be polite to his fiancé's parents, but his compliments about their home were **[uncommonly / transparently]** insincere.

12 Tom and Sheila worked well together because Tom's wildly creative way of solving problems complemented Sheila's more **[pragmatic / ambitious]** approach.

13 Even though Jane's proposal for a new library was very impressive, it was **[laborious / problematic]** because the school didn't have the money or staff to handle the project.

14 Even though Leon could see close objects without his glasses, the details of faraway objects were **[indistinct / sightless]**.

15 After seeing the evidence against the suspect, the jury was **[reasonably / defensively]** sure of his guilt, but there was still a small possibility that the police made a mistake.

16 When several of the miners got lung cancer, they sued their employer for providing **[excessive / inadequate]** ventilation in the mines.

17   The house clearly needed a lot of work, but the renovator was pleased to discover that the foundation was **[sound / true]**.

18   When the students were found drinking and playing loud music in their dormitory, the college cited them for **[unruly / variable]** conduct.

19   Victor complained to the police that he couldn't sleep because his neighbors played loud music **[suspiciously / incessantly]**, even though he has asked them to turn it down.

20   Elliot did poorly on the placement test, so he was assigned to a **[theoretical / remedial]** math class to help him catch up with the other students.

21   Steven's absence from his wife's birthday party was **[conspicuous / invisible]**, and many of the guests wondered why he was not there.

22   Sam was embarrassed about his tuxedo when he arrived at the party and discovered that everyone else was **[informally / mistakenly]** dressed.

23   The court ordered a psychiatric evaluation of the defendant to make sure that he's **[mentally / hysterically]** competent to stand trial.

24   He **[allegedly / unexpectedly]** said something offensive to Franklin, but several people who overheard the conversation said Franklin was overreacting.

Chapter 04

Unit 01 연어 Ⅰ

A: I'd like to send this package to America.
B: Okay. How would you like to send it, _________________ mail or airmail?

(a) shipping
(b) land
(c) surface
(d) sea

[THE TOP in TEPS Solution]

[해석] A: 이 소포 미국으로 보내고 싶은데요.
B: 네. 보통우편 또는 항공우편 중에서 어떤 것으로 보내고 싶으세요?

[해설] 항공우편이 아닌 '보통우편'은 surface mail라고 쓰인다. 따라서 정답은 (c)이다.

[정답] (c)

☐ **abuse drugs** 마약을 남용하다
The athlete who **abuses drugs** must be punished severely.
약물을 남용한 운동 선수는 엄중히 처벌받아야 한다.

☐ **address(give/make) a speech** 연설하다
The professor has to **address a speech** about the environment issues.
그 교수는 환경 사안에 대한 연설을 해야만 한다.

☐ **address the issue** 문제를 거론하다
We must **address the issue** of economic imbalance and injustice in developing countries.
우리는 개발도상국에서의 경제 불균형과 부정행위에 관한 문제를 거론해야만 합니다.

☐ **administer first-aid** 응급조치를 취하다
The injured man was rushed to the emergency room and a doctor **administered first-aid** to him.
그 상처를 입은 남자는 응급실로 급히 옮겨졌고 한 의사가 그에게 응급조치를 취했다.

☐ **answer the phone** 전화를 받다
I couldn't **answer the phone** because I was making dinner.
내가 저녁 준비를 하느라 전화를 받을 수 없었다.

☐ **apply ointment** 연고를 바르다
Apply ointment to the scratches on your face.
상처 난 얼굴에 연고를 바르세요.

☐ **attract one's attention** 주의를 끌다
When i-Phone first launched in Korea, it **attracted many people's attention.**
처음으로 iPhone이 한국에서 판매되었을 때, 많은 사람들의 주의를 끌었다.

☐ **apply a bandage** 붕대를 감다
The doctor **applied a bandage** over the cut.
그 의사는 베인 상처에 붕대를 감았다.

☐ **arrange a date** 날짜를 정하다
Please **arrange a date** and time at your convenient and earliest time.
당신이 편하고 이른 시간에 날짜와 시간을 정하세요.

☐ **break the record** 기록을 깨뜨리다
He set out to **break the record** in the marathon.
그는 마라톤 기록을 깨뜨리기 위해 출발했다.

☐ **breach a law** 법을 위반하다
He's already been on trial several times before, but he is arrested for **breaching a law** again.
그는 이전에 몇 번 재판을 받았지만, 다시 법을 위반하여 체포되었다.

☐ **cast a ballot** 투표하다
People should **cast a ballot** in the presidential election.
사람들은 대통령 선거에서 투표를 해야만 한다.

Check Up

1. After a severe burn, it is important to **[apply / arrange]** ointment to the affected area to begin the healing process as soon as possible.
2. The distance runner was hoping to **[crash / break]** the record for the one mile run.
3. These days many teenagers **[keep / abuse]** drugs and alcohol.
4. People who **[breach / maintain]** a law should have to pay a penalty.

☐ **cross the street** 차도를 건너다
You should look both directions carefully before you **cross the street**.
여러분은 차도를 건너기 전에 주의 깊게 양쪽을 살펴야 합니다.

☐ **catch on fire** 불이 붙다
The wood can easily **catch on fire**, since it is dry.
나무가 말라서 쉽게 불이 붙을 수 있다.

☐ **change the subject** 화제를 바꾸다
It is becoming more gloomy. Let's **change the subject** to a more pleasant one.
더 침울해지네. 더 밝은 걸로 화제를 바꾸자.

☐ **chant a slogan** 구호를 외치다
A crowd gathered at city hall and **chanted a slogan**.
군중이 시청에 모여 구호를 외쳤다.

☐ **claim a refund** 환불을 청구하다
I **claimed a refund** because the new washing machine I bought was defective.
제가 구입한 세탁기에 결함이 있어 환불을 요청합니다.

☐ **claim lives** 목숨을 앗아가다
The destructive Tsunami **claimed lives** of 240,000 people.
파괴적인 쓰나미는 24만 명의 목숨을 앗아갔다.

☐ **claim on insurance** 보험사에 청구하다
Can I **claim on my insurance** policy?
보험 정책에 청구할 수 있을까요?

☐ **claim one's luggage** 짐을 찾다
Passengers have to **claim their luggage** after passing through customs.
승객들은 세관을 통과한 후에 짐을 찾아가야 합니다.

☐ **comb one's hair** 머리를 빗질하다
I didn't **comb my hair** today. So my hair looks like a bird's nest.
오늘 머리 빗질을 안 했어. 그래서 내 머리가 새의 둥지 같이 보여.

☐ **commit a crime** 죄를 짓다
If someone **commits a crime**, he or she has to be punished.
만일 누군가 죄를 짓는다면, 그 사람은 벌받아야 합니다.

☐ **deliver an address** 강연을 하다
Our company's president **delivers an address** every once a month.
우리 회사 회장님께서는 한 달에 한번 강연을 하신다.

☐ **have one's hair cut** 머리를 자르다
I need to **have my hair cut**. It really refreshes me.
나는 머리를 잘라야겠어. 그건 기분을 상쾌하게 하거든.

Check Up

1. As the war began, the President called a special press conference so that he could **[deliver / request]** an address to the nation and explain the country's plan.
2. Children at the school were not allowed to **[line / cross]** the street without proper supervision.
3. Don't change the **[subject / meaning]**, you should admit you are wrong first.
4. He should be charged heavily not to **[infringe / commit]** a crime again.

☐ **fill out an application** 신청서에 기입하다
If you want to register as a member, just **fill out an application** form.
만일 회원으로 등록하시길 원하시면, 신청서 양식에 기입해주세요.

☐ **get(answer) the door** 손님을 맞으러 나가다
She didn't **get the door** or answer the phone although she was in the house.
그녀는 집에 있었음에도 손님을 맞이하지도 않고 전화를 받지 않았다.

☐ **give(make/deliver) a speech** 연설을 하다
I'm supposed to **give a speech** this afternoon. I'm so nervous.
나는 오늘 오후에 연설하기로 되어있어. 정말 긴장된다.

☐ **hang clothes** 옷을 걸다
As it was raining outside, I had to **hang** wet **clothes** inside the room.
밖에 비가 오기 때문에, 나는 방안에 젖은 옷을 걸어야만 했다.

☐ **have(take/get) a shot** 주사를 맞다
This cold won't let up easily, you should go to a hospital and **have a shot**.
이번 감기가 쉽게 떨어지지 않으니, 너는 병원에 가서 주사를 맞아야 해.

☐ **hold a meeting** 회의를 열다
Our department **holds a meeting** at least once a week.
우리 부서는 적어도 일주일에 한번 회의를 연다.

☐ **hold a table** 자리를 잡다
Please **hold a table** for two when you get to the restaurant.
당신이 식당에 도착하면, 두 사람 자리를 잡아주세요.

☐ **hold one's breath** 숨을 참다
I **held my breath** when I heard someone's voice in the yard.
마당에서 누군가의 목소리를 들었을 때 나는 숨을 참았다.

☐ **lift the ban(order)** 금령을 풀다
Our government **lifted the ban** earlier this month.
이달 초에 정부는 금령을 풀었다.

☐ **lose weight** 체중이 줄다
Many doctors insist that people should not eat chocolates and candy if they really want to **lose weight**.
많은 의사들은 사람들이 정말로 체중을 줄이고 싶다면 초콜릿과 사탕을 먹지 말아야 한다고 주장한다.

Check Up

1. If customers call ahead of time, the restaurant can [**hold / maintain**] a table until the party arrives.
2. Before being considered for a job, a person must [**fill out / bulk up**] an application.
3. Most of the time the butler will [**receive / get**] the door as soon as he hears a knock.
4. Traders were very excited to learn that the government would [**lift / carry**] the ban on exports from around the world.

Practice Test

PART I **Choose the best answer for the blank.**

01 A: I'm going on a vacation to Maldives next week.
B: This is the peak season of the year the season. Have you ____________ a hotel room?

  (a) booked
  (b) planned
  (c) owned
  (d) made

02 A: Where are you going this early morning?
B: I'm going downtown to run some ____________. Do you want me to get you something?

  (a) errands
  (b) tasks
  (c) work
  (d) chores

03 A: I bought this jacket yesterday, and they're too tight. I have to ____________ weight.
B: Why don't you go on a diet?

  (a) gain
  (b) lose
  (c) make
  (d) shake

04 A: Somebody's knocking on the door. Could you __________ the door?
B: Sure, I'll get it for you.

  (a) take
  (b) reply
  (c) answer
  (d) open

05 A: Are you going to continue to subscribe to the magazine?
B: Yeah, I've decided to ________________ my subscription.

  (a) renew
  (b) reclaim
  (c) repeat
  (d) lengthen

06 A: When did you __________ an order?
B: I did it nearly a week ago.

  (a) take
  (b) place
  (c) make
  (d) call

07 A: We're throwing a ____________ party for Joseph before his wedding. Can you come?
B: Definitely. I'll be glad to.

  (a) housewarming
  (b) reception
  (c) bachelor
  (d) farewell

08 A: Do you need to go to the baggage ____________?
B: No, I'm all set. The only baggage is this carry-on.

  (a) retrieve
  (b) claim
  (c) reclaim
  (d) declaration

09 A: What did I do wrong? Officer.
B: You were speeding. Let me see your license or vehicle _____________ card, please.

(a) ticket
(b) registration
(c) order
(d) legislation

10 A: I'd like to send this package to America.
B: Okay. How would you like to send it, _____________ mail or airmail?

(a) shipping
(b) land
(c) surface
(d) sea

Part II **Choose the best answer for the blank.**

11 The Criminal Law _____________ penal punishment upon a criminal who kidnaps a child in pursuit of ransom.

(a) deposes
(b) reposes
(c) imposes
(d) exposes

12 Illinois prosecutors _____________ all charges against Ronald Kitchen July 7 and he was released from prison after almost 13 years on death row.

(a) dropped
(b) tolerated
(c) made
(d) took

13 Libya is planning to ease visa restrictions for many countries because it seeks to _____________ tourists and diversify its economy away from oil.

(a) attract
(b) make
(c) attempt
(d) employ

14 Spraying a chemical in a helmet that is in constant contact with your head may _____________ some questions.

(a) find
(b) answer
(c) raise
(d) provoke

15 Miss Sarah has raised quite a good _____________ they've all missed about the topic.

(a) point
(b) sense
(c) value
(d) aspect

16 The two labor unions _____________ a demonstration after the press conference Thursday and are planning more protests Friday.

(a) got
(b) made
(c) staged
(d) kept

17 You don't have to pay top dollar for an
attendant to _______________ gas for you at a
full-service gas station.

(a) fill
(b) push
(c) pull
(d) pump

18 Frequently, a researcher will _______________
a hypothesis based on the problem or
subproblems of a research.

(a) formulate
(b) form
(c) perform
(d) draw

19 The multinational company _______________ a
new program to boost sales worldwide.

(a) shot
(b) launched
(c) practiced
(d) tailored

20 The researchers _______________ the newly
developed drug to mice with jaundice.

(a) administered
(b) shot
(c) penetrated
(d) injected

01   This is the peak season of the year the season. Have you **[booked / planned]** a hotel room?

02   I'm going downtown to run some **[errands / chores]**. Do you want me to get you something.

03   I bought this jacket yesterday, and they're too tight. I have to **[gain / lose]** weight.

04   Somebody's knocking on the door. Could you **[reply / answer]** the door?

05   I've decided to **[renew / lengthen]** my subscription.

06   When did you **[place / take]** an order?

07   We're throwing a **[reception / bachelor]** party for Joseph before his wedding. Can you come?

08   Do you need to go to the baggage **[retrieve / claim]**?

09   You were speeding. Let me see your license or vehicle **[registration / legislation]** card, please.

10   How would you like to send it, **[surface / land]** mail or airmail?

11   The Criminal Law **[imposes / deposes]** penal punishment upon a criminal who kidnaps a child in pursuit of ransom.

12   Illinois prosecutors **[dropped / took]** all charges against Ronald Kitchen July 7 and he was released from prison after almost 13 years on death row.

13   Libya is planning to ease visa restrictions for many countries because it seeks to **[attract / attempt]** tourists and diversify its economy away from oil.

14   Spraying a chemical in a helmet that is in constant contact with your head may **[raise / provoke]** some questions.

15   Miss Sarah has raised quite a good **[point / aspect]** they've all missed about the topic.

16   The two labor unions **[staged / got]** a demonstration after the press conference Thursday and are planning more protests Friday.

17   You don't have to pay top dollar for an attendant to **[pull / pump]** gas for you at a full-service gas station.

18   Frequently, a researcher will **[formulate / perform]** a hypothesis based on the problem or subproblems of a research.

19   The multinational company **[practiced / launched]** a new program to boost sales worldwide.

Chapter 04

Unit 02 연어 Ⅱ

A: So, did you take back the coffee machine and get a refund?

B: No, When I told the cashier I wanted to get refunded she _________________ nasty.

(a) made
(b) played
(c) grew
(d) turned

[THE TOP in TEPS Solution]

[해석]   A: 그래서 커피 만드는 기계를 반품하고 환불 받았니?
　　　　B: 아니, 출납원에게 환불 받고 싶다고 했더니 고약하게 변하더라고.

[해설]   빈칸 뒤에 이어지는 형용사가 사람의 성질을 나타내는 뜻을 갖기 때문에 적절한 동사는 turn이 된다. 주로 '(성질 따위가)변하다'
　　　　의 뜻으로 자주 쓰인다.

[정답]   (d)

🎧 **Mp3 Track Chapter 04, unit 02**

☐ **have fun** 재미있게 놀다, 흥겨워하다
We'll **have fun** at the amusement park tomorrow.
우리는 내일 놀이 공원에서 재미있게 놀거야.

☐ **invade a privacy** 사생활을 침해하다
Although the Internet is so amazing and helpful, it **invades user's privacy**.
인터넷이 아주 놀랍고 도움이 되지만, 사용자의 사생활을 침해한다.

☐ **issue a statement** 성명을 발표하다
The president is going to **issue a statement** on education.
대통령은 교육에 대한 성명을 발표할 것이다.

☐ **keep a diary** 일기를 쓰다
She **keeps a diary** every day.
그녀는 매일 일기를 쓴다.

☐ **keep a record** 기록하다
You should **keep a record** of your symptoms for yourself.
너는 스스로 증세에 대한 기록을 남겨야 한다.

☐ **keep a secret** 비밀을 지키다
Please **keep a secret**. I don't want the secret to leak out.
비밀을 지켜주세요. 나는 비밀이 새어나가길 원치 않아요.

☐ **keep one's word (promise)** 약속을 지키다
The prime minister didn't **keep his word** on that issue.
총리는 그 쟁점에 관한 약속을 지키지 않았다.

☐ **launch a project** 프로젝트를 시작하다
My company **launched a project** to find out the best country for the branch office.
우리 회사는 지점으로 최적의 나라를 찾는 프로젝트를 시작했다.

☐ **launch an attack** 공격을 개시하다
The United States **launched an attack** on Afghanistan.
미국은 아프가니스탄에 공격을 개시했다.

☐ **lose a game** 게임에서 패하다
There is a slim possibility that we'll **lose the game**.
우리가 게임에서 패할 가능성은 희박하다.

Check Up

1. The press doesn't have the right to **[invade / get]** my privacy.
2. An employer should **[hold / keep]** a record of the workers' working hours every day.
3. I heard that the advertising company **[provided / launched]** project in partnership with the car company.
4. If you **[lose / fail]** a game on Friday night, you won't be able to go to the semifinals.

☐ **lose count** 수를 세다가 도중에 잊어버리다
I **lost count** of the number of students and had to start again.
나는 학생수를 세다가 도중에 잊어버려 다시 시작해야만 했다.

☐ **make a left (right) turn** 좌회전(우회전) 하다
Make a left turn at the intersection right in front of us.
바로 우리 앞에 있는 교차로에서 좌회전을 하세요.

☐ **make money** 돈을 벌다
She has to **make money** to raise her children by herself.
그녀는 홀로 아이들을 키우기 위해 돈을 벌어야만 한다.

☐ **make the bed** 이불을 개다
The maid was told to clean the rooms and **make the beds**.
가정부는 방을 청소하고 이불을 정리하라고 들었다.

☐ **meet a deadline** 기한을 맞추다
We have to work overtime to **meet a deadline**.
우리는 기한을 맞추기 위해 초과근무를 해야 합니다.

☐ **open(close) accounts** (은행에)계좌를 트다(해약하다)
Contact the customer service to help you **open an account**.
계좌를 개설하기를 돕기 위해 고객 서비스에 연락하세요.

☐ **pass(fail) the test** 시험에 합격하다(떨어지다)
People who **pass the test** will get the certification.
시험에 합격한 사람들은 자격증을 받을 것이다.

☐ **pay someone a visit** ~를 방문하다
On Teachers' Day, I'm going to **pay him a visit** and give him some flowers.
선생님의 날에, 나는 그를 방문하고 꽃을 드릴 거야.

☐ **pose a problem** 문제를 일으키다
Research on embryonic stem cells can **pose a problem** for Christians.
배아줄기세포에 관한 연구는 기도교인들에게 문제를 일으킬 것입니다.

☐ **practice law** 변호사업을 하다
He **practices law** in Washington, D.C.
그는 워싱턴 D.C.에서 변호사업을 합니다.

Check Up

1. If you want to get to the school on time, you have to **[make / create]** a right turn onto the highway.
2. It is very difficult to **[make / take]** a lot of money when you only work a part time job.
3. Sometimes employees working on stories for the newspaper have to **[greet / meet]** a deadline or else they don't get paid at all.
4. Before moving from one country to another, many people withdraw all their money and **[close / shut]** their accounts at the bank.

□ **prove a point** 주장이 정당함을 보여주다
He used some form of evidence to **prove a point**.
그는 주장의 정당성을 보이기 위해 몇 가지 증거를 들었다.

□ **pull the trigger** 방아쇠를 당기다
She committed suicide by **pulling the trigger** herself.
그녀는 방아쇠를 당겨 자살했다.

□ **punch a ticket** 표에 구멍을 찍다
There's only one ticket left. So I'm going to **punch the ticket**.
표가 한 장 남아요. 그래서 저는 표에 구멍을 찍을 겁니다.

□ **punch the clock** 출퇴근을 입력하다
Our workers **punch the clock** when they arrive at the office.
우리 직원들은 사무실에 도착하면 출퇴근을 입력한다.

□ **put on makeup** 화장하다
I didn't have time to **put on makeup** yesterday.
나는 어제 화장할 시간이 없었어.

□ **put the plan into action** 계획을 실행하다
The company **put the plan** for the merger of two companies **into action**.
회사는 두 기업의 합병 계획을 실행에 옮겼다.

□ **raise a question(an objection)** 의문을 제기하다
Nobody has **raised a question** about insurance policies so far.
아무도 지금까지 보험 정책에 대해 의문을 제기하지 않았다.

□ **raise funds** 자금을 마련하다
The hospital will **raise funds** to help with the leukemia patients.
병원은 백혈병 환자를 도울 자금을 마련할 것입니다.

□ **reach an agreement** 의견일치를 보다
The two parties had opposing views and failed to **reach an agreement**.
두 단체는 반대 의견을 가졌기에 의견 일치를 보는데 실패했다.

□ **return one's call** 다시 전화하다
When I tried to **return his call**, his phone was switched off.
내가 그에게 다시 전화하려고 했을 때, 그의 전화는 꺼져있었다.

□ **take a bus** 버스를 타다
Taxis are very expensive, so we had better **take a bus**.
택시는 매우 비싸기 때문에 우리는 버스를 타는 게 더 낫다.

Check Up

1. An important part of the job for secretaries is [**sending / returning**] a call after a customer has left a message.
2. After his car broke down, James was forced to [**take / grab**] the bus to work every day.
3. As a way to [**raise / put**] funds for the community, we need to hold a charity.
4. To [**prove / take**] a point, the scenarios are often shown at the end of the episode.

Practice Test

PART | Choose the best answer for the blank.

01 A: All right, and the total is $50.28.
B: Now, who do I _____________ this check
out to?

(a) pay
(b) take
(c) wire
(d) make

02 A: Is there a way to find a way to
_____________ sales?
B: I think it's best to buy a promotional ad in a
newspaper.

(a) alleviate
(b) expand
(c) boost
(d) extend

03 A: I heard it's necessary to _____________
sunblock even on a rainy or cloudy day.
B: That's quite true. UV rays could still reach
your skin through the clouds.

(a) apply
(b) put out
(c) take
(d) sprinkle

04 A: So, did you take back the coffee machine
and get a refund?
B: No, When I told the cashier I wanted to get
refunded she _____________ nasty.

(a) made
(b) played
(c) grew
(d) turned

05 A : Good morning. What can I do for you
today?
B: I'd like to get this prescription

_____________.

(a) placed
(b) made
(c) filled
(d) checked

06 A: You look exhausted. I'll _____________
dinner for you tonight.
B: How kind of you!

(a) fix
(b) put
(c) set
(d) do

07 A: Can I talk to the jury?
B: No, I'm afraid not. They are sequestered
while trying to _____________ a decision.

(a) draw
(b) reach
(c) place
(d) get

08 A: Have you heard any news about the labor
dispute?
B: They're going to _____________ a lawsuit
against their employer.

(a) place
(b) file
(c) arrange
(d) make

09 A: All work and no play makes Jack a dull boy.
   B: But _____________ a balance between work and play is easier said than done.

   (a) striking
   (b) putting
   (c) making
   (d) keeping

10 A: Hello. May I speak to the Sales Manager?
   B: He's out of town until this Friday. Would you like to _____________ an appointment?

   (a) make
   (b) take
   (c) get
   (d) have

11 A: Can you tell me how to _____________ a collect call to Japan?
   B: Call the operator first.

   (a) extend
   (b) receive
   (c) have
   (d) make

12 A: I am surprised Terry won the contest. He must have prepared a lot.
   B: I don't think so. Though he didn't really _____________ much effort into it, he took first prize.

   (a) place
   (b) put
   (c) direct
   (d) take

13 A: How are you going to pay for the costly repairs to your car?
   B: I filed a _____________ with the insurance company, so hopefully they'll pay for most of the damage.

   (a) check
   (b) form
   (c) ticket
   (d) claim

14 A: Olivia clearly won the race, so why didn't the judges give her the trophy?
   B: They determined that she had an unfair _____________ because she was taking special drugs to improve her strength.

   (a) variation
   (b) performance
   (c) inclination
   (d) advantage

15 A: Have you completely recovered from your long illness?
   B: I'm still having some _____________ effects from the treatment, but thankfully the cancer is gone.

   (a) residual
   (b) particular
   (c) divergent
   (d) alternate

Part II **Choose the best answer for the blank.**

16 The president _____________ a statement to the shareholders explaining his reasons for selling the company to a larger corporation.

   (a) surrendered
   (b) donated
   (c) transferred
   (d) issued

17 At the city council meeting, the farmer's
coalition ____________ serious questions
about how importing food might devastate the
local agricultural industry.

(a) refuted
(b) answered
(c) raised
(d) proved

18 Many people believe that by ____________
their vote they have met their obligation to
participate in the democratic system.

(a) shedding
(b) casting
(c) throwing
(d) making

19 Those who had taken the herbal medicine
proved 20 times less likely to ____________
the disease.

(a) catch
(b) contract
(c) contaminate
(d) take

20 When making a decision, politicians should
____________ the consequences of the
decision for their own immediate welfare and
their country's welfare.

(a) make
(b) weigh
(c) measure
(d) confirm

21 The newly invented treatment is reported to
____________ life expectancy and improve
the quality of life for people with diabetes.

(a) postpone
(b) prolong
(c) lengthen
(d) elongate

22 Fire crews on the 2nd floor, working in nearly
____________ visibility, found the two victims
in the front bedroom.

(a) none
(b) zero
(c) void
(d) nothing

23 Three years later Josephine and Sarah visited
China as guests of Xinhua, the New China
News Agency, their ____________ of the
Associated Press.

(a) replacement
(b) substitute
(c) complement
(d) equivalent

24 Saying that schoolchildren in the west do not
wear uniforms is a ____________ lie.

(a) total
(b) downright
(c) upright
(d) heavy

25 An ____________ family is said to be better
for child rearing.

(a) extended
(b) expanded
(c) enlarged
(d) exploded

26 To be prepared for emergencies, it's necessary to keep a first aid _____________ in your home and in your car.

(a) box
(b) tool
(c) kit
(d) gadget

27 A _____________ conclusion is something that one knew would happened even before it had happened.

(a) transparent
(b) open
(c) foregone
(d) established

Review TEST

01 Now, who do I **[take / pay]** this check out to?

02 Is there a way to find a way to **[boost / expand]** sales?

03 I heard it's necessary to **[apply / put out]** sunblock even on a rainy or cloudy day.

04 When I told the cashier I wanted to get refunded she **[grew / turned]** nasty.

05 You look exhausted. I'll **[do / fix]** dinner for you tonight.

06 They're going to **[arrange / file]** a lawsuit against their employer.

07 But **[striking / putting]** a balance between work and play is easier said than done.

08 He's out of town until this friday. Would you like to **[get / make]** an appointment?

09 Can you tell me how to **[extend / make]** a collect call to Japan?

10 I don't think so. Though he didn't really **[take / put]** much effort into it, he took first prize.

11 The president **[issued / transfered]** a statement to the shareholders explaining his reasons for selling the company to a larger corporation.

12 At the city council meeting, the farmer's coalition **[proved / raised]** serious questions about how importing food might devastate the local agricultural industry.

13 Many people believe that by **[cast / throw]** their vote they have met their obligation to participate in the democratic system.

14 Those who had taken the herbal medicine proved 20 times less likely to **[catch / contract]** the disease.

15 When making a decision, politicians should **[confirm / weigh]** the consequences of the decision for their own immediate welfare and their country's welfare.

16 The newly invented treatment is reported to **[elongate / prolong]** life expectancy and improve the quality of life for people with diabetes.

17 Fire crews on the 2nd floor, working in nearly **[zero / none]** visibility, found the two victims in the front bedroom.

18 Three years later Josephine and Sarah visited China as guests of Xinhua, the New China News Agency, their **[equivalent / replacement]** of the Associated Press.

19 Saying that schoolchildren in the west do not wear uniforms is a **[downright / upright]** lie.

20 An **[extended / enlarged]** family is said to be better for child rearing.

21 To be prepared for emergencies, it's necessary to keep a first aid **[kit / gadget]** in your home and in your car.

22 A **[foregone / open]** conclusion is something that one knew would happened even before it had happened.

Unit 03 연어 Ⅲ

The TOP in TEPS Example

A: I'm sorry to have to say you did not get the ___________________ role in the play.

B: Oh, I'm so disappointed to hear that.

   (a) important
   (b) major
   (c) big
   (d) lead

[THE TOP in TEPS Solution]

[해석]   A: 그 연극에서 주인공이 아니라고 말할 수밖에 없어서 유감이네요.

        B: 아, 정말 실망스럽습니다.

[해설]   '주연 또는 주인공'이라는 표현은 lead (leading) role이다. 따라서 정답은 (d)이다.

[정답]   (d)

🎧 **Mp3 Track Chapter 04, unit 03**

☐ **amusement park** 놀이공원
To break the ice with my girl friend, I went to an **amusement park** with her on our first date.
여자친구와 어색함을 없애기 위해, 나는 첫 데이트로 놀이공원에 갔다.

☐ **common use** 공용
This computer is for **common use**. You can search the exact location of the books.
이 컴퓨터는 공용입니다. 당신은 책의 정확한 위치를 검색할 수 있습니다.

☐ **foregone conclusion** 뻔한 결과, 필연적인 결론
The election outcome was a **foregone conclusion**.
선거 결과는 뻔한 결과였다.

☐ **fringe benefits** 부가 혜택
The **fringe benefits** include free health insurance and two weeks paid vacation a year.
부가혜택으로 무료 건강 보험과 1년에 2주 유급 휴가가 포함된다.

☐ **hard work** 노고
As a result of her **hard work**, she was promoted to an assistant manager.
그녀의 노고에 대한 결과로, 그녀는 차장으로 승진되었다.

☐ **high fever** 고열
The patient had a **high fever** and diarrhea all night.
환자는 밤새 고열이 있었고 설사를 했다.

☐ **kitchen appliance** 주방제품
The store is having a sale of **kitchen appliances** and clothing up to 50%.
가게는 주방제품 할인 행사를 하고 의류는 최고 50%까지 할인한다.

☐ **late bloomer** 대기만성형 사람
She became a **late bloomer** for a singer in her 30's.
그녀는 30대에 가수로서 대기 만성했다.

☐ **long day** 긴하루
I had a very **long day**. I'm going to skip a meal and go straight to bed.
나는 아주 긴 하루를 보냈다. 그래서 나는 식사를 거르고 바로 잠자리에 들것이다.

☐ **market share** 시장 점유율
The company hopes to extend the share of the **market share** to about 5 percent.
회사는 대략 5퍼센트까지 시장 점유율을 확장하길 희망한다.

☐ **muscle strain** 근육 좌상
A simple **muscle strain** can be extremely painful and it will take at least a week to be healed.
단순 근육 좌상은 극도로 고통스러울 수 있고 적어도 치유되는데 1주일이 소요될 것이다.

☐ **naked eye** 육안
You can't see Bacteria with the **naked eye**
여러분은 육안으로 박테리아를 볼 수 없습니다.

Check Up

1. After a **[tall / long]** day at the office, the young group of accountants enjoyed relaxing at the bar.
2. One candidate had such an advantage in the polls that his victory in the election seemed to be a **[foregone / arranged]** conclusion.
3. While some professional athletes had great success as very young children, others were late **[growers / bloomers]** and did not become successful until later in life.
4. Spectators at the horse races usually preferred using binoculars instead of relying on the sight of the **[naked / nude]** eye.

□ **raise one's voice** 목소리를 높이다
I've never heard my father **raise his voice.**
나는 아빠가 목소리 높이는 것을 들어본 적이 없다.

□ **raise salary** 월급을 올리다
The president of the company decided to **raise salaries** and improve working conditions this year.
회사 사장은 올해 임금을 인상하고, 작업 환경을 개선하기로 결정했다.

□ **reach a conclusion** 결론에 이르다
The committee didn't **reach a conclusion** on controversial issues.
위원회는 논란의 여지가 있는 사안에 대해 결론에 이르지 않았다.

□ **reach an agreement** 합의에 도달하다
Despite the long discussion, the two parties couldn't **reach an agreement**.
오랜 토론에도 불구하고, 두 단체는 합의에 도달할 수 없었다.

□ **recover the cost** 본값을 건지다
Please help me. I can't find a way to **recover the cost**.
제발 도와주세요. 비용을 건질 방법을 찾을 수 없어요.

□ **regain consciousness** 의식을 되찾다
When she **regained consciousness**, she was lying in the forest.
그녀가 의식을 되찾았을 때, 그녀는 숲 속에 누워 있었다.

□ **relieve the pain** 고통을 완화시키다
My doctor prescribed some medicine to **relieve the pain**.
의사는 고통을 완화시키기 위해 약을 처방했다.

□ **run a fever** 열이 나다
I have a sore throat and **run a fever**. I think I'm catching a cold.
나는 목이 아프고 열이 나요. 제 생각에 감기 걸린 것 같아요.

□ **run low on** 떨어지다
I'm **running low on** cash. I have to withdraw some money from the ATM.
현금이 떨어졌네요. ATM에서 돈을 인출해야겠어요.

□ **run on time** 정시 운행하다
I like using public transportation. Trains and buses **run on time** in this city.
나는 대중 교통 이용을 좋아합니다. 기차와 버스는 이 도시에서 정시에 운행합니다.

□ **run short of** 떨어지다, 부족하다
I'm **running short of** sugar. Could you buy some on your way home?
설탕이 부족해요. 집에 오는 길에 사다 줄 수 있어요?

□ **run(take) a risk** (위험을 감수하며) 모험을 하다
I'm not prepared to **run a risk**. I have a family to feed.
저는 모험을 할 준비가 안 되어있어요. 부양할 가족이 있습니다.

Check Up

1. If the members of the meeting don't **[reach / make]** an agreement, it should be decided by the majority rule.
2. We should **[run / go]** a risk to increase investment in the new project.
3. The newborn baby was **[running / getting]** a fever and weighed less than average.
4. We have to find ways to **[regain / recover]** the costs of the product recalls.

□ **seek membership** 회원을 구하다

The new club is holding an orientation to **seek membership**.

새 클럽은 회원을 구하기 위해 오리엔테이션을 열고 있다.

□ **serve a five-year sentence** 5년 징역을 치르다

He pleaded guilty to conspiracy and had to **serve a five-year sentence**.

그는 공모로 유죄를 선고 받아 5년 간 징역을 치러야 했다.

□ **serve a summons** 소환하다

The police **served a summons** on the man.

경찰은 그 남자를 소환했다.

□ **serve the guest** 손님을 접대하다

My mother cooked the food and I **served the guests**

엄마는 음식을 하고 손님을 접대했다.

□ **stay awake** 깨어있다

The coffee will make me **stay awake** during the meeting.

커피는 회의하는 동안 나를 깨워 줄 겁니다.

□ **stay single** 독신으로 살다

He said he would **stay single** for a while.

그는 잠시 독신으로 살겠다고 말했다.

□ **stay sober** 술취하지 않은채 있다

My plan was to **stay sober** and not make a mistake at the party.

내 계획은 파티에서 술에 취하지 않고 실수를 하지 않는 것이었다.

□ **stay tuned** (라디오,tv주파수에) 동조시키다

Please **stay tuned** to our show for the most up-to-date new report.

가장 최신의 새 소식을 위해 저희 쇼에 맞춰주세요.

□ **turn gray** 머리카락이 세다

My father's hair has already **turned gray** and he has some wrinkles on his face.

아버지는 벌써 머리가 세셨고 얼굴에 주름이 약간 생겼다.

□ **turn(get) nasty** 성내다, 난폭하게 굴다

When he got fired, he **turned nasty** and lost his temper.

그가 해고되었을 때, 그는 성을 내고 이성을 잃었다.

□ **turn(go) sour** (일, 관계등이) 잘못되다, 틀어지다

After the heated dispute, our relationship **turned sour** all of a sudden.

열띤 논쟁이 끝나고, 우리 관계는 갑자기 틀어졌다.

Check Up

1. He sometimes **[turns / goes]** nasty when he is asked unpredicted questions.
2. I took some pills to **[stay / stand]** awake all night yesterday.
3. When their marriage **[turned / took]** sour, they began to live separately.
4. Maria is a waitress. So her job is **[serving / receiving]** guests and taking orders.

Practice Test

PART | **Choose the best answer for the blank.**

01 A: What do you think of living in Canada?
  B: Well, I do have a ______________ view of the country. A baby has a better chance of living there, people live three years longer.
  (a) pink
  (b) rosy
  (c) high
  (d) cool

02 A: I think I'm losing a lot of hair. What should I do?
  B: You seem to have ______________ hair. Using a round brush when you dry will help add some body.
  (a) sporadic
  (b) light
  (c) thin
  (d) bald

03 A: What should I do first to go through customs?
  B: Please make sure to fill out the customs ______________ form.
  (a) declaration
  (b) proposition
  (c) announcement
  (d) testimony

04 A: I got my number changed because I was getting a lot of ______________ calls.
  B: Oh, really? Well, what's your new number?
  (a) crank
  (b) trick
  (c) joke
  (d) fake

05 A: I can't believe Terry told my secret to everyone in my office.
  B: No wonder he has such a ______________ mouth.
  (a) noisy
  (b) large
  (c) big
  (d) talkative

06 A: I'm sorry to have to say you did not get the ______________ role in the play.
  B: Oh, I'm so disappointed to hear that.
  (a) important
  (b) major
  (c) big
  (d) lead

07 A: Would you like to attend the special lecture this evening?
  B: Of course. The ______________ lecturer is the professor whose lectures I have long wanted to take.
  (a) invited
  (b) guest
  (c) visitor
  (d) keynote

08 A: Who that has ______________ sense can believe it?
  B: But it's true.
  (a) common
  (b) wise
  (c) normal
  (d) good

09 A: Can I use the Internet at this hotel?
    B: Of course. We also have a TV as well as
          ___________ beverages and snacks.

    (a) complementary
    (b) supplementary
    (c) complimentary
    (d) commentary

10 A: I heard you had a ___________ date
       yesterday.
    B: That's right. But the girl I met was simply
       snobbish!

    (a) deaf
    (b) blind
    (c) dumb
    (d) dark

11 A: My favorite actor has been shooting a movie
       down the street. I've been hoping to catch
       a glimpse of him around town, but with no
       luck.
    B: Maybe you should look more carefully. I
       heard he wears a ___________ in public
       because he doesn't want to be recognized.

    (a) portrait
    (b) motive
    (c) disguise
    (d) fable

12 A: I'm nervous about my job interview. I don't
       have much work experience.
    B: You'll be fine. With your impressive
       educational background, you still have a
       fighting __________.

    (a) possibility
    (b) break
    (c) opportunity
    (d) chance

13 A: That last one auditioned very well. Why did
       you dismiss him?
    B: He was a good actor, but he just didn't have
       the right ___________ for the role.

    (a) form
    (b) grasp
    (c) look
    (d) sight

14 A: I don't understand why our ___________
       expenses have increased so much since we
       moved to this new house.
    B: The house costs more to heat because of
       its size, and we have to buy more food since
       there's no room for a vegetable garden.

    (a) living
    (b) running
    (c) working
    (d) operating

15 A: We're so proud of Jason. After all his hard
       work, he has finally been accepted into the
       astronaut academy.
    B: Wow! I knew he was interested in
       ___________ exploration as a child, but I
       didn't realize how dedicated he was.

    (a) range
    (b) void
    (c) space
    (d) field

16 The ______________ code of conduct should allow military people to live openly in the 'truth' rather than live silently or covertly a 'lie'.

(a) moral
(b) major
(c) military
(d) red

17 ______________ surgery, developed to repair deformities, is now used for many reasons.

(a) Plastic
(b) Aesthetic
(c) Facial
(d) Artificial

18 Neptune is occasionally barely visible to the ______________ eye, and is so faint, that even with binoculars looks like a pale star.

(a) nude
(b) naked
(c) bare
(d) original

19 Coronavirus is known to cause severe ______________ respiratory syndrome.

(a) agile
(b) acute
(c) rapid
(d) fast

20 ______________ diseases are caused by germs and are easily passed from one person to another.

(a) Contagious
(b) Passing
(c) Chronic
(d) Viral

21 His youth is the record of a noble struggle against ______________ circumstances.

(a) adverse
(b) hard
(c) averse
(d) difficult

22 The award is considered the highest honor that a visually ______________ person can receive.

(a) impaired
(b) damaged
(c) crippled
(d) retarded

23 Many people have a negative notion of ______________ punishment for complex emotional reasons.

(a) top
(b) lethal
(c) capital
(d) severe

24 Because I don't watch TV or read newspapers, I am kept in the dark about ______________ issues.

(a) present
(b) late
(c) current
(d) going

25 Even digital clocks can display inaccurate time as a result of power ______________, dead batteries or time changes.

(a) outages
(b) surges
(c) fails
(d) sparks

26 For every lottery player who wins by
______________ luck there are literally millions
who do not.

(a) only
(b) sheer
(c) direct
(d) purly

27 The ____________ draft of his paper was full
of grammatical errors and crossings out, but
the final copy was near perfect.

(a) tough
(b) harsh
(c) rough
(d) complex

28 Unofficial results indicate Hamas has won a
______________ victory in the first Palestinian
parliamentary elections.

(a) cleaning
(b) mopping
(c) sweeping
(d) waxing

29 Congress will make this a lively issue and do
a ____________ investigation of the money
used in the presidential election.

(a) searching
(b) looking
(c) seeking
(d) observing

Review TEST

01 Well, I do have a **[rosy / high]** view of the country. A baby has a better chance of living there, people live three years longer.

02 You seem to have **[thin / light]** hair. Using a round brush when you dry will help add some body.

03 Please make sure to fill out the customs **[declaration / testimony]** form.

04 I got my number changed because I was getting a lot of **[crank / trick]** calls.

05 I can't believe Terry told my secret to everyone in my office. He has such a **[big / noisy]** mouth.

06 I'm sorry to have to say you did not get the **[lead / major]** role in the play.

07 The **[guest / visitor]** lecturer is the professor whose lectures I have long wanted to take.

08 Who that has **[common / normal]** sense can believe it?

09 We also have a TV as well as **[commentary / complimentary]** beverages and snacks.

10 I heard you had a **[blind / dumb]** date yesterday.

11 The **[military / moral]** code of conduct should allow military people to live openly in the 'truth' rather than live silently or covertly a 'lie'.

12 **[Plastic / Artificial]** surgery, developed to repair deformities, is now used for many reasons.

13 **[Contagious / Chronic]** diseases are caused by germs and are easily passed from one person to another.

14 His youth is the record of a noble struggle against **[adverse / averse]** circumstances.

15 The award is considered the highest honor that a visually **[damaged / impaired]** person can receive.

16 Many people have a negative notion of **[top / capital]** punishment for complex emotional reasons.

17 Because I don't watch TV or read newspapers, I am kept in the dark about **[current / late]** issues.

18 Even digital clocks can display inaccurate time as a result of power **[outages / surges]**, dead batteries or time changes.

19 For every lottery player who wins by **[sheer / direct]** luck there are literally millions who do not.

20 The **[rough / harsh]** draft of his paper was full of grammatical errors and crossings out, but the final copy was near perfect.

21 Unofficial results indicate Hamas has won a **[sweeping / mopping]** victory in the first Palestinian parliamentary elections

22 Congress will make this a lively issue and do a(n)**[searching / observing]** investigation of the money used in the presidential election.

Chapter 05

Unit 01 이어동사 Ⅰ

A: Why did you ___________ Barbara's offer to help you with your math homework?

B: I don't think she's as smart as she sounds. The last time she tutored me, I nearly failed the test.

(a) turn into
(b) turn up
(c) turn over
(d) turn down

[THE TOP in TEPS Solution]

[해석] A: 수학 숙제를 도와준다는 Barbara의 제안을 왜 거절했어?
B: 그녀가 말하는 만큼 그녀는 똑똑한 것 같지 않아서. 저번에 개인 교습을 해줬는데, 거의 시험을 망쳤어.

[해설] 빈칸에 알맞은 이어동사를 묻는 문제이다. 문맥상 '왜 Barbara의 제안을 거절 했냐'는 질문이 되어야 자연스럽다. 따라서 '거절하다, 거부하다'의 turn down이 정답이다.

[정답] (d)

☐ **go away** (사람 · 장소를) 떠나 가다
Although I was going to **go away** for the weekend, the weather got bad.
나는 주말 여행을 떠날 예정이었지만, 날씨는 안 좋았다.

☐ **be away** 떨어져 있다, 부재 중이다[from]
I'll **be away** on business next week. Please answer the phone for me.
나는 다음주에 사업차 떠나 있을 것입니다. 제 전화를 받아주세요.

☐ **get away** 떠나다, 출발하다, 휴가를 얻다[from]
How about going hiking this Saturday? I want to **get away**
이번 주 토요일에 하이킹 가는 거 어때요? 나는 떠나고 싶어요.

☐ **put something away** (다 쓰고 난 물건을 보관 장소에) 넣다, 치우다
I make my child clean his room himself. He **puts** toys **away** after he plays with them.
나는 내 아이가 스스로 방 청소하게 한다. 그는 장난감을 갖고 논 후 제자리에 놓는다.

☐ **lay away** ~을 따로 떼어 놓다, 저축하다
I will **lay away** your share of food and you can have some when you arrive.
내가 먹을 음식을 따로 놓을 테니 네가 도착하면 먹을 수 있어.

☐ **die away** 서서히 사라지다, 잦아들다
The sound of children **died away**.
아이들의 소리가 서서히 사라졌다.

☐ **rot away** 썩어 떨어지다[없어지다], 쇠퇴하다
His life has been **rotting away** in a prison since 1990.
1990년 이후 그의 삶은 감옥에서 쇠퇴해져 갔다.

☐ **put somebody away** (교도소 · 정신병원 등에) ~를 집어넣다
The criminal was **put away** for 20 years.
범죄자는 20년간 갇혀 있었다.

☐ **rip away** ~을 (확) 떼내다, 벗기다
He **ripped away** the pictures that he didn't like.
그는 좋아하지 않았던 그림들을 떼어냈다.

☐ **carry away** 열광하다
My friends and I get **carried away** and talked for hours and hours.
내 친구들과 나는 수 시간 동안 열광하며 얘기했다.

☐ **pass away** 죽다
Her father **passed away** just recently and she needs a dependent.
그녀의 아버지께서는 최근에 돌아가셨고, 그녀는 의지할 사람이 필요하다.

☐ **give away** 누설하다, 공짜로 나누어주다
The store **gives away** free coupons for a purchase of over fifty thousand won.
그 가게는 5만원 이상의 구매에 대해 무료 쿠폰을 나누어 준다.

☐ **run away** 도망가다
A drunken driver tried to **run away** from the policeman.
술에 취한 운전자가 경찰관에게서 도망치려고 노력했다.

Check Up

1. The aging diplomat finally [**passed** / got] away after a long battle with his terminal illness.
2. Celebrities often [send / **give**] away portions of their earnings to a favorite charity.
3. One child was so unhappy in his new foster home that he tried to [**run** / jog] away from home several times in one month.
4. I found myself [**carried** / put] away by his music.

☐ **come by** (누구를 보러) 잠깐 들르다
Would you like to **come by** later for a drink?
나중에 한 잔 하러 잠깐 들르시겠어요?

☐ **drag by** 느릿느릿 지나가다
The times **drag by** when I have much free time.
내가 여유시간이 많을 때는 시간이 느릿느릿 지나간다.

☐ **drop by** 잠깐 들르다, 불시에 찾아가다
I have something to tell you. **Drop by** my house after work.
너한테 할 말 있어. 일 끝나고 집에 잠깐 들러.

☐ **get by** 경제적으로 그럭저럭 버티다, 지나가다
I don't think I can **get by** on my current salary. I should look for a second job.
현재 봉급으로는 버틸 수 없겠어. 부업을 찾아야겠어.

☐ **go by** 지나가다, 흐르다
As time **goes by**, everything will be fine.
시간이 지나면, 모든 게 괜찮아 질거야.

☐ **put~by** ~ 한쪽으로 치우다, 제거하다
I **put** the old dress and pants **by** the room.
나는 낡은 드레스와 바지를 방 한쪽으로 치웠다.

☐ **sit by** (나쁜 일을 막을 생각을 않고) 앉아서 구경만 하다, 방관하다
I couldn't just **sit by** and watch people die of hunger.
나는 그냥 앉아서 사람들이 굶주림으로 죽는걸 구경만 할 수 없었다.

☐ **stand by** 대기하다, 지지하다
The president ordered the helicopter to **stand by**
대통령은 헬리콥터를 대기하도록 지시했다.

☐ **stop[drop] by** ~에 들르다
If you have any questions regarding the contract, please e-mail me or **stop by** my office.
만일 계약에 관해 질문이 생기면, 제게 이메일을 보내시거나 제 사무실에 들러주세요.

☐ **break down** 고장 나다, 병이 나다
The air conditioner I bought last year easily **breaks down**.
내가 작년에 구입한 에어컨은 쉽게 고장난다.

☐ **burn down** 전소하다, 다 태워버리다
Small shops and houses in the town **burned down** in a big fire.
도시에 있는 소매 가게들과 주택들이 큰 화재로 다 타버렸다.

☐ **do somebody/something down** ~을 헐뜯다, 깎아내리다
I didn't mean to **do her down**. I actually like her.
그녀를 헐뜯으려고 한 건 아니었어요. 사실 그녀를 좋아해요.

☐ **get down** (~으로부터) 내리다[from], (~을) 내려오다
According to the weather forecast, the temperature will **get down** below zero tonight.
기상예보에 따르면, 오늘밤 온도가 0도 이하로 떨어질 것이다.

Check Up

1. Uncle Marty liked to **[drop / stand]** by for a quick chat every day after work on his way home.
2. Many workers at the factory found it hard to **[get / go]** by on the small salary that was offered.
3. Car engines are more likely to **[fall / break]** down when subjected to long, difficult miles.
4. Buildings built without proper fire safety measures are much more likely to **[burn / put]** down.

□ **cut down** 수, 양을 줄이다
The doctor advised me to **cut down** on sweets to keep fit.
의사는 내게 날씬함을 유지하려면 단과류를 줄여야 한다고 권고했다.

□ **go down** 넘어[쓰러]지다
The old woman staggered and suddenly **went down**.
그 노부인은 비틀거렸고 갑자기 쓰러졌다.

□ **lay something down** (사용하거나 하던) ~을 내려놓다
The professor **laid** the book **down** on the desk and went out of the class.
교수는 책상에 책을 내려놓고 교실 밖으로 나갔다.

□ **lie down** (특히 침대에서) 잠깐 쉬다
Can I **lie down** and take forty winks?
제가 앉아 눈을 붙여도 될까요?

□ **put something down** (손에 들고 있던 것을 탁자 등에) 내려놓다
I **put** my mobile phone **down** on the table.
나는 탁자에 휴대폰을 내려놓았다.

□ **run down** 소모하다, 차로 치다
It was a long day. I feel very tired and **run down**.
긴 하루였어요. 매우 피곤하고 지치네요.

□ **sit down** (의자에) 앉아서 쉬다
Why don't we **sit down** on the bench and rest for a while?
벤치에 앉아 잠시 쉬는 게 어때요?

□ **turn down** 거절하다
I'm afraid that I have to **turn down** your offer. But I hope to maintain a good relationship with you.
유감스럽지만 당신의 제안을 거절해야만해요. 하지만 당신과 좋은 관계를 유지하고 싶습니다.

□ **put something in** (장비 · 가구를) 들여놓다, 설치하다
My mother **put** a TV **in** a living room and made families get together.
엄마는 거실에 TV를 들어놓고 가족들이 같이 있도록 했다.

□ **get in** (안으로) 들어가다, (차 따위를) 타다
Check everything again before you **get in** the car.
차에 타기 전에 모든 것을 다시 확인해라.

□ **cut in** 다른 차나 사람을 앞질러 끼어들다
It is extremely dangerous when a car **cuts in** on the highway.
고속도로에서 차가 끼어드는 것은 매우 위험하다.

□ **turn in** 제출하다, 잠자리에 들다
I'm busy right now. I have to **turn in** a paper by tomorrow.
지금 바빠요. 내일까지 보고서를 제출해야 합니다.

□ **fill in** 용지에 기입하다, 새로운 정보를 알려주다
You should **fill in** the form and give it to the receptionist.
용지에 기입하고 접수대에 주면 됩니다.

□ **settle in** 자리 잡다, 정착하다
We are finding a house in Paris to **settle in**.
우리는 파리에 정착할 집을 찾고 있어요.

Check Up

1. Many customers found it hard to turn **[down / up]** the offer of a buy-one-get-one-free sale.
2. The dog ran out into the street and was run **[down / around]** by a car.
3. During the recession, many people have tried to **[cut / slice]** down on expenses by only buying the products they definitely need.
4. The teachers required students to turn **[over / in]** their work before the end of the week so that grading could begin on the weekend.

Practice Test

PART I Choose the best answer for the blank.

01 A: I read in the newspaper that there has been more violence between the criminal gangs and the police.
B: I wish everyone would ________________ their weapons and go home.

(a) lay down
(b) side with
(c) make up
(d) plow through

02 A: I hear the theater is having a midnight showing of your favorite movie. Do you want to go?
B: I've had a long day, so I think I'll ________________. Maybe we can go tomorrow night.

(a) turn in
(b) turn out
(c) turn over
(d) turn down

03 A: Why did you ________________ Barbara's offer to help you with your math homework?
B: I don't think she's as smart as she sounds. The last time she tutored me, I nearly failed the test.

(a) turn into
(b) turn up
(c) turn over
(d) turn down

04 A: Jason, there seems to be something wrong with your cat. She keeps clawing at the door.
B: She just wants to be ________________.

(a) let out
(b) tied up
(c) called in
(d) pushed away

05 A: What happened to Beth? She just ________________ beside me in silence as if she didn't know me.
B: She might be shocked to hear that her favorite actor killed himself.

(a) cut in
(b) passed on
(c) nodded off
(d) trudged along

06 A: Is that man our new headmaster?
B: That's right. He will ________________ his duties beginning next school year.

(a) take up
(b) run for
(c) make out
(d) hold over

07 A: Did you watch the TV forum on another tax increase last night?
B: Sure. The guy from the ruling party was really good at ________________ from the politically sensitive issues.

(a) making out
(b) taking back
(c) wrapping up
(d) slipping away

08 A: Do you believe the theory that volcanic eruptions are ________________ the lunar cycle?
B: Well, I don't think it is very persuasive.

(a) tied to
(b) cancelled by
(c) named after
(d) filled up with

09 A: How was your open class?

B: Please, don't ask me about that. You know, I have a tendency to _________________ when I'm nervous.

(a) jump at
(b) idle away
(c) ramble on
(d) calm down

10 A: Taking the subway is easier than driving, isn't it?

B: Definitely. There is too much traffic downtown to _________________ easily.

(a) take up
(b) pass on
(c) tag along
(d) get around

11 A: Didn't I tell you the cutoff date for _________________ your reports?

B: No. You just announced the topic for the report.

(a) turning in
(b) making up
(c) working on
(d) skimming through

12 A: Would you _________________ on the meeting and help me if necessary?

B: No problem. Just let me know when you need me.

(a) sit in
(b) cut in
(c) drop by
(d) take part

13 A: You don't need to _________________. Just spit it out.

B: If you say so, I'll get to the point.

(a) talk on
(b) talk over
(c) talk around
(d) talk through

Part II Choose the best answer for the blank.

14 According to the Ministry of Finance and Economy, the domestic economy is beginning to _________________ since the second quarter.

(a) pile up
(b) look up
(c) tag along
(d) come about

15 Bob, who has been driving around the area, said the damage was the worst he'd ever seen despite _________________ 15 cyclones.

(a) piling up
(b) talking over
(c) breaking into
(d) living through

16 How do you know when it's over or when to _________________ the towel on your marriage relationship?

(a) call back
(b) throw in
(c) tear down
(d) snatch away

17 The bullying that is alleged to motivate these crimes should no longer be _________________.

(a) given up
(b) dealt with
(c) turned over
(d) brushed aside

18 They have been trying to stimulate sales by _________________ down.

(a) pulling
(b) turning
(c) marking
(d) bending

19 Germany's unexpected nice play at the quarterfinal _________________ my attention away from my late dinner.

(a) paid
(b) saved
(c) caught
(d) snatched

20 It was so freezing outside, but they didn't feel cold at all because they were _________________.

(a) fed up
(b) picked up
(c) dressed up
(d) bundled up

21 These days the manufacturers are willing to _________________ the products with serious faults.

(a) call in
(b) pay for
(c) feed back
(d) shoot down

22 I can't help admitting that her novels are _________________ with amazing fantasy and witty imagination.

(a) fed up
(b) kept on
(c) speaking up
(d) brimming over

23 While the office assistant was on vacation, the company asked the filing clerk to _________________ for a few days.

(a) act up
(b) fill in
(c) black out
(d) hang on

24 The restaurant staff always keeps the kitchen clean and organized because they never know when the health inspector might _________________.

(a) pull through
(b) cash in
(c) drop by
(d) take over

01   I wish everyone would **[lay down / side with]** their weapons and go home.

02   I've had a long day, so I think I'll **[turn down / turn over]**. Maybe we can go tomorrow night.

03   Why did you **[turn down / turn into]** Barbara's offer to help you with your math homework?

04   She just wants to be **[let out / tied up]**.

05   What happened to Beth? She just **[trudged along / cut in]** beside me in silence as if she didn't know me.

06   That's right. He will **[take up / run for]** his duties beginning next school year.

07   The guy from the ruling party was really good at **[slipping away / wrapping up]** from the politically sensitive issues.

08   Do you believe the theory that volcanic eruptions are **[tied to / filled up with]** the lunar cycle?

09   Please, don't ask me about that. You know, I have a tendency to **[ramble on / idle away]** when I'm nervous.

10   There is too much traffic downtown to **[get around / pass on]** easily.

11   Didn't I tell you the cutoff date for **[turning in / making up]** your reports?

12   Would you **[take part / sit in]** on the meeting and help me if necessary?

13   You don't need to **[talk over / talk around]**. Just spit it out.

14   According to the Ministry of Finance and Economy, the domestic economy is beginning to **[look up / pile up]** since the second quarter.

15   Bob, who has been driving around the area, said the damage was the worst he'd ever seen despite **[piling up / living through]** 15 cyclones.

16   After reviewing the annual budget, the management decided it would be best to **[lay off / count on]** some employees.

17   How do you know when it's over or when to **[throw in / snatch away]** the towel on your marriage relationship?

18   They have been trying to stimulate sales by **[marking / turning]** down.

19   Germany's unexpected nice play at the quarterfinal **[snatched / caught]** my attention away from my late dinner.

20   It was so freezing outside, but they didn't feel cold at all because they were **[bundled up / picked up]**.

21   These days the manufacturers are willing to **[call in / shoot down]** the products with serious faults.

22 I can't help admitting that her novels are **[speaking up / brimming over]** with amazing fantasy and witty imagination.

23 While the office assistant was on vacation, the company asked the filing clerk to **[fill in / hang on]** for a few days.

24 The restaurant staff always keeps the kitchen clean and organized because they never know when the health inspector might **[pull through / drop by]**.

Chapter 05

Unit 02 이어동사 II

I'll have to admit I was one of the throng willing to ______________ at the information desk over 30 minutes just to get some free gifts.

(a) stick to
(b) pull over
(c) run after
(d) queue up

[THE TOP in TEPS Solution]

[해석] 내가 공짜 선물을 받기 위해 안내 데스크에 앞에서 30분 이상 줄을 서있을 사람들 중의 하나였다는 사실을 인정해야 하겠지.

[해설] 문맥상 공짜 선물을 받기 위해 '줄을 서다'는 의미가 되어야 한다. 따라서 주어진 이어동사 중에서 빈칸에 가장 알맞은 표현은 (d) queue up이 된다.

[정답] (d)

☐ **break in** (건물 등에) 침입하다
The burglar **broke in** through the back door and extorted money.
도둑이 뒷문으로 침입해 돈을 강탈했다.

☐ **let in** 들어오게 하다
My boss ordered not to **let** anyone **in** today.
상사가 오늘 아무도 들이지 말라고 지시했다.

☐ **check in** 입실 또는 탑승수속을 하다
Guests were not allowed to **check in** at the hotel before two o'clock in the afternoon.
손님들은 오후 2시 이전에 호텔에 입실 수속하기가 허용되지 않았다.

☐ **take in** 돈을 벌다, 이해하다
How much do you **take in** as a tour guide a day?
하루에 여행 가이드로 얼마나 버세요?

☐ **call off** 취소하다
We had to **call off** the meeting because of the low attendance.
우리는 낮은 참석률 때문에 회의를 취소해야만 했다.

☐ **fend off** 피하다
The police **fended off** the stones with shields.
경찰은 방패로 돌멩이를 피했다.

☐ **get off** (차 · 말 · 비행기 따위에서) 내리다
When should I **get off** the bus to get to City hall?
시청에 갈려면 언제 버스에 내려야 하죠?

☐ **hold off** 연기하다, 피하다
We're going to **hold off** the meeting until next Friday.
우리는 다음주 금요일까지 회의를 연기할 것이다.

☐ **lay off** 해고하다
I heard that the company will **lay off** both the full-time staff and the temporary workers.
회사가 정규직원과 임시직원 둘 다 해고할 거라고 들었어.

☐ **level off** 고정된 높이를 유지하다, 수평 비행하다
Sales figures have **leveled off** after a growth spurt.
매출액이 폭발적인 성장 후에 고정된 높이를 유지하고 있다.

☐ **pay off** 진 빚을 갚다, 기대했던 성과를 올리다
The man had to borrow money from relatives to **pay off** credit card bills.
그 사람은 신용카드 금액을 갚기 위해 친척들로부터 돈을 빌려야 했다.

☐ **put off** 연기하다
Keeping promises is very important for me. So I never **put off** appointments.
약속을 지키는 것은 내게 매우 중요하다. 그래서 나는 절대로 약속을 미루지 않는다.

☐ **show off** 자랑하다
People who **show off** their wealth with fancy cars and homes are sometimes viewed as arrogant.
멋진 자동차와 집으로 재산을 자랑하는 사람은 때때로 거만하게 보인다.

☐ **shrug off** 털어버리다, 무시해버리다
Optimistic people are usually good at being able to **shrug off** the minor inconvenience of live and move on with their lives.
낙천적인 사람은 보통 삶의 사소한 불편함을 무시하는 것을 잘하며, 그들의 생활을 전진해 나간다.

Check Up

1. Robbers set off an alarm when they tried to break **[in / down]** after the bank was closed.
2. One woman was able to **[fend / level]** off the muggers for several minutes until the police officers showed up to help her.
3. Security guards were not allowed to **[let / pass]** in any person who did not have the adequate identification.
4. Referees decided to **[call / shout]** off the game when lightning was spotted near the field.

☐ **take off** 벗다, 비행기 등이 이륙하다
The plane won't be able to **take off** on time due to the heavy storm.
비행기는 폭설로 인해 제시간에 이륙할 수 없을 것이다.

☐ **carry on** 계속하다
I don't have enough funds to **carry on** the business.
나는 사업을 계속할 충분한 자금을 보유하고 있지 않다.

☐ **count on** 의지하다
This information is completely confidential. I will **count on** your discretion.
이 정보는 완전히 기밀입니다. 저는 당신의 판단력에 의지할 겁니다.

☐ **draw on** 지나가다, 끝나가다
A long summer night is **drawing on**.
기나긴 여름 저녁이 끝나간다.

☐ **get on** ~에 타다
At this bus stop, I can **get on** any bus that comes first.
이번 버스 정류장에서, 저는 바로 오는 버스를 탈수 있어요.

☐ **go on (with something)** (특히 잠깐 중단하거나 휴식한 후에) ~을 계속하다
Sarah, please **go on** reading the report.
Sarah, 보고서를 계속 읽도록 해.

☐ **hold on** (전화를) 끊지 않고 기다리다
Hold on, I will transfer your call.
잠시만요, 전화 연결해드리겠습니다.

☐ **move in on** 습격하다
The police managed to **move in on** the drug trafficking.
경찰은 어떻게든 마약 밀매를 습격했다.

☐ **put on** 입다, 영향을 끼치다
She **put on** her sunglasses because of the sunlight.
그녀는 햇빛 때문에 선글라스를 썼다.

☐ **take on** 일을 떠맡다
I was told to **take on** a menial job on the first day of work.
나는 근무 첫날에 허드렛일을 떠맡으라고 들었다.

☐ **touch on** 지나가는 말로 언급하다
The sales department **touched on** the welfare system of the company.
영업부서는 회사의 복지제도에 관해 잠시 언급했다.

☐ **work on** 해내려고 시도하다, 노력하다
Our team **worked on** the project for more than a month.
우리 팀은 한달 이상 프로젝트를 해내려고 노력했다.

☐ **hang out** 어울려 다니다, 빈둥거리다
I usually **hang out** with friends in the theater.
나는 보통 극장에서 친구들과 어울린다.

Check Up

1. Patients came to trust the surgeon and knew they could **[count / touch]** on him to provide the most advanced and helpful care available.
2. Jan was able to take **[on / after]** extra responsibilities once she learned how to manage her time and get the most out of each day.
3. The coaches were very adamant about explaining to each player some part of the game to work **[on / off]** during the off season.
4. I used to **[hang / get]** out with my friends in the coffee shop after the class.

☐ **stand out** 탁월하게 눈에 띄다
Her incredibly small face makes her **stand out** in a crowd.
그녀의 놀랍게도 작은 얼굴은 그녀가 군중에서 눈에 띄도록 한다.

☐ **hold out** 계속 저항하다
The doctor said the patient won't be able to **hold out** anymore.
의사는 환자가 더 이상 저항할 수 없다고 말했다.

☐ **stick out** 끝까지 버티다, 눈에 띄다
I wrote the notice in blue letters so that it would **stick out**.
나는 눈에 띄도록 파란 종이에 공지사항을 적었다.

☐ **make out** 이해하다
I couldn't **make out** what the professor said about the scoring.
나는 교수님이 점수에 관해 말한 것을 이해할 수 없었다.

☐ **take out** 식당에서 음식을 싸서 나가다, 획득하다
You can get a discount if you **take out** the food and beverage.
음식과 음료를 포장한다면 할인을 받을 수 있습니다.

☐ **pick out** 골라내다, 식별하다
I'm going to **pick out** a nice tie to go with your suit.
내가 양복과 잘 어울릴 괜찮은 넥타이를 골라줄 거야.

☐ **turn out** ~로 판명되다, 사태가 ~이 되다
She **turned out** to be a different person with the same name.
그녀는 동명인의 다른 사람으로 판명되었다.

☐ **burn oneself out** 지치다
Many people in the subway are already **burned out** because of the hot weather.
지하철의 많은 사람들은 이미 더운 날씨 때문에 지쳤다.

☐ **rule out** 배제하다
The hotel management could not **rule out** the possibility of a complaint.
호텔 경영은 불만사항 가능성을 배제할 수 없었다.

☐ **fill out** 서식 용지에 필요한 사항을 기입하다
Please **fill out** a customs declaration form and join the lineup.
세관 신고서를 기입하시고 줄을 서주세요.

☐ **sort out** 정리하다, 가려내다
You should **sort out** the unnecessary files that can be thrown away.
버릴 수 있는 불필요한 파일을 정리해야만 합니다.

☐ **brood over** 문제를 놓고 숙고하다
Don't waste your time **brooding over** such unimportant things.
그런 중요하지 않은 것을 두고 숙고하는데 시간을 낭비하지 마세요.

Check Up

1. When trying to secure a position at a top company, it is very important to stand **[out / up]** from the other candidates in a positive way.
2. One of the most exciting days for some young women is the day they **[turn / pick]** out the dress they'll wear for their wedding.
3. His suggestion was ruled **[out / up]** because it was too unrealistic.
4. At first, I didn't **[make / see]** out what the author was trying to say.

□ **cut over** 횡단하다
A lot of cars **cut over** the bridge every day.
많은 차량이 매일 다리를 횡단한다.

□ **do over** 다시 하다
The boss told his secretary to **do over** the report again.
상사는 비서에게 보고를 다시 하라고 말했다.

□ **get over** 극복하다, [장거리]를 가다
She couldn't **get over** the trauma after the car accident.
그녀는 자동차 사고 후 정신적 외상을 극복할 수 없었다.

□ **go over** 복습하다, 검토하다
I hadn't had time to **go over** the report before I did my presentation.
나는 발표하기 전에 보고를 검토할 시간을 갖지 못했다.

□ **ice over/up** 얼음으로 뒤덮이다, 뒤덮다
The windshield of the car has **iced over** since last night.
차의 방풍유리가 지난 밤 이후로 얼음으로 뒤덮였다.

□ **pass over** 사라지다, 무시하다
The boss said he wouldn't **pass over** your mistake next time.
상관이 너의 실수를 다음에는 무시하지 않을 거라 말했다.

□ **put over** (영화·연극 따위에서) ~을 호평받게 하다, 성공시키다
The director **put over** the movie for the first time.
감독은 처음으로 영화를 성공시켰다.

□ **run over** (그릇이나 그 안의 내용물이) 넘치다, 차로 치다
I forgot to turn off the faucet, and the bathtub **ran over**
나는 수도꼭지를 잠그는 것을 잊었고, 욕조는 넘쳐났다.

□ **take over** 인수하다
The management hasn't found a suitable person to **take over** the company.
경영단은 회사를 떠맡을 적당한 사람을 찾지 못했다.

□ **tip over** ~을 뒤집어엎다
The boats on the lake looked as if they would **tip over** by a heavy wind.
호수 위의 보트는 강풍으로 뒤집어질 것처럼 보였다.

□ **walk (all)over** 함부로 대하다, 무시하다
He always **walks over** his employees in that manner.
그는 항상 그런 식으로 직원들을 함부로 대한다.

Check Up

1. I can help you get **[over / in]** the difficulties you face.
2. The agenda of today's meeting is deciding a person who is going to take **[up / over]** the management of the company.
3. Birds on the distant horizon **[passed / turned]** over suddenly.
4. Do not walk **[over / on]** me. I can't stand it anymore.

PART I Choose the best answer for the blank.

01 A: Do you think you're ready for your math test tomorrow?

B: I'm pretty close, but I still need to ________________ the fractions again.

(a) get behind
(b) put down
(c) go over
(d) come through

02 A: I found that mischievous dog. He was under my bed the whole time.

B: What a relief! I'll ________________ the neighborhood search party now that you found him.

(a) call off
(b) hold out
(c) drum up
(d) give in

03 A: I'm so excited we're finally on our vacation! What should we do first?

B: I think we should ________________ the hotel and then go find the beach.

(a) fall behind
(b) sniff around
(c) sleep over
(d) check into

04 A: I don't understand how the burglars got past the security gate. There's no other entrance to the building.

B: Maybe they ________________ the security guard, or maybe he was part of the gang.

(a) flagged down
(b) cashed in
(c) paid off
(d) kicked up

05 A: What do you think of the recession of the US economy?

B: I hope they will ________________ the crisis as soon as possible.

(a) let out
(b) ride out
(c) put out
(d) take out

06 A: You're not leaving already, are you?

B: Sorry, but I think I need to ________________ my Japanese for the test.

(a) fill up
(b) touch on
(c) book up to
(d) brush up on

07 A: Why are you alone? Where's Kate?

B: She ________________ with the flu. She won't be able to join us for a while.

(a) put up
(b) got over
(c) broke up
(d) came down

08 A: Where have you been? I've been trying to ________________ you all day.

B: What's up?

(a) call for
(b) stand by
(c) get hold of
(d) keep in touch

09 A: If you don't pay the phone bill, your phone might be ________________ sooner or later.

B: Don't worry. I'll sort it all out today.

(a) cut off
(b) cut out
(c) broken down
(d) settled down

10 A: I don't want to be hurt by someone any
       more.
    B: Hey, look. I promise I won't let you down.
       You can ________________ me.

    (a) live on
    (b) hang on
    (c) trust on
    (d) count on

11 A: Did you hear that they would
       ________________ the oil price again?
    B: Is that true? Oh, man. I guess I should sell
       off my car.

    (a) beef up
    (b) jack up
    (c) make up
    (d) build up

12 A: I don't understand why Hollywood couples
       break up so easily.
    B: People say they sometimes
       ________________ their own scandals.

    (a) let out
    (b) speak up
    (c) cash in on
    (d) make fun of

13 A: Oh, no. It looks like it's going to rain again.
       What should we do now?
    B: I just hope the rain ________________
       before we set off.

    (a) lets up
    (b) dries up
    (c) gets down
    (d) comes down

14 A: How's the movie? I'm sure this is the
       saddest movie I've ever seen.
    B: I agree with you. I could no longer
       ________________ my tears at the end of
    the movie.

    (a) hold on
    (b) hold up
    (c) hold back
    (d) hold over

Part II **Choose the best answer for the blank.**

15 Fiona was excited about the dance
    because she finally had an opportunity to
    ________________ her new dancing shoes.

    (a) bring on
    (b) pull over
    (c) find out
    (d) show off

16 It can be hard enough to keep a
    marriage together when times are good,
    ________________ surviving something as
    stressful as financial hardship.

    (a) let alone
    (b) calling for
    (c) idling away
    (d) nevertheless

17 The management team ________________
    the tax problems before they gave the project
    the OK.

    (a) called off
    (b) beefed up
    (c) ironed out
    (d) brought about

18 The Obama administration reaffirmed Sunday
that it will begin ________________ U.S.
troops out of Afghanistan next summer.

(a) making
(b) pulling
(c) leaving
(d) hanging

19 It was inconsiderate of you to
________________ your child out for having a
bad handwriting.

(a) roar
(b) bawl
(c) shout
(d) scream

20 To explain these penalties and rewards,
the assessment system must be
________________ first.

(a) wiped off
(b) turned out
(c) carried out
(d) touched on

21 I'll have to admit I was one of the throng willing
to ________________ at the information desk
over 30 minutes just to get some free gifts.

(a) stick to
(b) pull over
(c) run after
(d) queue up

22 If you've always wondered what it would be
like to deliver mail in the Outback, you can
________________ with a rural postman for
a day in New South Wales and experience it
yourself.

(a) make up
(b) get along
(c) tag along
(d) shake hands

23 To promote the release of their film, the main
characters are planning to visit several Asian
countries and ________________ each tour
with a fan meeting.

(a) stick to
(b) move on
(c) work out
(d) round off

24 Some people think that running a business
can be a great tax break because they can
________________ all the expenses.

(a) see off
(b) write off
(c) get rid of
(d) keep away from

25 We witnessed this influence everywhere we
went, and it seemed to ________________ all
of us.

(a) rub off on
(b) look up to
(c) lean back on
(d) keep in touch with

Review TEST

01   I'm pretty close, but I still need to **[go over / come through]** the fractions again.

02   What a relief! I'll **[hold out / call off]** the neighborhood search party now that you found him.

03   I think we should **[check into / sleep over]** the hotel and then go find the beach.

04   Maybe they **[flagged down / kicked up]** the security guard, or maybe he was part of the gang.

05   If you don't pay the phone bill, your phone might be **[cut off / settled down]** sooner or later.

06   Hey, look. I promise I won't let you down. You can **[count on / trust on]** me.

07   Did you hear that they would **[jack up / build up]** the oil price again?

08   People say they sometimes **[cash in on / speak up]** their own scandals.

09   I just hope the rain **[gets down / lets up]** before we set off.

10   I agree with you. I could no longer **[hold up / hold back]** my tears at the end of the movie.

11   Fiona was excited about the dance because she finally had an opportunity to **[show off / bring on]** her new dancing shoes.

12   It can be hard enough to keep a marriage together when times are good, **[let alone / idling away]** surviving something as stressful as financial hardship.

13   The management team **[ironed out / beefed up]** the tax problems before they gave the project the OK.

14   The Obama administration reaffirmed Sunday that it will begin **[pulling / hanging]** U.S. troops out of Afghanistan next summer.

15   To explain these penalties and rewards, the assessment system must be **[touched on / turned out]** first.

16   I'll have to admit I was one of the throng willing to **[run after / queue up]** at the information desk over 30 minutes just to get some free gifts.

17   If you've always wondered what it would be like to deliver mail in the Outback, you can **[tag along / make up]** with a rural postman for a day in New South Wales and experience it yourself.

18   To promote the release of their film, the main characters are planning to visit several Asian countries and **[stick to / round off]** each tour with a fan meeting.

19   Some people think that running a business can be a great tax break because they can **[write off / get ride of]** all the expenses.

20   We witnessed this influence everywhere we went, and it seemed to **[rub off on / lean back on]** all of us.

Chapter 05

Unit 03 숙어 Ⅰ

A: Mary is angry with me. I think I _______________ when I mentioned that college she didn't get into.

B: Yeah, she's very sensitive about that. It's best not to talk about it.

   (a) had a ball
   (b) made a killing
   (c) missed a beat
   (d) hit a nerve

[THE TOP in TEPS Solution]

[해석]   A: Mary가 나한테 화났어요. 제 생각에 제가 그녀가 들어가지 않은 대학을 언급했을 때 그녀의 신경을 건드린 것 같아요.
         B: 네, 그녀는 그 문제에 대해 매우 민감해요. 그 문제는 언급하지 않는 것이 가장 최선이에요.

[해설]   문맥상 Mary가 들어가지 못한 대학에 관해서 이야기하고 있다. 따라서 '그녀의 신경을 건드리다'는 의미가 들어가는 것이 적절하다. '신경을 건드리다'는 표현은 (d) hit a nerve이다.

[정답]   (d)

🎧 **Mp3 Track Chapter 06, unit 03**

☐ **a sense of humor** 유머 감각
If he didn't have **a sense of humor**, I wouldn't date him.
만일 그가 유머 감각이 없다면, 나는 그와 데이트하지 않을 거야.

☐ **a slim chance** 가망성이 적은 기회
She has **a slim chance** to enter Cambridge University.
그녀가 캠브리지 대학교에 입학할 가능성은 희박하다.

☐ **a stroke of genius** 천재적 솜씨
His idea to increase sales figures was **a stroke of genius**.
판매액을 늘릴 그의 의견은 천재적 솜씨였다.

☐ **all over the place** 모든 곳에
My family has moved **all over the place** because my father is a diplomat.
아버지가 외교관이기 때문에 우리 가족은 모든 곳으로 이사해봤다.

☐ **as a last resort** 최후의 수단으로
As all attempts have failed so far, we decided to go on a strike **as a last resort**.
지금까지 모든 노력이 실패했기 때문에, 우리는 최후 수단으로 파업에 들어가기로 결정했다.

☐ **as a matter of fact** 사실은
As a matter of fact, I've been waiting for the latest stories.
사실은 나는 가장 최근의 이야기를 기다리고 있다.

☐ **be taken with something** 매혹되어, 마음이 사로잡혀
I **was** really **taken with** the romantic story that I had read on the Internet.
나는 인터넷으로 읽은 낭만소설에 완전히 사로잡혔다.

☐ **bear the brunt of** (비난, 공격 따위)를 정면으로 받다
Young workers will **bear the brunt of** high taxes and health insurance.
젊은 근로자들는 높은 세금과 건강 보험을 정면으로 받아들일 것이다.

☐ **breach of confidence** 비밀 누설, 배신
Telling other people what he said can be a total **breach of confidence**.
그가 말한 것을 다른 사람들에게 말하는 것은 완전한 비밀 누설일 수 있다.

☐ **break somebody's heart** ~의 가슴을 찢어 놓다
He **broke my heart** when he admitted seeing another girl.
그가 다른 여자를 사귄다고 인정했을 때 내 가슴을 찢어놓았다.

☐ **by all accounts** 다른 사람들 말에 따르면
By all accounts, Maldives is the best vacation spot for newlyweds.
다른 사람들에 따르면, 몰디브는 신혼여행자들에게 최고의 휴양지이다.

☐ **call it a day** ~을 그만하기로 하다
Everyone looks so exhausted. Let's **call it a day**
모두들 매우 지쳐 보입니다. 오늘은 그만합시다.

☐ **center of attention** 주목의 대상
She always did her damnedest to be the **center of attention**.
그녀는 항상 관심의 대상이 되려고 최선을 다한다.

Check Up

1. Maria was much [**taken with / taken by**] the young man at first sight.
2. [**By all accounts / By all means**], the old man earned a fortune in his 20's.
3. If it is hard to carry on a natural childbirth, as a [**last resort / last thing**], she will have a cesarean.
4. Our team has a [**slim / few**] chance of winning the best team in the world.

☐ **cross one's mind** 생각이 나다, 생각이 떠오르다
Receiving a diploma, so many emotions **crossed my mind**.
학위를 받으면서 수 많은 감정이 내게 떠올랐다.

☐ **draw a blank** 아무 반응(결과)을 얻지 못하다
Since yesterday, I've tried to remember the man's name but I **drew a blank**.
어제부터 나는 그 사람의 이름을 기억해 내려고 했지만 아무것도 얻지 못했다.

☐ **full of oneself** 자만한, 오만한
She is so cocky and **full of herself**.
그녀는 너무 건방지고 자만한다.

☐ **get a sense of** ~을 엿보다
We can **get a sense of** wisdom of our ancestors from the proverbs.
우리는 격언으로부터 조상들의 지혜를 엿볼 수 있다.

☐ **give somebody a wide berth** ~의 가까이 가지 않다
I **gave him a wide berth** because he was in a very bad mood.
나는 그가 매우 기분이 좋지 않았기 때문에 가까이 가지 않았다.

☐ **have a great sentimental value to someone**
~에게 감성적 가치가 크다
This small vase **has a great sentimental value to my family** since it has been inherited from several generations.
이 작은 물병은 몇 대를 이어져 내려왔기 때문에 우리 가족에게 있어 큰 감성적 가치를 갖고 있다.

☐ **hit a nerve** 아픈곳을 건드리다, 신경을 거스르다
He **hit a nerve** by talking about the mid-term exam.
그는 중간 고사에 관해 얘기하면서 신경이 거슬렸다.

☐ **in charge of** ~을 맡아서, 담당해서
Sarah is **in charge of** the bookkeeping in our company.
Sarah는 우리 회사에서 부기를 담당하고 있다.

☐ **in general** 보통, 대개
In general, men love watching sports.
보통 남자들은 스포츠 시청을 좋아한다.

☐ **in good hands** 안심할 수 있는, 잘 관리되는
I'm looking for a school for my child to be **in good hands**.
나는 내 아이가 잘 관리되는 학교를 찾고 있어요.

☐ **in reserve** 비축되어 있는, 예비로 마련해 둔
My parents have been keeping money **in reserve** for their retiremenet.
우리 부모님은 노후를 위해 돈을 비축해오고 있다.

☐ **keep in touch with** ~와 연락하다
I still **keep in touch with** old friends and meet them once in a while.
나는 오래된 친구들과 아직 연락하며 가끔씩 만난다.

☐ **keep one's ear to the ground** 여론에 귀를 기울이다
My boss ordered me to **keep my ear to the ground** so that he could get a new idea.
내 상관은 내게 그가 새로운 아이디어를 가질 수 있도록 여론에 귀를 기울이라고 지시했다.

Check Up

1. Despite a thorough investigation, the police are [**drawing** / **making**] a blank.
2. Jane keeps some money [**in reserve** / **for reserve**] for emergencies.
3. Who is in [**charge** / **head**] of this human resource department?
4. We can get a [**sense** / **feeling**] of the writer's life through his story.

Practice Test

PART I **Choose the best answer for the blank.**

01 A: How does your daughter like her new musical theater class?
B: She loves it. She has always liked to be the _______________ of attention, so acting really appeals to her.

(a) belly
(b) heart
(c) inside
(d) center

02 A: I'm trying to follow your story, but your sequence of events is all over the _______________ and I'm getting confused.
B: I guess I'm a little distracted. Let me slow down and start from the beginning.

(a) path
(b) place
(c) part
(d) point

03 A: Most of us thought the party was going to be a disaster, but by all _______________, it turned out to be a great success.
B: I know what you mean. Everyone said they had a wonderful time.

(a) manners
(b) summaries
(c) accounts
(d) beliefs

04 A: Mary is angry with me. I think I _______________ when I mentioned that college she didn't get into.
B: Yeah, she's very sensitive about that. It's best not to talk about it.

(a) had a ball
(b) made a killing
(c) missed a beat
(d) hit a nerve

05 A: What's that boy doing in here? I thought no one under 21 was allowed in the bar.
B: That's true in _______________, but he's the bartender's son, so we let him in.

(a) general
(b) usual
(c) natural
(d) equal

06 A: Hi, Rachel! Don't you remember me? I'm Paula, from school.
B: I'm sorry, Paula, I'm _______________ a blank. Do we have a class together?

(a) carrying
(b) shooting
(c) throwing
(d) drawing

07 A: I'm surprised to hear that you've been spending time at the dancehall. I thought you hated dancing.
B: To tell you the truth, I've become very _______________ with one of the dancers, and I've been hoping to get a chance to talk to her.

(a) taken
(b) grabbed
(c) seized
(d) caught

08 A: Doctor, this new medication isn't working. I'm still in pain every day.
B: We'll have to try a new course of treatment. First we'll try physical therapy, then surgery as a last _______________.

(a) resort
(b) track
(c) scheme
(d) trial

09 A: Did the doctor say whether Lucy would be
    able to play basketball again after her knee
    injury?
  B: The chances are _______________, but she
    might regain some ability if she works hard
    in physical therapy.

  (a) cheap
  (b) rare
  (c) slim
  (d) light

10 A: When my car broke down yesterday, Carol
    just sat in the passenger seat giggling.
  B: I never understand the things that entertain
    her. She just has an unusual sense of
    _______________.

  (a) mischief
  (b) humor
  (c) banter
  (d) laughter

11 A: I know I need to get some sleep, but I'm
    nervous about leaving Tony alone at the
    hospital.
  B: This is the finest hospital in the area, so
    Tony is in good _______________. You
    should go home and rest.

  (a) hands
  (b) works
  (c) rights
  (d) sorts

12 A: Mr. Fredricks, I didn't realize that it was
    against company policy to talk to journalists
    about our financial records.
  B: This is a serious _______________ of
    confidentiality, Evelyn. I'll have to report this
    incident to our business ethics committee.

  (a) recess
  (b) offense
  (c) breach

  (d) clash

13 A: It was so nice to see you again. I can't
    believe we didn't talk to each other for so
    many years.
  B: I know. We'll have to remember to keep in
    _______________ this time.

  (a) reach
  (b) line
  (c) touch
  (d) drop

14 A: Your colleagues in the police department
    aren't doing much to find my stolen car.
    Have you heard anything about it?
  B: No one has mentioned anything to me, but
    I'll keep my _______________ to the ground
    and call you if there's any news.

  (a) ear
  (b) nose
  (c) face
  (d) eye

15 A: I'm so sorry to hear that Angela left you.
    You must be very sad.
  B: Yes, she _______________ my heart. It's
    hard to imagine that I'll ever love someone
    like that again.

  (a) broke
  (b) rotted
  (c) cracked
  (d) tore

16 A: I hope you're not too disappointed that your favorite team lost the championships this year.

B: Not at all. As a(n) _______________ of fact, I've decided to stop following sports and pay more attention to the important things in my life.

(a) question
(b) matter
(c) substance
(d) issue

PART II Choose the best answer for the blank.

17 As the hiker ventured deeper into the forest, the possibility that it was too late to hike out before dark never _______________ his mind.

(a) turned
(b) flashed
(c) crossed
(d) passed

18 The construction supervisor could see that the workers were very tired, so he told everyone it was time to _______________ it a day.

(a) pack
(b) make
(c) call
(d) see

19 Every department in the company is affected by the budget deficit, but it's rumored that the marketing department will _______________ of the cutbacks.

(a) foot the bill
(b) bear the brunt
(c) hit the sack
(d) jump the gun

20 Now that there's a new lifeguard in _______________ of the pool, the rules are going to be much stricter.

(a) watch
(b) charge
(c) duty
(d) guard

21 When Karen became ill and needed expensive medicine, she was glad that she had kept some money in _______________ for an emergency.

(a) saving
(b) aid
(c) proof
(d) reserve

22 After Tom spent the whole dinner talking about his own achievements, the other guests felt that he was too _______________ of himself.

(a) loud
(b) full
(c) hard
(d) rich

23 Despite protests from her family, Laura ran back into the burning house to retrieve the old blanket that had great _______________ value to her.

(a) fundamental
(b) temperamental
(c) instrumental
(d) sentimental

24 Once the wedding planners get a(n) _______________ of the family's tastes, they will know which foods and decorations to order.

(a) instinct
(b) reason
(c) sense
(d) need

01 She loves it. She has always liked to be the **[center / heart]** of attention, so acting really appeals to her.

02 I'm trying to follow your story, but your sequence of events is all over the **[part / place]** and I'm getting confused.

03 Once the wedding planners get a(n) **[instinct / sense]** of the family's tastes, they will know which foods and decorations to order.

04 Most of us thought the party was going to be a disaster, but by all **[beliefs / accounts]**, it turned out to be a great success.

05 Mary is angry with me. I think I **[had a ball / hit a nerve]** when I mentioned that college she didn't get into.

06 I'm sorry, Paula, I'm **[throwing / drawing]** a blank. Do we have a class together?

07 To tell you the truth, I've become very **[taken / seized]** with one of the dancers, and I've been hoping to get a chance to talk to her.

08 We'll have to try a new course of treatment. First we'll try physical therapy, then surgery as a last **[resort / track]**.

09 The chances are **[slim / rare]**, but she might regain some ability if she works hard in physical therapy.

10 I never understand the things that entertain her. She just has an unusual sense of **[humor / laughter]**.

11 This is the finest hospital in the area, so Tony is in good **[works / hands]**. You should go home and rest.

12 This is a serious **[offense / breach]** of confidentiality, Evelyn. I'll have to report this incident to our business ethics committee.

13 I know. We'll have to remember to keep in **[line / touch]** this time.

14 No one has mentioned anything to me, but I'll keep my **[face / ear]** to the ground and call you if there's any news.

15 Yes, she **[tore / broke]** my heart. It's hard to imagine that I'll ever love someone like that again.

16 Not at all. As a(n) **[matter / issue]** of fact, I've decided to stop following sports and pay more attention to the important things in my life.

17 We couldn't have done it without you. Your idea for the human pyramid was a **[clash / stroke]** of

genius.

18 As the hiker ventured deeper into the forest, the possibility that it was too late to hike out before dark never **[passed / crossed]** his mind.

19 The construction supervisor could see that the workers were very tired, so he told everyone it was time to **[call / make]** it a day.

20 Every department in the company is affected by the budget deficit, but it's rumored that the marketing department will **[hit the sack / bear the brunt]** of the cutbacks.

21 Now that there's a new lifeguard in **[watch / charge]** of the pool, the rules are going to be much stricter.

22 When Karen became ill and needed expensive medicine, she was glad that she had kept some money in **[reserve / aid]** for an emergency.

23 After Tom spent the whole dinner talking about his own achievements, the other guests felt that he was too **[hard / full]** of himself.

24 Despite protests from her family, Laura ran back into the burning house to retrieve the old blanket that had great **[sentimental / fundamental]** value to her.

Chapter 05

Unit 04 숙어 Ⅱ

A: Remember, the bus leaves right at 9:30. If you're late, we'll leave without you.

B: Don't worry. I'll be sure to be there at 9:30 _______________.

   (a) in the red
   (b) over the top
   (c) on the nose
   (d) for a song

[THE TOP in TEPS Solution]

[해석] A: 기억하십시오. 버스는 9시 30분에 출발합니다. 만약 늦으시면 저희는 당신이 오지 않아도 그냥 출발할 것입니다.
       B: 걱정하지 마세요. 9시 30분에 정확히 그곳에 있을게요.

[해설] 문맥상 B가 '버스시간에 늦지 않도록 버스 출발시간인 9시 30분에 정확히 도착할 것이다'는 의미로 이야기하고 있다. 따라서 빈칸에는 '정확하게'라는 의미의 어구가 들어가는 것이 적절하므로 (c) on the nose가 가장 적절하다.

[정답] (c)

☐ **leave someone or something hanging** 종결되거
나 끝날 때까지 계속 기다리게 하다
The conclusion of the essay was **left hanging in**
midair.
에세이의 결론은 끝맺음없이 공중에 남겨졌다.

☐ **like clockwork** 정확하게, 규칙적으로
My boss was pleased that the new project went **like
clockwork**.
내 상관은 새로운 프로젝트가 정확히 진행되어서 즐거워했다.

☐ **look on the bright side** 긍정적(낙관적)으로 보다
No matter how hard it gets, I try to **look on the
bright side**.
아무리 힘들더라도, 저는 긍정적으로 보려고 노력합니다.

☐ **make a killing** 갑자기 큰 돈을 벌다
My father **made a killing** in the stock market.
제 아버지는 갑자기 주식 시장에서 큰 돈을 벌었습니다.

☐ **make ends meet** 겨우 먹고 살만큼 벌다
Susan got a job to help her family **make ends meet**.
Susan은 가족이 먹고 살만큼 벌이가 되는 직업을 갖게 되었다.

☐ **miss a beat** 순간적으로 주저하다
She **missed a beat** when she was forced to transfer to
a little town.
그녀는 작은 도시로 이전 명령이 났을 때 순간 주저했다.

☐ **not have a prayer(of doing something)** ~할 가망
이 전혀 없다
He is hopeless. He does **not have a prayer of** getting
a job.
그는 절망적이다. 그는 직업을 구할 가망이 전혀 없다.

☐ **on hold** 보류된, 연기된
The conference is **on hold** until next week because
of the bad weather.
회의는 기상 악화로 다음 주까지 보류되었다.

☐ **on purpose** 고의로, 일부러
He did it **on purpose**, knowing it would cause a big
problem.
그는 큰 문제가 발생할 것을 알면서도 고의로 했다.

☐ **on the ground of something** ~의 이유로, ~을 구실(핑
계)로
The company laid off 100 employees **on the ground
of** a recession.
회사는 경기 침체의 이유로 100명의 직원을 해고했다.

☐ **on the mend** (질병, 곤경에서) 회복 중인
I'm **on the mend** now after the terrible car accident.
끔찍한 차 사고 이후에 나는 지금 회복 중이다.

☐ **on the nose** 정확히
I saved $20,000 **on the nose** last year .
나는 정확히 작년에 2만 달러를 모았다.

☐ **out of breath** 숨이 가쁜
I was **out of breath** after going up the hill.
나는 언덕을 오르고 나서 숨이 가빴다.

☐ **out of sight** 보이지 않는 곳에, 먼곳에
He stood by the car until I was **out of sight**
그는 내가 보이지 않을 때까지 자동차 옆에 서있었다.

Check Up

1. The hit-and-run driver said he didn't do it on **[purpose / goal]**.
2. He quit the job **[on the ground of / by the ground of]** being sick.
3. The estimate of the monthly expense was on the **[nose / mouth]**.
4. My brother had a stomach flu but he's **[on the mend / of the mend]** now.

☐ **pull a fast one (on somebody)** ~에게 사기를 치다
He tried to **pull a fast one on me**. But I'm not easily fooled.
그는 내게 사기를 치려고 했다. 하지만 나는 쉽게 속지 않는다.

☐ **right on the money** 정확하게
The fortune-teller's comment was **right on the money**.
그 점성술사의 말은 정확했다.

☐ **running rampant** 난무하다
Malaria is still **running rampant** in South Africa.
말라리아는 여전히 남아프리카에 난무해있다.

☐ **safe and sound** 무사히, 탈없이
It was a relief to hear my friend got to his destination **safe and sound**.
친구가 목적지에 무사히 도착했다는 소식을 듣고 안심했다.

☐ **save one's face** 체면을 세우다, 면목을 잃지 않다
The politician tried to **save his face** after receiving criticism.
그 정치인은 비난을 받은 후에 체면을 세우려고 노력했다.

☐ **show mercy on a person** ~에게 인정을 베풀다
The judge **showed mercy on** the offender and imposed a light penalty.
판사는 범죄자에게 인정을 베풀고 가벼운 처벌을 부과했다.

☐ **steer clear of something** ~에 가까이 가지 않다, ~을 비키다
Make sure you **steer clear of** these drugs. It is extremely poisonous.
네가 이런 약물에 가까이 가지 않도록 해라. 그건 매우 독성이 있어.

☐ **take the plunge** ~을 단행하기로 하다
He urged me to **take the plunge** and invest in real estate.
그는 나보고 단행하여 부동산에 투자하라고 강조했다.

☐ **test one's patience** 인내심을 시험하다
Don't **test my patience**. I'm going to lose my temper.
내 인내심을 시험하지 마. 냉정을 잃으려고 해.

☐ **to one's taste** 마음에 들어
Feel free to put salt on your food **to your taste**
네 입맛대로 음식에 소금을 넣도록 해라.

☐ **ups and downs** 성하였다가 쇠하였다가
My mother's life was full **of ups and downs**
어머니의 삶은 기복으로 가득했다.

☐ **vanish into thin air** 온데간데없이 사라지다
The report that I've been working on **vanished into thin air!**
내가 작업해온 보고서가 온데간데 없이 사라졌어!

☐ **wide of the mark** 빗나간, 틀린
My shot went **wide of the mark**
내 계산이 빗나갔다.

Check Up

1. His guess was wide of the **[mark / point]**. It is quite the reverse.
2. Our life is not monotonous, it is full of endless **[ups and downs / ins and outs]**.
3. You are **[right / well]** on the money! This is what I have been looking for!
4. The yellow dress is to my **[taste / sense]**. I will buy it.

Practice Test

PART Ⅰ **Choose the best answer for the blank.**

01 A: Maybe you should get this dress for your mother. She likes yellow, doesn't she?

B: Yes, but the design really isn't her __________. She prefers more traditional styles.

(a) touch
(b) feeling
(c) taste
(d) idea

02 A: Ms. Sanders, I know you said you needed that report by the end of this week, but I just need a few more days.

B: You're really starting to __________ my patience, Charlie. You can have until Wednesday, but I won't tolerate another delay.

(a) drop
(b) pull
(c) watch
(d) test

03 A: Remember, the bus leaves right at 9:30. If you're late, we'll leave without you.

B: Don't worry. I'll be sure to be there at 9:30 __________.

(a) in the red
(b) over the top
(c) on the nose
(d) for a song

04 A: The newspaper said George was yelling and cursing when he was arrested. That doesn't sound like him.

B: That story is pretty __________. I was there, and George was angry, but he certainly wasn't yelling.

(a) salt of the earth

(b) out of the woods
(c) wide of the mark
(d) state of the art

05 A: At first I was nervous about joining the army, but I've decided to __________, no matter what the risks are.

B: Wow, that's very brave. Are you sure that you haven't made this decision too hastily?

(a) hit the sack
(b) take the plunge
(c) beat the rap
(d) have the floor

06 A: Everyone has been very worried about your terrible flu. I'm glad to see that you're on the __________.

B: Yes, I'm definitely feeling much better than I was last week.

(a) patch
(b) heal
(c) cure
(d) mend

07 A: You look a lot like my friend David. Are you related to him?

B: Yes, David is my brother. We do look alike, and people often get us __________ with each other.

(a) bewildered
(b) perplexed
(c) disconcerted
(d) confused

08 A: Thank you for the loan. You don't know how much this extra money will help us.

B: Don't worry about it. I know it's been hard for you to make __________ meet since your wife lost her job.

(a) times
(b) ends
(c) sides
(d) parts

09 A: I'm so sad that my sister is leaving for college. I'm going to miss her terribly.

B: Well, __________ on the bright side: at least you'll have your bedroom to yourself now.

(a) see
(b) look
(c) watch
(d) view

10 A: William, several entries in your expense report don't look legitimate. I hope you're not trying to __________ a fast one.

B: I would never try to cheat the company, ma'am. If there is anything wrong, it was an honest mistake, I promise.

(a) fly
(b) leap
(c) bag
(d) pull

11 A: Is Jane OK? When she rushed through here, she was sweating and out of __________.

B: She was afraid of being late to the meeting, so ran all the way from the bus stop.

(a) relief
(b) breath
(c) help
(d) stress

12 A: That comedian we saw last night was good at quickly thinking of new jokes to please the crowd.

B: You're right. He didn't __________ a beat when he responded to that heckler in the front row.

(a) miss
(b) throw
(c) drop
(d) move

13 A: Excuse me, I don't want to interrupt your phone call, but this matter is very urgent.

B: Please come in. I'm __________________, and the operator said it could be about 20 minutes.

(a) in debt
(b) on hold
(c) under fire
(d) behind bars

14 A: Get ready to be defeated at the basketball game on Saturday! Our team is unbeatable this year.

B: Oh yeah? I'll warn you, we've been training for months, and we'll show no __________.

(a) honor
(b) mercy
(c) reward
(d) tribute

15 A: Where were you last night? I thought we were meeting at the clock tower, but you left me __________.

B: I'm sorry. I completely forgot that we were supposed to go out.

(a) leaning
(b) staring
(c) hanging
(d) resting

PART II Choose the best answer for the blank.

16 The company has had its ________________,
but now its profits are steadily increasing with
no sign of slowing down.

 (a) odds and ends
 (b) ups and downs
 (c) nuts and bolts
 (d) skin and bones

17 The newspapers said Tom didn't have a
________________ when he announced he
was running for mayor, so many people were
surprised when he won the election.

 (a) sense
 (b) thought
 (c) prayer
 (d) guess

18 The teacher suggested that Matthew give his
old, mischievous friends a ________________
if he really wanted to stay out of trouble.

 (a) wide berth
 (b) hot ticket
 (c) dark horse
 (d) big picture

19 Paula told everyone that she had broken her
finger accidentally, but she had really broken it
on ________________ to avoid going to work.

 (a) intent
 (b) purpose
 (c) mission
 (d) scheme

20 Donald was worried when Mary was late
because she always arrived home like
________________ as soon as school was
out.

 (a) clockwork
 (b) thunder
 (c) measure
 (d) drumbeat

21 By the time Susan gave birth to her third child,
she was already well acquainted with the
________________ of parenting

 (a) kith and kin
 (b) ups and downs
 (c) mom and pop
 (d) odds and ends

22 Many of the parents will be a little nervous until
their children are ________________ at home
after the camping trip.

 (a) fair and square
 (b) high and mighty
 (c) touch and go
 (d) safe and sound

23 Bert's family told him he'd never make any
money as an artist, but he surprised them by
making a ________________ from selling his
sculptures.

 (a) billing
 (b) killing
 (c) filling
 (d) spilling

24 The police were baffled by the suspect's
escape, as he seemed to vanish into
___________ air when they cornered him in the
dark alley.

(a) fine
(b) light
(c) thin
(d) short

25 Elizabeth always kept her collectible silverware
out of ___________ during parties because she
was afraid someone might steal it.

(a) show
(b) field
(c) heart
(d) sight

26 In order to ________________ in front of his
friends, Ralph pretended that he had left his
girlfriend even though she was the one who
had left him.

(a) eat crow
(b) make waves
(c) save face
(d) take stock

27 Warren's doctor told him to steer ___________
of sweet foods because he was at risk for
developing diseases like diabetes.

(a) free
(b) bare
(c) clear
(d) open

28 The lawyer argued that his client was not in
her right mind when she committed the crime
and should be released ________________
insanity.

(a) in terms of
(b) on top of
(c) on grounds of
(d) in light of

01   Yes, but the design really isn't her **[feeling / taste]**. She prefers more traditional styles.

02   You're really starting to **[test / pull]** my patience, Charlie. You can have until Wednesday, but I won't tolerate another delay.

03   Don't worry. I'll be sure to be there at 9:30 **[on the nose / in the red]**.

04   That story is pretty **[wide of the mark / salt of the earth]**. I was there, and George was angry, but he certainly wasn't yelling.

05   At first I was nervous about joining the army, but I've decided to **[take the plunge / hit the sack]**, no matter what the risks are.

06   Everyone has been very worried about your terrible flu. I'm glad to see that you're on the **[patch / mend]**.

07   Don't worry about it. I know it's been hard for you to make **[ends / sides]** meet since your wife lost her job.

08   William, several entries in your expense report don't look legitimate. I hope you're not trying to **[pull / fly]** a fast one.

09   Is Jane OK? When she rushed through here, she was sweating and out of **[relief / breath]**.

10   You're right. He didn't **[drop / miss]** a beat when he responded to that heckler in the front row.

11   Please come in. I'm **[on hold / in debt]**, and the operator said it could be about 20 minutes.

12   Oh yeah? I'll warn you, we've been training for months, and we'll show no **[honor / mercy]**.

13   Where were you last night? I thought we were meeting at the clock tower, but you left me **[resting / hanging]**.

14   The squirrels are running **[senseless / rampant]** in my garden. They're eating all my plants.

15   Many of the parents will be a little nervous until their children are **[high and mighty / safe and sound]** at home after the camping trip.

16   The company has had its **[odds and ends / ups and downs]**, but now its profits are steadily increasing with no sign of slowing down.

17   The newspapers said Tom didn't have a **[sense / prayer]** when he announced he was running for mayor, so many people were surprised when he won the election.

18   The teacher suggested that Matthew give his old, mischievous friends a **[hot ticket / wide berth]** if he really wanted to stay out of trouble.

19   Bert's family told him he'd never make any money as an artist, but he surprised them by making a **[killing / filling]** from selling his sculptures.

20 The police were baffled by the suspect's escape, as he seemed to vanish into **[light / thin]** air when they cornered him in the dark alley.

21 Elizabeth always kept her collectible silverware out of **[sight / show]** during parties because she was afraid someone might steal it.

22 Paula told everyone that she had broken her finger accidentally, but she had really broken it on **[purpose / intent]** to avoid going to work.

23 Donald was worried when Mary was late because she always arrived home like **[thunder / clockwork]** as soon as school was out.

24 By the time Susan gave birth to her third child, she was already well acquainted with the **[ups and downs / odds and ends]** of parenting

25 In order to **[take stock / save face]** in front of his friends, Ralph pretended that he had left his girlfriend even though she was the one who had left him.

26 Warren's doctor told him to steer **[clear / bare]** of sweet foods because he was at risk for developing diseases like diabetes.

27 The lawyer argued that his client was not in her right mind when she committed the crime and should be released **[on grounds of / in terms of]** insanity.

Chapter 06

Unit 01 형태에 혼동을 주는 어휘 Ⅰ

When the author switched to using very simple language, she was trying to __________ the voice of the main character as a child.

- (a) confront
- **(b) convey**
- (c) construct
- (d) contain

[THE TOP in TEPS Solution]

[해석] 그 작가는 단순한 문제를 사용하려고 하였을 때, 아이로서의 주인공의 목소리를 전달하려고 노력하였다.

[해설] 문맥상 단순한 문체는 결국 아이의 목소리로 이야기를 전개한다는 의미가 되어야 자연스럽다. 따라서 주어진 보기 중에서 빈칸에 가장 적절한 어휘는 '전달하다'의 의미인 (b) convey가 된다. confront는 '대항하다, 맞서다, 직면하다', convey는 '전달하다, 운반하다', construct는 '건설하다, 짓다', contain은 '담다, 내포하다, 참다'는 의미를 갖는다.

[정답] (b)

Power Vocabulary

☐ **adapt** v. 적응시키다(하다), 각색하다
It is hard for children to **adapt** to the new school.
아이들이 새 학교에 적응하는 것은 어렵다.

adopt v. 채택하다, 양자로 삼다
Jenny was **adopted** at the age of three.
Jenny는 세 살 때 입양되었다.

☐ **adrift** a. 표류해서
Many of the lifeboats were **adrift** over a month.
많은 구명 보트가 한달 넘게 표류했다.

aloft a. 위로 높이, 하늘 높이
He is holding his baby **aloft**.
그는 그의 아기를 하늘 높이 들고 있다.

☐ **affect** v. 영향을 끼치다
The stock price has been **affected** by the consumer price index.
주식 가격은 소비자 가격 지수에 영향을 받아왔다.

effect v. 실행하다, (변화 등을) 가져오다
Jack has confidence to **effect** change in his children.
Jack은 그의 아이들에게 변화를 가져오는데 자신이 있다.

☐ **affective** a. 감정의, 정서적인
Thousands of people were diagnosed with **affective** disorders.
수 천의 사람들이 정서 장애를 진단 받았었다.

effective a. 효과적인, 유능한
Cheaper price is **effective** in attracting customers.
저렴한 가격은 고객을 끌어 모으는데 효과적이다.

☐ **alteration** n. 변경
After you make **alterations** to the document, be sure to save it before closing.
문서에 변경을 한 다음에는, 확실히 종료하기 전에 저장하세요.

altercation n. 다툼, 언쟁
They ended the discussion in an **altercation**.
그들은 토의를 다툼으로 끝냈다.

☐ **alternative** n. 대안
It's the only **alternative** that we can choose.
우리가 선택할 수 있는 유일한 대안이다.

alternate a. 교대의, 상호의
Aid agencies supply foods on **alternate** days.
구호 단체들은 격일로 식량을 공급한다.

alternator n. 교류발전기
My car battery is dead. There might be a problem with the **alternator**.
자동차 배터리가 멈췄어요. 교류발전기에 문제가 있을지도 모릅니다.

☐ **amenable** a. 순종하는, 잘 따르는
Young people are not **amenable** to the idea of taking evening classes.
젊은 사람들은 저녁 수업을 받는 의견을 따르지 않는다.

amnesia n. 기억상실
After the car accident, Sam got **amnesia** and didn't know who he was.
자동차 사고 이후, Sam은 기억상실에 걸려 그가 누구였는지 몰랐다.

☐ **anemic** a. 빈혈의, 생기 없는
An unbalanced diet makes **anemic**-looking faces.
불균형한 식이요법은 생기 없는 얼굴이 되게 한다.

annihilable a. 완전히 파괴될 수 있는
Tyson is an **annihilable** man to be able to knock down his opponent in the first round.
Tyson은 1라운드에 상대편을 때려눕힐 수 있는 파괴력 있는 사람이다.

☐ **apparent** a. 뚜렷한, 명백한
It became **apparent** for the company to have trouble in finance.
회사에 재정 문제가 있는 것은 명백해졌다.

appendant a. 부가의, 부수적인
The damage was **appendant** to the raid.
피해는 그 급습에 부가적이었다.

☐ **aquatic** a. 물속에 사는, 물의
Water hyacinth is an **aquatic** plant.
부레옥잠은 수중 식물이다.

arctic a. 북극의
Polar bears are found in the **Arctic**.
북극곰은 북극에서 발견된다.

☐ **arable** a. 경작할 수 있는
A lack of **arable** land results people to go hungry.
경작지의 부족은 사람들을 굶주리게 한다.

edible a. 먹을 수 있는
These mushrooms are **edible**, but those are lethal.
이 버섯은 먹을 수 있지만, 저것은 치명적이다.

☐ **bailout** n. (정부 자금에 의한) 기업 규제
In the government **bailout** plan, small banks are in big trouble.
정부의 기업 규제 방안에 있어, 소규모의 은행들은 큰 문제에 놓여있다.

blackout n. (정전, 전쟁 중의) 등화관제
There will be no further **blackouts** after building a new power plant.
새로운 발전소를 건설한 이후 더 이상의 등화관제는 없을 것입니다.

☐ **bare** a. 벌거벗은, 노출된
Some walk **bare**foot in the park.
어떤 사람들은 공원에서 맨발로 걸어 다닙니다.

blank a. 공백의, 텅 빈
Suddenly the computer screen went **blank**.
갑자기 컴퓨터 화면이 꺼졌다.

☐ **boost** v. 증대시키다, 부양하다
The drama 'Winter Sonata' has **boosted** tourism in Korea.
'겨울연가'는 한국 관광업을 증대시켜왔습니다.

boast v. 자랑하다, 큰소리치다
Most parents **boast** that their child is a genius.
대부분의 부모님들은 그들의 자녀가 천재라고 자랑합니다.

☐ **causal** a. 인과 관계의
It is believed to be a **causal** relationship between the rate of unemployment and the rate of inflation in an economy.
경제에서 실업률과 물가 상승률 사이에 인과 관계가 있다고 믿어진다.

caustic a. 부식성의
Caustic baking soda is effective in cleaning bathrooms.
가성소다는 욕실 청소에 효과적이다.

cautious a. 조심스러운
My dad is a **cautious** driver.
우리 아빠는 조심성이 많은 운전자이다.

☐ **classic** a. 일류의, 권위 있는
His dream is to have a collection of **classic** cars.
그의 꿈은 권위 있는 자동차들을 소장하는 것이다.

classical a. 고전적인
The **classical** theory of relativity was expounded by Albert Einstein.
고전적 상대성 이론은 Albert Einstein에 의해 자세히 설명되었다.

☐ **company** n. 동석, 동행
People judge you by the **company** you keep.
사람들은 네 친구를 통해 너를 평가한다.

accompaniment n. 부속물
Red wine makes an excellent **accompaniment** to beef.
적포도주는 소고기에 훌륭한 부속물이 된다.

☐ **compile** v. (자료 등을) 수집하다
The survey was **compiled** by Human Resources.
설문은 인사과에 의해 수집되었다.

combine v. 결합하다, 연합하다
Students had an experiment **combining** two chemicals.
학생들은 두 화합물을 결합하는 실험을 했다.

☐ **complement** n. 보충하는 것, 보완물
Sugar is the ultimate **complement** to coffee.
설탕은 커피의 근본적인 보완제이다.

compliment n. 찬사, 칭찬
Being compared to Michael Jackson is a
compliment.
Michael Jackson에 비교되는 것은 칭찬이다.

complaint n. 불평, 불만
Barbara is good at dealing with customer **complaints**.
Barbara는 고객의 불만사항을 처리하는데 능숙하다.

☐ **comprehensible** a. 이해할 수 있는, 알기 쉬운
The presidential speech was barely **comprehensible**
due to the system failure.
대통령 연설은 시스템 문제로 거의 이해할 수 없었다.

comprehensive a. 이해력이 있는, 포괄적인
We offer travelers a **comprehensive** guide to hotels
and restaurants.
저희는 여행객들에게 호텔과 식당에 이르기까지 포괄적인 안내를 제
공합니다.

Check Up

1. Some foreign diplomats are very successful at blending in with a variety of cultures because they **[adapt / adopt]** well to new environments.

2. Two students who get involved in a violent **[alteration / altercation]** should be separated from one another until they have had time to settle down.

3. The rainy weather had a huge **[effect / affect]** on the decision to cancel the outdoor carnival.

4. Scoring well on the very first test of the school year can really **[boast / boost]** a student's confidence for the remainder of the term.

5. Many **[edible / arable]** wild plants very closely resemble other plants which could cause death due to the poisoning.

6. Some banks which struggled financially last year asked for a **[bailout / blackout]** from the government in order to stay afloat.

7. The final tests for many math classes are **[comprehensive / comprehensible]**, meaning that they include information from the entire scope of class material.

Chapter 06

Unit 02 형태에 혼동을 주는 어휘 Ⅱ

A: You're going to eat that large ice cream cone? I thought you were on a diet.r.

B: I am, but I _____________ myself occasionally as a reward for eating well most of the time.

(a) insulate

(b) infuse

(c) indulge

(d) inhibit

[THE TOP in TEPS Solution]

[해석] A: 너 저 큰 아이스크림 콘을 먹을 거야? 난 네가 다이어트 중인 줄 알았어.

B: 맞아, 그렇지만 대부분의 시간을 잘 먹은 것에 대한 보상으로 가끔 즐기기도 해.

[해설] 문맥상 B의 대답은 지금 다이어트 중이기는 하지만 가끔은 아이스크림을 먹음으로써 내 자신을 기쁘게 하고 즐긴다는 의미가 되어야 자연스럽다. 따라서 주어진 보기에서 가장 적절한 동사는 (c) indulge이다. insulate는 '격리하다, 고립하다', infuse는 '주입하다, 우려내다', indulge는 '만족시키다, 즐겁게 하다', inhibit은 '금하다, 방해하다'는 의미이다.

[정답] (c)

☐ **condemn** v. 비난하다
The president was quick to **condemn** the company for the accident.
대통령은 재빠르게 사고에 대하여 회사를 비난했다.

deem v. ~로 여기다
The board **deemed** that the current CEO was capable of managing the business.
위원회는 현 CEO가 사업 경영을 처리할 수 있다고 여겼다.

redeem v. 되찾다
He finally **redeemed** his cell phone from the Lost and Found.
그는 마침내 분실물 센터에서 휴대폰을 되찾았다.

☐ **confident** a. 확신하는
The coach was **confident** of winning the game.
감독은 게임에서 승리하기를 확신했다.

confidential a. 기밀의
The witness list for the trial is regarded as strictly **confidential**.
재판에 대한 증인 명단은 철저히 기밀 사항으로 간주된다.

☐ **confirm** v. 확실히 하다
The alibi has **confirmed** the suspect's innocence.
알리바이는 용의자의 무죄를 확증했다.

confer v. (훈장 등을) 수여하다
The gold medal was **conferred** on him by the Committee in 2002.
2002년에 위원회는 그에게 금메달을 수여했다.

☐ **congenial** a. (작업, 환경 등이) 알맞은
The company provides a **congenial** atmosphere to employees.
회사는 직원들에게 알맞은 업무 환경을 제공한다.

conducive a. (~에게) 도움이 되는
Our laboratory is an environment **conducive** to experimenting.
우리 실험실은 실험에 도움이 되는 환경이다.

conservative a. 보수적인
The newly elected superintendent of education has **conservative** views on changing the current school system.
새로 선출된 교육부 장관은 현 교육 제도의 변화에 보수적인 견해를 갖고 있다.

☐ **considerate** a. 동정심(이해심)이 많은
It's so **considerate** of you to say so.
그렇게 말씀해 주시니 이해심이 많으시네요.

considerable a. 상당한
He is a man of having a **considerable** amount of money.
그는 상당한 양의 돈을 보유한 사람이다.

☐ **contend** v. 다투다, 논쟁하다
Doctors **contend** that euthanasia is against the human dignity.
의사들은 안락사가 인간의 존엄성에 반한다고 논쟁한다.

content a. 만족하는 n. 만족 내용, 성분
I am not **content** with the new hair cut.
나는 새로운 머리 손질에 만족하지 않는다.

☐ **crash** v. 와르르 무너지다
The glasses went **crashing** to the ground because of the wrong arrangement.
잘못된 정리로 유리잔들이 바닥으로 무너져 내렸다.

crush v. 으스러지다, 구겨지다
His arm was **crushed** while defending the child from the accident.
그의 팔은 아이를 사고에서 막아내면서 으스러졌다.

☐ **credible** a. 신뢰할 수 있는
Traffic accidents are not a **credible** excuse for being late.
교통 사고는 지각을 대신해서 할 수 있는 신뢰할 수 있는 변명이 아니다.

credulous a. 쉽게 속는
Those who have several credit cards tend to be **credulous**.
여러 장의 신용카드를 가진 사람들은 쉽게 속는 경향이 있다.

☐ **deceit** n. 기만, 속임
The impostor was accused of lies and **deceit**.
사기꾼은 거짓말과 속임으로 고소되었다.

deficit n. 적자
Greece had a far larger **deficit** than expected last year.
그리스는 작년에 예상보다 훨씬 더 큰 적자를 냈다.

☐ **defer** v. 지연하다
The jury of art **deferred** their decision on the most excellent work.
미술 심사원단은 최우수 작품에 대한 결정을 미뤘다.

deter v. 저지하다
Security cameras were installed to **deter** people from throwing away garbage on the street.
보안 카메라들은 사람들이 거리에 쓰레기를 버리지 않도록 막기 위해 설치되었다.

☐ **delegation** n. 직무 대행
The attorney was presented as the **delegation** of authority.
변호사는 권한 대행으로 참석했다.

deliberation n. 숙고, 협의
After hours of **deliberation**, the jury brought in a verdict of 'not guilty'.
몇 시간의 숙고 끝에, 배심원은 무죄라는 평결을 내렸다.

☐ **delete** v. 삭제하다
I **deleted** all the files in my computer.
내 컴퓨터의 모든 파일을 삭제했다.

deplete v. 고갈시키다, 감소시키다
Fossil fuels have been **depleted** since the highly increasing demand.
화석 연료는 높이 증가하는 수요로 인해 고갈되어왔다.

☐ **delusion** n. 망상, 착각
She is under a **delusion** about winning the lottery.
그녀는 복권에 당첨되는 착각에 빠져있다.

illusion n. 환영, 환각
Mirrors in clothing shops give an **illusion** of space.
옷 가게의 거울은 공간을 착각하게 한다.

☐ **deviate** v. (방향, 원칙 등에서) 빗나가다, 일탈하다
The car had to **deviate** from its route for the traffic jam.
자동차는 정체되는 노선으로부터 벗어나야 했다.

divert v. 전환하다
Companies should **divert** their exports to other countries.
회사들은 그들의 수출품을 다른 국가들로 전환해야 한다.

deluge n. 대홍수
After the **deluge**, the damage estimates $1.2 billion.
대홍수 후에, 피해액은 12억 달러로 추산된다.

☐ **digress** v. 빗나가다, 주제에서 벗어나다
What you said **digresses** to what we are talking about.
네가 말했던 것은 우리가 하고 있는 주제에서 벗어난다.

distract v. (주위, 마음 따위를) 딴 데로 돌리다
The way you are chewing **distracts** others.
네가 껌을 씹는 것이 다른 사람들을 방해해.

☐ **dispose** v. 배치하다, 처분하다
He **disposed** his photographs around the public library.
그는 공공 도서관에 그의 사진 작품을 전시했다.

expose v. 노출하다
Apples turn brown when **exposed** to oxygen.
사과는 산소에 노출되면 갈색으로 변한다.

☐ **double-book** v. (취소에 대비하여) 이중 예약을 받다
The suite rooms were **double-booked**.
스위트 객실에 이중 예약이 되어있었다.

double-check v. (안전한지) 다시 확인하다
You have to **double-check** the baggage before the departure.
출발하기 전에 짐 가방을 다시 확인해야 한다.

□ **eclectic** a. 취사 선택하는, 절충의

Her **eclectic** tastes in art can be found in her work.
예술에 관한 그녀의 절충하는 취향은 그녀의 작품에서 발견할 수 있다.

elective a. 선택에 의한

The National Assembly has 299 **elective** seats.
국회는 299명의 선출된 의원으로 구성된다.

□ **economic** a. 경제의

The report says that **economic** growth is expected to be slow.
보고에 따르면 경제 성장이 느려질 거라 예상된다.

economical a. 알뜰한

If you are looking for an **economical** car, a small one is perfect.
경제적인 자동차를 찾으신다면 경차가 완벽합니다.

□ **equestrian** a. 기수의

At Buckingham Palace, we can see **equestrian** guards.
Buckingham궁에서 우리는 말을 탄 경호원들을 볼 수 있다.

enigmatic a. 수수께끼 같은, 불가사의한

After the verdict, he had an **enigmatic** smile.
배심원의 평결 후에, 그는 알 수 없는 미소를 띠었다.

encyclopedic a. 박식한, 백과사전적인

Mike Lee may be known for his **encyclopedic** knowledge of the U.S. Constitution.
Mike Lee는 미국 헌법에 대한 박식한 지식으로 알려져 있는지도 모른다.

1. After correctly completing all his tasks during his first day of work, Don was **[confident / confidential]** that he could handle the job without problems.

2. Although the captain played horribly in the first part of the game, he later **[deemed / redeemed]** himself by scoring the winning goal for his team.

3. While many young people are viewed as very innovative and liberal when it comes to government, there is still a large portion of the youth that is traditional and **[conservative / considerate]** in its positions.

4. Many doctors' offices offer a reminder to patients by calling a day ahead to **[confirm / confer]** appointments.

5. In a very competitive job market, potential employees must **[content / contend]** with the pressure of interviewing for positions which have many qualified applicants.

6. In most cases an experienced doctor is a **[credible / credulous]** source of information in determining which medications are safe or unsafe for patients.

7. After cleaning up spills of blood and other bodily fluids, nurses must **[expose / dispose]** of the contaminated materials in a very specific way to avoid the possibility of spreading diseases.

8. The **[delegation / deliberation]** sent to the capital city on behalf of the war veterans included many wounded and aging ex-soldiers.

9. In the interest of safety, it is always helpful to **[double-check / double-book]** the first aid kit to make sure all necessary supplies are included before leaving on a long camping trip.

10. With residents from India, America, Japan, and South Africa, the city had a very **[eclectic / elective]** population.

11. Magicians often use various forms of optical **[illusion / delusion]** to fool audiences into thinking that objects have disappeared.

12. When searching for people who have become lost in the wilderness, local police will **[deter / defer]** to an experienced forest ranger when it comes to tracking strategies.

13. Years of repeatedly borrowing money without ever paying back the interest has led to a large **[deficit / deceit]** which might never be completely paid off.

Chapter 06

Unit 03 형태에 혼동을 주는 어휘 Ⅲ

A: I've been volunteering at the children's shelter, and I've discovered that it feels good to help other people.

B: I know what you mean. Knowing that you're making a difference in someone's life can be very ______________ the big dog.

(a) rewarding
(b) renovating
(c) resounding
(d) reclining

[THE TOP in TEPS Solution]

[해석] A: 저는 아이들의 쉼터(피난처)에서 자원봉사를 해왔는데, 다른 사람들을 도와주는 것은 정말 기분이 좋다는 것을 깨달았어요.
　　　　B: 무슨 말인지 알아요. 다른 사람의 삶에 변화를 주는 것은 정말 보람되는 일이에요.

[해설] 문맥상 '남을 돕는다는 것은 정말 할만한 일이고 보람된다'는 의미가 되어야 자연스럽다. 따라서 정답은 (a) rewarding이 적절하다. renovating은 '새롭게 하는, 개선하는', resounding은 '반향하는, 울리는', reclining은 '기대는, 의지하는'이라는 의미이다.

[정답] (a)

☐ **ensure** v. 확실히 하다
Our safety system **ensures** you from being hacked.
저희의 보안 시스템은 해킹으로부터 당신을 확실히 보호해 드립니다.

insure v. 보험에 들다, 보증하다
It is wise to **insure** your house for a natural disaster.
자연 재해를 대비하여 집을 보험에 드는 것은 현명하다.

☐ **expedite** v. (작업 등을) 신속히 처리하다
Strategies are needed to **expedite** the decision-making.
의사결정을 신속히 처리하기 위해 전략이 필요하다.

exonerate v. 무죄임을 입증하다
The murder suspect was totally **exonerated** of his crime.
살인 용의자는 그의 범행에 완전히 무죄임이 입증되었습니다.

exempt v. (의무, 책임 등을) 면제하다
His poor eyesight **exempted** him from military service.
그의 나쁜 시력은 그가 군복무를 면제받게 해 주었다.

☐ **extension** n. 연장
The city's public transportation got an **extension** till 2 a.m. due to New Year's Day.
도시의 대중 교통은 새해 맞이 때문에 새벽 2시까지 연장되었다.

expansion n. 확대, 팽창
The **expansion** of cities causes environmental problems.
도시의 팽창은 환경 문제를 유발한다.

☐ **feat** n. 위업, 공적
The invention of the light bulb is one of the most remarkable **feats**.
전구의 발명은 가장 위대한 업적 중 하나이다.

feud n. 분쟁
Because of the barking noise, the neighbors had a bitter **feud** over keeping dogs.
짖는 소음으로 인해, 이웃들은 개를 키우는 것에 관하여 심각한 분쟁을 했다.

☐ **foliage** n. 잎
What has the most abundant **foliage**?
가장 많은 잎을 가진 것은 무엇일까요?

florin n. 플로린 은화
My dad is collecting coins and he has **florins**
우리 아빠는 동전을 수집하며, 플로린 은화를 갖고 계시다.

flotage n. 부양, 부력
It's easy to float in the ocean because of the **flotage**
부력에 의해 바다에서 뜨는 것은 쉽다.

☐ **healthful** a. 건강에 좋은
Hiking makes us breathe **healthful** mountain air.
하이킹은 건강에 좋은 산 공기를 들이마시도록 한다.

healthy a. 건강한, 건강에 좋은
My cousin gave birth to a **healthy** baby boy.
내 사촌은 건강한 사내 아이를 낳았다.

☐ **hectic** a. 바쁜
Sales people have **hectic** social lives.
영업사원들은 바쁜 사회 생활을 한다.

heretic n. 이단자
Because of the intrigue, he was regarded as a **heretic** to his community.
음모로 인해 그는 공동체에서 이단자로 간주되었다.

hotbed n. 온상
The district is a **hotbed** of major crime.
그 지역은 주요 범죄의 온상이다.

☐ **inadvertent** a. 부주의한, 경솔한
His **inadvertent** remark for the issue was the main factor of losing the election.
그 사안에 대한 그의 경솔한 의견은 선거에서 패하는데 주된 요인이었다.

introverted a. 내성적인
An **introverted** person tends to be more acute in observation.
내성적인 사람은 더 정확한 관찰을 하는 경향이 있다.

☐ **moderate** a. 온건한, 적당한
Being in good shape requires **moderate** exercise regularly.
건강한 체형을 유지하는 것은 정기적으로 적당한 운동을 요구한다.

modest a. 겸손한
Being too **modest** often shows lack of confidence.
지나친 겸손함은 종종 자신감 부족을 보여준다.

☐ **observance** n. (법 등의) 준수
The constitution states the **observance** of the law.
헌법은 법의 준수를 밝히고 있다.

observation n. 관찰
The wounded child was under close **observation** in the hospital.
다친 아이는 입원 중에 면밀한 관찰 하에 놓여있다.

☐ **regretful** a. 후회하는, 슬퍼하는
I felt **regretful** for saying the bad comment to my friend.
나는 친구에게 나쁜 얘기를 한 것을 후회했다.

regrettable a. 유감스러운
It is **regrettable** that the award-winning film receives so little audience.
상을 받은 영화가 아주 적은 관객을 끈 것이 유감스럽다.

☐ **repetition** n. 반복, 되풀이
While writing an essay, avoid **repetition** of the same words and phrases.
에세이를 쓰는 동안 같은 단어와 구의 반복을 피해라.

rendition n. 번역, 공연, 연출
The singer gave a touching **rendition** of Beatles' 'Let it be'.
그 가수는 Beatles의 'Let it be'로 감동적인 공연을 선사했다.

☐ **revoke** v. 무효로 하다, 취소하다
The patent was **revoked** because of the disclosed secrets.
특허는 공개된 비밀 때문에 무효로 되었다.

rebuke v. 꾸짖다, 비난하다
The director was sharply **rebuked** for extremely violent scenes.
극히 폭력적인 장면때문에 감독은 신랄하게 비난 받았다.

☐ **secular** a. 세속화된, 일반적인
Activists claim to strengthen **secular** education.
활동가들은 일반 교육 강화를 주창한다.

securable a. 손에 넣을 수 있는
The fallen gloves are barely **securable** to catch.
떨어진 장갑이 손에 잘 닿지 않는다.

☐ **spacious** a. 넓은, 거대한
Children need a **spacious** living area.
아이들은 넓은 생활 범위가 필요하다.

specious a. 그럴듯한
He insisted on **specious** arguments.
그는 그럴듯한 이유로 주장했다.

☐ **splinter** n. 가시
Remove a **splinter** from your finger carefully!
조심스럽게 손가락에서 가시를 빼내세요!

split v. 쪼개다
The class was **split** into several groups of three.
학급은 세 명씩 몇몇 그룹으로 나뉘어져 있다.

sprint v. 전력질주하다
She **sprinted** for the bus.
그녀는 버스를 타려고 전력질주했다.

- **stature** n. 신장

  The player is small in **stature**, so he had a disadvantage.

  그 선수는 신장이 작아서 불편함이 있었다.

status n. 지위

Lawyers usually have a high social **status**.

변호사들은 대개 높은 사회적 지위를 가진다.

statute n. 법령, 법규

The death penalty was banned by a **statue**.

사형은 법령에 의해 금지되었다.

- **tenable** a. 유지 할 수 있는, (학술 등을) 지지할 수 있는

  The proposal for the agenda was no longer **tenable**.

  그 사안에 대한 제안을 더 이상 유지할 수 없었다.

tenacious a. 고집이 센, 완강한

Sometimes you need to be **tenacious** showing that you never give up.

때때로 네가 절대로 포기하지 않는다는 것을 보이기 위해 완강할 필요가 있다.

- **toddle** v. 아장아장 걷다

  The woman **toddled** on her high-heels.

  그 여자는 하이힐을 신고 아장아장 걸었다.

totter v. 비틀거리다, 흔들리다

The boy hardly managed to **totter** back to his room.

소년은 비틀거리며 그의 방에 돌아갈 수도 없었다.

1. Parents oftentimes try to **[ensure / insure]** a child's safety by prohibiting the child from playing contact sports.

2. After Jan received multiple speeding tickets and was arrested for drunk driving, her driver's license was **[rebuked / revoked]**.

3. When a criminal is interrogated by police, he is usually kept under close **[observance / observation]** the entire time.

4. Some of the most brilliant students were very **[introverted / inadvertent]** and rarely even spoke to others at school.

5. Many wild animals protect their young from all other animals with **[tenacious / tenable]** defense strategies.

6. Judges usually have a high social **[status /stature]**.

7. We need more **[spacious / specious]** living room for 5 children.

8. It is claimed that **[securable / secular]** education has to be strengthened.

9. I'd love to go to the **[rendition / repetition]** of the folk singer next week.

10. She was **[regrettable / regretful]** for saying the bad comment to her husband.

11. Get rid of the **[splinter / sprint]** from your toe carefully.

12. Doing **[modest / moderate]** exercise regularly keeps your body in good shape.

13. This area is a **[heretic / hotbed]** of hideous crimes.

14. Charities are **[exempted / exonerated]** from paying the tax.

15. The neighbors are having a bitter **[feud / feat]** over keeping dogs because of their barking noise.

16. The baby **[toddled / tottered]** toward its mother.

17. The **[expansion / extension]** of roads will solve the problem of severe traffic jam.

18. I would like to grow bushes which have lots of **[flotage / foliage]** in my garden.

19. Susan gave birth to a **[healthful / healthy]** baby girl last night.

Chapter 06

Unit 04 접두사 중심어휘 Ⅰ

A: What happened to the dinosaurs? Why did they disappear?

B: There are many theories about the ___________ of the dinosaurs, including the idea that a meteor hit the earth and killed all of them at once.

  (a) exhibition
  (b) exchange
  (c) excavation
  (d) extinction

[THE TOP in TEPS Solution]

[해석] A: 공룡들한테 무슨 일이 있었어요? 왜 사라졌나요?

      B: 운석이 지구에 떨어져서 한번에 그들을 멸종시켰다는 발상을 비롯해 공룡의 멸종에 대한 많은 이론들이 있어요.

[해설] 접두사 ex-로 시작하는 명사 보기 중 가장 알맞은 것을 묻는 문제이다. 공룡이 사라진 원인에 대해서 이야기 하고 있으므로, 멸종이라는 뜻의 명사 extinction이 정답이다.

[정답] (d)

🎧 **Mp3 Track Chapter 06, unit 04**

ana-/an- 분리

☐ **analogy** n. 유사
Jake drew an **analogy** between the human lung and a balloon.
Jake는 인간의 폐와 풍선의 유사점을 이끌어냈다.

☐ **anatomy** n. 해부
Is the human **anatomy** similar to that of a rabbit?
인간 해부는 토끼 해부와 비슷합니까?

☐ **anesthesia** n. 마취
You should be under **anesthesia** for the operation.
당신은 수술하기 위해 마취를 해야 한다.

☐ **annihilate** v. 전멸시키다
The terrorists have enough weapons to **annihilate** their opponents.
테러리스트들은 그들의 적을 전멸시킬 충분한 무기를 갖고 있다.

anti- 반대의

☐ **antibiotic** n. 항생제
Excessive **antibiotics** sould be harmful for the body.
과도한 항생제 복용은 신체에 해를 끼칠 수 있다.

☐ **antidote** n. 해독제
First thing we should do is finding the **antidote** for the poison.
우리가 해야 할 첫 번째는 독에 대한 해독제를 찾는 것입니다.

☐ **antiseptic** n. 방부제
Alcohol is a good **antiseptic** for the wound.
알코올은 상처에 좋은 방부제이다.

☐ **antonym** n. 반의어
Capitalism is not always the **antonym** of socialism.
자본주의는 항상 사회주의의 반의어는 아니다.

ac-/ad- 강조, 접근, 부가

☐ **acclaim** v. 찬양하다
His film was **acclaimed** for the unexpected reversal.
그의 영화는 예상치 못한 반전으로 찬양 받았다.

☐ **accomplish** v. 성취하다
My New Year's resolution is to **accomplish** saving money at all cost.

내 신년 계획은 무슨 일이 있어도 저축을 해내는 것이다.

☐ **adherence** n. 고수, 충실
My boss' strict **adherence** to the rules made everyone exhausted.
규칙에 대한 상관의 엄격한 고수는 모두를 지치게 했다.

☐ **adjourn** v. 일시 연기하다
The judge **adjourned** the court until July.
판사는 7월까지 재판을 연기했다.

a- 부정

☐ **anarchy** n. 무정부
The military regime ended in a state of **anarchy**.
군사 정권이 결국 무정부 상태로 끝났다.

☐ **anemic** a. 생기 없는
Lack of iron is the main factor of being **anemic**.
철 부족은 생기 없게 되는 주된 요인이다.

☐ **anomaly** n. 변칙, 이상
Snow in August is a definite **anomaly** in Korea.
8월에 눈이 내리는 것은 한국에서는 명확한 이상 현상이다.

☐ **apathy** n. 냉담, 무관심
Young voters have **apathy** to the election.
젊은 유권자들은 선거에 냉담하다.

bene- 좋은

☐ **beneficial** a. 유익한
Drinking milk is **beneficial** to children.
우유를 마시는 것은 아이들에게 유익하다.

☐ **beneficiary** n. 수령인
His campaign pledge makes the poor to be the main **beneficiary** of the tax cuts.
그의 선거 공약은 가난한 사람들이 세금 감면의 주된 수령인이 되게 하는 것입니다.

☐ **benevolence** n. 자비심
The foundation has a heritage of **benevolence**.
재단은 자비라는 유산을 갖고 있다.

☐ **benign** a. 온화한
We were relieved that the tumor was **benign**.
우리는 종양이 양성(良性)이라 안심했다.

co-/col-/com- 같이, 공동

☐ **collateral** a. 평행한, 담보

She got a loan using the house as **collateral**.

그녀는 집을 담보로 대출을 받았다.

☐ **collusion** n. 공모

Some police officials were in **collusion** with the drug dealers.

몇몇의 경찰관들이 마약 거래를 공모했다.

☐ **combine** v. 결합하다, 연결하다

Water is **combined** with hydrogen and oxygen.

물은 수소와 산소로 이루어져 있다.

☐ **compassionate** a. 온정적인

He was so **compassionate** toward the issue that he donated $10,000.

그는 그 사안에 온정적이어서 만 달러를 기부했다.

☐ **compile** v. 모으다

This album was **compiled** from hit songs in the 1970s.

이 앨범은 1970년대 인기 노래들로 모여져 있다.

☐ **correlate** v. 상관관계를 갖다

Many researchers tried to find out about **correlating** the two symptoms of the disease.

많은 연구자들은 그 질병의 두 증세가 상관관계를 갖는지에 대하여 알아내려고 노력했다.

☐ **coalition** n. 연합

Other political parties form a **coalition** against the ruling party.

다른 정당들은 여당에 맞서 연합을 구성한다.

☐ **coherent** a. 이치에 맞는

You should support your main idea with **coherent** explanations.

이치에 맞는 설명을 갖고 중심 의견을 뒷받침해야 한다.

☐ **coincide** v. 일치하다

The interests of parents and teachers **coincide** when it comes to students' behavior.

학부모와 교사의 관심사는 학생들의 태도에 있어서 일치한다.

☐ **coworker** n. 동료

The woman handed the paper to her **coworker**.

그 여자는 보고서를 직장 동료에게 넘겼다.

☐ **collaborate** v. 협동하다

Scientists around the world are **collaborating** to discuss alternative energy resources.

전 세계 과학자들은 대체 에너지원을 논의하기 위해 협력하고 있다.

☐ **collapse** v. 무너지다

The wall **collapsed** under the strain of people.

벽은 사람들이 끌어당겨 무너졌다.

con- 같이

☐ **condolence** n. 조문, 위로

I give my **condolences** to your family.

당신 가족께 조문을 표합니다.

☐ **confront** v. 대면하다

The key to success is to **confront** your fears.

성공의 열쇠는 두려움에 맞서는 것이다.

☐ **consecutive** a. 연속적으로

Jane has worked here for five **consecutive** years.

Jane은 5년 연속으로 이곳에서 일해왔다.

☐ **consistent** a. 일관성 있는

The jury was **consistent** in giving a verdict.

배심원은 평결을 내리는데 일관성 있다.

☐ **consolidation** n. 합동, 합병

The report says **consolidation** in the car industry is increasing gradually.

보고에 따르면 자동차 산업에서 합병은 점진적으로 증가하고 있다.

☐ **conspiracy** n. 공모

A **conspiracy** theory is wide spread that he did not kill himself.

그가 자살하지 않았다는 공모론이 넓게 확산되고 있다.

☐ **contemporary** a. 동시대의

Mozart was **contemporary** with Beethoven.

모차르트는 베토벤과 동시대에 살았다.

☐ **conversion** n. 전환, 개조

This record tape is a needed **conversion** from digital data.

이 녹음 테이프는 디지털 데이터에서 필요로 전환된 것이다.

de- 분리, 하향, 이탈

☐ **destruction** n. 파괴
The construction leads to the **destruction** of the environment.
건설은 환경 파괴로 이어진다.

☐ **deteriorate** v. 쇠퇴하다
The weather conditions **deteriorate** as a storm comes near.
폭풍이 다가오면서 날씨 상태가 악화된다.

☐ **deviation** n. 일탈
We consider **deviation** from the original plan.
우리는 원계획에서 일탈을 고려하고 있다.

☐ **decrease** v. 감소(하다)
The youth population is expected to **decrease**
청년층 인구가 감소할 것으로 예상된다.

☐ **deduction** n. 공제
Workers will be paid according to tax **deductions** this year.
근로자들은 올해 세금 공제에 따라 지급받을 것이다.

☐ **demerit** n. 결점
Try to embrace his merits and **demerits** alike.
그의 장점과 단점을 똑같이 포용하도록 노력해라.

☐ **demolish** v. 파괴하다
The buildings in this area are to be **demolished** in June.
이 지역의 건물들은 6월에 파괴될 것이다.

☐ **demote** v. 강등하다
She was **demoted** to a small branch.
그녀는 소규모 지점으로 강등되었다.

☐ **deportation** n. 국외 추방
Illegal immigrants get **deportation** orders from the government.
불법 이민자들은 정부로부터 명령 받아 추방된다.

☐ **depose** v. 권좌에서 내쫓다
The opposition party was attempting to **depose** the President for his lack of leadership.
야당은 리더십 결의를 이유로 대통령을 내쫓으려 시도했었다.

☐ **depressed** a. 낙담한
She felt **depressed** after the job interview.
그녀는 회사 면접 후에 낙담했다.

☐ **descend** v. 내려가다
The bus began to **descend** down the hill.
버스는 언덕을 따라 내려가기 시작했다.

dis-/di- 반대, 분리, 제거

☐ **dissolution** n. 소멸
Congress passed the law for the **dissolution** of racial discrimination.
의회는 인종 차별을 없애기 위한 법을 통과시켰다.

☐ **dissuade** v. 설득하다
Her parents tried to **dissuade** her from leaving school.
그녀의 부모님은 그녀가 학교를 그만두지 않도록 설득하려고 했다.

☐ **distill** v. 증류하다
Today's experiment is **distilling** freshwater from seawater.
오늘 실험은 해수에서 담수를 증류하는 것이다.

☐ **distract** v. 산만하게 하다
The TV sound **distracts** me from my work.
내가 일을 하는데 TV 소리가 방해가 된다.

☐ **distraint** n. 동산 압류
Because of business failure, his property is under **distraint**.
사업 실패 때문에 그의 자산은 압류되었다.

☐ **distribute** v. 분배하다
The food was **distributed** to the earthquake victims.
식량이 지진 피해자들에게 분배되었다.

☐ **divergence** n. 차이, 상이
There is a **divergence** of opinion between developing countries and devveloped countries.
개발도상국과 선진국간의 의견 차이가 있다.

☐ **diverse** a. 서로 다른, 다양한
There are **diverse** nations and cultures in Africa.
아프리카에는 다양한 나라와 문화가 있다.

☐ **divulge** v. 누설하다, 밝히다
The police didn't **divulge** the name of the suspect.
경찰은 용의자의 이름을 밝히지 않았다.

☐ **disappear** v. 사라지다
The baseball **disappeared** behind the fence.
야구공은 울타리를 넘어 사라졌다.

☐ **discretion** n. 분별, 신중

Children have no sense of **discretion**

아이들은 사리 분별력이 없다.

☐ **disintegration** n. 분해, 붕괴

Carbon dioxide may cause **disintegration** of the ozone layer.

이산화탄소는 오존층 붕괴의 원인일지도 모른다.

☐ **disparity** n. 차이

Utopia has no **disparity** between the rich and the poor.

유토피아에는 부유한 사람들과 가난한 사람들간의 차이가 없다.

☐ **dispense** v. ~없이 지내다

Online shopping **dispenses** with the need for window shopping.

온라인 쇼핑은 아이쇼핑 할 필요가 없다.

☐ **disperse** v. 해산하다

After the fire, people started to **disperse**.

화재가 난 후에, 사람들이 해산하기 시작했다.

☐ **display** n. 전시

The annual exhibition gives young artists to **display** their works.

연례 전시회는 젊은 예술가들에게 그들의 작품을 전시할 기회를 준다.

☐ **disposition** n. 기질, 성질

An outgoing **disposition** is the mark of a cheerful and an extroverted person.

활발한 기질은 활기차고 외향적인 사람의 특징입니다.

☐ **dissection** n. 해부

Some cosmetic companies object to **dissection** of animals for testing.

몇몇의 화장품 회사들은 테스트로 동물을 해부하는 것에 반대한다.

ec-/ex- 밖으로

☐ **eccentric** a. 괴상한

My teacher has such an **eccentric** personality. He is always noisy and restless.

우리 선생님은 괴상한 성격을 갖고 있다. 그는 항상 시끄럽고 들떠 있다.

☐ **eclipse** n. 일식

We sometimes can see a partial **eclipse**.

우리는 가끔 부분 일식을 볼 수 있다.

☐ **excavation** n. 발굴

Gloves and brushes are needed at the **excavation** site.

장갑과 솔은 발굴 현장에서 필요하다.

☐ **exhibition** n. 전람, 전시

There is a Picasso **exhibition** at COEX.

코엑스에서 피카소 전시회가 열린다.

☐ **exhilarate** v. 유쾌하게 하다

Music **exhilarates** me when I am blue.

음악은 내가 우울할 때 나를 유쾌하게 한다.

☐ **expand** v. 확장하다

I have to **expand** the size of the image. It's too small.

이미지 크기를 확장해야 겠어. 너무 작아.

☐ **explicit** a. 명백한

The professor didn't give us **explicit** explanation for the report.

교수님은 과제물에 대한 명백한 설명을 하지 않았다.

☐ **exposure** n. 노출

The company needs to reduce its **exposure** to market risk.

회사는 시장 위험에 노출을 줄일 필요가 있다.

em-/en- 안에 넣다, ~으로 만들다

☐ **emancipate** v. 해방시키다
Women were **emancipated** from the traditional patriarchal society.
여성들은 전통 가부장적 사회로부터 해방되었다.

☐ **eminent** a. 저명한
Archaeologists are **eminent** in the field of prehistoric man.
고고학자들은 선사시대 분야에 대하여 저명하다.

☐ **empathy** n. 공감
Teens have a sense of **empathy** to movie characters.
10대들은 영화 주인공들에게 공감을 느낀다.

☐ **endangered** a. 멸종위기에 처한
It's forbidden to hunt **endangered** species.
멸종위기에 처한 종을 사냥하는 것은 금지되어있다.

☐ **enervate** v. 기력을 뺏다
For some people the common flu is an **enervating** disease.
일부 사람들에게는 일반 감기가 기력을 빼앗는 병이다.

☐ **enlist** v. 입대하다
Some close friends **enlisted** in the army.
친한 친구 몇 명이 군에 입대했다.

☐ **enlivened** a. 활기를 얻은
Every morning my mom is **enlivened** by watering plants.
매일 아침 엄마는 화초에 물을 주면서 활기를 얻는다.

☐ **enslave** v. 예속하다
His astonishing good-looks **enslave** many women in Japan.
그의 눈부신 외모는 일본 내 많은 여성들을 예속한다.

☐ **entreat** v. 간청하다
The company **entreated** the investers for more time.
회사는 투자자들에게 조금 더 시간을 달라고 간청했다.

1. If the student hope to **[accomplish / acclaim]** his goal of becoming a lawyer, he must be diligent for years.

2. After only a few minutes the president of the club decided that the meeting would be **[adhered / adjourned]** until the following week because there was little to discuss at the present time.

3. The lone child who passed the test was an **[anomaly / anarchy]** in a group that generally performed very poorly.

4. If a person wants to become a nurse or doctor, it is wise for him to study the human **[anatomy / analogy]**.

5. The general fear among the world leaders was that a nuclear war would completely **[anesthetize / annihilate]** human civilization.

6. Some poisons from animal bites have no known **[antidote / antibiotic]**, and a bite from one of these animals could be deadly.

7. It would have been greatly **[benign / beneficial]** for Mary to have invested in the company years ago, because now the stock is hundreds of times more valuable than it was then.

8. If a person never gets to work in pairs with the same **[coalition / coworker]** more than once, it can be very difficult to develop a close friendship with another person on the job.

9. As a witness, delivering a **[coherent / compassionate]**, well-organized statement is more helpful than simply blurting out random information.

10. The government's structure began to **[collapse / collaborate]** an extensive bank of information from a wide variety of primary sources.

11. One of the strategies for overcoming a specific fear is to **[convert / confront]** that fear by facing it directly by choice.

12. The student's performance was neither outstanding nor horrible at any one time, but was very **[consecutive / consistent]** throughout the school year.

13. Many people believe that President Kennedy's assassination was a **[conspiracy / condolence]** carried out by many collaborating parties rather than a solo act by one man.

14. The wrecking crew was brought in to **[deteriorate / demolish]** the building with dynamite.

15. Any **[deviation / deduction]** or departure from the set plan needed the approval of all members of the board.

16. For a showy entrance, the rock star decided to **[demote / descend]** onto the stage from the ceiling using cables attached to the rafters.

17. After the game, the large crowd began to **[distill / disperse]** in all different directions.

18. The museum decided to **[display / dispense]** the winning art project on a stand amongst the most famous artworks of the century.

19. One problem with allowing students to bring animals into the classroom was that it could **[distract / divulge]** others from learning.

20. Having an article published by a well-known magazine can provide great **[exhibition / exposure]** and publicity for a new writer.

21. The **[excavation / exhilaration]** project on the ancient site revealed many interesting every day artifacts from thousands of years ago.

Chapter 06

Unit 05 접두사 중심어휘 Ⅱ

A: Why does Elizabeth always stay inside even on sunny days?
B: She is _________________ to headaches when her eyes are exposed to bright light.

(a) profitable
(b) profound
(c) prone
(d) prominent

[THE TOP in TEPS Solution]

[해석] A: 왜 Elizabeth는 맑은 날에도 항상 실내에 있는 거야?
B: 그녀는 눈이 밝은 빛에 노출되면 두통이 생기기 쉽거든.

[해설] 접두사 pro-로 시작하는 형용사에서 보기 중 문맥상 가장 알맞은 것을 묻는 문제이다. 눈이 밝은 빛에 노출되면 두통이 생기기 쉽다는 내용이 되어야 자연스럽다. 따라서 '~하기 쉬운'의 prone이 정답이다.

[정답] (c)

Power Vocabulary

Mp3 Track Chapter 06, unit 05

il-/ im-/ in- ~이 없는, ~안에

☐ **indifferent** a. 냉담한
Many people are **indifferent** to blood donations.
많은 사람들이 헌혈에 냉담하다.

☐ **inducement** n. 유도
The government's financial aids are **inducements** to encourage childbirth.
정부의 재정 보조들은 출산율을 높이는 유인 책이다.

☐ **influx** n. 유입, 도래
The stores were crowded because of a sudden **influx** of visitors.
상점들은 갑작스런 방문객 유입으로 붐볐다.

☐ **insomnia** n. 불면증
After the accident he suffers from **insomnia**.
사고 후에 그는 불면증으로 고생한다.

☐ **instill** v. (사상 따위를) 주입하다
It is important for parents to **instill** moral behavior into there children.
부모들이 아이들에게 도덕적 행위를 주입하는 것은 중요하다.

☐ **intact** a. 그대로 있는
My room remains **intact** even after I left home 10 years ago.
내 방은 10년 전에 집을 나온 후에도 그대로 유지되어 있다.

☐ **intake** n. 섭취
Those who have diabetes reduce the **intake** of salt.
당뇨가 있는 환자들은 소금의 섭취를 줄인다.

☐ **intense** a. 과도한
The union is against **intense** labor and overworking.
노동조합은 강도 높은 노동과 초과 근무에 반대한다.

☐ **invaluable** a. 매우 소중한
The old and faded painting is **invaluable** to her.
낡고 빛 바랜 그림은 그녀에게 매우 소중하다.

☐ **immaterial** a. 중요하지 않은

Name the price! It's **immaterial**.
가격을 말하세요! 그건 중요하지 않아요.

☐ **immediate** a. 즉시의
I hope you take **immediate** action for that issue.
저는 당신이 그 사안에 대한 즉각적인 행동을 하길 바랍니다.

☐ **impart** v. 주다
I have nothing to **impart** to you.
저는 당신에게 아무것도 줄것이 없습니다.

☐ **impeach** v. 탄핵하다
The financial minister was **impeached** for the scandal.
재무 장관은 스캔들로 탄핵당했다.

☐ **implacable** a. 무자비한
Romeo and Juliet each had **implacable** parents, but they fell in love.
Romeo와 Juliet은 각각 화해할 수 없는 부모들이 있었지만, 그들은 사랑에 빠졌다.

☐ **implant** v. 주입시키다
The doctor **implanted** artificial teeth in the woman.
의사는 그 여자에게 인공 치아를 주입시켰다.

☐ **impressed** a. 깊은 인상을 받은
All the students were **impressed** by the lecturer's enthusiasm.
모든 학생들은 강연자의 열정에 깊은 인상을 받았다.

☐ **indecent** a. 버릇없는
He was scolded because of his **indecent** conduct.
그는 버릇없는 행동으로 혼이 났다.

☐ **incomprehensible** a. 불가해한
The teacher often found his students' behaviors **incomprehensible**.
선생님은 종종 학생의 행동을 이해할 수 없다는 것을 발견했다.

inter- ~사이에

☐ **intercept** v. 가로막다

The middle-fielder **intercepted** the ball to make a goal.

미드필더는 골로 연결될 공을 가로 막았다.

☐ **intermediate** a. 중간의

This course is recommended for **intermediate** students.

이 과정은 중간 레벨의 학생들에게 추천할 만하다.

☐ **intermission** n. 약간의 휴식

Beverages are served during **intermission**.

음료가 중간 휴식에 제공된다.

mal-/ male- 나쁜

☐ **malfunction** n. 오작동

The satellite's **malfunction** caused communication problems.

인공위성의 오작동으로 통신 문제가 발생했다.

☐ **malicious** a. 악한

The jealous sister spread **malicious** rumors about her sister.

질투심 많은 여동생이 언니에 대한 악성 루머를 퍼뜨렸다.

☐ **malignant** a. 악성의

Doctors found a **malignant** tumor in his brain.

의사들은 그의 뇌에서 악성 종양을 발견했다.

☐ **malpractice** n. 의료사고, 배임행위

He sued the physician for **malpractice** for his wife's death.

그는 아내의 죽음에 대한 의료사고로 내과의사를 고소했다.

mis- 잘못된

☐ **miscalculation** n. 계산착오

I'm deeply sorry for a **miscalculation**.

저는 계산착오에 대해 심히 죄송합니다.

☐ **misdeed** n. 범죄

People blame their parents for their **misdeeds**.

사람들은 그들의 범죄에 대해 그 부모를 비난한다.

☐ **misdemeanor** n. 비행

It's a **misdemeanor** to spit on the street.

길거리에 침을 뱉는 것은 경범죄이다.

☐ **mishap** n. 불행

Unfortunately, because of the series of **mishaps**, I was fired.

운 나쁘게도, 불행의 연속으로 나는 해고 되었다.

per- 완전히, 끝까지, 강조

☐ **permit** v. 허락하다

Taking photos is not **permitted** in the museum.

사진 촬영은 박물관에서 금지입니다.

☐ **persist** v. 고집하다

The detective **persisted** with questioning for the truth.

그 형사는 진실을 추궁하기를 고집했다.

☐ **perspective** n. 시각

Group discussion gives different **perspectives** on the issue.

그룹 토의는 사안에 대한 다른 시각을 내놓는다.

☐ **persuade** v. 설득하다

Anyone can be **persuaded** by her arguments.

누구도 그녀의 주장에 설득될 것이다.

pre- 전에

☐ **predict** v. 예측하다

It's **predicted** that our team will win the game.

우리 팀이 게임에 우승할 거라고 예측했다.

☐ **predilection** n. 편애

Most children have a **predilection** for fast foods.

대부분의 아이들은 패스트푸드를 편식한다.

☐ **preliminary** a. 예비의

The **preliminary** result for the election was totally wrong.

선거 예비 결과가 완전히 틀렸다.

☐ **preoccupied** a. ~에 몰두한

My brother is **preoccupied** with the computer game.
내 남동생은 컴퓨터 게임에 몰두해 있다.

☐ **prerequisite** n. 선제 조건

Teamwork is an essential **prerequisite** for winning.
팀워크는 우승하기 위한 필수 선제 조건이다.

☐ **prescribe** v. 규정하다

The syllabus **prescribes** what students need for class.
강의 계획표는 학생들이 수업에 필요한 것을 규정하고 있다.

☐ **prescription** n. 처방

The **prescription** says to take one pill three times a day after meal
처방에 따르면 하루에 세 번 식후에 약을 먹으라고 적혀있다.

☐ **prevent** v. 예방하다

Laughing aloud **prevents** from getting stress.
크게 웃는 것은 스트레스 받는 것을 예방한다.

pro- 앞으로, 밖으로

☐ **proceed** v. 진행하다

We need to double check the contract before we **proceed** the project.
우리는 프로젝트를 진행하기에 앞서 계약 사항을 확인 점검할 필요가 있다.

☐ **proficiency** n. 능숙

You need to reach a level of **proficiency** in Chinese.
너는 중국어에 능숙한 수준에 도달할 필요가 있다.

☐ **promote** v. 승진하다, 촉진하다

The Obama administration tried to **promote** economic growth and job creation.
Obama 정부는 경제 성장과 고용 창출을 촉진하기 위해 노력했다.

☐ **pronounce** v. 선고하다

She was **pronounced** dead after the car accident.
그녀는 자동차 사고 후 사망선고를 받았다.

☐ **propel** v. 나가게 하다

Researchers succeeded in **propelling** a car with water.
연구원들은 물로 자동차를 나가게 하는데 성공했다.

☐ **provoke** v. 일으키다, 유발하다

The cartoon **provoked** the aggressive followers to fury.
풍자 만화는 공격적인 추종자들을 분노하게 하였다.

re- 반복, 강조, 반대

☐ **reconcile** v. 조정하다

Everyday banks **reconcile** the balance with the bank statement.
매일 은행은 입출금 내역서의 잔액을 맞춘다.

☐ **refinance** v. 재 융자하다

The banks agreed to **refinance** $ 10 billion to the country.
은행은 그 나라에 100억 달러를 재 융자해주기로 합의했다.

☐ **refurbish** v. 일신하다, 개장하다

People usually **refurbish** their house before selling it.
사람들은 보통 집을 팔기 전에 집을 새로 꾸민다.

☐ **reimburse** v. 상환하다

We would not **reimburse** any expenses for the damage caused by the customer's carelessness.
저희는 고객의 부주의로 인한 파손에 대한 비용을 지불하지 않습니다.

☐ **reject** v. 거절하다

She's been **rejected** by all the companies she applied for.
그녀는 입사 지원한 모든 회사로부터 거절당했다.

☐ **relocation** n. 이전, 재배치

The administrative capital **relocation** should be considered more carefully.
행정 수도 이전은 더 신중히 고려되어야 한다.

□ **renew** v. 갱신하다

I got a letter to **renew** my driver's license.
나는 운전 면허증을 갱신하라는 편지를 받았다.

□ **resist** v. 저항하다

The Republic **resisted** the Health Care Reform.
공화당은 건강 보험 개혁안에 반대했다.

□ **restrict** v. 제한하다

Small budget tends to **restrict** the expenditure.
적은 예산은 지출을 제한하게끔 한다.

□ **retain** v. 유지하다

Referees should **retain** objectivity during a match.
심판은 경기하는 동안 객관성을 유지해야 한다.

□ **revoke** v. 철회하다

Severe drunk driving leads to a **revoking** of license.
심한 음주 운전은 면허증 철회까지 하게한다.

□ **recall** v. 상기시키다, 취소하다

I've met her before, but I can't **recall** her name.
전에 그녀를 만났지만, 그녀의 이름을 기억해 낼 수 없다.

□ **recapitulate** v. 요점을 되풀이하다

Professor **recapitulates** the points in conclusion.
교수님은 끝맺음으로 요점을 되풀이 한다.

□ **reclaim** v. 되찾다

Go to the station to **reclaim** your suitcase!
여행 가방을 되찾으려면 역으로 가세요.

sub-/ sup- 아래의

□ **subdue** v. 복종시키다

The SWAT team was called in to **subdue** the bank robbers and rescue the hostages.
SWAT 팀은 은행 강도를 진압하고 인질을 구출하기 위해 요청되었다.

□ **submerge** v. 물에 잠기다

The bridge was **submerged** for a week because of the flood.
다리는 홍수로 인해 일주일간 물에 잠겨있었다.

□ **submit** v. 제출하다

Submit the application before June 12.
신청서를 6월 12일전에 제출하세요.

□ **substitute** n. 대체물, 내용물

If you don't have butter, margarins is a **substitute**.
버터가 없다면, 마가린으로 대신하면 됩니다.

□ **supplant** v. 밀어내다

The young candidate for mayor will **supplant** the current mayor.
시장 선거에 나온 젊은 후보자는 현직 시장을 밀어낼 것이다.

□ **supplement** v. 보완하다

Solar power is recommended to **supplement** steam power.
태양열 발전은 증기 발전을 보완하도록 권장된다.

□ **suppressed** a. 억눌린

You need to release **suppressed** emotion within yourself.
당신은 내재되어 있는 억눌린 감정을 풀어줄 필요가 있습니다.

sym-/ syn- 함께

□ **sympathetic** a. 동정적인

My mom feels **sympathetic** to TV drama characters.
엄마는 TV 드라마 등장 인물들에게 동정심을 느낀다.

□ **synchronous** a. 동시 발생의

In **synchronous** development everyone must participate with one accord.
동시대 발전에서 모두들 한 마음으로 참여해야 한다.

□ **syndicate** n. 기업연합, 범죄단

The **syndicate** fixes the price in collusion.
기업 연합은 담합을 통해 가격을 정한다.

□ **synthesis** n. 통합

His achievement is a **synthesis** of traditional and modern music.

그의 성과는 전통 음악과 현대 음악을 통합한 것이다.

trans- 초월, 변화, 횡단

☐ **transact** v. 거래하다

He was ordered not to **transact** any business under that price.

그는 그 가격 이하로는 거래하지 말라고 지시 받았다.

☐ **transcend** v. 초월하다

Her new album seems to **transcend** time and space.

그녀의 새 앨범은 시공간을 초월하는 것 같다.

☐ **transfer** v. 이동하다

I will be **transferred** to the accounting department.

나는 회계부서로 이전될 거야.

☐ **transport** v. 수송하다

A cargo ship **transport** goods and passengers.

화물선은 상품과 승객을 수송한다.

un- 부정, 반대

☐ **unruly** a. 다루기 힘든

My younger brother is so **unruly**. He is undisciplined and mischievous.

내 남동생은 너무 다루기 힘들다. 버릇이 없고 말썽을 피운다.

☐ **unscrupulous** a. 거리낌 없는

The students could no longer stand the **unscrupulous** president.

학생들은 더 이상 거침없는 대통령에 대해 참을 수 없었다.

☐ **untrustworthy** a. 믿지 못할

After his hypocrisy he is **untrustworthy**.

그의 위선으로 그는 믿지 못할 사람이다.

☐ **unabashed** a. 당당한, 태연한

The actress seems **unabashed** by the criticism on her recent movie.

그 여배우는 최근 영화에 대한 혹평에 당당해 보인다.

☐ **unbuckle** v. 죔쇠를 끄르다

After having three burgers in a row he **unbuckled** his belt.

잇달아 버거 3개를 먹은 후 그는 벨트를 풀었다.

☐ **unearth** v. 발굴하다

Archeologists **unearthed** buried treasures in the Pacific Ocean.

고고학자들은 태평양에 매장된 보물을 발굴했다.

☐ **unequivocal** a. 분명한, 명확한

No response is an **unequivocal** rejection.

무응답은 분명한 거절이다.

☐ **unparalleled** a. 견줄 수 없는

This could be an **unparalleled** opportunity for her to win fame.

이것은 그녀가 명성을 얻는 더없이 좋은 기회일 수 있었다.

☐ **unprecedented** a. 유례 없는

The heavy snowfall of this winter is **unprecedented** until now.

올 겨울의 폭설은 지금까지 유례없는 일이다.

1. The **[intermission / interception]** between acts of the play was only about five minutes.

2. There was a **[malpractice / malfunction]** in the machinery which caused all of the products to be made with the same defect.

3. Despite all the efforts of firemen, no one can truly **[prescribe / prevent]** wild fires from occurring.

4. People who have diabetes have to reduce the **[intake / influx]** of salt.

5. A **[malignant/ malicious]** tumor was found in Jason's brain.

6. It is not **[persisted / permitted]** to take pictures in the museum.

7. Smith will be **[transported / transferred]** to the sales department.

8. This heavy rain of this summer is **[unequivocal / unprecedented]** until now.

9. The high-ranking official was **[impeached / implanted]** for the bribery scandal.

10. Because of the series of my **[misdeeds / mishaps]**, I got robbed.

11. The children could not stand any longer the **[unscrupulous / unparalleled]** bully.

12. To **[reclaim / recall]** your baggage, go to the station.

13. The basement of my house was **[subdued / submerged]** for a day because of the flood.

14. Littering on the street is a **[misdemeanor / miscalculation]**.

15. The bank decided to **[refinance / refurbish]** 100 million won to the company.

16. The new candidate for school president will **[submit / supplant]** the current one.

17. Cathy feels **[sympathetic / synchronous]** to characters on the romance novel she is reading.

18. Many people are **[indifferent / intact]** to helping the homeless.

19. Ken **[unearthed / unbuckled]** his belt after finishing seven plates at the new buffet.

20. The labor union went on a strike against continuous **[intense / invaluable]** labor and overworking

Practice Test

01 A: I've been volunteering at the children's shelter, and I've discovered that it feels good to help other people.

    B: I know what you mean. Knowing that you're making a difference in someone's life can be very ________________.

    (a) rewarding
    (b) renovating
    (c) resounding
    (d) reclining

02 A: My restaurant has become very popular. Every night, most of the tables are occupied by ________________ customers.

    B: It's great that you keep people coming back for more. You must be doing something right.

    (a) recall
    (b) repeat
    (c) receipt
    (d) refund

03 A: What did the doctor say about the rash on your foot?

    B: She doesn't know what it is, so she ________________ me to a skin specialist.

    (a) refunded
    (b) refused
    (c) referred
    (d) reflected

04 A: How many people were killed in that tragic plane crash?

    B: Four people were ________________ dead at the scene, and two people died later at the hospital.

    (a) proposed
    (b) provisioned
    (c) professed
    (d) pronounced

05 A: Oh no! I accidentally sent Jane an invitation to her own surprise party! Now it won't be a surprise.

    B: Maybe you can go to Jane's apartment building and ________________ her mail before she receives it.

    (a) interject
    (b) intersect
    (c) intercept
    (d) interchange

06 A: You're going to eat that large ice cream cone? I thought you were on a diet.

    B: I am, but I ________________ myself occasionally as a reward for eating well most of the time.

    (a) insulate
    (b) infuse
    (c) indulge
    (d) inhibit

07 A: If your mother is going to live, she is going
      to need a kidney _________________, ideally
      from a family member.
   B: Doctor, I'll volunteer to give my mother one
      of my kidneys.

   (a) transfusion
   (b) transmission
   (c) transplant
   (d) transcription

08 A: How do you know this burglar is the same
      one who robbed the gas station?
   B: The description of him is
      _________________ with the description that
      the clerk gave us.

   (a) contingent
   (b) concurrent
   (c) consistent
   (d) confident

09 A: I'm so impressed that you saved enough
      money to buy a new house. How did you do
      it?
   B: I always _________________ half of every
      paycheck into my savings account. After ten
      years, I had finally saved enough.

   (a) declare
   (b) deposit
   (c) delegate
   (d) debit

10 A: I've heard that childbirth is one of the
      most painful experiences a person can go
      through.
   B: I'm lucky that I'm a man, so I will never have
      to _________________ it.

   (a) endure
   (b) envision
   (c) endeavor
   (d) engulf

11 A: It's only two o'clock. Why did the judge
      _________________ court so early?
   B: The investigator discovered some new
      evidence, so the judge is giving the lawyers
      extra time to review the information.

   (a) adopt
   (b) adjourn
   (c) admonish
   (d) adorn

12 After taking anger management classes,
    Susan showed significant _________________
    in situations that previously caused her to lose
    control of her emotions.

   (a) respect
   (b) response
   (c) restraint
   (d) research

13 The construction workers are refusing to finish
    the job until they are _________________ for
    the supplies that they had to buy themselves.

   (a) reiterated
   (b) reimbursed
   (c) reincarnated
   (d) reintroduced

14 Linda gets most of her food from the
    supermarket, but she prefers to go
    to her favorite fruit stand for fresh
    _________________.

   (a) property
   (b) prospect
   (c) progress
   (d) produce

15 Robert's lies are very ________________
because he gives himself away by nervously
biting his fingernails when he's not telling the
truth.

(a) transparent
(b) transitive
(c) transferable
(d) transient

16 Even though James was bored with college,
he stayed because dropping out of school was
________________ of in his family.

(a) unheard
(b) unexpected
(c) untried
(d) undertaken

17 The rescue workers made sure that the
food basket each person received was
________________ to the size of the family he
or she was feeding.

(a) promiscuous
(b) provisional
(c) proportionate
(d) proprietary

18 After Barbara successfully guessed the
outcomes of several sports events, her friends
would ask for her ________________ before
placing their bets.

(a) preparations
(b) preoccupations
(c) precautions
(d) predictions

19 After months of not speaking to each
other, David and Susan have decided to
________________ their differences and
become friends again.

(a) reconcile
(b) reconstruct
(c) reconsider
(d) reconfigure

20 The new science magazine is designed to
appeal to people with ________________
minds who don't necessarily have a scientific
background.

(a) informing
(b) inquiring
(c) inciting
(d) inflecting

21 The teachers are complaining that the
school's budget has been ________________
distributed, and they are demanding that the
funds be divided equally among the academic
departments.

(a) disingenuously
(b) distinctively
(c) disapprovingly
(d) disproportionately

22 The teacher read the children a story about
a man from the city who was stranded on a
________________ island and had to learn
how to survive on his own.

(a) deserted
(b) departed
(c) deferred
(d) defeated

23 The salesperson explained to the customer
that she would have to visit the warehouse
to purchase a refrigerator because the ones
in the store were only ________________
models.

(a) distinct
(b) display
(c) discovery
(d) discharge

24 Brian was lucky that he did not break any
bones when he fell off the ladder, but
unfortunately he ________________ his
shoulder.

(a) dislocated
(b) dissolved
(c) dismantled
(d) discouraged

25 The firefighters had to make sure
their collective weight was evenly
________________ across the roof because
the fire had weakened the supporting beams.

(a) disjointed
(b) dispatched
(c) distinguished
(d) distributed

26 When the author switched to using very simple
language, she was trying to __________ the
voice of the main character as a child.

(a) confront
(b) convey
(c) construct
(d) contain

01 I know what you mean. Knowing that you're making a difference in someone's life can be very **[rewarding / reclining]**.

02 My restaurant has become very popular. Every night, most of the tables are occupied by **[repeat / recall]** customers.

03 She doesn't know what it is, so she **[referred / reflected]** me to a skin specialist.

04 Four people were **[proposed / pronounced]** dead at the scene, and two people died later at the hospital.

05 Maybe you can go to Jane's apartment building and **[intersect / intercept]** her mail before she receives it.

06 I **[infuse / indulge]** myself occasionally as a reward for eating well most of the time.

07 If your mother is going to live, she is going to need a kidney **[transplant / transmission]**, ideally from a family member.

08 The description of him is **[consistent / concurrent]** with the description that the clerk gave us.

09 I always **[debit / deposit]** half of every paycheck into my savings account. After ten years, I had finally saved enough.

10 I'm lucky that I'm a man, so I will never have to **[endure / endeavor]** it.

11 It's only two o'clock. Why did the judge **[adjourn / admonish]** court so early?

12 After taking anger management classes, Susan showed significant **[restraint / response]** in situations that previously caused her to lose control of her emotions.

13 The construction workers are refusing to finish the job until they are **[reimbursed / reintroduced]** for the supplies that they had to buy themselves.

14 Linda gets most of her food from the supermarket, but she prefers to go to her favorite fruit stand for fresh **[produce / prospect]**.

15 Robert's lies are very **[transparent / transient]** because he gives himself away by nervously biting his fingernails when he's not telling the truth.

16 Even though James was bored with college, he stayed because dropping out of school was **[unheard / untried]** of in his family.

17 The rescue workers made sure that the food basket each person received was **[proportionate / promiscuous]** to the size of the family he or she was feeding.

18 After Barbara successfully guessed the outcomes of several sports events, her friends would ask for her **[predictions / precautions]** before placing their bets.

19 After months of not speaking to each other, David and Susan have decided to **[reconcile / reconfigure]** their differences and become friends again.

20 The teachers are complaining that the school's budget has been **[disproportionately / distinctively]** distributed, and they are demanding that the funds be divided equally among the academic departments.

21 The teacher read the children a story about a man from the city who was stranded on a **[deserted / defeated]** island and had to learn how to survive on his own.

22 The salesperson explained to the customer that she would have to visit the warehouse to purchase a refrigerator because the ones in the store were only **[display / discharge]** models.

23 Brian was lucky that he did not break any bones when he fell off the ladder, but unfortunately he **[dislocated / dissolved]** his shoulder.

24 The firefighters had to make sure their collective weight was evenly **[distributed / disjointed]** across the roof because the fire had weakened the supporting beams.

25 When the author switched to using very simple language, she was trying to **[convey / confront]** the voice of the main character as a child.

26 The new science magazine is designed to appeal to people with **[inciting / inquiring]** minds who don't necessarily have a scientific background.

Actual Test
01 & 02

PART Ⅰ. Choose the best answer for the blank.

01 A: I was almost late for the party because I couldn't find your house.
　　B: Well, I'm glad you ＿＿＿＿＿＿ it on time.

　　(a) gave
　　(b) had
　　(c) made
　　(d) sent

02 A: I still don't know who stole my car.
　　B: You should call the police. They will get to the ＿＿＿＿＿＿ of this.

　　(a) bottom
　　(b) outside
　　(c) surface
　　(d) front

03 A: I ＿＿＿＿＿＿ about the curtains. I think we should get blue ones.
　　B: It's too late. I already bought the yellow curtains.

　　(a) tried my best
　　(b) threw a fit
　　(c) made a mess
　　(d) changed my mind

04 A: Have you been cooking? I think something is burning in the kitchen.
　　B: Oh no! I think I forgot to ＿＿＿＿＿＿ the stove after I took out the bread!

　　(a) turn off
　　(b) switch out
　　(c) bring down
　　(d) take in

05 A: The school's program on healthy eating made a strong ＿＿＿＿＿＿ on David.
　　B: That's great. Maybe now he'll stop eating so much junk food.

　　(a) provision
　　(b) concession
　　(c) impression
　　(d) decision

06 A: Officer, I'm sorry I was going too fast. Are you going to give me a(n) ＿＿＿＿＿＿?
　　B: Not this time, ma'am. But please drive more carefully.

　　(a) paper
　　(b) ticket
　　(c) receipt
　　(d) order

07 A: May I have some coffee?
　　B: Please ＿＿＿＿＿＿. Have as much coffee as you want.

　　(a) have a heart
　　(b) be my guest
　　(c) take a hike
　　(d) give my best

08 A: I saw a dog in your yard today. I didn't know you had any pets.
　　B: He's not my dog. I keep ＿＿＿＿＿＿ him down the street, but he always comes back.

　　(a) warning
　　(b) following
　　(c) knocking
　　(d) chasing

09 A: I think my story might be too scary for the
    children.
    B: Most of the story is OK. You should just
       ___________ the violent parts.

    (a) leave out
    (b) mark down
    (c) turn in
    (d) get through

10 A: Does your son still have a shaved head?
    B: No, that was just a ___________ fad.
       Recently, he's been letting his hair grow.

    (a) moving
    (b) leading
    (c) passing
    (d) holding

11 A: Have you finished repairing the damage
       from the flood?
    B: Almost. I still have a few centimeters of
       ___________ water in the basement.

    (a) standing
    (b) shifting
    (c) sorting
    (d) splattering

12 A: I went to Leo's market to buy some fruit, but
       everything was ___________.
    B: Other stores sell cheaper fruit, but Leo's
       always tastes better.

    (a) overwrought
    (b) overblown
    (c) overpriced
    (d) oversized

13 A: I need to get my car repaired, but I don't
       think I can afford it.
    B: You should take it to my friend the
       mechanic. He'll give you a ___________
       price.

    (a) neat
    (b) close
    (c) clean
    (d) fair

14 A: I'm worried about my new assistant. She
       keeps making decisions without consulting
       me.
    B: You should make sure your assistant
       ___________, or she'll start to think that
       she's the boss.

    (a) has her way
    (b) knows her place
    (c) meets her match
    (d) eats her words

15 A: Excuse me, waiter. These eggs are too
       hard. I ordered eggs over-easy.
    B: I keep telling the chef not to overcook the
       eggs, but it never seems to ___________.

    (a) carry out
    (b) let down
    (c) run through
    (d) sink in

16 A: I'm so sorry that your daughter won't be
       going to that great university.
    B: We wanted to send her, but it's too much of
       a financial ___________ for us.

    (a) turmoil
    (b) repression
    (c) hardship
    (d) independence

17 A: Come quick! There's something wrong with
   your parrot!
   B: Don't worry, he's fine. Sometimes the parrot
   likes to ______________ dead.

   (a) pull
   (b) play
   (c) prove
   (d) pass

18 A: Boss, I need some time off because of my
   father's ______________ health.
   B: Of course. I'm sorry to hear that your father
   is ill.

   (a) failing
   (b) retiring
   (c) expiring
   (d) loosening

19 A: Ever since Rachel got promoted, she won't
   talk to me about our personal lives like she
   used to.
   B: I know. Now every conversation with her is
   ______________ business.

   (a) nearly
   (b) sternly
   (c) abruptly
   (d) strictly

20 A: In your job interview, did they ask about
   your Chemistry degree?
   B: No. In fact, my educational background
   never ______________.

   (a) came through
   (b) came up
   (c) went over
   (d) went down

21 A: There's still a stain on the sleeve of this
   jacket.
   B: I'm so sorry. I must have ______________ it
   while I was cleaning the collar.

   (a) overtaken
   (b) overshot
   (c) overlooked
   (d) overthrown

22 A: Mr. Johnson, are you sure you saw the
   suspect leaving the restaurant? Maybe you
   saw someone else.
   B: I ______________ remember seeing the
   suspect. It couldn't have been anyone else.

   (a) carefully
   (b) apparently
   (c) vividly
   (d) roughly

23 A: My son says he was at the library all
   afternoon, but I don't ______________ it.
   B: Why don't you believe him? He doesn't
   usually lie about where he is.

   (a) buy
   (b) take
   (c) get
   (d) send

24 A: Are you sure you want to hire Robert again?
   He used to get so emotional about his work.
   B: I think he'll be different this time. He's really
   undergone a ______________.

   (a) transmission
   (b) transformation
   (c) transaction
   (d) transference

25 A: Thank you for letting me stay at your house.
    Are you sure I'm not _______________ upon
    your family?
    B: Of course not. We're all very happy to have
    you here.

    (a) overstaying
    (b) imposing
    (c) inflicting
    (d) disrupting

PART II Choose the best answer for the blank.

26 The doctor is giving a lecture on how eating
    junk food and smoking cigarettes can
    _________________ the purpose of exercising.

    (a) displace
    (b) defeat
    (c) deploy
    (d) disarm

27 The newspaper reporter wrote an enthusiastic
    review of the play, especially praising the
    lead actor's realistic and _________________
    performance.

    (a) confining
    (b) opposing
    (c) compelling
    (d) troubling

28 Before the school's camping trip, the teacher
    taught the students how to protect themselves
    when _________________ by a bear.

    (a) displaced
    (b) burdened
    (c) recovered
    (d) confronted

29 Nobody was killed on the battlefield, but
    several soldiers died later from wounds that
    were _______________ during the battle.

    (a) inhabited
    (b) influenced
    (c) intended
    (d) inflicted

30 The art collector was very angry when he
    discovered that the painting he bought was
    a(n) __________________ instead of the
    original.

    (a) inkling
    (b) replica
    (c) spectrum
    (d) present

31 The police __________________ the house
    after the break-in, but they could not find
    any evidence that would help them find the
    burglars.

    (a) berated
    (b) scrutinized
    (c) deciphered
    (d) appreciated

32 This law firm used to be the finest in the
    city, but now all of its best lawyers are
    _________________.

    (a) related
    (b) refunded
    (c) retired
    (d) relieved

33 Nowadays, students must work harder in school because a college degree carries more _________________ now than it used to.

(a) color
(b) range
(c) weight
(d) reason

34 Since the construction supervisor discovered that the project is behind schedule, he is visiting building site _________________ to make sure his employees are working.

(a) sporadically
(b) confidently
(c) severely
(d) inherently

35 Susan is worried about her children's health because they refuse to eat foods with significant _________________ value.

(a) intentional
(b) historical
(c) nutritional
(d) rhetorical

36 Sometimes a semicolon is used instead of a _________________ to connect two things or ideas in a sentence.

(a) construction
(b) conviction
(c) conjunction
(d) congestion

37 David almost missed his flight when he was _________________ by airport police because of a suspicious item in his luggage.

(a) deployed
(b) detailed
(c) defied
(d) detained

38 The child did not want to talk about her poor grades, so she _________________ when her parents mentioned school.

(a) footed the bill
(b) changed the subject
(c) hit the ceiling
(d) chewed the fat

39 When the mayor of the city was caught accepting money from criminals, his moral character was called into _________________.

(a) question
(b) argument
(c) protest
(d) interview

40 The banker and the janitor agreed to change _________________ for one day to see what each other's jobs were like.

(a) pieces
(b) parts
(c) plans
(d) places

41 The employees are worried because the company's first president was a better businessperson than the new president who _________________ him.

(a) conceded
(b) exceeded
(c) succeeded
(d) receded

42 The head of the college asked the police
to handle their murder investigation
________________ because she did not want
to upset the students.

(a) diversely
(b) dependently
(c) discreetly
(d) domestically

43 The school band was at the head of the
parade, and the garden society brought up the
________________.

(a) rear
(b) hind
(c) back
(d) stern

44 After the store's owner installed security
cameras, she was able to identify several
________________ of theft and retrieve the
stolen merchandise.

(a) situations
(b) instances
(c) illustrations
(d) simulations

45 The medical students are learning about how
rare blood conditions can cause different rates
of ________________.

(a) collision
(b) concavity
(c) coagulation
(d) combination

46 To give visitors a glimpse into the ways people
lived in times past, he museum is now offering
tours of ________________ 19th-century
homes.

(a) reduced
(b) renewed
(c) replaced
(d) restored

47 Some film critics ________________ the
movie as a strong political statement, while
others saw it as a simple love story.

(a) researched
(b) estimated
(c) adapted
(d) interpreted

48 John leads an organization that works to
________________ forests and rivers so that
animals and fish will continue to have places to
live.

(a) prepare
(b) preserve
(c) predict
(d) prevent

49 Some of Susan's friends call her a(n)
________________ because she has a habit
of overreacting to small problems.

(a) drama queen
(b) opera singer
(c) tragic hero
(d) stage actor

50 Robert's parents say that his friend Rachel
is a bad ________________ because she
encourages him to break the rules.

(a) individual
(b) inspiration
(c) influence
(d) infection

☐ **make it on time** 제시간에 도착하다

☐ **get to the bottom of something** ~의 진짜 이유(원인)를 알아내다

☐ **change one's mind** ~의 생각을 바꾸다

☐ **try one's best** 최선을 다하다

☐ **throw a fit** 발작을 일으키다

☐ **make a mess** 엉망으로 만들다

☐ **turn off** (전기 수동등을) 끄다

☐ **bring down** ~을 줄이다, 낮추다

☐ **take in** ~을 섭취(흡수)하다

☐ **make an impression on** ~에게 인상을 주다, 남기다

☐ **paper** n. 종이, 신문, 시험지

☐ **ticket** n. (교통법규 위반에 대한)딱지, 입장권

☐ **receipt** n. 영수증

☐ **order** n. 주문, 순서

☐ **be my guest** 그러세요

☐ **chase someone down** ~를 찾기위해 쫓아가다

☐ **knock something down** (건물을)때려 부수다

☐ **leave something out** ~을 빼다, 배제시키다

☐ **mark something down** ~의 가격을 인하하다

☐ **turn something in** ~을 돌려주다, 반납하다

☐ **get through** ~을 빠져나가다, 통과하다

☐ **passing fad** 지나가는 유행

☐ **standing water** 정수

☐ **splatter** v. 후두둑 떨어지다

☐ **overpriced** a. 너무 비싼

☐ **overblown** a. 잔뜩 부풀려진

☐ **overwrought** a. 잔뜩 긴장한

☐ **oversized** a. 너무 큰

☐ **a fair price** 공정 가격

☐ **know one's place** 제 분수를 알다, 겸손히 굴다

☐ **have one's(own) way** 뜻대로하다, 마음대로 하다

☐ **meet one's match** 호적수를 만나다, 곤란에 처하다

☐ **eat one's words** 먼저 한 말을 취소하다, 자신의 잘못을 인정하다

☐ **carry out** ~을 수행하다, 이행하다

☐ **let somebody down** ~의 기대를 저버리다

☐ **sink in** 충분히 이해(인식)되다

□ **run through something** ~속으로 빠르게 퍼지다

□ **hardship** n. 어려움, 곤란

□ **turmoil** n. 혼란, 소란

□ **repression** n. 탄압, 진압

□ **independence** n. 독립, 자립

□ **play dead** 죽은 척하다

□ **failing health** 건강 악화

□ **strictly** adv. 엄격히, 순전히

□ **abruptly** adv. 갑자기

□ **come up** 나오다

□ **come through** 들어오다, 도착하다

□ **overlook** v. 간과하다, 못본체하다

□ **overtake** v. 추월하다, 앞지르다

□ **overthrow** v. 타도하다

□ **overshoot** v. 더가다, 더많이 하다

□ **vividly** adv. 생생하게, 선명하게

□ **roughly** adv. 대략, 거의, 거칠게

□ **I don't buy it.** 나는 그것을 믿지 않아.

□ **transformation** n. 변화, 변신

□ **transmission** n. 전파, 전송

□ **transference** n. 이동

□ **transaction** n. 거래, 매매

□ **impose upon someone** ~를 이용하다

□ **defeat** v. 무산시키다, 패배시키다

□ **deploy** v. 배치하다, 효율적으로 사용하다

□ **disarm** v. 무장 해제시키다

□ **compelling** a. 눈을 뗄 수 없는, 강렬한

□ **confront** v. 닥치다, 맞서다

□ **displace** v. 대신하다, 쫓아내다

□ **burden** v. 부담을 지우다

□ **recover** v. 회복되다

□ **inflict** v. (괴로움 등을) 가하다

□ **inhabit** v. 살다, 거주하다

□ **replica** n. 복제품, 모형

□ **scrutinize** v. 세심히 살피다, 면밀히 조사하다

□ **berate** v. 질책하다

☐ **decipher** v. 판독하다

☐ **appreciate** v. 감사하다, 감상하다

☐ **retired** a. 은퇴한, 퇴직한

☐ **carry weight** 영향력을 갖다

☐ **sporadically** adv. 산발적으로

☐ **nutritional** a. 영양상의

☐ **rhetorical** a. 수사적인, 과장이 심한

☐ **intentional** a. 의도적인

☐ **conjunction** n. 접속사, 결함

☐ **conviction** n. 유죄선고

☐ **detain** v. 구금(억류)하다, 붙들다

☐ **defy** v. 반항하다, 견뎌내다

☐ **change the subject** 주제를 바꾸다

☐ **foot the bill** 비용을 부담하다

☐ **hit the ceiling** 폭등하다

☐ **chew the fat** 오래 담소를 나누다

☐ **call something into question** ~에 의문을 제기하다

☐ **succeed** v. 뒤를 잇다, 물려받다

☐ **concede** v. 인정하다, 내주다

☐ **recede** v. 물러나다

☐ **discreetly** adv. 신중하게

☐ **diversely** adv. 다양하게

☐ **domestically** adv. 가정적으로, 국내에서

☐ **bring up the rear** 줄 끝에 서다, 꼴찌가 되다

☐ **instance** n. 사례, 경우

☐ **coagulation** n. 응고, 응고물

☐ **concavity** n. 오목함

☐ **collision** n. 충돌

☐ **restore** v. 복원하다, 회복시키다

☐ **interpret** v. 설명하다, 이해하다

☐ **estimate** v. 추산(추정)하다

☐ **preserve** v. 보존하다, 지키다

☐ **predict** v. 예언하다, 예측하다

☐ **drama queen** 과장하는 사람

☐ **influence** n. 영향, 영향력

☐ **inflection** n. 간염, 전염병

PART I . Choose the best answer for the blank.

01 A: The guidebook says that birds like to nest in this type of tree, but I don't see any birds.
    B: Look more closely. The birds can be difficult to ______________ because they blend in with the leaves.

(a) peek
(b) catch
(c) feel
(d) spot

02 A: The ABC Corporation is going to ______________ our company next month. They've already decided to replace Sophia in accounting.
    B: Uh oh. Does that mean ABC might hire new people for our jobs, too?

(a) bring about
(b) put away
(c) take over
(d) drop by

03 A: I was going to make spaghetti for dinner, but we have some chicken, too. Which do you want?
    B: It doesn't ______________ to me. I'll eat whatever you want to eat.

(a) mind
(b) prefer
(c) care
(d) matter

04 A: I can't believe Joanna didn't help you clean up the kitchen after the party.
    B: I know. And to add __________ to injury, she came in when I was finished and told me that the dishes still looked dirty.

(a) insight
(b) intrigue
(c) insult
(d) increase

05 A: What are you planning to do with George today?
    B: We might go to the movies later, but we'll probably just ______________ at his house in the meantime.

(a) break away
(b) hang out
(c) lighten up
(d) turn over

06 A: You must have been scared when you saw your son hanging by one arm from the edge of the roof.
    B: I was terrified! Until they finally helped him down safely, I could hear my own heart ______________.

(a) pounding
(b) wringing
(c) reaching
(d) crashing

07 A: I was talking to Mary on the phone last
   night, but I could barely understand her
   because she was slurring her words.
   B: That doesn't sound good. Slurring is always
   a(n) ______________ sign that she's been
   drinking again.

   (a) gateway
   (b) telltale
   (c) offhand
   (d) deadbeat

08 A: I was sorry to see that you didn't win the
   auto race. I know how exited you were about
   participating.
   B: I don't really care whether I win or not. I just
   like to race for the ______________ of it.

   (a) shake
   (b) grab
   (c) spark
   (d) thrill

09 A: I read the wrong book for our literary club
   this week. I hope someone ______________
   me in next time you decide to change the
   book.
   B: I'm sorry. I thought Jane told you that we'd
   changed the selection.

   (a) clues
   (b) hints
   (c) tells
   (d) points

10 A: Where were you last night? I was all ready
   to go bowling like you promised, but you
   never showed up!
   B: I'm so sorry. Tonight I'll take you out to
   dinner to ______________ it up to you.

   (a) stand
   (b) give

   (c) make
   (d) hold

11 A: How do you want me to organize these
   financial reports?
   B: Sort them by month and year, and then put
   them in alphabetical ___________.

   (a) cluster
   (b) range
   (c) order
   (d) series

12 A: I wish I knew who was responsible for the
   burglary at my store last night.
   B: You know, I saw someone ______________
   outside the window yesterday. Maybe he
   was planning the break-in.

   (a) loitering
   (b) wallowing
   (c) festering
   (d) presiding

13 A: How did Charlie do on his test? I know he
   has a habit of answering impulsively, without
   thinking it through.
   B: Actually, his performance has really
   improved. This time, he gave very logical,
   ______________ answers.

   (a) conditioned
   (b) conscripted
   (c) conducted
   (d) considered

14 A: I can't believe the boss is making you work
   on your day off tomorrow.
   B: Nobody's making me do it. I ______________
   agreed to work tomorrow for the extra pay.

   (a) virtually
   (b) voluntarily

   (c) vehemently

   (d) variably

15 A: Ever since I removed the tape from the windows, there's been an ugly ______________ that won't come off.

   B: I've heard that rubbing alcohol is good for dissolving sticky substances.

   (a) residue

   (b) remnant

   (c) repository

   (d) repellant

16 A: Carol got so angry when I told her that we're not interested in publishing her book. But she asked me to be totally honest with her about it.

   B: She's accustomed to getting what she wants, so sometimes she has trouble handling ______________.

   (a) rejection

   (b) intention

   (c) deception

   (d) attention

17 A: Can you tell me why my rent check didn't go through this month?

   B: Unfortunately, Ms. Williams, your checking account had ______________ funds to cover that amount.

   (a) inconsiderate

   (b) inconvenient

   (c) indefinite

   (d) insufficient

18 A: After winning 92 chess games in a row, James finally lost a game to the new player in the chess club.

   B: Wow! The new player must be really good. James has finally met his ______________.

   (a) sidekick

   (b) partner

   (c) match

   (d) second

19 A: How are we supposed to find a table in this restaurant? It's so dark that I can't see a thing!

   B: Maybe if we stand here for a few minutes, our eyes will ______________ to the dark.

   (a) modify

   (b) adjust

   (c) submit

   (d) comply

20 A: Is something wrong? When I greeted you earlier, you were very ______________ with me.

   B: I'm sorry I was rude. I guess I was a little distracted when I saw you.

   (a) down

   (b) close

   (c) flat

   (d) short

21 A: I heard on the news that there might be a big snowstorm this week, so we'd better ______________ up on food.

   B: That's a good idea. Last year when we got snowed in, the only thing we had to eat for five days was tomato sauce.

   (a) square

   (b) spend

   (c) stock

   (d) slate

22 A: I can't believe your car broke down right before the family vacation. Your mother must be very upset.

B: Yes, she is. After months of ______________ planning, she had to cancel all of our tickets and hotel reservations.

(a) metropolitan
(b) mechanical
(c) meticulous
(d) melancholy

23 A: How are your cancer treatments going? I heard you had another surgery last month.

B: I'm so relieved. My latest test results just came in, and the doctor says I'm finally ______________.

(a) in the clear
(b) over the hill
(c) on the run
(d) out of the blue

24 A: I don't understand why my electricity isn't working. I just had everything rewired last year.

B: There's nothing wrong with your wiring, ma'am. We'll turn your service back on as soon as you ______________ your outstanding bills.

(a) prepare
(b) arrange
(c) settle
(d) complete

25 A: Dr. Simmons, thank you so much for helping me figure out why I've been so unhappy lately. It really helps to talk about my problems.

B: Yes, I think we made a great ______________. Whenever you feel sad or angry, just remember everything we talked about today.

(a) breakthrough
(b) breakup
(c) breakaway
(d) breakdown

PART II Choose the best answer for the blank.

26 After hours of carrying bricks in the hot sun, Patrick's legs finally ______________ and he fell to the ground.

(a) came around
(b) blew over
(c) gave out
(d) checked in

27 After Jason's impressive academic performance three years in a row, the school principal proudly told Jason's parents that he was ______________.

(a) making waves
(b) going places
(c) taking stock
(d) seeing stars

28 Loretta's boss was very impressed with her new ideas for increasing profits, and he told her that the company could use more ______________ workers like her.

(a) entrancing
(b) engineering
(c) endearing
(d) enterprising

29 At the awards ceremony, several talented journalists were ____________ for their contributions to the public awareness of important social issues.

(a) displayed
(b) conceded
(c) recognized
(d) permitted

30 Dr. Reynolds used to tell his friends at lunch about the unusual medical cases at his surgical practice, but then his friends asked him not to talk ____________ while they were eating.

(a) task
(b) shop
(c) craft
(d) duty

31 The manager was shocked at the ____________ of the employee who asked for a raise after missing two weeks of work.

(a) austerity
(b) audacity
(c) authority
(d) autonomy

32 The doctor said that Nancy suffered a minor ____________ when the golf ball hit her forehead, but she did not have any permanent damage.

(a) concession
(b) congestion
(c) concussion
(d) consumption

33 The president announced that he was stepping down because he could not control the violent political ____________ that was spreading from city to city.

(a) immobility
(b) instability
(c) impossibility
(d) infertility

34 The cheerleaders came out on the field and led a chant to get the crowd ____________ before the big football game.

(a) fired up
(b) turned over
(c) burned out
(d) zoned in

35 Even though the teenager told her parents a ____________ story about studying at the library, they knew she had been to a concert because they found the ticket stub in her bedroom.

(a) conspiring
(b) convincing
(c) constricting
(d) concluding

36 After years of writing short stories that no one would publish, the author finally achieved ____________ success with her first full-length novel.

(a) literal
(b) literate
(c) littoral
(d) literary

37 Despite the tragedies of his childhood, Patrick grew up to be ______________ and always maintained a positive yet realistic view of the world.

(a) well-informed
(b) well-grounded
(c) well-qualified
(d) well-established

38 The manufacturing company suffered ______________ losses after it lost the patent on one of its most popular products.

(a) subsistent
(b) substantial
(c) subjective
(d) subliminal

39 Although the two books have very different settings and characters, they are ______________ similar because they both deal with loss of innocence and entering adulthood.

(a) mythically
(b) illusively
(c) romantically
(d) conceptually

40 In her agricultural science class, Olivia learned about how fruits and vegetables are ______________ modified to increase the likelihood of certain desirable traits.

(a) generically
(b) generously
(c) genuinely
(d) genetically

41 The teacher was shocked to learn that this latest incident of cheating was only the ______________ of the iceberg, and that the students had been trading test answers for months.

(a) tip
(b) point
(c) end
(d) foot

42 According to the terms of the lease, the landlord could not be held ______________ for the fire damage caused by the tenant's faulty toaster.

(a) deniable
(b) pliable
(c) viable
(d) liable

43 The man was babbling ______________ when he entered the police station, and it took several officers to calm him down and determine what happened.

(a) insufficiently
(b) incoherently
(c) intelligibly
(d) insignificantly

44 Even though Ralph was responsible for the errors in the report, Leon kindly agreed to ______________ because the boss was already threatening to fire Ralph.

(a) toe the line
(b) hit the sack
(c) take the fall
(d) buy the farm

45 Because of the complexity of Benjamin's legal trouble, he decided to hire a lawyer instead of ______________ himself in court.

(a) rendering
(b) representing
(c) recommending
(d) repealing

46 Rachel was enthusiastic about education when she first started teaching, but she became more and more ______________ as the years went by.

(a) reticent
(b) arduous
(c) irksome
(d) jaded

47 The doctor asked Robert if he would provide a blood ______________ so the lab could test him for various diseases.

(a) analysis
(b) specimen
(c) organism
(d) sequence

48 The student was baffled by the equations in her math textbook, so she went to her professor with the hope that he would shed some ______________ on the subject.

(a) light
(b) reason
(c) help
(d) relief

49 The homeowner accepted the driver's apology for damaging the fence, but she told him she also expected some monetary ______________.

(a) composition
(b) commendation
(c) commemoration
(d) compensation

50 The builder did not realize that the house already had a television cable, so he ended up installing a ______________ second cable.

(a) supercilious
(b) superficial
(c) supersonic
(d) superfluous

- □ **spot** v. 발견하다, 찾다
- □ **peek** v. 훔쳐보다
- □ **take something over** (기업 등을) 인수하다
- □ **bring something about** ~을 유발(초래)하다
- □ **put something away** 치우다, 넣다
- □ **drop by** 잠깐 들르다, 불시에 찾아가다
- □ **add insult to injury** 일이 더 꼬이게 만들다
- □ **hang out** 많은 시간을 보내다
- □ **break away** ~에서 달아나다
- □ **pounding** n. 쿵쾅거리는 소리
- □ **wringing** n. 빨래 짜기
- □ **telltale** a. 숨길 수 없는
- □ **offhand** a. 무뚝뚝한, 퉁명스러운
- □ **dead beat** a. 피곤해 죽을 지경인
- □ **thrill** n. 황홀감, 전율, 흥분
- □ **spark** n. 불꽃, 불똥
- □ **clue somebody in** ~에게 최근의 정보를 알려주다
- □ **make it up to someone** ~에게 신세를 갚다
- □ **order** n. 순서
- □ **cluster** n. 무리
- □ **series** n. 연속, 연쇄
- □ **range** n. 범위
- □ **loiter** v. 어정거리다
- □ **wallow** v. 뒹굴다
- □ **fester** v. 곪다, 곪아터지다
- □ **preside** v. 주재하다
- □ **considered** a. 깊이 생각한 후의, 존경받는
- □ **conditioned** a. 조건부의, 조절된
- □ **voluntarily** adv. 자발적으로, 무료로
- □ **virtually** adv. 사실상, 거의
- □ **vehemently** adv. 격렬하게
- □ **variably** adv. 변하기 쉽게
- □ **residue** n. 잔여물, 잔류물
- □ **remnant** n. 남은 부분, 나머지
- □ **repository** n. 저장고
- □ **repellant** n. 역겨운, 혐오감을 주는

□ **rejection** n. 거절, 베재

□ **deception** n. 속임, 기만

□ **insufficient** a. 불충분한

□ **indefinite** a. 무기한의

□ **meet one's match** 호적수를 만나다, 곤란에 처하다

□ **adjust** v. 적응하다, 조정하다

□ **modify** v. 수정하다, 바꾸다

□ **comply** v. 따르다

□ **be short with someone** 매몰스럽게 굴다

□ **stock up on something** ~을 많이 사서 비축하다

□ **meticulous** a. 꼼꼼한, 세심한

□ **melancholy** a. 구슬픈

□ **in the clear** 위험을 벗어난, 깨끗해진

□ **over the hill** 한물간

□ **on the run** 도망을 다니는

□ **out of the blue** 갑자기

□ **settle a bill** 계산을 치르다

□ **breakthrough** n. 돌파구

□ **give out** 바닥이 나다

□ **come around** 돌아오다, 다시 의식을 차리다

□ **blow over** 사그라들다, 지나가다

□ **go places** 사방으로 돌아다니다

□ **make waves** 풍파를 일으키다

□ **take stock of something** ~을 잘 살펴보다

□ **enterprising** a. 진취력이 있는, 기획력이 있는

□ **entrancing** a. 황홀하게 하는

□ **recognize** v. 인정하다, 인정받다

□ **talk shop** 직장얘기를 하다

□ **audacity** n. 뻔뻔함

□ **austerity** n. 금욕적임

□ **concussion** n. 뇌진탕

□ **consumption** n. 소비

□ **instability** n. 불안정

□ **immobility** n. 부동성, 고정

□ **impossibility** n. 불가능

□ **infertility** n. 불모, 불임

- ☐ **fire somebody up** ~에게 열의를 불어넣다
- ☐ **burn out** 에너지를 소진하다
- ☐ **convincing** a. 설득력 있는, 확실한
- ☐ **literary** a. 문학의, 문학적인
- ☐ **littoral** n. 연안지역
- ☐ **well-grounded** a. 충분히 훈련을 받은
- ☐ **substantial** a. 상당한, 많은
- ☐ **subsistent** a. 존재하는, 실재의
- ☐ **subliminal** a. 알지 못하는 사이에 영향을 미치는
- ☐ **conceptually** adv. 개념적으로
- ☐ **genetically modified** 유전자가 조작된
- ☐ **the tip of the iceberg** 빙산의 일각
- ☐ **liable** a. 법적 책임이 있는, ~하기 쉬운
- ☐ **deniable** a. 부인할 수 있는
- ☐ **pliable** a. 유연한, 순응적인
- ☐ **viable** a. 실행가능한, 성공할 수 있는
- ☐ **incoherently** adv. 앞뒤가 맞지 않게
- ☐ **take the fall** 일부러 지다
- ☐ **toe the line** 시키는 대로 하다
- ☐ **hit the sack** 잠자리에 들다
- ☐ **buy the farm** 죽다
- ☐ **represent oneself as** 자기는 ~라고 말하다
- ☐ **jaded** a. 물린, 실증난
- ☐ **arduous** a. 몹시 힘든, 고된
- ☐ **irksome** a. 짜증나는, 귀찮은
- ☐ **reticent** a. 말이 없는
- ☐ **specimen** n. 견본, 표본
- ☐ **shed light on** ~에 해결의 빛을 던지다, 새로운 정보를 주다
- ☐ **compensation** n. 보상, 이득
- ☐ **composition** n. 구성, 작품, 작곡
- ☐ **commendation** n. 칭찬, 인정
- ☐ **superfluous** a. 필요치 않은
- ☐ **supercilious** a. 거만한, 남을 얕보는
- ☐ **superficial** a. 깊이 없는

- **acclaim** v. 찬양하다
- **accompaniment** n. 부속물
- **accomplish** v. 성취하다
- **adapt** v. 적응시키다, 각색하다
- **adapter** n. 어댑터, 개작자
- **adherence** n. 고수, 충실
- **adjourn** v. 일시 연기하다
- **adopt** v. 채택하다, 양자로 삼다
- **adrift** a. 표류해서
- **affect** v. 영향을 끼치다
- **affective** a. 감정의, 정서적인
- **agenda** n. 의제, 안건
- **allegedly** adv. 주장한 바에 의하면, 이른바
- **aloft** a. 위로 높이, 하늘 높이
- **alteration** n. 변경
- **altercation** n. 다툼, 언쟁
- **alternate** a. 교대의, 상호의
- **alternative** n. 대안
- **alternator** n. 교류발전기
- **amenable** a. 순종하는, 잘 따르는
- **amnesia** n. 기억상실
- **analogy** n. 유사
- **anarchy** n. 무정부
- **anatomy** n. 해부
- **anemic** a. 빈혈의, 생기 없는
- **anesthesia** n. 마취
- **annihilable** a. 완전히 파괴할 수 있는
- **annihilate** v. 전멸시키다
- **anomaly** n. 변칙, 이상
- **antibiotic** n. 항생제
- **antidote** n. 해독제
- **antiseptic** n. 방부제
- **antonym** n. 반의어
- **apathy** n. 냉담, 무관심
- **apparent** a. 뚜렷한, 명백한
- **appendant** a. 부가의, 부수적인

- **aquatic** a. 물속에 사는, 물의
- **arable** a. 경작할 수 있는
- **arctic** a. 북극의
- **arrangement** n. 준비, 마련
- **athletics** n. 운동경기, 육상경기
- **awkward** a. 어색한, 곤란한
- **bailout** n. (정부 자금에 의한) 기업 규제
- **bare** a. 벌거벗은, 노출된
- **beneficial** a. 유익한
- **beneficiary** n. 수령인
- **benevolence** n. 자비심
- **benign** a. 온화한
- **blackout** n. (정전, 전쟁 중의) 등화관제
- **blank** a. 공백의, 텅 빈
- **boast** v. 자랑하다, 큰소리치다
- **boost** v. 부양하다, 증대시키다
- **bribe** v. 뇌물을 주다, 매수하다
- **brighten** v. 활기를 주다, 밝아지다
- **capture** v. ~의 관심을 사로잡다, 억류하다, 차지하다
- **causal** a. 인과관계의
- **caustic** a. 부식성의
- **cautious** a. 조심스러운
- **circulate** v. ~을 돌리다, 순환시키다
- **cite** v. (이유, 예를) 들다
- **classic** a. 일류의, 권위 있는
- **classical** a. 고전적인
- **classified** a. 기밀의, 주제별로 분류된
- **coalition** n. 연합
- **coherent** a. 이치에 맞는
- **coherently** adv. 조리있게, 일관성있게
- **coincide** v. 일치하다
- **collaborate** v. 협동하다
- **collapse** v. 무너지다
- **collateral** a. 평행한, 담보
- **collusion** n. 공모
- **combine** v. 결합하다, 연합하다

☐ **commend** v. 칭찬하다, 추천하다

☐ **company** n. 동석, 동행

☐ **compassionate** a. 온정적인

☐ **compile** v. (자료 등을) 수집하다

☐ **complaint** n. 불평, 불만, 푸념

☐ **complement** n. 보충하는 것, 보완물

☐ **compliment** n. 찬사, 칭찬

☐ **comprehensible** a. 이해할 수 있는, 알기 쉬운

☐ **comprehensive** a. 이해력이 있는, 포괄적인

☐ **condemn** v. 비난하다

☐ **condolence** n. 조문, 위로

☐ **conducive** a. (~에게) 도움이 되는

☐ **confer** v. (훈장 등을) 수여하다

☐ **confident** a. 확신하는

☐ **confidential** a. 기밀의

☐ **confirm** v. 사실임을 보여주다, 더 확실히 하다

☐ **confiscate** v. 몰수(압수)하다

☐ **confront** v. 대면하다

☐ **congenial** a. (작업, 환경 등이) 알맞은

☐ **consecutive** a. 연속적으로

☐ **conservative** a. 보수적인

☐ **considerable** a. 상당한

☐ **considerate** a. 동정심(이해심)이 많은

☐ **consistent** a. 일관성 있는

☐ **consolidation** n. 합동, 합병

☐ **conspicuous** a. 눈에 잘 띄는, 튀는

☐ **conspiracy** n. 공모

☐ **contagious** a. 전염되는, 전염성의

☐ **contemporary** a. 동시대의

☐ **contend** v. 다투다, 논쟁하다

☐ **content** a. 만족하는 n. 만족 내용, 성분

☐ **conversion** n. 전환, 개조

☐ **copycat** n. 모방하는 사람

☐ **correlate** v. 상관관계를 갖다

☐ **coworker** n. 동료

☐ **crash** v. 와르르 무너지다

☐ **credible** a. 신뢰할 수 있는

☐ **credulous** a. 쉽게 속는

☐ **crush** v. 으스러지다, 구겨지다

☐ **deceit** n. 기만, 속임

☐ **decrease** v. 감소하다

☐ **deduction** n. 공제

☐ **deem** v. ~로 여기다

☐ **defer** v. 지연하다

☐ **deficit** n. 적자

☐ **delegation** n. 직무 대행

☐ **delete** v. 삭제하다

☐ **deliberation** n. 숙고, 협의

☐ **deluge** n. 대홍수

☐ **delusion** n. 망상

☐ **demerit** n. 결점

☐ **demolish** v. 파괴하다

☐ **demote** v. 강등하다

☐ **depict** v. 묘사하다, 그리다

☐ **deplete** v. 감소시키다, 고갈시키다

☐ **deportation** n. 국외 추방

☐ **depose** v. 권좌에서 내쫓다

☐ **depressed** a. 낙담한

☐ **descend** v. 내려가다

☐ **destruction** n. 파괴

☐ **deter** v. 저지하다

☐ **deteriorate** v. 쇠퇴하다

☐ **deviate** v. (방향, 원칙 등에서) 빗나가다, 일탈하다

☐ **deviation** n. 일탈

☐ **digress** v. 빗나가다, 주제에서 벗어나다

☐ **dimension** 크기, 치수, 차원

☐ **disappear** v. 사라지다

☐ **disclose** v. 밝히다, 드러내다

☐ **discretion** n. 분별, 신중

☐ **discuss** v. 상의하다, 논하다

☐ **disintegration** n. 분해, 붕괴

☐ **disparity** n. 차이

☐ **dispense** v. ~없이 지내다

☐ **disperse** v. 해산하다

☐ **display** n. 전시

☐ **dispose** v. 배치하다, 처분하다

☐ **disposition** n. 성질

☐ **disregard** v. 무시(묵살)하다

☐ **dissection** n. 해부

☐ **dissolution** n. 소멸

☐ **dissuade** v. 설득하다

☐ **distill** v. 증류하다

☐ **distract** v. (주위, 마음 따위를) 딴 데로 돌리다

☐ **distraint** n. 동산 압류

☐ **distribute** v. 분배하다

☐ **divergence** n. 차이, 상이

☐ **diverse** a. 서로 다른, 다양한

☐ **divert** v. 전환하다

☐ **division** n. (조직의)분과, 분할, 분배

☐ **divulge** v. 누설하다, 밝히다

☐ **double-book** v. (취소에 대비하여) 이중 예약을 받다

☐ **double-check** v. 안전한지 다시 확인하다

☐ **draft** v. 초안을 작성하다

☐ **eccentric** a. 괴상한

☐ **eclectic** a. 취사 선택하는, 절충의

☐ **eclipse** n. 일식

☐ **economic** a. 경제의

☐ **economical** a. 알뜰한

☐ **edible** a. 먹을 수 있는

☐ **effect** v. 실행하다, (변화 등을) 가져오다

☐ **effective** a. 효과적인, 유능한

☐ **elective** a. 선택에 의한

☐ **emancipate** v. 해방시키다

☐ **eminent** a. 저명한

☐ **empathy** n. 공감

☐ **encyclopedic** a. 백과사전적인, 박식한

☐ **endangered** a. 멸종위기에 처한

☐ **enervate** v. 기력을 뺏다

☐ **enigmatic** a. 수수께끼 같은, 불가사의한

☐ **enlightening** a. 계몽적인, 밝혀주는

☐ **enlist** v. 입대하다

☐ **enlivened** a. 활기를 얻은

☐ **enslave** v. 예속하다

☐ **ensure** v. 확실히 하다

☐ **entreat** v. 간청하다

☐ **equestrian** a. 기수의

☐ **evaporate** v. 증발하다, 사라지다

☐ **excavation** n. 발굴

☐ **exempt** v. (의무, 책임 등을) 면제하다

☐ **exhibition** n. 전람

☐ **exhilarate** v. 유쾌하게 하다

☐ **exonerate** v. 무죄임을 입증하다

☐ **expand** v. 확장하다

☐ **expansion** n. 확대, 팽창

☐ **expedite** v. (작업 등을) 신속히 처리하다

☐ **expel** v. 퇴학시키다, 쫓아내다

☐ **expire** v. 만료되다, 끝나다

☐ **explicit** a. 명백한

☐ **expose** v. 노출하다

☐ **exposure** n. 노출

☐ **extension** n. 연장

☐ **fail** v. 실패하다, 고장나다

☐ **feat** n. 위업, 공적

☐ **feature** v. 특별히 포함하다, 특징으로 삼다

☐ **feud** n. 분쟁

☐ **finding** n. (조사, 연구등의) 결과, 결론

☐ **florin** n. 플로린 은화

☐ **flotage** n. 부양, 부력

☐ **foliage** n. 잎

☐ **following** n. 추종자(팬)들

☐ **forcibly** adv. 강제로, 강력히

☐ **formula** n. 공식, 제조법

☐ **frivolous** a. 경솔한, 하찮은

☐ **futile** a. 헛된, 소용없는

- **generation** n. 세대
- **harm** n. 피해, 손해
- **healthful** a. 건강에 좋은
- **healthy** a. 건강한, 건강에 좋은
- **hectic** a. 바쁜
- **heretic** n. 이단자
- **hotbed** n. 온상
- **identical** a. 동일한, 똑같은
- **illusion** n. 환영, 환각
- **immaterial** a. 중요하지 않은
- **immediate** a. 즉시의
- **impart** v. 주다
- **impeach** v. 탄핵하다
- **impede** v. 지연시키다
- **implacable** a. 무자비한
- **implant** v. 주입시키다
- **imply** v. 암시(시사)하다, 의미하다
- **impressed** a. 깊은 인상을 받은
- **inadequate** a. 불충분한, 부족한
- **inadvertent** a. 부주의한, 경솔한
- **incessantly** adv. 끊임없는
- **incomprehensible** a. 불가해한
- **indecent** a. 버릇없는
- **indifferent** a. 냉담한
- **indistinct** a. 또렷하지 않은, 희미한
- **inducement** n. 유도
- **inequality** n. 불평등, 불균등
- **inflated** a. 폭등한, 부풀린
- **influx** n. 유입, 도래
- **informally** adv. 비공식으로, 약식으로
- **infuriated** a. 화가난, 진노한
- **insomnia** n. 불면증
- **instill** v. (사상 따위를) 주입하다
- **insure** v. 보험에 들다, 보증하다
- **intact** a. 그대로 있는
- **intake** n. 섭취
- **intense** a. 강력한, 집중적인
- **intention** n. 의사, 의도, 목적
- **intercept** v. 가로막다
- **intermediate** a. 중간의
- **intermission** n. 약간의 휴식
- **introverted** a. 내성적인
- **invaluable** a. 매우 소중한
- **leave** v. 남기다, 떠나다
- **letter** n. 편지, 문자
- **malfunction** n. 오작동
- **malicious** a. 악한
- **malignant** a. 악성의
- **malpractice** n. 의료사고, 배임행위
- **means** n. 수단, 방법, 방도
- **mentally** adv. 정신적으로, 마음속으로
- **miscalculation** n. 계산착오
- **misdeed** n. 범죄
- **misdemeanor** n. 비행, 경범죄
- **mishap** n. 불행
- **moderate** a. 온건한, 적당한
- **modest** a. 겸손한
- **naturally** adv. 자연스럽게, 당연히
- **neatly** adv. 깔끔하게, 맵시있게
- **novice** n. 초보자
- **observance** n. (법 등의) 준수
- **observation** n. 관찰
- **obstacle** n. 장애, 장애물
- **occasional** a. 가끔의
- **outsmart** v. ~보다 한 수 앞서다
- **outtake** n. 촬영 후 상영 필름에서 커트한 장면, 발췌
- **outwardly** adv. 겉으로는, 표면상으로
- **palpable** a. 감지할 수 있는, 뚜렷한
- **patronage** n. 보호, 후원
- **permit** v. 허락하다
- **persist** v. 고집하다
- **perspective** n. 시각, 전망

☐ **persuade** v. 설득하다

☐ **portfolio** n. 작품집, 서류가방

☐ **pragmatic** a. 실용적인

☐ **predict** v. 예측하다

☐ **predilection** n. 편애

☐ **preliminary** a. 예비의

☐ **preoccupied** a. ~에 몰두한

☐ **prerequisite** n. 선제 조건, 미리 필요한 것

☐ **prescribe** v. 규정하다

☐ **prescription** n. 처방

☐ **prevent** v. 예방하다

☐ **problematic** a. 문제가 많은

☐ **proceed** v. 진행하다

☐ **proceeds** n. 수익금

☐ **proclaim** v. 선언(선포)하다, 분명히 보여주다

☐ **proficiency** n. 능숙

☐ **promise** n. 약속, 가능성

☐ **promote** v. 승진하다, 촉진하다

☐ **prompt** a. 즉각적인, 신속한

☐ **pronounce** v. 선고하다

☐ **propel** v. 나가게 하다

☐ **prosecute** v. 기소하다, 공소를 제기하다

☐ **provocative** a. 자극적인, 도발적인

☐ **provoke** v. 일으키다, 유발하다

☐ **question** v. 의심하다, 시문하다, 이의를 제기하다

☐ **quit** v. 그만하다, 그만두다

☐ **rating** n. 순위, (텔레비전의) 시청률

☐ **realtor** n. 부동산업자

☐ **reasonably** adv. 합리적으로, 상당히, 꽤

☐ **rebuke** v. 꾸짖다, 비난하다

☐ **recall** v. 상기시키다, 취소하다

☐ **recapitulate** v. 요점을 되풀이하다

☐ **reclaim** v. 되찾다

☐ **reconcile** v. 조정하다

☐ **redeem** v. 보완하다, 만회하다

☐ **refinance** v. 재 융자하다

☐ **refurbish** v. 일신하다, 개장하다

☐ **regretful** a. 후회하는, 슬퍼하는

☐ **regrettable** a. 유감스러운

☐ **reimburse** v. 상환하다

☐ **reinforce** v. 강화하다, 보강하다

☐ **reject** v. 거절하다

☐ **relocation** v. 다른 장소로 이전하다

☐ **remedial** a. 개선하기 위한, 보충하는

☐ **rendition** n. 번역, 공연, 연출

☐ **renew** v. 갱신하다

☐ **repetition** n. 반복, 되풀이

☐ **resist** v. 저항하다

☐ **resolve** n. 결심, 결의

☐ **resourceful** a. 지략(기략)있는

☐ **restrict** v. 제한하다

☐ **resuscitate** v. 소생시키다

☐ **retain** v. 유지하다

☐ **revoke** v. 무효로 하다, 취소하다

☐ **runny** a. 콧물이 흐르는, 물기가 많은

☐ **salvage** v. 구조(인양하다), 지키다(회복하다)

☐ **scarcely** adv. ~하자마자, 겨우

☐ **scathing** a. 신랄한, 가차없는

☐ **secretly** adv. 비밀히, 몰래

☐ **secular** a. 세속화된, 일반적인

☐ **securable** a. 손에 넣을 수 있는

☐ **service** n. 서비스, 봉사

☐ **sign** n. 징후, 조짐, 신호

☐ **significance** n. 중요성, 의의, 의미

☐ **situate** v. 위치시키다, 짓다

☐ **skillfully** adv. 솜씨 있게, 교묘하게

☐ **softly** adv. 부드럽게

☐ **sound** a. 견실한, 건강한, 철저한

☐ **spacious** a. 넓은, 거대한

☐ **specifically** adv. 특별히, 분명히

☐ **specious** a. 그럴듯한

☐ **splinter** n. 가시

- **split** v. 쪼개다
- **sprint** v. 전력질주 하다
- **station** v. 배치하다, 가있다(보내다)
- **stature** n. 신장
- **status** n. 지위
- **statute** n. 법령, 법규
- **subdue** v. 복종시키다
- **submerge** v. 물에 잠기다
- **submit** v. 제출하다
- **subsidize** v. 보조금을 주다
- **subsidy** n. (국가,기관이 주는) 보조금
- **substitute** v. 대신하다
- **supplant** v. 밀어내다
- **supplement** v. 보완하다
- **suppressed** a. 억눌린
- **symbolic** a. 상징적인
- **sympathetic** a. 동정적인
- **symptom** n. 증상, 징후
- **synchronous** a. 동시 발생의
- **syndicate** n. 기업연합, 범죄단
- **synthesis** n. 통합
- **tenable** a. 유지 할 수 있는, (학술 등을) 지지할 수 있는
- **tenacious** a. 고집이 센, 완강한
- **testy** a. 짜증을 잘 내는
- **thoughtful** a. 배려심 있는, 사려 깊은
- **toddle** v. 아장아장 걷다
- **toll** n. 사상자(희생자)수, 통행료
- **totter** v. 비틀거리다, 흔들리다
- **transact** v. 거래하다
- **transcend** v. 초월하다
- **transfer** v. 이동하다
- **transparently** adv. 뻔히, 명백하게
- **transport** v. 수송하다
- **unabashed** a. 당당한, 태연한
- **unbuckle** v. 죔쇠를 끄르다
- **unearth** v. 발굴하다

- **unequivocal** a. 분명한, 명확한
- **unflinchingly** adv. 굴하지 않고
- **unparalleled** a. 견줄 수 없는
- **unprecedented** a. 유례 없는
- **unruly** a. 다루기 힘든, 제멋대로 구는
- **unscrupulous** a. 거리낌 없는
- **untrustworthy** a. 믿지 못할
- **warning** n. 경고, 주의
- **warrant** v. 정당(타당)하게 만들다
- **withdraw** v. 물러나다, 철수하다
- **a sense of humor** 유머 감각
- **a slim chance** 가망성이 적은 기회
- **a stroke of genius** 천재적 솜씨
- **abuse drugs** 약물을 남용하다
- **address the issue** 문제를 거론하다
- **address(give/make) a speech** 연설하다
- **administer first-aid** 응급조치를 취하다
- **all over the place** 모든 곳에
- **amusement park** 놀이공원
- **answer the phone** 전화를 받다
- **apply a bandage** 붕대를 감다
- **apply ointment** 연고를 바르다
- **arrange a date** 날짜를 정하다
- **as a last resort** 최후의 수단으로
- **as a matter of fact** 사실은
- **attract one's attention** 주의를 끌다
- **be away** 떨어져 있다, 부재 중이다[from]
- **be taken with something** 매혹되어, 마음이 사로잡혀
- **bear the brunt of** (비난, 공격 따위)를 정면으로 받다
- **breach a law** 법을 위반하다
- **breach of confidence** 비밀 누설, 배신
- **break down** 고장 나다, 병이 나다
- **break in** (건물 등에) 침입하다
- **break somebody's heart** ~의 가슴을 찢어 놓다
- **break the record** 기록을 깨뜨리다

☐ **brood over** 문제를 놓고 숙고하다

☐ **burn down** 전소하다, 다 태워버리다

☐ **burn oneself out** 지치다

☐ **by all accounts** 다른 사람들 말에 따르면

☐ **call it a day** ~을 그만하기로 하다

☐ **call off** 취소하다

☐ **carry away** 열광하다

☐ **carry on** 계속하다

☐ **cast a ballot** 투표하다

☐ **catch on fire** 불이 붙다

☐ **center of attention** 주목의 대상

☐ **change the subject** 화제를 바꾸다

☐ **chant a slogan** 구호를 외치다

☐ **check in** 입실 또는 탑승수속을 하다

☐ **claim a refund** 환불을 청구하다

☐ **claim lives** 목숨을 앗아가다

☐ **claim on insurance** 보험사에 청구하다

☐ **claim one's luggage** 짐을 찾다

☐ **comb ones' hair** 머리를 빗질하다

☐ **come by** (누구를 보러) 잠깐 들르다

☐ **commit a crime** 죄를 짓다

☐ **common use** 공용

☐ **count on** 의지하다

☐ **cross one's mind** 생각이 나다, 생각이 떠오르다

☐ **cross the street** 차도를 건너다

☐ **cut down** 수나 양을 줄이다

☐ **cut in** 다른 차나 사람을 앞질러 끼어들다

☐ **cut over** 횡단하다

☐ **deliver an address** 강연을 하다

☐ **die away** 서서히 사라지다, 잦아들다

☐ **do over** 다시 하다

☐ **do somebody/something down** ~을 헐뜯다, 깎아
    내리다

☐ **drag by** 느릿느릿 지나가다

☐ **draw a blank** 아무 반응(결과)을 얻지 못하다

☐ **draw on** 지나가다, 끝나가다

☐ **drop by** 잠깐 들르다, 불시에 찾아가다

☐ **fend off** 피하다

☐ **fill in** 용지에 기입하다, 새로운 정보를 알려주다

☐ **fill out** 서식 용지에 필요한 사항을 기입하다

☐ **fill out an application** 신청서에 기입하다

☐ **foregone conclusion** 뻔한 결과, 필연적인 결론

☐ **fringe benefits** 부가 혜택

☐ **full of oneself** 자신의 일에만 골몰하여, 자만하는

☐ **get a sense of** ~을 엿보다

☐ **get away** 떠나다, 출발하다, (경기 따위에서) 스타트하다,
    휴가를 얻다[from]

☐ **get by** 경제적으로 그럭저럭 버티다, 지나가다

☐ **get down** (~으로부터) 내리다[from], (~을) 내려오다

☐ **get in** (안으로) 들어가다, 차 따위를 타다

☐ **get off** 내리다, [차 · 말 · 비행기 따위]에서 내리다

☐ **get on** ~에 타다

☐ **get over** 극복하다, 장거리를 가다

☐ **get(answer) the door** 손님을 맞으러 나가다

☐ **give away** 누설하다, (공짜로) 나누어주다

☐ **give somebody a wide berth** ~의 가까이 가지 않다

☐ **give(make/deliver) a speech** 연설을 하다

☐ **go away** (사람 · 장소를) (떠나) 가다

☐ **go by** 지나가다, 흐르다

☐ **go down** 넘어[쓰러]지다

☐ **go on (with something)** (특히 잠깐 중단하거나 휴식
    한 후에) (~을) 계속하다

☐ **go over** 복습하다, 검토하다

☐ **hang clothes** 옷을 걸다

☐ **hang out** 어울려 다니다, 빈둥거리다

☐ **hard work** 노고

☐ **have a great sentimental value to someone**
    ~에게 감성적 가치가 크다

☐ **have fun** 재미있게 놀다, 흥겨워하다

☐ **have one's hair cut** 머리를 자르다

☐ **have(take/get) a shot** 주사를 맞다

☐ **high fever** 고열

- ☐ **hit a nerve** 아픈곳을 건드리다, 신경을 거스르다
- ☐ **hold a meeting** 회의를 열다
- ☐ **hold a table** 자리를 잡다
- ☐ **hold off** 연기하다, 피하다
- ☐ **hold on** (전화를) 끊지 않고 기다리다
- ☐ **hold one's breath** 숨을 참다
- ☐ **hold out** 계속 저항하다
- ☐ **ice over/up** 얼음으로 뒤덮이다
- ☐ **in charge of** ~을 맡아서, 담당해서
- ☐ **in general** 보통, 대개
- ☐ **in good hands** 안심할 수 있는, 잘 관리되는
- ☐ **in reserve** 비축되어 있는, 예비로 마련해 둔
- ☐ **invade a privacy** 사생활을 침해하다
- ☐ **issue a statement** 성명을 발표하다
- ☐ **keep a diary** 일기를 쓰다
- ☐ **keep a record** 기록하다
- ☐ **keep a secret** 비밀을 지키다
- ☐ **keep in touch with** ~와 연락하다
- ☐ **keep one's ear to the ground** 여론에 귀를 기울이다
- ☐ **keep one's word (promise)** 약속을 지키다
- ☐ **kitchen appliance** 주방제품
- ☐ **late bloomer** 대기만성형 사람
- ☐ **launch a project** 프로젝트를 시작하다
- ☐ **launch an attack** 공격을 개시하다
- ☐ **lay away** ~을 따로 떼어 놓다, 저축하다
- ☐ **lay off** 해고하다
- ☐ **lay something down** (사용하거나 하던) ~을 내려놓다
- ☐ **leave someone or something hanging** 종결되거나 끝날 때까지 계속 기다리게 하다
- ☐ **let in** 들어오게 하다
- ☐ **level off** 고정된 높이를 유지하다, 수평 비행하다
- ☐ **lie down** (특히 침대에서) 잠깐 쉼
- ☐ **lift the ban (order)** 금령을 풀다
- ☐ **like clockwork** 정확하게, 규칙적으로
- ☐ **long day** 긴하루

- ☐ **look on the bright side** 긍정적(낙관적)으로 보다
- ☐ **lose a game** 게임에서 패하다
- ☐ **lose count** 수를 세다가 도중에 잊어버리다
- ☐ **lose weight** 체중이 줄다
- ☐ **make a killing** 갑자기 큰 돈을 벌다
- ☐ **make a left(right)turn** 좌회전(우회전) 하다
- ☐ **make ends meet** 겨우 먹고 살 만큼 벌다
- ☐ **make money** 돈을 벌다
- ☐ **make out** 이해하다
- ☐ **make the bed** 이불을 개다
- ☐ **market share** 시장 점유율
- ☐ **meet a deadline** 기한을 맞추다
- ☐ **miss a beat** 순간적으로 주저하다
- ☐ **move in on** 습격하다
- ☐ **muscle strain** 근육 좌상
- ☐ **naked eye** 육안
- ☐ **not have a prayer(of doing something)** ~할 가망이 전혀 없다
- ☐ **on hold** 보류된, 연기된
- ☐ **on purpose** 고의로, 일부러
- ☐ **on the ground of something** ~의 이유로, ~을 구실(핑계)로
- ☐ **on the mend** (질병, 곤경에서) 회복 중인
- ☐ **on the nose** 정확히
- ☐ **open accounts** (은행에)계좌를 트다
- ☐ **out of breath** 숨이 가쁜
- ☐ **out of sight** 보이지 않는 곳에, 먼 곳에
- ☐ **pass away** 죽다
- ☐ **pass over** 사라지다, 무시하다
- ☐ **pass the test** 시험에 합격하다
- ☐ **pay off** 진 빚을 갚다, 기대했던 성과를 올리다
- ☐ **pay someone a visit** ~를 방문하다
- ☐ **pick out** 골라내다, 식별하다
- ☐ **pose a problem** 문제를 일으키다
- ☐ **practice law** 변호사업을 하다
- ☐ **prove a point** 주장이 정당함을 보여주다

□ **pull a fast one (on somebody)** ~에게 사기를 치다

□ **pull the trigger** 방아쇠를 당기다

□ **punch a ticket** 표에 구멍을 찍다

□ **punch the clock** 출퇴근을 입력하다

□ **put off** 연기하다

□ **put on** 입다, 영향을 끼치다

□ **put on makeup** 화장하다

□ **put over** (영화 · 연극 따위에서) ~을 호평받게 하다, 성공
시키다, [청중]에게 자기의 인상을 심다

□ **put somebody away** 흔히 수동태로 (교도소 · 정신병
원 등에) ~를 집어넣다

□ **put something down** (손에 들고 있던 것을 탁자 등에)
내려놓다

□ **put something in** (장비 · 가구를) 들여놓다[설치하다]

□ **put the plan into action** 계획을 실행하다

□ **put~by** ~을 한쪽으로 치우다, 제거하다

□ **raise a question(an objection)** 의문을 제기하다

□ **raise funds** 자금을 마련하다

□ **raise one's voice** 목소리를 높이다

□ **raise salary** 월급을 올리다

□ **reach a conclusion** 결론에 이르다

□ **reach an agreement** 의견일치를 보다

□ **recover the cost** 본값을 건지다

□ **regain consciousness** 의식을 되찾다

□ **relieve the pain** 고통을 완화시키다

□ **return one's call** 다시 전화하다

□ **right on the money** 정확하게

□ **rip away** ~을 (확) 떼내다, 벗기다

□ **rot away** 썩어 떨어지다, 쇠퇴하다

□ **rule out** 배제하다

□ **run a fever** 열이 나다

□ **run away** 도망가다

□ **run down** 소모하다, 차로 치다

□ **run low on** 떨어지다

□ **run on time** 정시 운행하다

□ **run over** (그릇이나 그 안의 내용물이) 넘치다, 차로 치다

□ **run short of** 떨어지다, 부족하다

□ **run(take) a risk** (위험을 감수하며) 모험을 하다

□ **running rampant** 난무하다

□ **safe and sound** 무사히, 탈없이

□ **save one's face** 체면을 세우다, 면목을 잃지 않다

□ **seek membership** 회원을 구하다

□ **serve a five-year sentence** 5년 징역을 치르다

□ **serve a summons** 소환하다

□ **serve the guest** 손님을 접대하다

□ **settle in** 자리 잡다, 정착하다

□ **show mercy on a person** ~에게 인정을 베풀다

□ **show off** 자랑하다

□ **shrug off** 털어버리다, 무시해버리다

□ **sit by** (나쁜 일을 막을 생각을 않고) 앉아서 구경만 하다,
방관하다

□ **sit down** (의자에) 앉아서 쉬기

□ **sort out** 정리하다, 가려내다

□ **stand by** 대기하다, 지지하다

□ **stand out** 탁월하게 눈에 띄다

□ **stay awake** 깨어있다

□ **stay single** 독신으로 살다

□ **stay sober** 술취하지 않은 채 있다

□ **stay tuned** (라디오, TV주파수에) 동조시키다

□ **steer clear of something** ~에 가까이 가지 않다, ~을
비키다

□ **stick out** 끝까지 버티다, 눈에 띄다

□ **stop[drop] by** ~에 들르다

□ **take a bus(the freeway)** 버스를 타다

□ **take in** 돈을 벌다, 이해하다

□ **take off** (벗다, 비행기 등이) 이륙하다

□ **take on** 일을 떠맡다

□ **take out** 식당에서 음식을 싸서 나가다

□ **take over** 인수하다

□ **take the plunge** ~을 단행하기로 하다

□ **test one's patience** 인내심을 시험하다

□ **tip over** ~을 뒤집어엎다

□ **to one's taste** 마음에 들어

□ **touch on** 지나가는 말로 언급하다

□ **turn down** 거절하다

□ **turn gray** 머리카락이 세다

□ **turn in** 제출하다, 잠자리에 들다

□ **turn out** ~로 판명되다, 사태가 ~이 되다

□ **turn(get) nasty** 성내다, 난폭하게 굴다

□ **turn(go) sour** (일, 관계 등이) 잘못되다, 틀어지다

□ **ups and downs** 성하였다가 쇠하였다가

□ **vanish into thin air** 온데간데없이 사라지다

□ **walk (all)over** 함부로 대하다, 무시하다

□ **wide of the mark** 빗나간, 틀린

□ **work on** 해내려고 시도하다, 노력하다

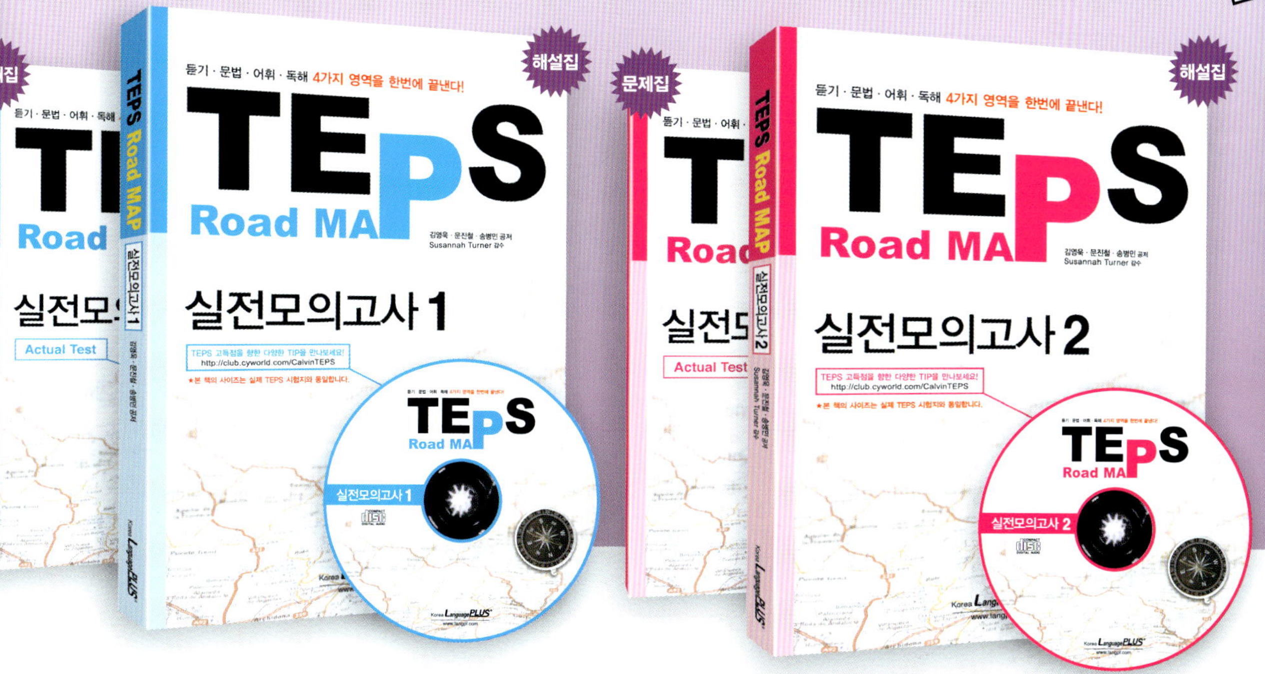

TEPS, 각 영역별 만점해설로 고득점에 도전하세요!

듣기
출제 원리와 정답의 근거 확실히 제공!
상황에 따른 빈출 표현 정리 수록!

어휘
어렵고 다양한 어휘들을 알기 쉽게 한 번에 정리한다!
Final Vocabulary Day 30 수록!

문법
시험 직전에 이것만 확인해라!
ESSENTIAL GRAMMAR TIP!

독해
더 이상 오답의 함정에 빠지지 마라!
정답으로 가는 오답피하기 수록!

김영욱 · 문진철 · 송병민 공저
1, 2권 – 각 11,000원 (문제집+해설집+CD 1장 포함)

TOEIC 입문자를 위한 완벽가이드!

TOEIC Road MAP RC

어형 · 어휘/문법/독해

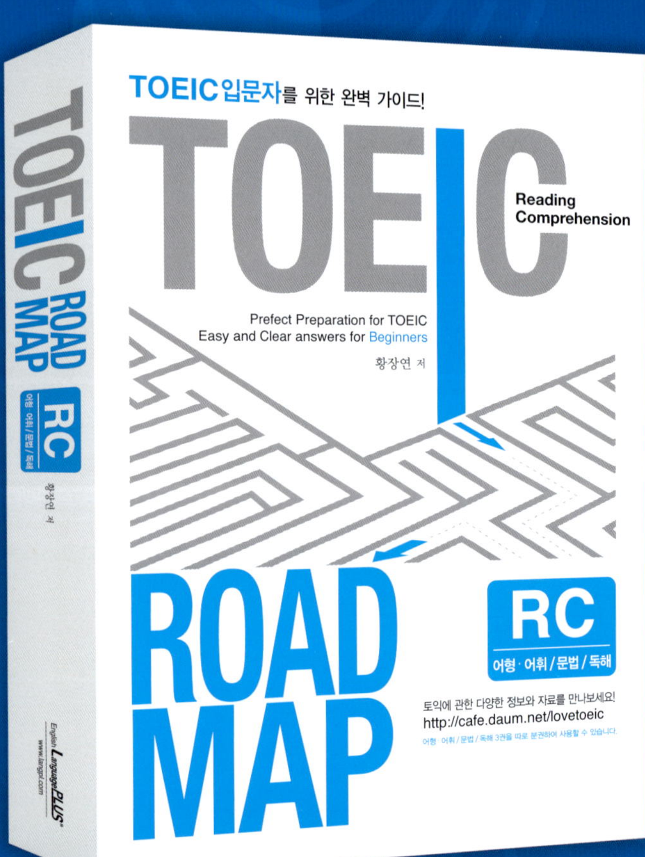

어형 토익 PART 5&6에서 비중이 큰 영역이므로 다른 교재와는 다르게 분리하여 다룬다.

어휘 기출 표현을 위주로 실전 20회 모의고사를 풀어보면서 빠르게 다량의 어휘를 정리한다.

문법 기출 유형의 문제를 위주로 자세한 문법 설명과 함께 실전문제를 접한다.

독해 자주 출제되는 질문의 종류와 어휘를 익혀서 고득점에 도전한다.

값 21,000원 | 황장연 저 | TOEIC Road Map LC 출시 예정

토익에 관한 다양한 정보와 자료를 만나보세요!
http://cafe.daum.net/lovetoeic

※ 어형 · 어휘/문법/독해 3권을 따로 분권하여 사용할 수 있습니다.

THE

대한민국 TEPS 대표강사 **Joseph Kim**의

TOP in TEPS

By Joseph Kim

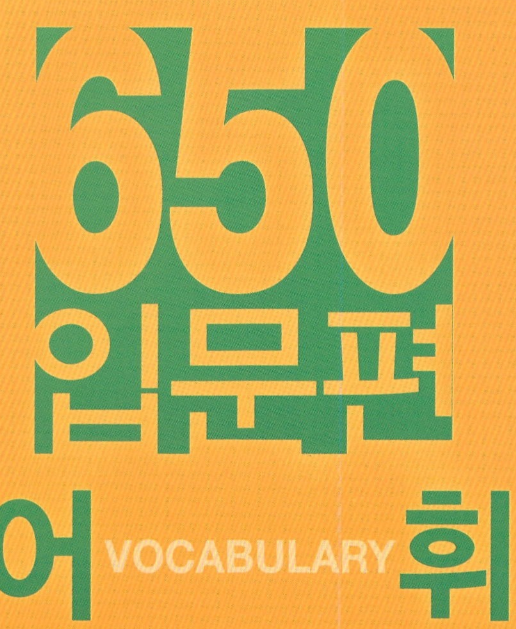

for your dream
english LanguagePLUS
www.langpl.com

THE
대한민국 TEPS 대표강사 Joseph Kim의
TOP in
TEPS
650
입문편
어 VOCABULARY 휘
By Joseph Kim

정답 및 해설

THE
대한민국 TEPS 대표강사 Joseph Kim의
TOP in
TEPS
650
입문편
어 휘 VOCABULARY
정답 및 해설

Check Up 1

1. [정답] redeem

[해석] 그녀에게 지난주의 실수를 만회할 기회가 주어졌다.

[어휘] **redeem** v. 보완하다, 만회하다
secure v. 안전하게 지키다

2. [정답] warranted

[해석] 점원은 나에게 이것이 최고급 보석 중 하나라고 보장하였다.

[어휘] **warrant** v. 정당(타당)하게 만들다
command v. 명령하다, 지시하다

3. [정답] drafted

[해석] 어제 우리가 초안을 작성했던 보고서의 복사본을 아직도 가지고 있니?

[어휘] **draft** v. 초안을 작성하다

4. [정답] impeding

[해석] 폭우가 구조작업의 진행을 지연시키고 있다.

[어휘] **impede** v. 지연시키다
surpass v. 능가하다, 뛰어넘다

Check Up 2

1. [정답] subsidized

[해석] 직업이 없는 10대들은 정부로부터 보조금을 받는다.

[어휘] **subsidize** v. 보조금을 주다
intervene v. 개입하다, 끼어들다

2. [정답] commended

[해석] 모든 사람이 도둑을 잡은 그 남자의 용기를 칭찬했다.

[어휘] **commend** v. 칭찬하다, 추천하다
relegate v. 격하(좌천)시키다, (덜 중요한 위치로) 밀쳐버리다

3. [정답] prosecuted

[해석] 그 회사는 계약위반으로 기소되었다.

[어휘] **prosecute** v. 기소하다, 공소를 제기하다
authorize v. 권한을 부여하다, 재가(인가)하다

4. [정답] circulate

[해석] 그 후보가 불법 선거운동을 했다는 소문이 돌기 시작했다.

[어휘] **circulate** v. ~을 돌리다, 순환시키다
transport v. 수송하다, 이동시키다(실어나르다)

Practice Test

01. (d)	02. (c)	03. (a)	04. (c)	05. (c)
06. (a)	07. (a)	08. (a)	09. (b)	10. (c)
11. (c)	12. (d)	13. (a)	14. (c)	15. (b)
16. (d)	17. (a)	18. (c)		

01. (d)

[해석] A: Simmons씨가 은퇴하시는 관계로, 이사회가 새로운 회장을 새로 선임하시기로 결정했나요?

　　　B: 이사진에서는 그 점을 논의했지만, 아직 표결에 붙이지는 않았습니다.

[해설] B의 응답에서 아직 표결이 되지 않았다고(they haven't taken a vote yet) 이야기하고 있으므로, 빈칸에는 이사회에서 그 사안이 논의가 되었지만 결정되지는 않았다는 의미의 (d) discussed가 적절하다. (a), (b), (c) 동사 모두 새로운 의장 선출에 관한 의제를 어떤 형식으로든 다루었다는 의미로 해석될 수 있지만, '결정을 내리기 위해 면밀히 토[논]의하다' 라는 의미의 'discuss'가 문맥상 가장 적절하다.

[어휘] **now that** ~이므로, 이기 때문에
the board of directors 이사회, 경영진
take a vote 투표를 실시하다
relay v. 전달하다, 중계하다
portray v. 묘사하다, 보여주다
discuss v. 논의하다, 토론하다

02. (c)

[해석] A: 고객님, 본 클럽 회원자격이 곧 만기되는 것을 아셨는지요?

　　　B: 그런가요? 그렇다면, 갱신하고 싶습니다. 12개월 연장 등록해주세요.

[해설] B가 클럽의 회원자격을 연장하고자(I'd like to renew it. Please sign me up for another twelve months.) 하고 있으므로, 빈칸에는 회원자격의 만료일이 가까워지고 있다는 의미로 (c) expire가 적절하다.

[어휘] **membership** n. 회원 자격, 신분
renew v. 갱신하다, 연장하다
sign up 계약하다
depart v. 떠나다, 출발하다
expire v. (기한이) 만료되다, 만기가 되다
complete v. 완료하다, (서식을 빠짐없이) 기입하다

03. (a)

[해석] A: 왜 목재에 그렇게 돈을 들이시는지 이해가 안돼요. 제가 그 반 값으로 목재를 파는 야적장을 알거든요.

B: 지난번 값싼 목재를 썼을 때, 두달 후에 그 건물이 무너졌어요. 이 목재가 훨씬 더 단단해요.

[해설] B가 단단한 고가의 목재를 쓰는 이유를 설명하면서, 일전에 저렴한 목재를 써서 건물이 무너졌던 경험을 이야기하고 있다. 따라서 보기 중 건물 피해를 묘사하는 동사로서 'collapse'가 적절하며 시제를 맞춰 (a) collapsed를 써야 한다.

[어휘] **lumberyard** n. 재목 저장소
collapse v. 붕괴되다, 무너지다
diminish v. 줄어들다, 약해지다
recede v. (서서히) 물러나다, 약해지다
distract v. 방해하다, 산만하게 하다

04. (c)

[해석] A: 제 복권 티켓을 상품으로 바꾸려고 하는데요. 두 번째 추첨에서 당첨되었거든요.

B: 손님, 죄송합니다. 바로 나오시지 않으셔서, 다른 분께 그 상품을 드렸어요.

[해설] 추첨에 당첨되어 찾아온 A에게, B는 바로 오지 않아 다른 사람에게 상품이 돌아갔다고 이야기하고 있으므로, A가 복권 티켓을 상품으로 바꾸고자 문의를 했음을 알 수 있다. 따라서 '상품권 등을 현금(상품)으로 바꾸다'라는 의미를 지닌 동사 (c) redeem이 적절하다.

[어휘] **raffle** n. (추첨식) 복권, 복권 판매
drawing n. 제비뽑기, 추첨
come forward (앞으로) 나서다, (정보, 도움 등을) 주다
immediately adv. 즉시, 즉각
obtain v. 얻다, 입수하다
secure v. 얻어 내다, 획득(확보)하다
redeem v. (상품권 등을) 현금[상품]으로 바꾸다
access v. 들어가다, 이용하다

05. (c)

[해석] A: 우리 딸이 가방을 잃어버렸어요. 그래서 전 아이에게 분명히 새 가방을 사주지 않을 테니까 책은 스스로 들고 다녀야 한다고 말해 줬어요.

B: 가방을 잃어버린 게 그렇게 심한 벌이 합당하다는 생각이 들지 않아요. 아이에게 새 가방을 사주고 나중에 갚을 수 있도록 하는 게 좋겠어요.

[해설] A가 딸에게 내렸던 벌이 그 잘못에 비해 '혹독하다(severe)'고 판단하고 있어, 빈칸에는 '(그러한 처벌이) 합당하다고 (생각하지 않는다)'는 의미로 동사 (c) warrants가 와야 적절하다.

[어휘] **severe** a. 극심한, 혹독한
punishment n. 벌, 처벌
charge v. (의무 등을) 지우다, 부담시키다
request v. 요구하다, 신청하다

warrant v. 정당화하다, 보증하다
command v. 명령하다, 강요하다

06. (a)

[해석] A: 제 주치의께서 금연하는 게 좋겠다고 하셨는데, 전 입에 뭔가 있어야 할 것 같아요.

B: 제가 끊으려고 했을 때, 이쑤시개를 씹는 게 도움이 되더라고요.

[해설] 빈칸에는 B가 자신의 금연 경험에 대해 이야기 하고 있으므로, '(담배를) 끊으려고 (했을 때)'의 의미로 동사 (a) quit이 가장 적절하다.

[어휘] **chew on** ~을 씹다
toothpick n. 이쑤시개

07. (a)

[해석] A: 와, 이 철학 강의로 진지하고 놀라운 사념들에 제가 눈을 뜨게 됐어요.

B: 지극히 정상적인 겁니다. 제 학생들 중 다수가 존재의 목적에 대해 의문을 갖기 시작하죠.

[해설] 교수의 철학 강의는 학생들이 진지한 철학적 관념들을 이해하게 됨은 물론 존재의 목적까지 사색하게 된다는 말로, 문맥상 빈칸에 들어갈 동사는 '(존재의 목적에 대해) 의문을 갖기 시작한다' (a) question이 된다.

[어휘] **serious** a. 진지한, 심각한
frightening a. 깜짝 놀라게 하는, 겁을 주는
purpose n. 목적, 의도
existence n. 존재, 실재
suspect v. 의심하다

08. (a)

[해석] A: Sylvia, 내가 이 편지 초안 작성하는 거 좀 도와줄 수 있어? 뭐라고 해야 할지 정하느라 애를 먹고 있거든.

B: 물론 도와줄게. 받는 사람이 누구고, 무엇에 대해 쓰고 있는 거야?

[해설] A는 편지에 뭐라고 써야 할지 갈피를 못 잡고 있다고(I'm having trouble deciding what to say) 했으므로, B에게 글쓰기에 대한 도움을 받으려고 하는 것을 짐작할 수 있다. 따라서 빈칸에는 '초안이나 원고를 작성하다'는 의미의 동사 (a) draft가 와야 한다.

[어휘] **have trouble ~ing** ~하느라고 애쓰다, 힘들여 ~하다
recipient n. 받는 사람, 수령(수취)인
draft v. 초안(원고)을 작성하다

09. (b)

[해석] A: 귀사의 건설 인부들은 왜 새 아파트 건물을 완공시키지 않았죠?

B: 악천후가 작업진행을 지연시키고 있었지만, 어제 비가 멈춰서 일을 다시 재개했어요.

[해설] B의 응답에 따르면, 건설공사는 날씨 변화에 영향을 받는

것으로, 작업이 중단된 것이 아니라 날씨가 안 좋은 관계
로 공사가 더디게 진행되었다는 설명이다. 따라서 빈칸에는
'안 좋은 날씨가 작업을 지연시키고 있다'라는 의미로 동사
'impede'의 진행형인 (b) impeding이 적절하다.

[어휘] **construction crew** 건설(공사) 인력
progress n. 진척, 진행, 과정
abuse v. 남용하다, 오용하다
impede v. (진행을) 지연시키다, 방해하다
destroy v. 파괴하다, 말살하다
surpass v. 능가하다, 뛰어넘다

10. (c)

[해석] A: 당신이 감사할 줄 모른다면, 당신의 빚 갚는 걸 도와줄
내 관대한 제안을 취소할 겁니다.
B: 아니에요, 제발, 전 정말 당신의 도움이 필요해요. 그저
다른 이들의 동정심에 기대야 한다는 걸 받아들이기가
쉽지가 않아 그래요.

[해설] 도움의 손길에 대한 고마움을 모르면, A는 B의 부채 청산을
돕지 않겠다고 이야기하고 있다. 따라서 '도와주는 제안을
철회하겠다'는 동사 (c) withdraw가 정답이다.

[어휘] **ungrateful** a. 감사할 줄 모르는, 배은망덕한
get out of debt 빚을 갚다
generous a. 후한, 너그러운
rely on ~에 의지(의존)하다, ~을 필요로 하다
charity n. 자선, 너그러움, 관용
undermine v. 약화시키다
reinstate v. (직책 등 에로) 복귀시키다
withdraw v. (뒤로) 물러나다, 철수하다
summon v. 소환하다, 호출하다

11. (c)

[해석] A: 너 정부가 주택 마련을 위해 무주택자에게 대금을 지불
해서는 안 된다고 말하고 있는 거야?
B: 아니, 내 생각은 정부가 일부 사람들의 주택 공급만 보조
해야 하는 건 아니라고 말하려는 거야.

[해설] B는 정부가 무주택자의 주택 마련에 자금 혜택을 주는 것
(paying for homeless people to get new houses)은 불균
형적인 분배라는 의견을 피력하고 있다. 따라서 '정부가 주
택 공급에 자금 혜택, 즉 보조금을 줘야 한다'는 내용이 되는
것이 자연스럽다. 따라서 '보조금을 주다'의 의미를 지닌 동
사 (c) subsidize가 적절하다.

[어휘] **homeless** a. 집 없는
housing n. 주택 (공급)
intervene v. 개입하다, 끼어들다, 가로막다
mediate v. (해결책을 찾기 위해) 중재하다
subsidize v. 보조금을 주다
infiltrate v. 잠입하다, 침투하다

12. (d)

[해석] A: 다음 후보는 Carol Johnson씨 입니다. 이 분을 우리
학회 프로그램에 받아들여야 할까요?
B: 자료에서 보면 그녀는 장애 아동들과의 공로로 인정받으
셨기에, 제 생각에는 협회에 좋은 인재가 되리라 봅니다.

[해설] 업무에 있어 공로를 인정받은 한 후보자에 대해 이야기 하
고 있다. 따라서 빈칸에는 '칭찬받은, 인정된'의 의미가 있는
(d) commended가 적절하다.

[어휘] **file** n. (파일에 보관된) 정보
disabled children 장애 아동
asset n. 이점, 강점, 자산(이 되는 사람)
institution n. 기관, 단체, 협회
encompass v. 포함(망라)하다, 아우르다
relegate v. 격하(좌천)시키다
attribute v. (~을 ~의) 결과로(덕분으로) 보다, ~에 기인하다
commend v. (특히 공개적으로) 칭찬하다, 추천하다

13. (a)

[해석] A: 이거 통상적인 교통위반 벌금 치고는 유난히 높은 것 같
은데요.
B: 원래는 속도위반으로 차를 세우게 됐는데, 기간이 지난
운전면허증을 소지한 것에 대해 경찰관이 딱지를 끊었어
요.

[해설] 일반적인 교통위반 벌금치고 금액이 높게 청구된 이유는 기
간이 만료된 운전면허증 소지 위반(for not having a valid
driver's license)까지 더해졌기 때문이라고 설명하고 있다.
따라서 빈칸에는 보기 중 '(교통위반에 대해) 혐의를 묻다,
딱지를 끊다'의 뜻을 갖는 동사 cite의 과거형 (a) cited가 적
절하다.

[어휘] **fine** n. 벌금
routine a. 일상의, 보통의
traffic violation 교통위반
speeding n. (차량의) 속도 위반
cite A for B A에게 B에 대하여 소환하다, 딱지를 끊다
valid a. 유효한, 정당한
driver's license 운전면허증
expel v. 퇴학시키다, (국외로) 추방하다
fire v. (총을) 발사하다, 해고하다
sentence v. (형을) 선고하다

14. (c)

[해석] 경찰 당국은 창가에 모욕적인 구호를 칠하며 시청을 훼손시
킨 기물 훼손자들을 찾는데 혈안이 되어 있다.

[해설] 경찰이 시청에 모욕적인 구호를 칠해 시청의 이미지와 외관
을 훼손한 일당을 찾고 있다는 내용이다. 따라서 빈칸에는 '외
관을 훼손하다' 라는 의미의 동사 (c) defaced가 적절하다.

[어휘] **the police** n. [pl.] 경찰
vandal n. 공공 기물 파손자
City Hall 시청, 시 당국
offensive a. 모욕적인, 불쾌한

slogan n. 구호, 슬로건
impair v. 손상시키다, 악화시키다
assault v. 폭행하다, 괴롭히다
deface v. (외관을) 훼손하다

15. (b)

[해석] 그 시 검사들은 전(前) 시장의 절친한 친구들이었음에도, 불법자금 거래로 그를 기소해야 한다고 결정했다.

[해설] 지문은 그 검사들이 개인적으로 친분이 있음에도 불법자금 거래 혐의가 있는 전(前) 시장을 '기소시켜야 한다'고 결정을 내렸다는 내용이다. 따라서 빈칸에는 '기소하다, 고발하다'는 의미의 동사 (b) prosecute가 적절하다.

[어휘] **attorney** n. 변호사, 법률 대리인
city attorney 시 검사[찰]
mayor n. 시장
emancipate v. (제약에서) 해방시키다
prosecute v. 기소하다, 소추하다
authorize v. 재가하다, 인가하다
deliver v. 배달하다, 인계하다

16. (d)

[해석] 그 사장은 일하면서 전 직원들의 사무책상을 볼 수 있도록 그의 책상을 안성맞춤으로 배치하였습니다.

[해설] 사장이 근무 중에 전 직원들의 업무를 볼 수 있게(so he can see the desks of all of his employees while he is working) 자신의 책상을 배치해 두었다는 내용으로, 빈칸에는 '놓여져 있다'는 의미의 (d) situated가 적절하다.

[어휘] **advantageously** adv. 유리하게, 안성맞춤으로
present v. 제시하다, 나타내다
concentrate v. 모으다, 집중시키다
initiate v. 착수시키다, 접하게 하다
situate v. 두다, 위치시키다

17. (a)

[해석] Harold는 한차례씩 여러 달 동안 가족을 떠나 멀리 배치되어 있는 게 어려워 군대를 퇴역했다.

[해설] Harold가 퇴역했던 이유는 가족을 등지고 멀리 떠나 몇 달씩 주둔해 있는 게 힘들었기 때문이라고 설명하고 있다. 따라서 빈칸에는 '(일정기간 동안) 군인 및 공무원의 신분으로 특정 지역에 파견되어 복무하다' 는 의미를 갖는 (a) stationed가 적절하다.

[어휘] **leave the army** 제대하다, 퇴역하다
find it difficult to do ~하기가 곤란하다
at a time 한 번에
station v. (특히 군인을) 배치하다, 주둔시키다
center v. 중심을 두다, 집중시키다
detail v. (특히 군인에게) 특별 임무를 부여하다
reserve v. (판단, 자리 등을) 보류하다

18. (c)

[해석] 정치 집회에서, 그 출마자의 지지자들은 인상적인 그녀의 직무능력을 약술하는 팜플릿을 돌렸다.

[해설] 빈칸에는 '문서의 사본을 일군의 집단에 돌리다, 배부하다'의 동사가 들어가는 것이 자연스럽다. 따라서 정답은 (c) circulated가 된다.

[어휘] **political** a. 정치와 관련된, 정당의
rally n. 집회[대회]
candidate n. (선거의) 입후보자
pamphlet n. 팜플릿
qualification n. 자격, 능력
outline v. 약술하다
instigate v. 실시하게 하다, 선동하다
advance v. 증진되다, 진행시키다
circulate v. 유포하다, 돌리다
transport v. 수송하다, 이동시키다

Review TEST

1. [discussed] 이사진에서는 그 점을 논의했지만, 아직 표결에 붙이지는 않았습니다.

2. [expire] 고객님, 본 클럽 회원자격이 곧 만기되려는 것을 아셨는지요?

3. [collapsed] 지난번 값싼 목재를 썼을 때, 두달 후에 그 건물이 무너졌어요. 이 목재가 훨씬 더 단단해요.

4. [redeem] 제 복권 티켓을 상품으로 바꾸려고 하는데요. 두 번째 추첨에서 당첨되었거든요.

5. [warrants] 가방을 잃어버린 게 그렇게 심한 벌이 합당하다는 생각이 들지 않아요. 아이에게 새 가방을 사주고 나중에 갚을 수 있도록 하는 게 좋겠어요.

6. [quit] 제가 끊으려고 했을 때, 이쑤시개를 씹는 게 도움이 되더라고요.

7. [question] 지극히 정상적인 겁니다. 제 학생들 중 다수가 존재의 목적에 대해 의문을 갖기 시작하죠.

8. [draft] Sylvia, 내가 이 편지 초안 작성하는 거 좀 도와줄 수 있어? 뭐라고 해야 할지 정하느라 애를 먹고 있거든.

9. [impeding] 악천후가 작업진행을 지연시키고 있었지만, 어제 비가 멈춰서 일을 다시 재개했어요.

10. [withdraw] 당신이 감사할 줄 모른다면, 당신의 빚 갚는 걸 도와줄 내 관대한 제안을 취소할 겁니다.

11. [subsidize] 아니, 내 생각은 정부가 일부 사람들의 주택 공급만 보조해야 하는 건 아니라고 말하려는 거야.

12. [commended] 자료에서 보면 그녀는 장애 아동들과의 공로로 인정받으셨기에, 제 생각에는 협회에 좋은 인재가 되리라 봅니다.

13. [prosecute] 그 시 검사들은 전(前) 시장의 절친한 친구들이었음에도, 불법자금 거래로 그를 기소해야 한다고 결정했다.

14. [situated] 그 사장은 일하면서 전 직원들의 사무책상을 볼 수 있도록 그의 책상을 안성맞춤으로 배치하였습니다.

15. **[stationed]** Harold는 한차례씩 여러 달 동안 가족을 떠나 멀리 배치되어 있는 게 어려워 군대를 퇴역했다.

16. **[circulated]** 정치 집회에서, 그 출마자의 지지자들은 인상적인 그녀의 직무능력을 약술하는 팜플릿을 돌렸다.

Check Up 1

1. [정답] salvaged

[해석] 소방관들이 화재가 난 집에서 사람들을 구조했다.

[어휘] **salvage** v. 구조(인양)하다, 지키다(회복하다)
capture v. 포획하다, 잡다

2. [정답] depicted

[해석] 보석으로 풀려난 뒤에 그들은 교도소의 환경은 마치 "생지옥"과 같다고 묘사했다.

[어휘] **depict** v. 묘사하다, 그리다
narrate v. 이야기를 하다(들려주다)

3. [정답] evaporated

[해석] 물은 태양에 의해 증발한다.

[어휘] **evaporate** v. 증발하다, 사라지다
saturate v. 포화시키다, 포화상태를 만들다

4. [정답] expelled

[해석] 정부는 마침내 시위 참가자들을 도시에서 쫓아냈다.

[어휘] **expel** v. 퇴학시키다, 쫓아내다
deport v. (보통 범법자, 불법 체류자 등을 국외로) 강제 추방하다

Check Up 2

1. [정답] confiscated

[해석] 전쟁이 끝나면 그들의 토지는 몰수당할 것이다.

[어휘] **confiscate** v. 몰수(압수)하다
terminate v. 끝내다, 종료하다

2. [정답] proclaimed

[해석] 대통령은 어제 국가 비상사태를 선포했다.

[어휘] **proclaim** v. 선언(선포)하다, 분명히 보여주다
consent v. 동의(허락)하다

3. [정답] disregarded

[해석] 그녀는 엄마의 조언을 완전히 무시했다.

[어휘] **disregard** v. 무시(묵살)하다
eliminate v. 포화시키다, 없애다, 제거(삭제)하다

4. [정답] resuscitated

[해석] 그녀는 인공호흡을 받고 되살아났다.

[어휘] **resuscitate** v. 소생시키다

compensate v. 보상하다, 보상금을 주다

Practice Test

01. (d)	02. (a)	03. (c)	04. (a)	05. (d)
06. (d)	07. (c)	08. (c)	09. (b)	10. (c)
11. (b)	12. (d)	13. (b)	14. (a)	15. (c)
16. (a)	17. (a)			

01. (d)

[해석] A: 나는 아들이 혼자 집에 있게 하고 싶지만, 제멋대로 하게 혼자 놔두면 무엇을 할지 걱정되네요.
B: 아마 기다리는 게 현명할 거예요. 지난번 목욕물 끄는걸 잊어 복도에 물난리 난거 기억하죠?

[해설] A는 아들을 혼자 놔두고 싶지만 걱정스러워 그렇게 하지 못하고 있다. to one's own devices는 동사 leave와 함께 쓰여 '~를 혼자 내버려 두다, 제멋대로 하게 하다'라는 표현이 된다. 따라서 (d) left가 적절하다.

[어휘] **device** n. 기구, 장치
leave A into A's own devices A를 제멋대로 하게 하다
flood v. 물에 잠기게 하다

02. (a)

[해석] A: 아빠, 화내실 거예요. 제가 다른 학생과 싸워서 학교에서 정학되었어요.
B: 뭐라고 해야 할지 모르겠구나, 아들아. 너무 충격적 이어서 말문이 막히는구나.

[해설] 아들이 학교에서 다른 학생과 싸워 정학당했다는 소식에 아버지는 할말을 잃은 상태이다. '말문이 막히다'라는 표현은 동사 fail을 써서 Words fail me라고 한다. 따라서 (a) fail이 적절하다.

[어휘] **suspend** v. 정학시키다, 유예하다

03. (c)

[해석] A: 네가 최근에 스트레스를 많이 받는다는 걸 알고 기분 좋게 해 줄려고 네가 좋아하는 초콜릿 좀 사왔어.
B: 고마워! 약간 우울했지만 이 초콜릿이 날 즐겁게 하네.

[해설] 스트레스를 받는 B를 위해 A가 초콜릿을 주는 상황이다. 따라서 '밝아지다'라는 의미의 (c) brighten이 적절하다.

[어휘] **cheer up** 기분을 북돋다
depressed a. 우울한
regulate v. 규제하다, 단속하다
preserve v. 보존하다, 지키다
brighten v. 밝게 하다

convert v. 전환시키다, 개조하다

04. (a)

[해석] Charitable Society는 재능이 뛰어난 세계적인 음악가들이 특별히 참여하는 자선모금 콘서트를 개최하고 있습니다.

[해설] 한 자선 단체가 개최하는 자선모금 콘서트에 재능 있는 음악가들을 '특별 볼거리로 삼는다, 특별히 포함한다'는 의미이다. 따라서 빈칸에는 동사 feature의 분사형태 (a) featuring이 적절하다.

[어휘] **hold** v. 열다, 개최하다
fundraising a. 모금 활동의, 자금 조달의
feature v. 특별히 포함하다, 특징으로 삼다
regarding adv. ~에 관하여[대하여]
allow v. 허락하다, 용납하다
occupy v. 차지하다, 맡다

05. (d)

[해석] 다행히, 화염에 싸인 버스에서 승객들은 모두 안전하게 대피했는데, 수하물들은 어느 것도 사고 차량에서 구조되지 못했다.

[해설] 다행히 인재사고는 없었지만 화물은 모두 화염에 소실되었다는 내용이다. 따라서 빈칸에는 수동태(be+p.p) 형태로 '사고로부터 ~가 구조되다'의 (d) salvaged가 적절하다.

[어휘] **escape** v. 달아나다, 탈출하다
luggage n. (여행용) 짐, 수하물
wreck n. (심하게 부서진) 사고 자동차나 비행기
achieve v. 달성하다, 성취하다
realize v. 깨닫다, 인식하다
capture v. 포획하다, 함락시키다
salvage v. 구조하다

06. (d)

[해석] Barbara는 그 집을 산 후에, 지붕을 바로 수리해야 했었다는 사실을 이전 집주인이 알리는데 실패했다는 것을 알아챘다.

[해설] 이전 집주인이 지붕수리를 바로 해야 했던 사실을 알지 못했다는 것을 알게 되었다는 내용이다. 따라서 빈칸에 알맞은 동사는 (d) disclose이다.

[어휘] **previous** a. 이전[전]의
immediate a. 즉각적인
depict v. 그리다, 묘사하다
instruct v. 지시하다, 가르치다
narrate v. 이야기를 하다[들려주다]
disclose v. 밝히다[폭로하다], 드러내다

07. (c)

[해석] Charlie는 부엌에 새로 칠한 도색에 대해 아무말 하지 않았지만, 마음에 들어하지 않는다는 게 표정에 드러났다.

[해설] 마음 속에 든 감정이나 생각을 말로는 하지 않았지만 은연중 표정에서 들어났다는 의미에서, 빈칸에는 (c) implied가

적절하다.

[어휘] **facial expression** 얼굴의 표정
conceal v. 감추다, 숨기다
encourage v. 격려하다, 용기를 북돋우다
imply v. 넌지시 나타내다, 은연중에 비치다
accept v. 받아들이다, 수락하다

08. (c)

[해석] 그 영화 제작자의 모친은 아들이 영화에서 자신을 자식들에게 절대로 애정을 보이지 않았던 잔인한 폭군으로 묘사한 것을 절대 용서하지 않았다.

[해설] 영화 제작자인 아들이 작품에서 자신을 잔인하게 묘사한 것을 용서하지 않았다는 의미이다. 따라서 빈칸에는 '(작품 등에서 인물을) 그리다, 묘사하다'는 의미를 지닌 동사 depict가 적절하다.

[어휘] **filmmaker** n. 영화 제작자, 영화 회사
forgive A for B A가 B한 것을 용서하다
cruel a. 잔혹한, 잔인한
tyrant n. 폭군, 독재자
inflict v. 가하다, 안기다
convict v. 유죄를 선고하다, 유죄 판결을 내리다
depict v. 묘사하다[그리다]
evict v. 쫓아내다, 퇴거시키다

09. (b)

[해석] 도서관 침입을 계획했던 학생은 퇴학당했지만, 연루되었던 다른 학생들은 정학만 당했다.

[해설] 도서관 침입 계획을 한 학생은 퇴학 당했지만 나머지 연루된 학생들은 정학처리만 받게 되었다는 내용이다. '~에서 추방 당하다 또는 쫓겨났다'의 뜻이 있는 보기 중 '(학교에서) 퇴학 당하다'의 의미로 쓰일 수 있는 동사는 (b) expelled이다. '살던 곳, 직위 등'에서 물러나거나 쫓겨나는 경우 (be) displaced가 쓰이고, '~에서 퇴출당하다' 등을 의미할 때는 (be) ejected, '국외로 추방 당하다'는 의미로 사용될 때는 (be) deported가 쓰인다.

[어휘] **organize** v. 조직[편제]하다, 계획[준비]하다
break-in n. 침입, 시연
involve v. 관계[관련]시키다
be suspended (from school) 정학을 당하다
deport v. 강제 추방하다
expel v. 퇴학시키다, 축출[제명]하다
displace v. 대신[대체]하다, 쫓아내다
eject v. 쫓아내다, 내쫓다

10. (c)

[해석] 그 평론가는 전쟁영화에서 그 배우가 전쟁에 있는 한 군인의 내적 혼란을 정확히 담아내는 것에 감명을 받았다.

[해설] 전쟁에 있는 군인의 내적 혼란상태를 연기자가 정확히, 사실적으로 표현했다는 의미이다. 따라서 빈칸에는 '감정이나 분위기 등을 정확히 포착하다'의 뜻인 (c) captured가 적절

하다.

[어휘] **reviewer** n. 평론가, 비평가, 검열자

accurately adv. 정확히, 틀림없이

inner a. 내부의, 중심부 가까이의

turmoil n. 혼란, 소란

battlefield n. 싸움터, 전장

secure v. (특히 힘들게) 얻어 내다, 획득하다

determine v. 알아내다, 밝히다, 결정하다

capture v. (감정, 분위기 등을) 정확히 포착하다, 담아내다

arrest v. 체포하다, 막다

11. (b)

[해석] 어떤 확실한 계획도 확인해주거나 부정함이 없이, 그 시장은 새로운 법안이 시의회에서 논의되고 있었다는 것을 알렸다.

[해설] 시장은 확실한 방안에 대한 "구체적인 언급 없이" 시의회의 새 법안 논의 사실만을 공개했다는 내용으로, 빈칸에는 '사실임을 확인해주다'는 의미의 동사 (b) confirming이 적절하다. (a) represent가 '대신하다, 변호하다'는 의미로 쓰일 때는, 사람이나 단체 등을 목적어로 취하므로 답이 될 수 없다.

[어휘] **deny** v. 부인[부정]하다

definite a. 확실한, 확고한, 분명한

legislation n. 제정 법, 법률의 제정, 법안

city council 시의회

represent v. 대표[대신]하다, 보여주다

confirm v. 사실임을 보여주다[확인해 주다]

mandate v. 명령[지시]하다, (위원회에) 권한을 주다

dispatch v. 보내다, 파견하다

12. (d)

[해석] 뉴스에서 그 기상 전문가는 어떻게 물이 지면에서 증발하여 구름을 만든 다음, 비가 되어 다시 지면으로 되돌아오는지에 관한 특별 프로그램을 아이들을 위해 진행했다.

[해설] 기상 전문가는 물의 순환에 관한 특별 프로그램을 진행했다는 내용이다. 따라서 빈칸에는 물이 '증발하다'의 의미를 지닌 동사 (d) evaporates가 적절하다.

[어휘] **on the news** 뉴스에서, 뉴스를 통해

earth n. 지구, 땅, 세상

present v. (텔레비전 프로를) 진행하다, 공연[방송]하다

moisturize v. 촉촉하게 하다, 수분을 제공하다

saturate v. 흠뻑 적시다, 포화 상태를 만들다

irrigate v. 물을 대다, 관개하다

evaporate v. 증발하다[시키다]

13. (b)

[해석] 한 직원이 자신의 동료를 가위로 해치려 위협했던 이후로, 사무장은 건물 내 날카로운 물건을 모두 압수했다.

[해설] 사무장은 재발 및 유사한 사고를 미연에 방지하고자 취한 조처로써 건물 전체에서 날카로운 물건을 모두 압수했다는

내용이다. 따라서 보기 중 (b) confiscated가 적절하다. (c) sabotage는 고의성을 가지고 타인의 공공 재산이나 시설을 파괴하거나 흐름을 방해하는 행위를 하는 것을 말하고, (a) demolish는 건물 등을 파괴하거나 타인의 주장이나 이론이 틀렸음을 입증하는 것을 의미한다.

[어휘] **threaten** v. 위협[협박]하다

coworker n. 같이 일하는 사람, 동료

office manager 사무장

demolish v. (건물을) 철거하다, 무너뜨리다

confiscate v. 몰수[압수]하다

sabotage v. (특히 고의적으로) 방해하다, 파괴하다

terminate v. 끝내다, 종료하다

14. (a)

[해석] Henry는 거의 치명적이던 심장마비를 일으킨 후 그를 소생시켰던 응급차 운전사 덕분에 목숨을 건졌다.

[해설] 발작을 일으킨 심장마비 환자를 다뤄야 하는 급박한 상황에서, 응급차 운전사가 취했던 남다른 처치로 인해 목숨을 건질 수 있었다는 내용이다. 따라서 '(인공호흡법 등으로) 소생시키다, 기운을 차리게 하다'의 의미의 동사 (a) resuscitated가 적절하다. (c) deliver는 응급차 운전사의 책무이지 남다른 응급대처 조치로 보기 어렵기 때문에 답이 될 수 없다.

[어휘] **owe A to B** A를 B에게 빚지다

ambulance n. 구급차

fatal a. 죽음을 초래하는, 치명적인

heart attack 심근 경색, 심장마비

resuscitate v. (인공호흡법 등으로) 소생시키다

liberate v. 해방시키다, 자유롭게 해주다

deliver v. (편지 등을) 배달하다, (사람을) 데리고 가다

compensate v. 보상하다, 보상금을 주다

15. (c)

[해석] 시위대의 지도자는 일어나 평화와 정의를 위해 싸우다 죽음도 불사하겠노라고 선언했다.

[해설] that 이하는 빈칸 동사의 목적절로, '기꺼이 목숨까지 바치겠다'고 대중을 향해 자신의 뜻을 밝혔다는 내용이다. 따라서 (c) proclaimed가 의미상 빈칸에 가장 적절하다.

[어휘] **protest** n. 항의 (운동), 시위

be willing to ~도 불사하다, 기꺼이 ~하다

consent v. 동의[허락]하다

induce v. 설득하다, 유도하다

proclaim v. 선언하다, 분명히 보여주다

endorse v. (공개적으로) 지지하다, 보증하다

16. (a)

[해석] Herman은 여권 없이 통과시켜 달라고 경비원들을 매수하려 했기 때문에 국경에서 체포되었다.

[해설] Herman은 여권 없이 국경을 넘으려고 국경 경비원들을 매수하려고 시도하려다 체포되었다는 내용이다. 따라서 빈칸

에는 보기 중 '뇌물을 주다, 매수하다'라는 뜻을 지니는 동사 (a) bribe가 가장 적절하다.

[어휘] **arrest** v. 체포하다, 검거[구속]하다
let through 통과시키다, (과오 등을) 눈감아 주다
passport n. 여권, 통행증
bribe v. 뇌물을 주다, 매수하다
convert v. 전환시키다, 개조하다
settle v. 해결하다, 합의를 보다, 정착하다

17. (a)

[해석] 그 집이 무너졌을 때, 그 건축업자는 자신이 사장의 조언을 받아들여 버팀목을 강화했었더라면 좋았을 것이라고 생각했다.

[해설] 집이 무너지자 사장의 조언을 받아들이지 않았던 것을 후회했다는 내용이다. 사장의 조언이 '버팀목을 보강하자'는 것이었음을 알 수 있다. 따라서 빈칸에는 '강화하다, 보강하다'의 의미인 (a) reinforced가 적절하다.

[어휘] **collapse** v. 붕괴되다, 무너지다
builder n. 건축업자, 건축 회사
supporting beam 버팀목
reinforce v. 강화하다, 보강하다
develop v. 개발하다, 성장하다
establish v. 설립하다, 수립하다
heighten v. 고조되다

Review TEST

1. **[featuring]** Charitable Society는 재능이 뛰어난 세계적인 음악가들이 특별히 참여하는 자선모금 콘서트를 개최하고 있습니다.

2. **[salvaged]** 다행이도, 화염에 싸인 버스에서 승객들은 모두 안전하게 대피했는데, 수하물들은 어느 것도 사고 차량에서 구조되지 못했다.

3. **[disclose]** Barbara는 그 집을 산 후에, 지붕을 바로 수리해야 했다는 사실을 이전 주인에게 알리는데 실패했다는 것을 알아챘다.

4. **[implied]** Charlie는 부엌에 새로 칠한 도색에 대해 아무 말 하지 않았지만, 마음에 들어하지 않는다는 게 표정에 드러났다.

5. **[depicting]** 그 영화 제작자의 모친은 아들이 영화에서 자신을 자식들에게 절대로 애정을 보이지 않았던 잔인한 폭군으로 묘사한 것을 용서하지 않았다.

6. **[expelled]** 도서관 침입을 계획했던 학생은 퇴학당했지만, 연루되었던 다른 학생들은 정학만 당했다.

7. **[captured]** 그 평론가는 전쟁영화에서 그 배우가 전장에 있는 한 군인의 내적 혼란을 정확히 담아내는 것에 감명을 받았다.

8. **[confirming]** 어떤 확실한 계획도 확인해주거나 부정함이 없이, 그 시장은 새로운 법안이 시의회에서 논의되고 있

었다는 것을 알렸다.

9. **[evaporates]** 뉴스에서 그 기상 전문가는 어떻게 물이 지면에서 증발하여 구름을 만든 다음, 비가 되어 다시 지면으로 되돌아오는지에 관한 특별 프로그램을 아이들을 위해 진행했다.

10. **[confiscated]** 한 직원이 자신의 동료를 가위로 해치려 위협했던 이후로, 사무장은 건물 내 날카로운 물건을 모두 압수했다.

11. **[resuscitated]** Henry는 거의 치명적이었던 심장마비를 일으킨 후 그를 소생시켰던 응급차 운전사 덕분에 목숨을 건졌다.

12. **[proclaimed]** 시위대의 지도자는 일어나 평화와 정의를 위해 싸우다 죽음도 불사하겠노라고 선언했다.

13. **[bribe]** Herman은 여권 없이 통과시켜 달라고 경비원들을 매수하려 했기 때문에 국경에서 체포되었다.

14. **[reinforced]** 그 집이 무너졌을 때, 그 건축업자는 자신이 사장의 조언을 받아들여 버팀목을 강화했었더라면 좋았을 거라고 생각했다.

15. **[left]** 나는 아들이 혼자 집에 있게 하고 싶지만, 제멋대로 하게 혼자 놔두면 무엇을 할지 걱정된다.

16. **[fail]** 뭐라고 해야 할지 모르겠구나, 아들아. 너무 충격적이어서 말문이 막히는구나.

17. **[brighten]** 고마워! 약간 우울했지만 이 초콜릿이 날 즐겁게 하네.

18. **[disregard]** 당신 말씀이 맞습니다. 그저 그편지를 신경쓰지 마세요. 비용 지불전에 발송된게 분명합니다.

Check Up 1

1. [정답] novice

[해석] 난 잘 가르치지는 못하지만 완전한 초보자도 아니야.

2. [정답] dimension

[해석] 더 흥미로운 것은 4차원에서 일어나는 일이에요.

[어휘] **dimension** n. 크기, 치수, 차원
inspection n. 사찰(순시), 점검

3. [정답] obstacles

[해석] 연구원들은 장애요소들에도 불구하고 그들의 연구를 계속했다.

[어휘] **obstacle** n. 장애, 장애물
segment n. 부분

4. [정답] proceeds

[해석] 수익금의 일부는 불우한 아동들을 돕기위해 기부되었다.

[어휘] **proceeds** n. 수익금
savings n. 저축한 돈, 저금, 예금

Check Up 2

1. [정답] significance

[해석] 그 신약은 그 질병을 치료하는데 대단한 중요성을 갖는다.

[어휘] **significance** n. 중요성, 의의, 의미
intelligence n. 지능

2. [정답] patronage

[해석] 우리에게 있어서 소비자들의 지속적인 후원은 중요하다.

[어휘] **patronage** n. 보호, 후원
friendship n. 교우관계, 친선, 우정

3. [정답] intention

[해석] 많은 국가들이 타국을 침입할 의도를 가지고 있지는 않다.

[어휘] **intention** n. 의사, 의도, 목적
resolution n. 결의안, (굳은) 다짐[결심]

4. [정답] harm

[해석] 소량의 술이나 담배는 해롭지 않을 것이다.

[어휘] **harm** n. 피해, 손해

fuss n. 호들갑, 법석, 야단

Practice Test

01. (b)	02. (b)	03. (b)	04. (a)	05. (b)
06. (a)	07. (a)	08. (a)	09. (b)	10. (d)
11. (d)	12. (a)	13. (c)	14. (b)	15. (b)
16. (a)	17. (c)	18. (a)	19. (a)	20. (a)
21. (d)	22. (b)			

01. (b)

[해석] A: Rachel은 다른 음악가들이 무척 노련하기 때문에 자기는 그 밴드에서 탈퇴할지 모른다고 말해요.

B: 난 그녀가 계속했으면 좋겠는걸. 조금 뒤처지는지는 모르지만, 가능성이 많아요.

[해설] B는 Rachel이 노련한 음악가들에 비해 지금은 뒤서고 있을지 모르지만(She may be a little behind), 잠재력이 있다고 하는 것이 자연스럽다. 따라서 빈칸에는 보기 중 (b) promise가 가장 적절하다.

[어휘] **stick with** ~의 곁에 머물다, ~을 계속하다
be behind 뒤처지다, 뒤서다
promise n. 가능성, 장래성
consent n. 동의, 허락
warrant n. 근거, 이유, 보증서, 영장
bargain n. 합의, 흥정

02. (b)

[해석] A: 체스 두는 법을 배우셨다는데 아주 감동했어요. 저라면 그 규칙들을 절대로 다 외우지 못했을 거예요.

B: 전 지금 그저 초보자일 뿐인데요. 충분히 연습하면, 언젠가 시합에 참가할 수 있을지도 모르죠.

[해설] B에서 '연습을 충분히 하면 훗날 체스시합에서 겨룰 수 있게 될지도 모르겠다(with enough practice, I might be able to compete someday)'라고 이야기하고 있다. 따라서 빈칸에는 현재는 실력이 그만 못한 초보라는 의미로 (b) novice가 문맥상 가장 적절하다.

[어휘] **be impressed that** ~에 감동하다, 깊은 감명을 받다
compete v. (시합 등에) 참가하다, 경쟁하다
substitute n. 교체 선수, 대리자
novice n. 초보자
regular n. 고정 선수, 고정 고객
expert n. 전문가

03. (b)

[해석] A: 저희 가족은 교외로 이사한 이후에 훨씬 더 행복해하고
있어요. 집에 커다란 뒤뜰도 딸려 있거든요.

B: 저도 그렇게 하는 걸 고려해 봤는데요, 그렇게 되면 매일
도시로 오가게 되는 통근거리가 대단히 멀어질 거예요.

[해설] 이사로 인해 공간적 여유로움을 즐기게 된 A가 어떤 지역
으로 이사한 것인지 묻는 문제이다. B는 도시 일터와의 거
리가 멀어져서 자신은 이사를 망설였다고 이야기하고 있다.
따라서 빈칸에는 도시에서 벗어나 있는 '근교' 혹은 '도시 인
근 주거지'를 의미하는 (b) suburbs가 적절하다.

[어휘] **commute** n. 통근 (거리)

capital n. 수도

suburb n. 교외

neighborhood n. 근처, 인근, 이웃

territory n. 지역, 영토

04. (a)

[해석] A: 그 대학은 수영장과 더 큰 락커룸을 갖춘 새 체육관을 짓
고 있다고 들었어요.

B: 학교는 도서관의 재정지원이 줄어들 거라고도 방금 발표
했어요. 어떻게 운동 경기를 위한 자금은 충분한데, 교육
에 투자 할 자금은 부족한 건지 이해가 안되네요.

[해설] 체육 시설은 증설하면서 도서관 재정을 줄이는 대학의 행태
가 이해가 되지 않는다는 내용이다. 따라서 빈칸에는 교육
과 무관한, 체육 시설 증설과 관련된 명사인 (a) athletics가
들어가야 한다.

[어휘] **announce** v. 발표[공표]하다, 공고하다

funding n. 자금 제공, 재정 지원

athletics n. (각종의) 운동 경기, 스포츠

practice n. 연습, 관행

vocation n. 직업, 소명

academic n. 학과[학문], 교수(진)

05. (b)

[해석] A: 축하 드려요! 부인께서 쌍둥이를 임신하셨다고 들었어요.
복이 많으시네요.

B: 설레기는 하는데, 걱정이 좀 되기도 해요. 한 사람 수입
으로 대가족을 부양할 방도가 있길 그저 바라고 있어요.

[해설] 빈칸에는 '가정을 부양할 방도가 있길 막연히 바라고 있다'
는 의미가 되어야 자연스럽다. 따라서 보기 중 방도, 방법을
뜻하는 명사 (b) means가 적절하다.

[어휘] **support** v. 부양하다, 돈을 대다

income n. 수입, 소득

trial n. 속임수, 재판, 공판

means n. [pl.] 수단, 방법, 방도

trick n. 비결, 요령

plan n. 계략, 방법, 계획

06. (a)

[해석] A: 이 소파는 우리 새 집에 두면 멋있어 보일 듯 한데. 우리

이거 사야 할까?

B: 혹시 모르니까 사기 전에 거실 크기를 확인하는 게 좋겠
어. 그래야 그게 잘 맞을지 알 수 있잖아.

[해설] B의 응답에서, 구매 전에 가구가 새 집 거실에 잘 들어맞는
지 알 수 있게 새 집 거실의 크기나 구도 등을 점검하고자 한
다는 것을 유추할 수 있다. 따라서 보기의 명사들 중 문맥상
빈칸에 적절한 것은 (a) dimensions다.

[어휘] **couch** n. 긴 의자, 소파

fit v. ~에 (알)맞다, 꼭 맞다

dimension n. (공간의) 크기, 치수

extension n. 확대, 증축한 방

assessment n. 평가 (행위), 측정

inspection n. 사찰, 점검

07. (a)

[해석] A: 다들 제 어머님께 경의를 표하러 친히 와주셔서 정말 좋
군요. 어머니께서는 생전에 많은 이들에게 영향을 주셨
어요.

B: 그래요, 그리고 예배하는 동안 설교자님께서 전하신 모
친에 대한 아름다운 말씀이 몇 가지 있었어요.

[해설] A가 모친상에 조의를 표하러 온 조문객과 이야기를 나누는
상황이다. B는 A에게 설교자가 들려준 고인에 대한 미담이
있었다고 전하는 내용이다. 성직자 등이 이끄는 종교적인
의식이나 예배를 (a) service라고 한다. 따라서 (a)가 정답
이다.

[어휘] **show respect for** ~에게 경의를 표하다

influence v. 영향을 주다, 미치다

preacher n. 전도사, 설교가

service n. (종교적인) 의식, 예배

display n. 전시, 진열

inspection n. 사찰, 점검

course n. 강의, 강좌

08. (a)

[해석] A: 나 대출한 책이 2주나 연체 되어서 이 책들을 도서관에
반납해야 해.

B: 오 저런. 도서관에서는 아마 연체료를 내기 전에는 대여
를 더 이상 안 해줄 거야.

[해설] A는 도서대출 기한을 2주 넘겨 연체료를 납부해야 할 상황
임을 알 수 있다. 도서 대출 등의 반납 기한을 넘겨 체불이
된(unpaid) 경우, (a) overdue를 사용한다.

[어휘] **fine** n. 벌금

overdue a. 늦은, (반납 등의) 기한이 지난

subsequent a. 그 다음의, 차후의

punctual a. 시간을 지키는, 엄수하는

belated a. 늦은, 뒤늦은

09. (b)

[해석] A: 너 집에서 뭐하고 있니? 오늘 일자리 알아보러 외출하는
줄 알았는데.

B: 난 취직 못 할거야. 경험 부족과 내 제한적인 시간으로
는, 앞 길에 장애물이 정말 너무 많아.

[해설] B는 현재 경력도 부족하고 시간도 없기 때문에 진로 문제
를 해결하는데 어려움이 크다고 이야기하고 있다. 따라서
빈칸에는 '진로에 많은 난제, 걸림돌이 있다'는 의미의 (b)
obstacles가 들어가야 한다.

[어휘] **lack** n. 부족, 결핍
limited a. 제한된, 아주 많지는 않은
extension n. 확대, 연장
obstacle n. 장애(물), 걸림돌
division n. 분열, 분배
segment n. 부분, 단편

10. (d)

[해석] A: 은행엔 왜 들르는 거에요? 할머니 댁으로 가는줄 알았는
데요.
B: 가고 있어, 근데 River Street 다리에 있는 통행료를 내려
면 현금이 좀 필요하거든.

[해설] 교량이나 도로를 이용하는데 지불하는 통행료는 toll이므로,
(d)가 적절하다. 통행료를 내는 유료 교량을 'toll bridge,'
유료 일반도로를 'toll road,' 유료 고속도로를 'turnpike'라
고 한다. 또한 통행료를 따로 받지 않는 고속도로는 'a toll-
free highway'라고 한다.

[어휘] **cash** n. 현금, 현찰
rate n. 속도, 요금
toll n. 통행료, 사상자 수

11. (d)

[해석] A: 저의 잦은 두통이 뇌 종양 증상이 아닐까 걱정돼요.
B: 두통은 여러 요인에 의해서 발생될 수 있어요. 스스로 억
측하지 말고 의사에게 가보세요.

[해설] A는 잦은 두통으로 뇌종양을 의심하고 있는 상황이다.
따라서 빈칸에는 '뇌종양의 증상, 징후'라는 의미로 (d)
symptom이 적절하다.

[어휘] **brain tumor** 뇌종양
make an assumption (근거 없는) 가정하다
agency n. 대행사, 특정 정부기관
symptom n. 증상, 징후

12. (a)

[해석] A: 역사 선생님이 정치 만평에 나온 머리 없는 말을 지적했
는데, 난 의미를 모르겠어.
B: 그 말이 국가를 상징하는데 머리가 없는 거면, 내 생각에
그 만화가가 나라를 이끌어 갈 지도자가 없다는 것을 이
야기하고 있는 거 같은데.

[해설] A의 내용은 정치 풍자만화에 상징성이 부여된 대상인, 머리
없는 말이 뜻하는 바가 무엇인지 모르겠다는 내용이다. 따
라서 빈칸에는 '의미, 의의'를 뜻하는 (a) significance가 적
절하다.

[어휘] **political cartoon** 만평, 정치 풍자만화
point out ~을 언급하다, 지적하다
represent v. (상징물로) 나타내다, 상징하다
significance n. 의미, 의의
frequency n. 빈도
intelligence n. 지능, 기밀, 정보
development n. 발달, 성장, 개발

13. (c)

[해석] A: 남편은 오늘 딸이 친구네 집에서 자고 오게 해주는 것을
걱정하는데, 전 해가 되는지 모르겠어요.
B: 남편께서 괜한 걱정을 하는 건 아니에요. 혹시 모르니 딸
이 괜찮은지 그 친구 부모님께 전화라도 먼저 해서 확인
하는 것이 좋겠어요.

[해설] A는 남편의 행동이 다소 지나친 걱정이라고 생각하고 있다.
따라서 빈칸에는 '해 될게 없어 보인다'는 의미로 (c) harm
이 적절하다.

[어휘] **reasonable** a. 온당한, 논리적인, 사리를 아는
at least 적어도, 최소한
make sure that 반드시 (~하도록) 하다
bother n. 성가심, 성가신 일[사람]
fuss n. 호들갑, 법석

14. (b)

[해석] A: 넌 Jim Stevens씨가 선거에서 당선될 거라고 생각하지
는 않는구나, 그런 거지?
B: 그분이 처음 선거운동을 시작하셨을 때는 당선될 수 없
을 거라고 생각했는데, 지난 몇 개월간 상당한 지지층을
만들어 내셨네요.

[해설] 유세 초반에는 후보자의 당선 가능성이 꽤 낮았지만 지
난 몇 달 사이에 이 후보가 판도 변화를 이끌어 낼 만한 무
언가를 성장시켰다는 내용이다. 따라서 보기 중 빈칸에 들
어갈 적절한 명사는 '지지층, 추종 세력'이라는 의미의 (b)
following이 된다.

[어휘] **win the election** 선거에서 이기다, 당선되다
campaign n. (선거) 운동
develop v. 성장시키다, 발달시키다
quite adv. 상당히, 대단히
protection n. 보호, 보장
following n. 지지자, 추종자
allowance n. 용돈, 수당, 허용량
benefactor n. (자선단체 등의) 후원[기부]

15. (b)

[해석] A: 내가 왜 그 가게에 다시 가는 건지 모르겠어. 거긴 항상
나한테 바가지를 씌우는데 바로 잡는 것도 아주 번거롭
거든.
B: 다른 가게로 가봐. 그 가게가 자기네 고객을 제대로 대접
할 수 없으면, 네 단골 거래를 받을 자격이 없는 거지.

[해설] 과다 청구를 일삼는 단골 가게는 그만 다니고 다른 가게로

갈 것을 조언하는 내용으로, 단골 거래를 받을 자격이 없다
는 내용이 되어야 적절하다. 따라서 (b)가 정답이다.

[어휘] **overcharge** v. 많이 청구하다, 바가지를 씌우다
hassle n. 귀찮은(번거로운) 상황
treat v. 다루다, 취급하다
fairly adv. 공정하게, 상당히, 꽤
deserve v. ~을 받을 만하다, 누릴 자격이 있다
obedience n. 복종, 충실
patronage n. (고객의) 애용, 단골 거래
friendship n. 우정, 친선
security n. 보안, 경비

16. (a)

[해석] A: 남동생이 Cindy와 약혼했다고 들었는데. 넌 Cindy를 좋
아하지 않는다고 하지 않았었니?
B: 난 Cindy가 가족이 되는 것에 다소 의구심이 들지만, 동
생이 행복했으면 좋겠어.

[해설] Cindy가 가족의 일원이 된다는 것이 B는 다소 석연치 않
는 내용이다. 이렇게 '심중에 어떤 대상에 대해 옳거나 좋다
는 확신이 서지 않고 있는, 거리낌을 느끼는 상태'를 '(have)
reservations (about ~)'이라고 한다.

[어휘] **be engaged to** ~와 약혼한 사이인
reservation n. 의구심, 거리낌
inclination n. 의향, 경향
limitation n. 한계, 제약
complication n. (귀찮은) 문제, 분규의 원인

17. (c)

[해석] A: Karen은 전화도 먼저 하지 않고 우리 집을 방문을 해서
짜증나. 가끔 불편한 시간대에 올 때도 있고.
B: 네가 Karen과 분명한 선을 긋는 게 필요한 거 같아. 네가
Karen한테 너의 개인적인 시간을 존중해 달라고 말하기
전에는 어떤 것도 안 바뀔 거야.

[해설] 사생활을 존중 받기 바라는 A에게, B는 Karen과 선을 분명
히 그어두는 게 좋겠다고 조언하고 있다. 따라서 빈칸에는
보기의 명사들 중 '경계, 선'을 의미하는 (c) boundaries가
가장 적절하다.

[어휘] **get annoyed with** ~때문에 화가 나다
inconvenient a. 불편한, 곤란한
sound like ~인 듯하다, ~인 것 같다
space n.(생각을 할 수 있는) 시간, 자유
intention n. 의사, 목적
margin n. 여백, 차이
boundary n. 경계, 한계
interior n. 내부, 실내

18. (a)

[해석] A: 새로 살 곳을 물색 중인데요, 시내에 소유하고 계신 아파
트가 혹시 비어 있는지 궁금했어요.
B: 저희도 그곳에 살게 해드리고 싶지만, 안타깝게도 이미

세입자가 있네요.

[해설] B가 소유한 아파트가 비었는지 묻자(I was wondering if
your apartment downtown was vacant) 이미 다른 이가
머물고 있다는 의미로 응답하고 있다. 따라서 빈칸에는 보
기 중 '타인의 집을 빌려 쓰면서 돈을 지불하는 세입자'라는
뜻인 (a) tenant가 가장 적절하다.

[어휘] **downtown** adv. 시내에[로]
vacant a. 비어 있는, 사람이 없는
tenant n. 세입자, 임차인
patron n. 후원자, (식당 등의) 고객
subject n. 연구[실험] 대상, 피험자
dweller n. 거주자

19. (a)

[해석] A: 나 사는 건물 엘리베이터는 아직도 고장인데 난 정말 그
계단 올라가는 게 무서워.
B: 안됐다! 겨우 집에 가기위해 일곱 개의 계단을 올라가는
건 맥 빠질 텐데.

[해설] 빈칸에는 계단(stairs)를 뜻하는 다른 어휘가 들어가는 것이
적절하다. 따라서 'flights'는 층계참 사이의 계단을 의미하
므로 (a)가 정답이다.

[어휘] **broken** a. 고장 난
dread v. ~을 몹시 무서워하다
exhausting a. 진을 빼는
flight n. (두 층계참 사이의) 일련의 계단
ground n. [pl.] 용지, 찌꺼기
stage n. 단계, 무대
plane n. (평평한) 면, (사고의) 차원

20. (a)

[해석] 그 구조대원들은 좋은 의도를 가졌지만, 경험이 부족하여
지진 피해자들에게 별로 도움을 주지 못했다.

[해설] 구조대원들의 좋은 의도에도 불구하고 피해자들에게 도움
을 주지 못했다는 내용이다. 따라서 정답은 (a) intentions이
다.

[어휘] **rescue worker** 구조대원
inexperienced a. 경험이 부족한, 미숙한
earthquake victim 지진 피해자
intention n. 의사, 의도
resolution n. 다짐, 결의안

21. (d)

[해석] 그 야구팀은 팀원들의 새 유니폼을 구입하기 위해 빵 판매
로 얻은 수익금을 사용했다.

[해설] 새 유니폼의 구입비를 빵 판매로 얻은 돈으로 충당했다는
내용이다. 따라서 '물건 판매나 행사 등으로 얻은 돈,' 즉 수
익금을 의미하는 (d) proceeds가 적절하다. proceed는 '앞
으로 (계속) 나아가다' 라는 의미의 동사 이외에, 명사로 사
용될 때는 복수형태로 쓰여 '수입(매상고), 수익'을 뜻한다.

[어휘] **savings** n. 저금, 예금

receipts n. [상업] (은행, 정부가 받는) 수령액
interests n. 이익, (사업상의) 지분, 투자분
proceeds n. 수익금, 수입(매상고)

22. (b)

[해석] 그 경찰관은 경고를 주며 Joe를 면제시켜 주고는 다시 속도위반으로 걸릴 시에는 반드시 위반 딱지를 떼겠다고 말했다.

[해설] 경찰관은 Joe가 속도위반으로 다시 걸리면 봐주지 않고 딱지를 떼겠다고 했다는 내용이다. Joe가 경고만 받고 면제되었음을 알 수 있다. 따라서 빈칸에는 (b) warning이 적절하다.

[어휘] **let off** (형벌을) 면제하다, 풀어 주다
get a ticket 딱지를 떼다
speeding n. (차량의) 속도 위반
threat n. 협박, 위협

Review TEST

1. [promise] 난 그녀가 계속했으면 좋겠는걸. 조금 뒤처지는지는 모르지만, 가능성이 많아요.
2. [novice] 전 지금 그저 초보자일 뿐인데요, 충분히 연습하면, 언젠가 시합에 참가할 수 있을는지도 모르죠.
3. [suburbs] 저희 가족은 교외로 이사한 이후에 훨씬 더 행복해하고 있어요. 집에 커다란 뒤뜰도 딸려 있거든요.
4. [athletics] 학교는 도서관의 재정지원이 줄어들 거라고도 방금 발표했어요. 어떻게 운동 경기를 위한 자금은 충분한데, 교육에 투자 할 자금은 부족한 건지 이해가 안되네요.
5. [means] 설레기는 하는데, 걱정이 좀 들기도 해요. 한 사람 수입으로 대가족을 부양할 방도가 있길 그저 바라고 있어요.
6. [dimensions] 혹시 모르니까 사기 전에 거실 크기를 확인하는 게 좋겠어, 그래야 그게 잘 맞을지 알 수 있잖아.
7. [service] 그래요, 그리고 예배하는 동안 설교자님께서 전하신 모친에 대한 아름다운 말씀이 몇 가지 있었어요.
8. [overdue] 나 대출한 책이 2주나 연체 되어서 이 책들을 도서관에 반납해야 해.
9. [obstacles] 난 취직 못 할거야. 경험 부족과 내 제한적인 시간으로는, 앞 길에 장애물이 정말 너무 많아.
10. [toll] 가고 있어, 근데 River Street 다리에 있는 통행료를 내려면 현금이 좀 필요하거든.
11. [symptom] 저의 잦은 두통이 뇌 종양 증상이 아닐까 걱정돼요.
12. [significance] 역사 선생님이 정치 만평에 나온 머리 없는 말을 지적했는데, 난 의미를 모르겠어.
13. [harm] 남편은 오늘 딸이 친구네 집에서 자고 오게 해주는 것을 걱정하는데, 전 해가 되는지 모르겠어요.
14. [following] 그분이 처음 선거운동을 시작하셨을 때는 당선될 수 없을 거라고 생각했는데, 지난 몇 개월간 상당한

지지층을 만들어 내셨네요.
15. [patronage] 다른 가게로 가봐. 그 가게가 자기네 고객을 제대로 대접할 수 없으면, 네 단골 거래를 받을 자격이 없는거지.
16. [intentions] 그 구조대원들은 좋은 의도를 가졌지만, 경험이 부족하여 지진 피해자들에게 별로 도움을 주지 못했다.
17. [proceeds] 그 야구팀은 팀원들의 새 유니폼을 구입하기 위해 빵 판매로 얻은 수익금을 사용했다.
18. [warning] 그 경찰관은 경고를 주며 Joe를 면제시켜 주고는 다시 속도위반으로 걸릴 시에는 반드시 위반 딱지를 떼겠다고 말했다.

Check Up 1

1. [정답] subsidy

[해석] 정부는 보조금의 수위를 낮추기로 결정했다.

[어휘] **subsidy** n. (국가, 기관이 주는) 보조금
donation n. 기부, 기증

2. [정답] generation

[해석] 그는 그의 세대의 가장 위대한 과학자로 칭송받았다.

[어휘] **generation** n. 세대
reproduction n. 생식, 번식, 복제

3. [정답] vandalism

[해석] 그 남자는 기물 파손 행위로 체포되었다.

[어휘] **vandalism** n. 공공 기물 파손죄
injustice n. 불평등, 부당함

4. [정답] resolve

[해석] 나는 담배를 끊을 결심을 굳혔다.

[어휘] **resolve** n. 결심, 결의
impulse n. (갑작스러운) 충동

Check Up 2

1. [정답] copycat

[해석] 그 어린 소년은 아빠를 흉내 내려고 하였다.

[어휘] **copycat** n. 모방하는 사람
sidekick n. 조수(비격식)

2. [정답] arrangements

[해석] 그 사람이 당신께서 공항에서 호텔까지 오실 수 있도록 준비할 것입니다.

[어휘] **arrangement** n. 준비, 마련
composition n. 구성 요소들, 구성, 작곡, 작품

3. [정답] portfolio

[해석] 그 학생은 이번 학기가 끝나면 전문적인 작품집을 갖게 된다.

[어휘] **portfolio** n. 작품집, 서류가방
monument n. (건물, 동상 등의) 기념물, 기념비적인(역사적인) 건축물

4. [정답] inequality

[해석] 두 국가간의 불평등이 마찰을 빚었다.

[어휘] **inequality** n. 불평등, 불균등
depression n. 우울증, 암울함, 불경기, 불황

Practice Test

01. (d)	02. (a)	03. (d)	04. (d)	05. (a)
06. (a)	07. (c)	08. (d)	09. (a)	10. (d)
11. (d)	12. (c)	13. (b)	14. (a)	15. (d)
16. (c)	17. (c)	18. (c)	19. (a)	20. (c)
21. (a)	22. (c)	23. (d)	24. (c)	

01. (d)

[해석] A: 나는 왜 사장이 내 최근 보고서를 거절했는지 이해가 안 돼. 그녀가 말하길 모든 정보는 정확했지만 구성 방식에 있어 작은 오류가 있었대.
B: 너는 그녀가 정확히 그녀의 지시대로 모두가 따라주길 바란다는 것을 꽤 빨리 알게 될거야.

[해설] A의 말에서 사장이 작은 실수를 용납하지 않음을 알 수 있다. 따라서 지시사항을 '정확히' 따라야 한다는 점에 미루어 '글자 그대로, 정확히'라는 의미의 to the letter가 적절하다. 따라서 정답은 (d) letter이다.

[어휘] **minor** a. 작은, 중요하지 않은
format v. 서식을 만들다
instruction n. 지시, 설명

02. (a)

[해석] A: 요즘 화제가 되고 있는 새 액션 영화 보러 가고 싶니?
B: 모르겠어. 신문에서는 안 좋은 평점을 줬던데. 아마 다른 거 보러 가는 게 좋겠어.

[해설] 요즘 화제가 되고 있는 영화를 보러 가자는 A의 제안에, B는 신문의 평을 이유로 대며 다른 걸 보러 가자고 권유하고 있다. 따라서 빈칸에는 '신문에서 부정적인 평을 주었다'는 의미로 '평가, 평점'을 뜻하는 (a) rating이 적절하다.

[어휘] **see a movie** 영화를 보러 가다
rating n. 순위, 평가
viewing n. 조망, 감상
calling n. 소명, 직업
pricing n. 가격 (결정)

03. (d)

[해석] A: 귀사의 공장에서 의류생산을 중지해야 했던 이유는 무엇인가요?

B: 원료 공급을 하던 업자들이 면화와 양모를 포함한 모든
원자재에 대한 가격을 올렸어요.

[해설] 의류생산 공장에 원료 공급을 맡았던 업자들이 면화와 양모
등의 가공하지 않은 자재, 즉 원자재의 가격을 올려버렸다
는 의미이므로, 빈칸에는 (d) materials가 들어가야 한다.

[어휘] **supplier** n. 원료 공급업자
raw a. 가공하지 않은, 원료 그대로의
raw material 원자재
component n. (구성) 요소, 부품
equipment n. 장비 (설치), 설비
ingredient n. (요리 등의) 재료, 구성 요소

04. (d)

[해석] A: 상금을 모두 타게 된 후로, 저는 줄곧 그 돈의 일부를 기
부할 만한 단체를 알아보고 있어요.
B: 도움의 손길을 필요로 할지 모르는 보육원이 하나 있어
요. 이 곳은 지역 사회를 위해 다양한 선행을 해왔어요.

[해설] B는 도움을 필요로 할지 모르는 선행 단체(a children's
home that could use some help)를 A에게 소개해주고 있
다. 이는 A가 상금의 일부를 기부할 '기관이나 구실'을 찾고
있었다는 것을 짐작할 수 있게 해준다. 따라서 빈칸에는 보
기 중 '(사회적 운동) 조직, 단체'를 뜻하는 (d) cause가 적
절하다.

[어휘] **worthy** a. ~을 받을 만한, 자격이 있는
donate v. 기부하다, 기증하다
children's home 보육원, 고아원
goal n. 목표, 득점
result n. 결과, 결실
motive n. 동기, 이유
cause n. (사회적 운동) 조직[단체], 대의명분

05. (a)

[해석] A: 이런 안돼! 뒤쪽 타이어에 바람이 빠져서 차를 도로 옆에
세워야겠다.
B: 걱정마. 나 타이어 교체할 줄 알아. 예비 타이어를 어디
에 넣어 두니?

[해설] 운전 중 타이어가 바람이 빠진 상황에서, B가 타이어 교체
방법을 안다며 A를 안심시키고 나서 예비 타이어를 어디에
두는지 묻는 것이 자연스럽다. 따라서 (a) spare가 가장 적
절하다.

[어휘] **had better do** ~하는 편이 낫다
pull over 길 한쪽으로 빠지다, 차를 대다
rear tire 후륜[방] 타이어
flat a. 펑크 난, 바람이 빠진
spare n. 예비품, (자동차의) 스페어 타이어
basics n. 필수적인[기본적인] 것들
extras n. 할증 요금, 추가 요금

06. (a)

[해석] A: Harriet을 한 동안 못 봤는데요. 잘 지내는지 아세요?

B: 일해야 하는 시간에 창고에 종종 숨어 있고 해서, 근무
회피로 해고되었어요.

[해설] 빈칸에는 근무시간에 몸을 숨기면서 일하기를 꺼리곤 했던
Harriet이 해고된 사유를 말하고 있다. 따라서 '과업이나 근
무 회피'의 의미로 (a) avoidance가 적절하다.

[어휘] **be supposed to do** ~하기로 되어 있다[~해야 한다]
stockroom n. 물품 보관소[창고]
avoidance n. 회피, 기피
prevention n. 예방, 방지
departure n. 벗어남, 일탈
intention n. 의도, 목적

07. (c)

[해석] A: 건설인부로 일하는 건 분명 위험할 거예요. 현장에서 산
재가 많이 있나요?
B: 인부들은 항상 상처와 찰과상을 달고 살아요. 즉시 공급
될 수 있는 붕대와 항균 스프레이를 구비하는 게 중요하
죠.

[해설] 건설 인부들이 상시 붕대와 항균 스프레이를 구비해 둘 만큼
(It's important to have a ready supply of bandages and
antibacterial spray) 현장에는 잦은 사고가 있다는 내용이
다. 따라서 빈칸에는 상시 구비약품과 관련이 있는 명사인
(c) scrapes가 적절하다.

[어휘] **construction worker** 건축 노동자
accident n. 사고, 재해
cut n. (베거나 긁힌) 상처, 자상
scrape n. 긁힌 상처[흔적], 찰과상
ready a. (이용할 수 있도록) 준비가 된
supply n. 공급[비축](량)
antibacterial a. 항균성의
clash n. 충돌, 언쟁
jam n. 교통 체증, (기계의) 고장
grind n. (기계의) 삐걱거리는 소리, 고된[따분한] 일

08. (d)

[해석] A: Eddie's 레스토랑에 가고 싶지만 Karen 덕택에, 우리 모
두가 다 그 식당에 접근이 금지되었어.
B: 그 일에 대해선 Karen을 탓할 순 없어. 다른 여자가
Karen을 화나게 해서 싸움이 난 거니까.

[해설] 대화는 싸움이 일어난 탓에 전원이 식당에 접근 금지가 되
었다는 내용이 적절하다. 따라서 지역이라는 premises가
정답이다.

[어휘] **be banned from** ~에(서) 금지되다[당하다]
blame v. ~을 탓하다, ~책임[때문]으로 보다
provoke v. 화나게[짜증나게] 하다, 도발하다
resource n. 자원, 지략
belonging n. [pl.] 소유물, 가족
security n. [pl.] (금융) 유가 증권
premise n. [pl.] (건물이 딸린) 부지[지역]

09. (a)

[해석] A: 제 친구가 Billy Barnes씨가 하시는 강연회 티켓을 줬는
데요, 전 그 사람이 누군지도 몰라요.

B: Billy Barnes라고? 내 생각에 그 사람은 신문에 주간 요
리 칼럼을 게재하는 주방장인 것 같아.

[해설] 신문이나 잡지에 정기적으로 동일 기고가에 의해 실리는 난
(欄)을 'column'이라고 한다. 문맥상 '신문에 주간 요리 칼
럼'이 되어야 하므로 정답은 (a)이다.

[어휘] **chef** n. 요리사, 주방장

column n. (신문의) 정기 기고란, 칼럼

version n. 판, 설명, 견해

banner n. 현수막

record n. 기록, 음반, 레코드

10. (d)

[해석] 그 병원은 정부로부터 보조금을 받을 자격을 갖추고 있어,
그곳의 환자들에게 비용을 추가로 징수하지 않고도 새 의료
기기를 충당할 수 있게 될 것입니다.

[해설] 환자들에게 비용을 올리지 않고도 새 의료기기를 충당할 수
있게 될 것이라고 언급되어 있다. 따라서 그 병원이 정부로
부터 '재정적 지원'을 받을 자격이 된다는 의미로 빈칸에는
(d) subsidy가 적절하다. subsidy는 산업이나 경영을 지원
하기 위해 국가나 기관이 제공하는 돈을 말한다.

[어휘] **qualify for** ~에 대한 자격을 갖추다

donation n. 기부, 기증

measure n. 조치, 기준

gratuity n. 퇴직금, 팁

subsidy n. 보조금, 장려금

11. (d)

[해석] Harriet은 대대로 내려온 집안에 소장해두던 오래된 장롱을
팔아야 했을 때 매우 상심했다.

[해설] 집안의 가보였던 장롱을 처분하게 되어 크게 슬퍼했다는 내
용이다. 따라서 보기의 명사들 중 빈칸에 삽입되어 사용될
수 있는 명사는 '대대로, 여러 세대에 걸쳐' 라는 의미의 (d)
(for many) generations이다.

[어휘] **wardrobe** n. 옷장, (소유하고 있는) 의상

conception n. 이해, (난소의) 수정

preservation n. 보존, 유지

reproduction n. 생식, 복제

generation n. 세대

12. (c)

[해석] Henry의 농구팀은 서부 지구에서 1위팀이지만, 이들은 동
부 우승팀을 이겨본 적이 없다.

[해설] 미국의 프로농구(NBA)나 프로야구(MLB)는 전국 팀을 지역
별 디비전(division)으로 나누어 리그형식으로 경기를 진행
하고 있다. 빈칸의 문장에서 Henry가 소속된 팀은 '서부 지
구' 우승팀이라는 의미이므로, 빈칸에는 (c) division이 적절

하다.

[어휘] **defeat** v. 쳐부수다, 패배시키다

leading a. 일류의, 뛰어난, 주역의

duration n. 지속, (지속되는) 기간

portion n. 부분, (음식의) 1인분

division n. 지구, 분할

partition n. 분할, 칸막이

13. (b)

[해석] 그 시의회는 아이들이 공원 벤치에 스프레이로 색칠하는데
신물이 나, 공공 기물 훼손을 막아보려고 모든 공원에 비디
오 카메라를 설치하는 것을 투표하여 가결에 붙였다.

[해설] 빈칸에는 아이들의 낙서 등의 '공공 기물 훼손 행위'를 의미
하는 명사가 들어가야 문맥상 자연스럽다. 예술품 및 문화
유적을 비롯해 공원 등의 공공 시설이나 기물에 고의로 낙
서나 먹칠을 하여 외관을 훼손하거나 파손하는 행위를 일컬
어 vandalism이라 한다. 따라서 (b)가 정답이다.

[어휘] **city council** 시의회

spray-paint v. 분무기로 도장하다

vote v. 투표하여 가결[의결]하다

discourage v. 막다, 말리다

corruption n. 부패, 타락, 오염

vandalism n. (공공) 기물 파손[훼손]죄

injustice n. 부당함, 부당성

pollution n. 오염 (물질), 공해

14. (a)

[해석] 그 가게의 주인은 새 건물주들이 자신을 그 건물에 머물도
록 해주길 바랬지만, 안타깝게도 건물주들은 그들 나름의
계획이 있었다.

[해설] 건물을 임대해 가게를 운영 중이던 주인은 주인이 바뀌어도
머물고 싶었으나 새 주인들은 나름의 계획이 있었다는 내용
이다. 따라서 보기 중 '계획이나 예정표'의 뜻인 (a) agenda
가 적절하다.

[어휘] **landlord** n. 주인, 임대주

unfortunately adv. 불행하게도

agenda n. 일정, 계획

department n. 부서, 부처, 학과

territory n. 지역, 영토

function n. 기능, 행사

15. (d)

[해석] 그 시나리오 작가는 인터뷰하는 이에게 성공적인 시나리오
를 위한 그녀의 공식은 항상 영웅과 악당의 이루지 못할 로
맨스를 더하는 것이라고 이야기했다.

[해설] 인터뷰에서 한 시나리오 작가가 자신만의 성공적인 시나리
오에 들어가는 요소를 언급하고 있다. 따라서 빈칸에 들어
갈 명사는 보기 중 '공식, 비법' 등을 의미하는 (d) formula
가 가장 적절하다.

[어휘] **screenwriter** n. 시나리오 작가, 영화대본 작가

screenplay n. 영화 대본, 시나리오

hero n. 영웅, 남자 주인공

villain n. 악당[악한]

character n. 성격, 기질

mystery n. 수수께끼

purpose n. 목적, 용도, 의도

formula n. (특정한 일을 이루기 위한) 공식, 방식

16. (c)

[해석] Linda의 친구들은 그녀가 테니스 경기에 패해서 낙담해 있을까봐 걱정했지만, 그 경험은 경기에서 이겨야 한다는 그녀의 결의를 다지게 했다.

[해설] 패전으로 오히려 의지를 다지게 되었다는 내용으로, 빈칸에는 '결심, 의지'라는 의미의 명사 resolve가 적절하다. impulse 역시 진전이나 발달을 유도하는 '자극 이나 충동'의 의미로 사용될 수 있지만, 동사 strengthen과 어울리지 않으므로 적절하지 않다.

[어휘] **discourage** v. 의욕[열의]을 꺾다, 좌절시키다

strengthen v. 강화되다, 강력해지다

tournament n. 토너먼트

contract n. 계약[약정](서)

exercise n. 운동, 연습

resolve n. (단호한) 결심, 결의, 의지

impulse n. 충동, 충격[자극]

17. (c)

[해석] 경찰 당국은 동일인이 처음 세 건의 유사한 살인사건을 저질렀지만 네 번째 사건은 모방범에 의해 저질러졌다는 사실을 밝혀냈다.

[해설] 네 건의 유사한 살인사건 중 세 건은 동일범에 의한 범행이었지만, 마지막 사건은 유사하게 범죄를 모방한 모방범에 의한 사건이라는 내용이다. 따라서 빈칸에는 '모방범'을 뜻하는 (c) copycat이 적절하다.

[어휘] **determine** v. 알아내다, 결정하다

commit v. (범죄를) 저지르다[범하다]

murder n. 살인(죄), 살해

miniature n. 세밀화, 축소 모형

replica n. 복제품, 모형

copycat n. 모방하는 사람, 흉내쟁이

sidekick n. 조수, 공모자

18. (c)

[해석] 고용 증가는 지역 경제가 나아지고 있는 확실한 조짐이라고 그 시장은 발표했다.

[해설] 시장은 지역의 고용증가 현상(the increase in employment)이 경제가 좋아지고 있다는 '신호, 조짐'으로 보고 있다는 내용이다. 따라서 빈칸에는 (c) sign이 적절하다.

[어휘] **announce** v. 발표하다, 알리다

increase n. 증가[인상]

employment n. 취업, 고용

sure a. 확신하는, 안정된

19. (a)

[해석] 그 꽃집 주인은 여동생의 결혼을 위한 특별한 장식을 만들려고 매우 값비싼 희귀 종 장미를 주문했다.

[해설] 빈칸에는 플로리스트가 고가의 희귀 장미를 주문해 만들 수 있는 것을 묻는 문제이다. 보기 (a) arrangement는 일반적으로 배치, 배열의 뜻을 갖고 있다. 화훼 장식분야(floristry)에서 장식용 꽃꽂이나 꽃 장식(flower[floral] arrangement)을 의미한다. 따라서 (a)가 정답이다.

[어휘] **florist** n. 꽃집 주인[직원]

rare a. 드문, 보기 힘든, 희귀한

arrangement n. 배열, 장식, 꾸미기

composition n. 구성 요소, 구성

interpretation n. 해석, 이해, 설명

settlement n. 합의, 해결

20. (c)

[해석] Kyle은 다른 나라로 여행했을 때, 자신의 전자 면도기가 플러그에 맞지 않는다는 것을 알고 어댑터를 사야만 했다.

[해설] 플러그에 맞지 않는 전자 면도기를 위해 필요한 것은 어댑터이다. 따라서 빈칸에 적절한 어휘는 (c)이다.

[어휘] **electric razor** 전기 면도기

fit into ~에 꼭 들어맞다

manual n. (특히 기계 등을 사면 따라 나오는) 설명서

outlet n. 발산[배출] 수단, 직판점

adapter n. 어댑터, 접속 소켓

joint n. 관절, (특히 모서리) 연결 부위

21. (a)

[해석] 그 화가는 자신의 작품이 진열될 만큼 충분히 괜찮기를 희망하면서, 화랑 주인에게 작품집을 내밀었다.

[해설] 구직이나 평가, 판매를 위해 작업 및 작품 활동을 한 눈에 확인할 수 있도록 정리해 놓은 그림, 사진, 혹은 그 사본이나 샘플 모음집을 '포트폴리오'라고 한다. 따라서 정답은 (a)가 된다.

[어휘] **gallery** n. 미술관, 화랑

display v. 전시[진열]하다, 내보이다

portfolio n. 작품집

alliance n. 동맹, 연합

character n. 성격, 기질

monument n. 기념물, 기념비적인 건축물

22. (c)

[해석] Norma는 여성이 바에서 일을 못하게 하는 그 레스토랑의 고용정책의 불평등에 대하여 격분했다.

[해설] 그 음식점 내부의 고용 정책(hiring policy)은 성차별적인 근무환경을 만들고 있는데, Norma는 이점에 대해 격분했다는 내용이다. 따라서 (c) inequality가 적절하다.

[어휘] **outrage** v. 격분시키다

prevent from ~하지 못하게 하다

predicament n. 곤경, 궁지

emergency n. 비상 (사태)
inequality n. 불평등, 불균등
depression n. 우울증, 불경기, 불황

23. (d)

[**해석**] James는 집을 비싸게 주고 사들인 것을 알고는 자신에게 매입 절차를 처음부터 끝까지 조언해 줄 부동산 중개업자를 고용했었으면 좋았을 것이라고 생각했다.

[**해설**] 주택 매입을 실제 가격보다 비싸게 지불하여 이와 관련된 전문가를 통해 거래를 진행하지 않은 것을 후회하고 있다. 빈칸에는 이러한 업무를 맡아 전문적으로 하는 '부동산 중개업자'를 뜻하는 (d) realtor가 적절하다. realtor는 'real estate broker[agent]'로써 전미(全美) 부동산업자 협회(National Association of Realtors)에서 공인 받은 부동산 중개사를 말한다.

[**어휘**] **overpay** v. 초과 지불하다
guide v. 안내하다, 조언하다
process n. 과정, 절차
instructor n. 강사, 교사
counselor n. 상담역, 고문, 의논 상대자
accountant n. 회계원, 회계사
realtor n. 부동산업자, 공인 부동산 중개업자

24. (c)

[**해석**] 그 치과의사는 서비스에 만족한 고객들이 작성한 추천서를 자신의 진료실과 대기실 벽에 게시했다.

[**해설**] 치과의사는 자신의 진찰실과 대기실 벽에 서비스 만족 고객들이 작성한 무언가를 붙여 두었다는 내용이다. 따라서 보기의 명사들 중 빈칸에는 '만족 고객들이 작성한 추천의 내용을 담은 후기'라는 뜻인 (c) testimonials가 가장 적절하다.

[**어휘**] **post** v. (안내문 등을) 게시[공고]하다
satisfied a. 만족하는, 흡족해 하는
waiting room 대기실, 대합실
settlement n. 합의, 계산
credential n. [pl.] 자격(증), 인증서
testimonial n. 추천서, 추천의 글, 보증서
chronicle n. 연대기, 기록

Review TEST

1. [generations] Harriet은 대대로 내려온 집안에 소장해 뒀던 오래된 장롱을 팔아야 했을 때 매우 상심했다.

2. [division] Henry의 농구팀은 서부 지구에서 1위팀이지만, 이들은 동부 우승팀을 이겨본 적이 없다.

3. [vandalism] 그 시의회는 아이들이 공원 벤치에 스프레이로 색칠하는데 신물이 나, 공공 기물 훼손을 막아보려고 모든 공원에 비디오 카메라를 설치하기로 투표하여 가결에 붙였다.

4. [agenda] 그 가게의 주인은 새 건물주들이 자신을 그 건물에 머물도록 해주길 바랐지만, 안타깝게도 건물주들은 그들 나름의 계획이 있었다.

5. [formula] 그 시나리오 작가는 인터뷰하는 이에게 성공적인 시나리오를 위한 그녀의 공식은 항상 영웅과 악당의 이루지 못할 로맨스를 더하는 것이라고 이야기했다.

6. [resolve] Linda의 친구들은 그녀가 테니스 경기에 패해서 낙담해 있을까봐 걱정했지만, 그 경험은 경기에서 이겨야 한다는 그녀의 결의를 다지게 했다.

7. [copycat] 경찰 당국은 동일인이 처음 세 건의 유사한 살인사건을 저질렀지만, 네 번째 사건은 모방범에 의해 저질러졌다는 사실을 밝혀냈다.

8. [sign] 고용 증가는 지역 경제가 나아지고 있는 확실한 조짐이라고 그 시장은 발표했습니다.

9. [arrangement] 그 꽃집 주인은 여동생의 결혼을 위한 특별한 장식을 만들려고 매우 값비싼 희귀 종 장미를 주문했다.

10. [adapter] Kyle은 다른 나라로 여행했을 때, 자신의 전자 면도기가 플러그에 맞지 않는다는 것을 알고, 어댑터를 사야만 했다.

11. [portfolio] 그 화가는 자신의 작품이 진열될 만큼 충분히 괜찮기를 희망하면서, 화랑 주인에게 작품집을 내밀었다.

12. [inequality] Norma는 여성이 바에서 일을 못하게 하는 그 레스토랑의 고용정책의 불평등에 대하여 격분했다.

13. [realtor] James는 집을 비싸게 주고 사들인 것을 알고는 자신에게 매입 절차를 처음부터 끝까지 조언해 줄 부동산 중개업자를 고용했었으면 좋았을 것이라고 생각했다.

14. [testimonials] 그 치과의사는 서비스에 만족한 고객들이 작성한 추천서를 자신의 진료실과 대기실 벽에 게시했습니다.

15. [letter] 너는 그녀가 정확히 그녀의 지시대로 모두가 따라주길 바란다는 것을 꽤 빨리 알게 될 거야.

16. [subsidy] 그 병원은 정부로부터 보조금을 받을 자격을 갖추고 있어, 그곳의 환자들에게 비용을 추가로 징수하지 않고도 새 의료기기를 충당할 수 있게 될 것입니다.

17. [rating] 모르겠어. 신문에서는 안 좋은 평점을 줬던데. 아마 다른 거 보러 가는 게 좋겠어.

Check Up 1

1. [정답] eccentric

[해석] 그의 괴상한 성격은 교직에 있는데 도움이 되지 않았다.

[어휘] **frivolous** a. 경솔한, 하찮은
eccentric a. 괴상한, 이상한

2. [정답] scarcely

[해석] 그녀는 병원에 거의 가지 않는다.

[어휘] **closely** adv. 밀접하여, 친밀하게, 엄밀히
scarcely adv. 거의 ~않는

3. [정답] contagious

[해석] 감기는 쉽게 퍼지기 때문에 전염성이 매우 강할 수 있다.

[어휘] **precarious** a. 불확실한, 믿을 수 없는, 불안정한
contagious a. 전염성이 있는

4. [정답] futile

[해석] 그를 살리려는 노력은 허사이다.

[어휘] **abrupt** a. 갑작스러운, 퉁명스러운
futile a. 무익한, 하찮은

Check Up 2

1. [정답] Outwardly

[해석] 그녀는 겉으로는 매우 침착하게 보였지만 실은 매우 불안해했다.

[어휘] **painfully** adv. 고통스럽게, 고생해서
outwardly adv. 겉으로는

2. [정답] indistinct

[해석] 그의 불분명한 목소리는 많은 청중들을 짜증나게 만들었다.

[어휘] **unrefined** a. 세련되지 않은, 촌스러운
indistinct a. 희미한

3. [정답] forcibly

[해석] 100여 개 이상의 촌락들이 파괴되었고 강제적으로 이주되었다.

[어휘] **willfully** adv. 계획적으로, 고의적으로
forcibly adv. 강제로, 강력히

4. [정답] infuriated

[해석] 그 선생님은 학생의 무례한 행동에 격분하였다.

[어휘] **insolent** a. 무례한, 거만한
infuriate v. 격노하게 하다
be infuriated at ~에 노발대발하다
peculiar a. 독특한, 특별한

Practice Test

01. **(a)**	02. **(d)**	03. **(a)**	04. **(b)**	05. **(b)**
06. **(c)**	07. **(b)**	08. **(c)**	09. **(b)**	10. **(c)**
11. **(c)**	12. **(b)**	13. **(a)**	14. **(c)**	15. **(c)**
16. **(b)**	17. **(a)**	18. **(a)**	19. **(c)**	20. **(a)**
21. **(c)**				

01. (a)

[해석] A: 나는 James와 함께 낚시하러 가고 싶었지만, 그는 혼자서만 낚시 한다고 내게 말했어.
B: 그는 집중해야 하기 때문이라고는 하지만, 내 생각에 그는 몰래 다른 사람들로부터 벗어나고 싶어서 인것 같아.

[해설] 문맥상 빈칸에는 몰래 다른 사람들로부터 벗어나고 싶어 한다는 의미이다. 따라서 정답은 (a) secretly이다.

[어휘] **quietly** adv. 조용히
literally adv. 글자 그대로, 완전히
publicly adv. 공개적으로, 공공연히

02. (d)

[해석] A: 나는 다른 식당을 찾고 있어. 내가 자주 들르던 식당의 서비스가 정말이지 느려.
B: 시내에 있는 새로운 식당에 가봐. 그곳 음식은 정말 훌륭하고 서비스도 정말 빨라.

[해설] 기존 식당의 느린 서비스에 비해 새로운 식당은 빠른 서비스가 제공된다는 의미이다. 따라서 빈칸에는 (d) prompt가 들어가야 한다.

[어휘] **precise** a. 정확한, 정밀한
instant a. 즉시의, 긴급한
early a. 이른, 빠른, 초기의
prompt a. 즉각적인, 빠른

03. (a)

[해석] A: 대학교 1학년을 마치고 나니 내가 예전에 어렸을 적 친구들과 나누었던 대화들은 정말 하찮은 것 같네.
B: 그게 바로 성인이 되어가는 과정이야. 네가 교육을 받으면 세상을 보는 관점이 좀 더 복잡해지고 심각해지기 시

작해.

[해설] B가 '세상을 보는 관점이 좀 더 복잡해지고 심각해진다'고
대답하고 있다. 따라서 빈칸에는 '하찮은, 시시한'의 의미를
갖는 형용사 (a) frivolous가 적절하다.

[어휘] **eccentric** a. 기묘한, 괴상한
literate a. 읽고 쓸 수 있는, 학식 있는
awkward a. 서투른, 어색한
frivolous a. 하찮은, 시시한

04. (b)

[해석] A: 최근에 Thomas 행동에 변화를 알아채셨나요? 별것도
아닌 일에 계속 화를 내네요.
B: 직장을 잃어서 다소 짜증이 늘었어요. 모든 통지서를 어
떻게 지불해야 할지에 대해 걱정하고 있어요.

[해설] 빈칸의 앞에서 그는 직장을 잃었다고 하였다. 따라서 이러
한 상황에 어울리는 형용사 (b) testy가 들어가야 한다.

[어휘] **rigid** a. 굳은, 완고한
testy a. 성미 급한, 짜증을 잘 내는
forceful a. 격심한
severe a. 엄한, 모진

05. (b)

[해석] A: 왜 최근에 David이 수업에 오지 않지? 사고 난지 몇 개
월이 지났어.
B: 여전히 회복 중이야. 수업에 참석하기는커녕 똑바로 앉
지도 못해.

[해설] B는 David이 수업에 오기는커녕 앉기도 힘들어 한다고 하
고 있다. 따라서 빈칸에는 '거의 ~ 하지 못한다'는 의미의
(b) scarcely가 들어가야 한다.

[어휘] **lately** adv. 최근에
let alone ~하기는 고사하고
frequently adv. 종종, 때때로
slightly adv. 약간, 조금

06. (c)

[해석] A: 이 아이스크림이 흐르는 것을 보니 밖에 있었던 것이 분
명해.
B: 내가 카운터로 가서 녹지 않은 다른 것을 달라고 할게.

[해설] 문맥상 아이스크림이 냉장고가 아닌 밖에 있어 녹았다는 의
미이다. 따라서 빈칸에는 '무르다'는 의미의 (c) runny가 적
절하다.

[어휘] **melt** v. 녹다
rotten a. 썩은, 상한,
crumbly a. 부서지기 쉬운
runny a. 흐르는
brittle a. 잘 부러지는, 깨지기 쉬운

07. (b)

[해석] A: 내 어머니께서 네가 병원에 보내준 꽃을 너무 좋아하셔.

정말 사려 깊은 행동이었어.
B: 음, 나는 병원에 계시는 모든 분들은 기분전환을 위한 무
엇인가가 필요하다고 생각해.

[해설] 빈칸 앞에서 B가 A의 어머니에게 꽃을 보냈다고 하였다. 따
라서 병원에 입원한 환자에게 꽃을 보내는 일은 매우 사려
깊은 행동라는 의미가 되어야 자연스럽다. 따라서 빈칸에는
(b) thoughtful이 적절하다.

[어휘] **cautious** a. 조심스러운
thoughtful a. 생각이 깊은
delicate a. 섬세한
rational a. 이성적인, 합리적인

08. (c)

[해석] A: 새로운 집은 내 오래된 부엌 살림살이를 놓기에 너무 작
아. 그런데 어느 누구도 구매에 관심이 없네.
B: 아마도 신문 사생활 정보란에 광고를 내야 할거야.

[해설] B는 사생활 정보란에 광고를 내라고 조언하고 있다. 따라서
빈칸에는 (c) private이 적절하다.

[어휘] **divided** a. 구분된
reference n. 문의, 참고
private a. 사적인
classified a. 기밀의, 분류된

09. (b)

[해석] A: 왜 우리 집에서 자고 싶니? 집에 무슨 문제 있어?
B: 내 룸메이트가 감기 걸렸는데, 그 지독한 감기에 옮기 싫
어서 그래.

[해설] B는 룸메이트가 유행성 감기에 걸렸고, 자신은 이를 옮지
않으려고 그 방이 아닌 A의 방에서 자고 싶어하고 있다. 따
라서 정답은 (b) epidemic이 적절하다.

[어휘] **precarious** a. 불확실한, 불안정한
epidemic a. 유행성의
ponderous a. 대단히 무거운
malignant a. 악의 있는, 유해한

10. (c)

[해석] A: 불쌍한 James! 오늘 오전에 캠핑 떠났는데 차고에 텐트
폴을 놓고 갔어.
B: 걱정마. 그는 기지가 뛰어나서 폴대 없이 텐트 치는 방법
을 알아낼 거라고 확신해.

[해설] 문맥상 빈칸에는 '지략이 뛰어나다, 기지가 뛰어나다'는 의
미의 형용사가 들어가야 하므로 정답은 (c) resourceful이
된다.

[어휘] **observant** a. 관찰력이 예리한
predictable a. 예상할 수 있는
resourceful a. (기략이) 풍부한, 풍족한
instinctive a. 본능적인, 직감적인

11. (c)

[해석] A: 난 네가 다른 도시로 이사하지 않으면 좋겠어. 이사하기 싫다고 아버지께 말씀 드렸어?

B: 아버지는 들으려고 하시지도 않아. 한번 결정하시면 아버지께 말씀 드리는 것은 쓸모 없는 짓이야.

[해설] 빈칸 앞에서 '아버지는 들으려고 하지도 않는다'고 하였다. 따라서 이와 어울리는 '무익하다, 쓸모 없다'는 의미의 형용사가 들어가야 한다. 따라서 (c) futile이 적절하다.

[어휘] abrupt a. 갑작스러운
lucky a. 운 좋은
futile a. 무익한, 쓸모 없는
random a. 임의의
make up one's decision 결정하다

12. (b)

[해석] A: 난 배관공을 두 시간 동안 기다라고 있는데, 이제는 전화도 받지 않아.

B: Bob's 배관회사를 이용해봐. 그는 항상 신속하게 도착하고, 만약 늦게 되면 전화를 주거든.

[해설] A가 기다리는 배관공이 느린데 반해 Bob's 배관회사는 빠르다는 내용이다. 따라서 빈칸에는 (b) promptly가 가장 적절하다.

[어휘] plumber n. 배관공
delay n. 지연
entirely adv. 완전히, 오로지
promptly adv. 신속하게
strictly adv. 엄격하게
positively adv. 확실히, 정말로

13. (a)

[해석] A: 저 조각품은 정말 아름답다. 네가 진흙을 너무 잘 다루기 때문에 초보라는 사실이 믿기지가 않네.

B: 미술선생님은 형상 만들기를 시작하기 전에 기술을 배워야 한다고 주장하셨어.

[해설] A의 말에 '진흙을 너무 잘 다룬다'고 하였다. 따라서 문맥상 빈칸에는 '기술이 뛰어나다'라는 의미의 부사가 들어가야 하므로 (a) skillfully가 적절하다.

[어휘] skillfully adv. 능숙하게, 숙련되게
deceptively adv. 기만하게
positively adv. 확실히, 정말로
genuinely adv. 진심으로, 정말로

14. (c)

[해석] A: 경찰은 자신들이 살인사건 용의자를 제대로 잡았는지를 어떻게 알지?

B: 그 용의자의 지문이 살인에 사용되었던 총에서 발견된 지문과 동일해.

[해설] A의 말에 '용의자를 확인하는 방법'을 묻고 있다. 따라서 지문이 동일했다는 내용으로 해석해야 자연스럽다. 따라서 정답은 (c) identical이다.

[어휘] accustomed a. 익숙한(to)
conspicuous a. 눈에 띄는, 뚜렷한
identical a. 동일한
significant a. 중요한, 뜻있는

15. (c)

[해석] A: Rachel은 친한 친구의 소식에 잘 버티고 있는 것 같아.

B: 음, 겉보기에는 강한 것 같지만 난 그녀가 매우 걱정하고 있다는 것을 알아.

[해설] B의 말에서 빈칸 앞과 뒤는 상반되는 내용으로 이어지고 있다. 따라서 '겉보기에는'라는 뜻의 (c) outwardly가 적절하다.

[어휘] unconsciously adv. 무의식적으로
painfully adv. 고통스럽게
outwardly adv. 겉으로는
innocently adv. 순수하게, 아무 생각 없이
worried a. 걱정스러운, 곤란한

16. (b)

[해석] A: 왜 이사 나가기로 결정하셨나요? 저는 당신과 당신 룸메이트가 가까운 친구라고 생각했어요.

B: 여전히 친구지만, 가끔 그의 집안일 하는 습관 때문에 화가 나서요.

[해설] B가 이사 나가는 이유를 설명하면서 여전히 친구이기는 하지만 때때로 자신과 맞지 않는 룸메이트의 습관 때문에 화가 난다는 이야기를 하고 있다. 따라서 의미상 가장 적절한 형용사 (b) infuriated가 적절하다.

[어휘] housekeeping n. 집안일
detached a. 떨어진, 분리된
infuriate v. 격노하게 하다
uncertain a. 불확실한
peculiar a. 독특한, 고유의

17. (a)

[해석] 새로운 신약은 알코올과 결합되면 치명적일 수 있기 때문에 의사들은 가끔 술을 마시는 사람에게 조차 처방하지 않는다.

[해설] 신약이 알코올과 결합되면 매우 위험하기 때문에 의사들은 가끔 술을 마시는 사람에게 조차 약을 처방하지 않는다는 내용이다. 따라서 (a) occasional이 들어가야 한다.

[어휘] occasional a. 이따금, 때때로
unusual a. 특이한, 흔치 않은
intentional a. 고의적인
consensual a. 합의한

18. (a)

[해석] 오래된 보안 카메라 테이프에서는 사람들의 얼굴을 알아볼 수가 없지만, 새로운 카메라는 훨씬 더 정밀한 세부적 사항까지 담을 수 있다.

[해설] 새로운 카메라는 세부적인 사항까지 잡을 수 있지만 오래된 카메라는 사람들을 얼굴을 알아보지 못한다는 의미이다. 따라서 이에 적절한 형용사 (a) indistinct가 들어가야 한다.

[어휘] **indistinct** a. 불분명한, 희미한
unrefined a. 세련되지 않은, 정제되지 않은
inaudible a. 들리지 않는
undecided a. 미정의

19. (c)
[해석] Carol은 허브들과 양념들을 선반에 깔끔하게 정리하여 요리사들이 하나 하나를 쉽게 찾을 수 있도록 하였다.

[해설] 문맥상 빈칸에는 '깨끗하게, 말끔하게'라는 의미의 부사가 들어가야 한다. 따라서 이에 적절한 부사 (c) neatly가 적절하다.

[어휘] **herb** n. 허브
spice n. 양념
nearly adv. 거의
fairly adv. 꽤, 상당히
loosely adv. 느슨하게, 헐겁게

20. (a)
[해석] Theresa는 부모님들이 그렇게 늦게 집에 들어온 것을 알면 화내신다는 것을 알기 때문에 계단을 조심스럽게 올라가려고 노력하였다.

[해설] 문맥상 '소리 내지 않도록 조심스럽게' 계단을 올라간다는 의미가 되어야 자연스럽다. 따라서 (a) softly가 들어가야 한다.

[어휘] **softly** adv. 부드럽게, 조심스럽게
weakly adv. 약하게
simply adv. 간단히, 솔직히
mildly adv. 온화하게, 온순하게

21. (c)
[해석] 경비원들이 농성자들을 법정에서 강제적으로 내보낸 후, 한 농성자는 팔이 부러져서 병원에 입원해야 했다.

[해설] 한 농성자의 팔이 부러질 정도로 폭력을 가하였다면 강제적으로 농성자들을 내보낸 것이라는 것을 알 수 있다. 따라서 빈칸에는 (c) forcibly가 적절하다.

[어휘] **willfully** adv. 고의적으로
acutely adv. 날카롭게
forcibly adv. 강제적으로
carefully adv. 조심스럽게

Review TEST

1. **[secretly]** 그는 집중해야 하기 때문이라고는 하지만, 내 생각에 그는 몰래 다른 사람들로부터 벗어나고 싶어서인 것 같아.

2. **[prompt]** 시내에 있는 새로운 식당에 가봐. 그곳 음식은 정말 훌륭하고 서비스도 정말 빨라.

3. **[frivolous]** 대학교 1학년을 마치고 나니 내가 예전에 어렸을 적 친구들과 나누었던 대화들은 정말 하찮은 것 같네.

4. **[testy]** 직장을 잃어서 다소 짜증이 늘었어요. 모든 통지서를 어떻게 내야 할지에 대해 걱정하고 있습니다.

5. **[scarcely]** 여전히 회복 중이야. 수업에 참석하기는커녕 똑바로 앉지도 못해.

6. **[runny]** 이 아이스크림이 흐르는 것을 보니 밖에 있었던 것이 분명해.

7. **[thoughtful]** 내 어머니께서 네가 병원에 보내준 꽃을 너무 좋아하셔. 정말 사려 깊은 행동이었어.

8. **[classified]** 아마도 신문 사생활 정보란에 광고를 내야 할 거야.

9. **[contagious]** 내 룸메이트가 감기 걸렸는데, 그 지독한 감기에 옮기 싫어서 그래.

10. **[resourceful]** 걱정 마. 그는 기지가 뛰어나서 폴대 없이 텐트 치는 방법을 알아낼 거라고 확신해.

11. **[futile]** 아버지는 들으려고 하시지도 않아. 한번 결정하시면 아버지께 말씀 드리는 것은 쓸모 없는 짓이야.

12. **[promptly]** Bob's 배관회사를 이용해봐. 그는 항상 신속하게 도착하고, 만약 늦게 되면 전화를 주거든.

13. **[skillfully]** 저 조각품은 정말 아름답다. 네가 진흙을 너무 잘 다루기 때문에 초보라는 사실이 믿기지가 않네.

14. **[identical]** 그 용의자의 지문이 살인에 사용되었던 총에서 발견된 지문과 동일해.

15. **[outwardly]** 음, 겉보기에는 강한 것 같지만 난 그녀가 매우 걱정하고 있다는 것을 알아.

16. **[infuriated]** 여전히 친구지만, 가끔 그의 집안일 하는 습관 때문에 화가 나서요.

17. **[indistinct]** 새로운 신약은 알코올과 결합되면 치명적일 수 있기 때문에 의사들은 가끔 술을 마시는 사람에게 조차 처방하지 않는다.

18. **[neatly]** Carol은 허브들과 양념들을 선반에 깔끔하게 정리하여 요리사들이 하나 하나를 쉽게 찾을 수 있도록 하였다.

19. **[softly]** Theresa는 부모님들이 그렇게 늦게 집에 들어온 것을 알면 화내신다는 것을 알기 때문에 계단을 조심스럽게 올라가려고 노력하였다.

20. **[forcibly]** 경비원들이 농성자들을 법정에서 강제적으로 내보낸 후, 한 농성자는 팔이 부러져서 병원에 입원해야 했다.

Check Up 1

1. [정답] provocative

[해석] 그 여배우는 영화에서 상당히 도발적이었다.

[어휘] **provocative** a. 자극적인, 도발적인
considerable a. 상당한

2. [정답] awkward

[해석] 그녀는 여전히 젓가락을 사용하는 것이 서툴다.

[어휘] **chopsticks** n. 젓가락
hazardous a. 위험한, 모험적인, 운에 맡기는
awkward a. 서투른, 어색한

3. [정답] palpable

[해석] 부모님이 돌아가신 것에 대한 고통은 여전히 그의 목소리에 뚜렷이 남아 있었다.

[어휘] **palpable** a. 뚜렷한, 명백한
ambiguous a. 애매모호한, 분명치 않은

4. [정답] inflated

[해석] 미팅에 참석한 사람들의 숫자가 연설자에 의해 부풀려졌다.

[어휘] **overt** a. 명백한, 공공연한
inflated a. 부풀어진, 과장된

Check Up 2

1. [정답] inadequate

[해석] 그 회의장은 100명의 사람들을 수용하기는 불충분하였다.

[어휘] **excessive** a. 과도한, 지나친
inadequate a. 부적당한(to), 불충분한(for)

2. [정답] remedial

[해석] 그녀는 추가적인 도움을 필요로 하는 학생들을 도와주는 영어보충교사이다.

[어휘] **remedial** a. 치료상의, 보충하는
descriptive a. 기술적인, 설명적인

3. [정답] conspicuous

[해석] 그 젊은 아가씨는 새 드레스를 입고 나서 눈에 확 띄었다.

[어휘] **conspicuous** a. 눈에 잘 띄는, 뚜렷한
invisible a. 보이지 않는

4. [정답] unruly

[해석] 제멋대로 구는 아이는 다루기가 너무 어렵다.

[어휘] **unruly** a. 제멋대로 구는, 제어하기 어려운
variable a. 변하기 쉬운, 변덕스러운

Practice Test

01. (c)	02. (c)	03. (a)	04. (a)	05. (b)
06. (c)	07. (d)	08. (c)	09. (d)	10. (c)
11. (d)	12. (b)	13. (c)	14. (c)	15. (b)
16. (c)	17. (b)	18. (c)	19. (c)	20. (b)
21. (d)	22. (a)	23. (a)	24. (d)	25. (a)
26. (a)				

01. (c)

[해석] A: 왜 이 재판은 이렇게 오랫동안 지연이 되는 건가요? 저는 몇주 전에 시작했어야 한다고 생각했어요.
B: 법원은 피고인이 정신적으로 재판을 받을 수 있는 능력이 되는지 확인하기 위해 피고인에 대한 정신감정을 요구했어요.

[해설] 법원이 피고인에 대한 정신감정을 의뢰하는 것은 정신적 능력이 재판 받기에 충분한가를 평가하기 위한 것이다. 따라서 이에 적절한 부사 (c) mentally가 들어가야 한다.

[어휘] **physically** adv. 육체적으로, 물리적으로
consciously adv. 의식적으로, 자각하여
mentally adv. 정신적으로
hysterically adv. 발작적으로

02. (c)

[해석] A: 나는 George가 해고되었다는 사실을 믿을 수 없어. 그는 항상 최고 직원들 중의 한 명이었기 때문에 그가 했던 일을 상상할 수 없어.
B: 그가 Franklin에게 공격적인 말을 했다고들 하는데, 대화를 들은 몇몇 사람들은 Franklin이 과도하게 반응했대.

[해설] 문맥상 George가 Franklin에게 무언가 나쁜 말 또는 행동을 하였다고 하지만, 그들 간의 대화를 들은 사람들의 이야기에 의하면 Franklin이 과도한 반응을 보였다는 의미이다. 따라서 빈칸에는 '들리는 바에 따르면' 이라는 추측할 때 쓰는 (c) allegedly가 들어가야 한다.

03. (a)

[해석] A: 나 어제 이상한 전화를 받았어. 여자애가 뭐라고 얘기를 하는지 알아들을 수가 없었는데, 그리고 나서는 웃기 시작하더니 전화를 끊더라고.
B: 그거 장난전화인 거 같은데. 아마 그냥 어떤 10대 여자와 그 애 친구들이 장난한 걸 거야.

[해설] 괴상한 전화를 받았다는 A에게, B는 장난전화였을 거라고 말하는 상황이다. 따라서 장난전화는 'crank[prank] call'라고 쓰이므로 정답은 (a)이다.

[어휘] **hung up** 전화를 끊다
sound like ~인 듯하다, ~인 것 같다
prank n. 장난
funny a. 우스운, 웃기는
mock a. 거짓된, 가짜의

04. (a)

[해석] A: 저 전등을 켜려고 하고 있는데, 스위치를 올리면 불이 깜박거리기만 해요.
B: 집주인한테 여기 결함있는 배선에 대해 전화하려고 하고 있었어요.

[해설] 전등 점화에 문제가 있다고 말하자, 배선 이상으로 B가 임대주에게 알리려 하고 있었다고(I've been meaning to call the landlord about ~) 하였다. 따라서 정답은 보기 형용사들 중 '결점이 있는, 불완전한'의 의미가 있는 (a) faulty가 된다.

[어휘] **turn something on** (전기 · 가스 · 수도 등을) 켜다
flip v. (버튼 등을) 탁 누르다, 휙 젖히다
flicker v. (전깃불이나 불길이) 깜박거리다
landlord v. 집주인, 임대주
wiring n. 배선 (장치)
faulty a. 흠[결함]이 있는, 불완전한
eccentric a. 괴짜인, 별난, 기이한

05. (b)

[해석] A: 왜 사장이 너를 제치고 Lisa를 진급시키기로 결정한 거 같아? 네가 더 자격이 있는 거 아냐?
B: 내 생각에 사장이 내가 자기를 상대로 관리팀에 제출한 항의서에 대한 보복으로, 악의적으로 결정을 내렸던 거 같아.

[해설] B는 사장을 상대로 항의서를 제출했기 때문에 사장이 보복적으로 자신을 유급시켰다고 생각하고 있다. 따라서 빈칸에는 '보복성 악의적 결정'이란 의미에서 형용사 (b) spiteful이 가장 적절하다.

[어휘] **promote** v. 승진[진급]시키다
qualified a. 자격(증)이 있는
make a decision 결정하다
in retaliation for ~에 대한 보복으로
complaint n. 불평, 항의 (거리)
file v. (서류를) 정식으로 제출하다
impatient a. 짜증난, 안달하는

spiteful a. 앙심[독기]을 품은, 악의적인
reckless a. 무모한, 신중하지 못한
superficial a. 깊이 없는, 얄팍한

06. (c)

[해석] 헤어스타일리스트는 항상 첫눈에 머리카락이 탈색한 것인지 혹은 자연적으로 금발인지를 알아볼 수 있다.

[해설] 문맥상 머리카락이 인위적으로 탈색된 것인지 혹은 '자연적으로' 또는 '원래' 금발인지를 알아볼 수 있다는 내용이다. 따라서 빈칸에는 (c) naturally가 적절하다.

[어휘] **reasonably** adv. 합리적으로
commonly adv. 보통, 일반적으로
physically adv. 육체적, 물리적으로

07. (d)

[해석] 사회학 교수님은 학생들 간에 토의를 권장하기 위해 특별한 문화적 가치에 관한 도발적인 견해를 제시하였다.

[해설] 문맥상 학생들을 자극하여 토의를 유발하기 위해서는 자극적이고 도발적인 소재가 필요하다는 내용이 되어야 한다. 따라서 빈칸에는 '자극적인, 도발적인'의 의미를 갖는 (d) provocative가 적절하다.

[어휘] **complementary** a. 보충하는
interchangeable a. 교환할 수 있는, 바꿀 수 있는
considerable a. 중요한, 상당한
provocative a. 자극적인, 도발적인

08. (c)

[해석] Julian은 어떤 주제가 대화에 적합한지 구분하는 방법을 몰랐기 때문에 이방인들 사이에서 늘 불편해 한다.

[해설] 문맥상 빈칸에는 이방인들 사이에서 '불편하고 어색하다'는 의미의 형용사가 들어가야 한다. 따라서 이에 적절한 형용사 (c) awkward가 정답이다.

[어휘] **cynical** a. 냉소적인, 비꼬는
precious a. 값비싼, 소중한
awkward a. 서투른, 어색한
hazardous a. 위험한, 모험적인

09. (d)

[해석] 많은 군인들이 공포에 질려 다가오는 포위공격에 대항하지 못하고 달아났을 때, 한 장교가 겁 없이 적의 눈을 응시하였다.

[해설] 문맥상 다른 군인들이 모두 공포에 질려 달아났음에도 한 장교는 '(공포에 굴복하지 않고) 겁 없이' 적의 눈을 응시하였다는 내용이다. 따라서 (d) unflinchingly가 들어가야 한다.

[어휘] **comparatively** adv. 비교적, 상당히
disingenuously adv. 솔직하지 못하게
unflinching a. 수그러들지 않는, 위축되지 않는

10. (c)

[해석] Vernon이 들어와서 예기치 않게 자신의 전 부인이 그녀의 새로운 남편과 함께 앉아 있는 것을 보았을 때 그 방안의 긴장감은 명백해졌다.

[해설] 형용사 (c) palpable은 '매우 뚜렷한, 명백한'의 의미를 갖고 있다. 문맥상 가장 적절한 형용사는 (c)이다.

[어휘] **effective** a. 효과적인, 효율적인
translucent a. 반투명의, 흐린
palable a. 명백한, 뚜렷한
ambiguous a. 모호한

11. (d)

[해석] 선생님은 Paul의 에세이가 지난번에 작성한 것 보다 훨씬 더 일관성이 있었기 때문에 그가 부정행위를 하였을지도 모른다고 걱정하였다.

[해설] Paul이 이번에 작성한 에세이가 기존의 것보다 훨씬 더 낫다는 의미가 되어야 한다. 따라서 '일관성이 있는, 논리 정연한'이라는 의미의 (d) coherently가 가장 적절하다.

[어휘] **dubiously** adv. 의심스럽게
marginally adv. 가장자리에, 근소하게
ambivalently adv. 상반되게, 모순되게
coherently adv. 논리 정연하게, 일관되게

12. (b)

[해석] Oliver는 종종 사람들에게 자신이 위대한 예술가라고 이야기하곤 하였지만, 그의 친구 대부분은 그가 자신의 재능에 대한 과장된 견해를 갖고 있다고 생각했다.

[해설] 문맥상 빈칸에는 '과장되다'는 의미의 형용사가 적절하다. 따라서 (b) inflated가 정답이 된다.

[어휘] **overt** a. 명백한, 공공연한
inflate v. 부풀리다, 과장하다
explicit a. 뚜렷한, 명백한
apparent a. 뚜렷한, 명백한

13. (c)

[해석] 신문이 그녀의 최근 소설에 대해 일면에 신랄한 비판을 하였을 때 그녀는 망연자실하였다.

[해설] 문맥상 신문에서 그녀의 소설에 대해 비판을 하였기 때문에 그 저자가 망연자실한 것이므로 빈칸에는 '통렬한, 신랄한, 가차 없는' 등의 의미가 자연스럽다. 따라서 (c) scathing이 적절하다.

[어휘] **innocuous** a. 무해한, 악의 없는
modest a. 겸손한, 알맞은
scathing a. 통렬한, 가차 없는

14. (c)

[해석] Julian은 차의 이력에 대해서 거의 알지 못하였기 때문에, 자동차에 관한 그 기사가 매우 계몽적이라고 생각하였다.

[해설] 문맥상 Julian은 자동차에 대해서 잘 알지 못하였기 때문에 자동차 관련 기사가 자신에게 매우 유용하였다고 생각했다는 내용이다. 따라서 빈칸에는 '잘 알려주는, 계몽적인'의 의미를 갖는 (c) enlightening이 적절하다.

[어휘] **inconsistent** a. 일치되지 않는, 조화되지 않는
distinguished a. 뚜렷한, 두드러지는
preposterous a. 앞뒤가 뒤바뀐, 상식을 벗어난

15. (b)

[해석] 그 시에서 가장 높은 가지에 달려 있는 사과는 모든 사람이 추구하지만 아주 소수만이 가질 수 있는 행복을 상징한다.

[해설] 빈칸에는 '행복을 상징하는'이라는 의미가 들어가야 한다. 따라서 정답은 (b) symbolic이 된다.

[어휘] **dangle** v. 매달리다, 붙어 다니다
exclusive a. 배타적인, 독점적인
distinctive a. 독특한, 특이한
typical a. 전형적인

16. (c)

[해석] Raymond는 약혼녀의 부모님께 예의 바르게 행동하려고 노력하였지만, 그들의 집에 대한 칭찬은 뻔히 위선적이었다.

[해설] 문맥상 '약혼자의 부모님 집을 뻔히 보이게 위선적으로 칭찬을 하였다'는 의미이다. 따라서 빈칸에는 (c) transparently가 들어가야 한다.

[어휘] **believably** adv. 믿을 수 있게
uncommonly adv. 드물게, 진귀하게
transparently adv. 뻔히
curiously adv. 호기심에서

17. (b)

[해석] Tom과 Sheila는 함께 일을 잘하였는데, 그 이유는 Tom의 지나치게 창조적인 문제해결 방법이 Sheila의 좀 더 실용적인 접근방법을 보완하였기 때문이다.

[해설] 문맥상 창조적인 방법이 '실용적인' 접근법을 보완한다는 내용이다. 따라서 빈칸에는 (b) pragmatic이 들어가야 한다.

[어휘] **complement** v. 보충하다, 보완하다
approach n. 접근법
ambitious a. 야망을 품은, 야심 있는
pragmatic a. 활동적인, 실용적인
honorable a. 명예로운, 존경할만한
mysterious a. 신비한, 원인불명의

18. (c)

[해석] 비록 새로운 도서관에 대한 Jane의 제안이 매우 인상적이기는 했지만, 학교는 그 프로젝트를 진행할 만한 예산과 인력을 갖고 있지 않았기 때문에 문제가 되었다.

[해설] 문맥상 '좋은 제안이었음에도 불구하고 진행할 수 없는 문제가 있다'는 내용이다. 따라서 빈칸에는 '문제가 되는, 문제의

소지가 있는' 의미의 (c) problematic이 들어가야 한다.

[어휘] **uncomfortable** a. 기분이 언짢은, 불쾌한
laborious a. 힘든, 곤란한

19. (c)

[해석] 비록 Leon은 안경 없이 가까운 물체를 볼 수 있었지만, 멀리 있는 물체의 자세한 부분은 희미해 보였다.

[해설] 문맥상 멀리 있는 물체가 잘 보이지 않았다는 의미이다. 따라서 '희미한, 불분명한' 의미의 형용사 (c) indistinct가 들어가야 한다.

[어휘] **concealed** a. 숨겨진
sightless a. 앞이 보이지 않는
indistinct a. 희미한, 흐릿한
oblivious a. 의식하지 못하는

20. (b)

[해석] 혐의자에 대한 증거를 열람한 후, 배심원들은 전적으로 유죄를 확신하였지만, 경찰이 실수했을 작은 가능성이 여전히 남아 있었다.

[해설] 증거를 본 후 유죄심증을 갖는 과정을 이야기하고 있다. 따라서 이에 적절한 부사 (b) absolutely가 적절하다.

[어휘] **defensively** adv. 방어적으로
absolutely adv. 전적으로, 완전히
carelessly adv. 부주의하게
reasonably adv. 적절하게

21. (d)

[해석] 몇몇 광부들이 폐암에 걸렸을 때, 그들은 자신들의 고용주를 광산 내에서 부적절한 환기 시스템을 제공하였다는 이유로 고소하였다.

[해설] 문맥상 잘못된 환기시스템 때문에 폐암에 걸렸다는 것이 광부들의 주장이 되어야 자연스럽다. 따라서 빈칸에 들어갈 수 있는 가장 적절한 어휘는 (d) inadequate이다.

[어휘] **ludicrous** a. 익살맞은, 우스운
acceptable a. 받아들일 수 있는, 견딜 수 있는
excessive a. 지나친, 과도한
inadequate a. 부적당한, 부적절한

22. (a)

[해석] 그 집은 명확히 많은 작업을 필요로 하였지만, 집수리업자는 집의 기초가 견고하다는 사실을 발견하고 기뻐하였다.

[해설] 문맥상 집의 기초가 '단단한, 견고한'는 의미가 되어야 한다. 따라서 빈칸에는 (a) sound가 가장 적절하다.

[어휘] **foundation** n. 기초
sound a. 건전한, 견고한

23. (a)

[해석] 학생들이 기숙사 내에서 술을 마시고 시끄러운 음악을 틀어

논 것을 알았을때, 대학은 제어할 수 없는 행동 때문에 그들을 소환하였다.

[해설] 문맥상 기숙사 내에서 술을 마시고 음악소리를 크게 하여 듣는 것은 잘못된 행동이다. 따라서 빈칸에는 (a) unruly가 들어가야 한다.

[어휘] **unruly** a. 제멋대로의, 제어가 안 되는
peculiar a. 독특한, 기묘한
customary a. 습관적인, 재래의
variable a. 변하기 쉬운, 변화무쌍한

24. (d)

[해석] Victor는 이웃주민들에게 음악소리를 줄여달라고 부탁하였음에도 불구하고 음악을 계속 시끄럽게 틀어 잠을 자지 못하였다고 경찰에 신고하였다.

[해설] 빈칸 앞에서 음악소리를 줄여달라고 부탁하였다고 하였다. 따라서 빈칸에는 음악을 '계속, 끊임없이' 틀었다는 의미의 (d) incessantly가 가장 자연스럽다.

[어휘] **suspiciously** adv. 의심스럽게
peacefully adv. 평화롭게, 평온하게
undoubtedly adv. 틀림없이, 확실하게
incessantly adv. 끊임없이

25. (a)

[해석] Elliot은 배정고사를 형편없이 치렀기 때문에, 다른 학생들과 보조를 맞출 수 있도록 하기 위해 수학보충교실에 배정되었다.

[해설] 문맥상 배정고사를 망쳐서 수학을 보충할 수 있도록 특별한 반에 배정하였다는 의미가 되어야 자연스럽다. 따라서 빈칸에는 (a) remedial이 적절하다.

[어휘] **remedial** a. 학력부족을 보충하는, 개선하는
scholastic a. 학교의, 학자의
theoretical a. 이론적인
descriptive a. 기술적인, 묘사적인

26. (a)

[해석] Steven이 그의 부인 생일파티에 참석하지 않은 것이 눈에 띄었기 때문에 많은 손님들은 왜 그가 참석하지 않았는지에 대해 의아해 했다.

[해설] Steven이 부인 생일 파티에 참석하지 않은 것이 눈에 잘 띄었다는 의미가 되어야 자연스럽다. 따라서 이에 적절한 형용사 (a) conspicuous가 들어가야 한다.

[어휘] **conspicuous** a. 눈에 잘 띄는
invisible a. 보이지 않는
dependable a. 신뢰할 수 있는
approximate a. 대략의, 대체적인

1. [naturally] 헤어스타일리스트는 항상 첫눈에 머리카락이 탈색한 것인지 혹은 자연적으로 금발인지를 알아볼 수 있었다.

2. [provocative] 사회학 교수님은 학생들 간에 토의를 권장하기 위해 특별한 문화적 가치에 관한 도발적인 견해를 제시하였다.

3. [awkward] Julian은 어떤 주제가 대화에 적합한지 구분하는 방법을 몰랐기 때문에 이방인들 사이에서 늘 불편해 한다.

4. [unflinchingly] 많은 군인들이 공포에 질려 다가오는 포위공격에 대항하지 못하고 달아났을 때, 한 장교가 겁 없이 적의 눈을 응시하였다.

5. [palpable] Vernon이 들어와서 예기치 않게 자신의 전 부인이 그녀의 새로운 남편과 함께 앉아 있는 것을 보았을 때 그 방안의 긴장감이 명백해졌다.

6. [coherently] 선생님은 Paul의 에세이가 지난번에 작성한 것 보다 훨씬 더 일관성이 있었기 때문에 그가 부정행위를 하였을지도 모른다고 걱정하였다.

7. [inflated] Oliver는 종종 사람들에게 자신이 위대한 예술가라고 이야기하곤 하였지만, 그의 친구 대부분은 그가 자신의 재능에 대한 과장된 견해를 갖고 있다고 생각했다.

8. [scathing] 신문이 그녀의 최근 소설에 대해 일면에 신랄한 비판을 하였을 때 그녀는 망연자실하였다.

9. [enlightening] Julian은 차의 이력에 대해서 거의 알지 못하였기 때문에, 자동차에 관한 그 기사가 매우 계몽적이라고 생각하였다.

10. [symbolic] 그 시에서 가장 높은 가지에 달려 있는 사과는 모든 사람이 추구하지만 아주 소수만이 가질 수 있는 행복을 상징한다.

11. [transparently] Raymond는 약혼녀의 부모님께 예의 바르게 행동하려고 노력하였지만, 그들의 집에 대한 칭찬은 뻔히 위선적이었다.

12. [pragmatic] Tom과 Sheila는 함께 일을 잘하였는데, 그 이유는 Tom의 지나치게 창조적인 문제해결 방법이 Sheila의 좀 더 실용적인 접근방법을 보완하였기 때문이다.

13. [problematic] 비록 새로운 도서관에 대한 Jane의 제안이 매우 인상적이기는 했지만, 학교는 그 프로젝트를 진행할 만한 예산과 인력을 갖고 있지 않았기 때문에 문제가 되었다.

14. [indistinct] 비록 Leon은 안경 없이 가까운 물체를 볼 수 있었지만, 멀리 있는 물체의 자세한 부분은 희미해 보였다.

15. [reasonably] 혐의자에 대한 증거를 열람한 후, 배심원들은 전적으로 유죄를 확신하였지만, 경찰이 실수했을 작은 가능성이 여전히 남아 있었다.

16. [inadequate] 몇몇 광부들이 폐암에 걸렸을 때, 그들은 자신들의 고용주를 광산 내에서 부적절한 환기 시스템을 제공하였다는 이유로 고소하였다.

17. [sound] 그 집은 명확히 많은 작업을 필요로 하였지만, 집수리업자는 집의 기초가 견고하다는 사실을 발견하고 기뻐하였다.

18. [unruly] 학생들이 기숙사 내에서 술을 마시고 시끄러운 음악을 틀어 논 것을 알았을 때, 대학은 제어할 수 없는 행동 때문에 그들을 소환하였다.

19. [incessantly] Victor는 이웃주민들에게 음악소리를 줄여달라고 부탁하였음에도 불구하고 음악을 계속 시끄럽게 틀어 잠을 자지 못하였다고 경찰에 신고하였다.

20. [remedial] Elliot은 배정고사를 형편없이 치렀기 때문에, 다른 학생들과 보조를 맞출 수 있도록 하기 위해 수학 보충교실에 배정되었다.

21. [conspicuous] Steven이 그의 부인 생일파티에 참석하지 않은 것이 눈에 띄었기 때문에, 많은 손님들은 왜 그가 참석하지 않았는지에 대해 의아해 했다.

22. [informally] Sam은 파티에 도착해서 모두들 편안한 옷차림에 있는 것을 발견하고는 그의 턱시도에 당황했다.

23. [mentally] 법원은 피고인이 정신적으로 재판을 받을 수 있는 능력이 되는지 확인하기 위해 피고인에 대한 정신 감정을 요구했어요.

24. [allegedly] 그가 Franklin에게 공격적인 말을 했다고들 하는데, 대화를 들은 몇몇 사람들은 Franklin이 과도하게 반응했대.

Check Up 1

1. [정답] apply

[해석] 심한 화상을 입은 후에는 최대한 신속하게 치유과정을 시작하도록 하기 위해 감염부위에 연고를 바르는 것이 중요하다.

[어휘] **ointment** n. 연고
burn n. 화상
heal v. 고치다, 낫게 하다
apply ointment 연고를 바른다

2. [정답] break

[해석] 그 장거리 선수는 1마일 경주 기록을 깨기를 희망하였다.

[어휘] **crash** v. 산산이 부수다
break the record 기록을 깨다

3. [정답] abuse

[해석] 요즘 많은 10대들이 마약과 술을 남용한다.

[어휘] **teenager** n. 10대
abuse drugs 마약을 남용하다

4. [정답] breach

[해석] 법을 어기는 사람은 벌금을 내야 한다.

[어휘] **penalty** n. 벌금
breach a law 법을 어기다

Check Up 2

1. [정답] deliver

[해석] 전쟁이 시작되자, 대통령은 국민들에게 연설을 하고 국가의 계획을 설명하기 위해 특별 기자회견을 열었다.

[어휘] **request** v. 요구하다, 요청하다
press conference 기자회견

2. [정답] cross

[해석] 어린이들은 학교에서 적절한 감독 없이 차도를 건너지 못하도록 되어 있다.

[어휘] **supervision** n. 관리감독, 지휘, 감시

3. [정답] subject

[해석] 화제를 돌리지 말고, 먼저 네가 틀렸다고 인정해라.

[어휘] **admit** v. 인정하다
meaning n. 의미, 뜻

4. [정답] commit

[해석] 그는 다시는 범죄를 저지르지 못하도록 높은 형으로 기소되어야 한다.

[어휘] **infringe** v. (법규를) 어기다, (권리를) 침해하다

Check Up 3

1. [정답] hold

[해석] 만약 고객들이 미리 전화를 한다면, 그 레스토랑은 일행들이 도착할 때까지 테이블을 잡아 놓는다.

[어휘] **ahead of time** 미리, 시간 전에
maintain v. 유지하다
hold a table 자리를 잡다

2. [정답] fill out

[해석] 직업에 고려 대상이 되기 전에 먼저 지원서를 작성해야 한다.

[어휘] **bulk up** ~을 더 크게(두껍게, 무겁게) 만들다
fill out an application 신청서에 기입하다

3. [정답] get

[해석] 대부분의 시간 동안 집사는 노크소리를 듣자마자 손님을 맞으러 가게 될 것이다.

[어휘] **get the door** 손님을 맞으러 가다

4. [정답] lift

[해석] 무역업자들은 정부가 전세계로부터의 수출에 대한 금지령을 해제할 것이라는 사실을 알고 매우 기뻐하였다.

[어휘] **export** n. 수출
lift the ban 금령을 풀다

Practice Test

01. (a)	02. (a)	03. (b)	04. (c)	05. (a)
06. (b)	07. (c)	08. (b)	09. (b)	10. (c)
11. (c)	12. (a)	13. (a)	14. (c)	15. (a)
16. (c)	17. (d)	18. (a)	19. (b)	20. (a)

01. (a)

[해석] A: 나는 다음 주에 몰디브로 여행 간다.
B: 이번이 한해 중 가장 성수기야. 호텔방 예약 했니?

[해설] '(호텔 방을) 예약하다'는 동사는 book이다.

[어휘] **peak season** 성수기
book v. 예약하다
own v. 소유하다, 지니다

02. (a)

[해석] A: 이 이른 아침에 어딜 가세요?
B: 시내에 심부름하러 갑니다. 뭐 좀 사다 드릴까요?

[해설] '심부름 가다'는 표현은 run an errand이다.

[어휘] **task** n. 업무, 과업
chore n. 잡일, 허드렛일

03. (b)

[해석] A: 내가 이 자켓을 어제 샀는데 너무 타이트하네. 살을 빼야
겠어.
B: 다이어트 하는 게 어때?

[해설] '살을 빼다'는 표현은 lose weight이다.

[어휘] **go on a diet** 다이어트 하다

04. (c)

[해석] A: 누가 문에 노크를 하네. 문 좀 열어줄래?
B: 좋아, 내가 할게.

[해설] '문을 열어주다, 손님을 맞이하다'는 표현은 get the door
또는 answer the door이다.

05. (a)

[해석] A: 계속 그 잡지 구독할 거니?
B: 응, 정기구독 갱신하기로 결정했어.

[해설] '정기구독을 갱신하다'는 표현은 renew subscription이다.

[어휘] **subscription** n. 구독(료), 모금

06. (b)

[해석] A: 언제 주문하셨는지요?
B: 거의 1주 전에 했습니다.

[해설] '주문을 하다'는 표현은 place an order이다. 반대로 '주문
을 받다'는 표현은 take an order이다.

07. (c)

[해석] A: 우리는 Joseph이 결혼하기 전에 총각파티를 열 생각이
야. 올 거지?
B: 물론이야. 갈게.

[해설] '총각파티'라는 표현은 bachelor party이다.

[어휘] **housewarming party** 집들이
farewell party 환송회

08. (b)

[해석] A: 수하물 찾는 곳에 가야 하지 않아?
B: 아니, 난 안가도 돼. 유일한 짐은 이 휴대용 가방이야.

[해설] '수하물 찾는 곳'은 baggage claim이다.

[어휘] **retrieve** v. 만회하다, 회복하다
reclaim v. 반환을 요구하다, 되찾다
declaration n. 선언

09. (b)

[해석] A: 제가 무엇을 잘못했나요? 경찰관님.
B: 과속하셨습니다. 운전면허증이나 자동차등록증 보여주
세요.

[해설] '자동차등록증'은 vehicle registration card이다.

[어휘] **legislation** n. 입법

10. (c)

[해석] A: 이 소포 미국으로 보내고 싶은데요.
B: 네. 보통우편 또는 항공우편 중에서 어떤 것으로 보내고
싶으세요?

[해설] '보통우편'은 surface mail이다.

[어휘] **package** n. 소포

11. (c)

[해석] 형법은 돈을 목적으로 아이를 유괴한 범죄자에게 형벌을 부
과한다.

[해설] 형벌 따위를 '부과하다'는 표현에 적절한 동사는 (c) impose
이다.

[어휘] **depose** v. (고위공무원을) 해임하다, (문서로) 선서진술을 하다
repose v. 재우다, 쉬게 하다
expose v. 노출시키다
kidnap v. 유괴하다
ransom n. 몸값

12. (a)

[해석] Illinois주 검찰청은 7월 7일에 Ronald Kitchen에 대해 제기
된 모든 기소사실을 철회하였고, 그는 사형을 선고 받은 지
13년 만에 교도소를 출소했다.

[해설] 기소사실을 '철회하다'는 의미의 동사는 drop이다.

[어휘] **charge** n. 혐의
tolerate v. 참다, 인내하다

13. (a)

[해석] Libya는 여행객 유치를 위해 다수의 국가에 대한 비자 제한
을 완화하고, 석유로부터 경제를 다양화할 계획을 세우고
있다.

[해설] 여행객 또는 관광객을 '유치하다, 유인하다, 끌다'는 의미의
동사는 attract이다.

[어휘] **restriction** n. 제한
diversify v. 다양화하다

14. (c)

[해석] 네 머리가 항상 접촉하는 헬멧에 화학약품을 뿌리는 것은 문제를 일으킬지도 모른다.

[해설] '문제를 제기하다'는 raise a question이다.

[어휘] **provoke** v. 성나게 하다, 유발하다, 도발하다

15. (a)

[해석] Sarah양은 주제에 관하여 그들이 모두 놓친 매우 좋은 의견을 제시하였다.

[해설] '의견을 제시하다, ~점을 지적하다'는 표현은 raise a point이다.

[어휘] **aspect** n. 면, 양상

16. (c)

[해석] 두 노동조합은 목요일 기자회견 후 시위를 벌였고, 금요일에는 추가적인 항의를 계획하고 있다.

[해설] '시위를 벌이다'는 stage a demonstration이다.

[어휘] **labor union** 노동조합

17. (d)

[해석] 직원이 기름을 넣어주는 주유소에서는 직원이 주유를 해주더라도 추가적으로 돈을 지불할 필요가 없다.

[해설] '주유하다'는 표현은 pump the gas이다.

[어휘] **pay top dollar** 돈을 많이 지불하다
full-service gas station 직원이 기름을 넣어주는 주유소

18. (a)

[해석] 빈번하게, 연구자들은 연구의 문제점 또는 하부 문제점들에 기초하여 가설을 세우곤 한다.

[해설] '가설을 세우다'는 formulate hypothesis이다.

[어휘] **perform** v. 행하다, 실행에 옮기다

19. (b)

[해석] 그 다국적 기업은 전 세계 판매량을 늘리기 위해 새로운 프로그램을 시작하였다.

[해설] '~을 시작하다, 개시하다, 착수하다'는 동사는 launch이다.

[어휘] **practice** v. 실행하다, 행하다
tailor v. 양복을 짓다

20. (a)

[해석] 연구자들은 황달 걸린 생쥐에게 새로 개발된 신약을 처방하였다.

[해설] '약을 처방하다'는 표현에 사용되는 동사는 administer이다.

[어휘] **inject** v. 주사하다, 삽입하다
penetrate v. 관통하다

Review TEST

1. [booked] 이번이 한해 중 가장 성수기야. 호텔방 예약 했니?

2. [errands] 시내에 심부름하러 갑니다. 뭐 좀 사다 드릴까요?

3. [lose] 내가 이 자켓을 어제 샀는데 너무 타이트하네. 살을 빼야겠어.

4. [answer] 누가 문에 노크하고 있네. 문 좀 열어줄래?

5. [renew] 응, 정기구독 갱신하기로 결정했어.

6. [place] 언제 주문하셨는지요?

7. [bachelor] 우리는 Joseph이 결혼하기 전에 총각파티를 열 생각이야. 올 거지?

8. [claim] 수하물 찾는 곳에 가야 하지 않아?

9. [registration] 과속하셨습니다. 운전면허증이나 자동차 등록증 보여주세요.

10. [surface] 네. 보통우편 또는 항공우편 중에서 어떤 것으로 보내고 싶으세요?

11. [imposes] 형법은 돈을 목적으로 아이를 유괴한 범죄자에게 형벌을 부과한다.

12. [dropped] Illinois주 검찰청은 7월 7일에 Ronald Kitchen에 대해 제기된 모든 기소사실을 철회하였고, 그는 사형을 선고 받은 지 13년 만에 교도소를 출소했다.

13. [attract] Libya는 여행객 유치를 위해 다수의 국가에 대한 비자 제한을 완화하고, 석유로부터 경제를 다양화할 계획을 세우고 있다.

14. [raise] 네 머리가 항상 접촉하는 헬멧에 화학약품을 뿌리는 것은 문제를 일으킬지도 모른다.

15. [point] Sarah양은 주제에 관하여 그들이 모두 놓친 매우 좋은 의견을 제시하였다.

16. [staged] 두 노동조합은 목요일 기자회견 후 시위를 벌였고, 금요일에는 추가적인 항의를 계획하고 있다.

17. [pump] 직원이 기름을 넣어주는 주유소에서는 직원이 주유를 해 주더라도 추가적으로 돈을 지불할 필요가 없다.

18. [formulate] 빈번하게, 연구자들은 연구의 문제점 또는 하부문제점들에 기초하여 가설을 세우곤 한다.

19. [launched] 그 다국적 기업은 전 세계 판매량을 늘리기 위해 새로운 프로그램을 시작하였다.

Check Up 1

1. [정답] invade

[해석] 언론은 나의 사생활을 침해할 권리가 없다.

[어휘] **press** n. 언론
privacy n. 사생활
invade a privacy 사생활을 침해하다

2. [정답] keep

[해석] 고용주는 매일 노동자들의 근로시간을 기록해야 한다.

[어휘] **working hour** 근로시간
keep a record 기록하다

3. [정답] launched

[해석] 나는 그 광고회사가 자동차 회사와 함께 프로젝트를 시작했다는 말을 들었다.

[어휘] **partnership** n. 동반자(파트너) 관계
launch a project 프로젝트를 시작하다

4. [정답] lose

[해석] 만약 네가 금요일 저녁 게임에서 진다면, 준결승에 가지 못할 거야.

[어휘] **semi-final** n. 준결승
lose a game 게임에서 패하다

Check Up 2

1. [정답] make

[해석] 학교에 정시에 도착하려면 우회전해서 고속도로를 타야 할거야.

[어휘] **make a right turn** 우회전하다

2. [정답] make

[해석] 당신이 오직 파트타임으로만 일을 한다면 많은 돈을 벌기는 매우 힘들 것입니다.

[어휘] **make money** 돈을 벌다

3. [정답] meet

[해석] 때때로 신문사에서 기사를 쓰는 사람들은 기한을 맞추어야 하는데 그렇지 못할 경우에는 급여를 받지 못한다.

[어휘] **employee** n. 피고용인, 노동자
get paid 급료를 받다

meet a deadline 기한을 맞추다

4. [정답] close

[해석] 다른 나라로 이민을 가기 전에 많은 사람들은 자신들의 돈을 모두 인출하고 은행 계좌를 닫는다.

[어휘] **withdraw** v. 철회하다, (돈을)인출하다

Check Up 3

1. [정답] returning

[해석] 비서들의 업무 중 중요한 부분은 고객이 메시지를 남긴 후에 전화를 다시 하는 것이다.

[어휘] **leave a message** 메시지를 남기다
secretary n. 비서
return one's call 다시 전화하다

2. [정답] take

[해석] James의 차가 고장 난 후 그는 매일 버스를 타고 직장에 출근해야 했다.

[어휘] **break down** (기계, 자동차 따위가)고장 나다
be forced to ~해야만 하다
take a bus 버스를 타다

3. [정답] raise

[해석] 지역사회를 위해 모금을 하는 방법으로 자선파티를 열 필요가 있다.

[어휘] **community** n. 사회공동체
held a charity 자선파티를 열다
raise funds 자금을 마련하다

4. [정답] prove

[해석] 주장의 정당함을 보여주기 위해 시나리오는 종종 에피소드의 마지막 부분에서 보여 진다.

[어휘] **prove a point** 주장이 정당함을 보여주다

01. **(a)**	02. **(c)**	03. **(a)**	04. **(d)**	05. **(c)**
06. **(a)**	07. **(b)**	08. **(b)**	09. **(a)**	10. **(a)**
11. **(d)**	12. **(b)**	13. **(d)**	14. **(d)**	15. **(a)**
16. **(d)**	17. **(c)**	18. **(b)**	19. **(b)**	20. **(b)**
21. **(b)**	22. **(b)**	23. **(d)**	24. **(b)**	25. **(a)**
26. **(c)**	27. **(c)**			

01. (a)

[해석] A: 네. 총 금액은 50달러 28센트입니다.
B: 그럼, 전 누구에게 이 계산서를 지불하면 되나요?

[해설] '계산하다'는 표현은 pay a check이다.

02. (c)

[해석] A: 판매량을 증가시킬 수 있는 방법이 있나요?
B: 제 생각에는 신문에 홍보(판촉) 광고를 내는 것이 최선인 것 같습니다.

[해설] '판매량을 증가시키다'는 표현에 사용되는 동사는 boost이다.

[어휘] **alleviate** v. 경감하다, 완화하다
expand v. 펼치다, 확장하다
extend v. 뻗다, 늘이다

03. (a)

[해석] A: 내가 듣기로는 선블럭 크림은 비가 오는 날이거나 구름 낀 날에도 바를 필요가 있다고 들었어.
B: 사실이야. 자외선은 구름을 통해서도 피부에 닿을 수 있거든.

[해설] '연고 따위를 바르다'는 표현에 사용되는 동사는 apply이다.

[어휘] **UV rays** 자외선(Ultra Violet rays)

04. (d)

[해석] A: 그래서 커피 만드는 기계를 반품하고 환불 받았니?
B: 아니, 출납원에게 환불 받고 싶다고 했더니 고약하게 변하더라고.

[해설] '(성질 따위가) 변하다'는 표현에 사용되는 동사는 turn이다.

[어휘] **get a refund** 환불 받다
nasty a. 끔찍한, (성질이)못된, 고약한

05. (c)

[해석] A: 안녕하세요, 무엇을 도와드릴까요?
B: 이 처방전에 따라 약을 조제해 주세요.

[해설] '약을 조제하다'는 표현은 fill a prescription이다.

06. (a)

[해석] A: 오늘 피곤해 보이네. 내가 오늘 저녁 준비할게.
B: 정말 친절하네요.

[해설] '저녁을 하다, 준비하다'는 표현에 사용되는 동사는 fix이다.

[어휘] **exhausted** a. 지친, 소진된
fix dinner 저녁을 준비하다

07. (b)

[해석] A: 배심원에게 이야기 해도 되나요?
B: 아니요, 죄송합니다만 그러실 수 없습니다. 그들은 결정을 내릴 때까지 격리됩니다.

[해설] '결정에 이르다'는 표현에 사용되는 동사는 reach이다.

[어휘] **jury** n. 배심원
sequester v. (배심원단을) 격리시키다

08. (b)

[해석] A: 노동분쟁에 관련하여 어떤 소식 들었니?
B: 고용주를 상대로 소송을 제기하려나 봐.

[해설] '소송을 제기하다'는 표현은 file a lawsuit이다.

[어휘] **dispute** n. 토론, 논쟁
lawsuit n. 소송
employer n. 고용주

09. (a)

[해석] A: 일만하고 놀지 않으면 우둔한 사람이 될 거야.
B: 일과 휴식 간에 균형을 맞추기가 말처럼 쉽지는 않아.

[해설] '~간에 균형을 맞추다'는 표현은 strike a balance이다.

10. (a)

[해석] A: 여보세요. 판매 담당자와 통화할 수 있나요?
B: 이번 금요일까지 출장입니다. 만날 약속을 잡으시겠어요?

[해설] '만날 약속을 잡다'는 표현은 make an appointment이다.

[어휘] **out of town** 출장 중인, 떠난

11. (d)

[해석] A: 일본에 수신자 부담으로 전화하는 방법을 알고 싶어요.
B: 전화 교환원에게 먼저 전화하세요.

[해설] '전화를 걸다'는 표현은 make a (phone) call이다.

[어휘] **collect call** 수신자 부담 전화

12. (b)

[해석] A: Terry가 대회에서 우승했다니 놀라운데. 분명 열심히 준비했을 거야.
B: 난 그렇게 생각 안 해. 비록 그가 많이 노력하지 않았더라도 그는 우승했을 거야.

[해설] '~을 위해 노력하다'는 표현 put effort into이다.

[어휘] **take (win) a prize** 상을 타다

13. (d)

[해석] A: 그 고가의 차 수리비는 어떻게 지불할거니?
B: 보험회사에 보상을 신청했는데요. 그 회사에서 손해 대부분을 물어 내주길 바랄 뿐이에요.

[해설] B는 자동차 수리비 지불에 대한 부담감으로 보험회사에 청구하여 손해를 보상받으려 하고 있다. 따라서, 빈칸에는 '보험사에 보상금 청구를 신청했다'는 의미가 되려면, 보기의 명사들 중 (d) claim이 들어가야 한다.

[어휘] **costly** a. 비용이 많이 드는, 값비싼
repair n. [pl.] 수선[수리]비
file v. (서류를) 정식으로 제출하다, 신청하다
insurance n. 보험, 보험금
hopefully adv. 바라건대
damage n. 손상, 피해
check n. 확인, 조사, 수사
form n. (공식적인 문서의) 서식
claim n. (보상금 등에 대함) 청구[신청]

14. (d)

[해석] A: 분명히 Olivia가 경주에서 이겼는데, 판정단이 왜 트로피를 주지 않았던 거죠?
B: 판정단은 Olivia가 체력을 증강시키기 위한 특수 약물을 마셨기 때문에 부당한 이익을 얻었다고 결정했거든.

[해설] 판정단은 체력 향상을 위해 특수 약물을 복용한 것을 Olivia 자신에게는 혜택이 됐지만 상대방으로서는 공정하지 않은 처사였기에 트로피를 수여하지 않았다는 내용이다. 결쟁에서 발생되는 이러한 일방적 우위를 일컬어 'unfair advantage'라고 하므로, 정답은 (d)가 된다.

[어휘] **determine** v. 결정하다, 단정하다
unfair a. 부정한, 부당한, 불공정한
strength n. 내구력, 견고성
variation n. 변화[차이], 변형
performance n. 수행, 실적, 성과
inclination n. 경향, 의향
advantage n. 유리한 점, 이점

15. (a)

[해석] A: 오랜 병에서 완전히 완쾌되셨나요?
B: 치료로 인한 후유증이 아직 남아 있기는 해도, 다행이 암은 사라졌어요.

[해설] 지병에서 완쾌되었지만 치료로 인해 어떠한 증상이 남아 있다는 내용으로, 보기의 명사들 중 문맥에 삽입되어 '잔류 효과, 즉 후유증'을 의미하는 (a) residual이 답이 된다.

[어휘] **recover** v. (건강이) 회복되다
treatment n. 치료, 처치
residual a. 남은, 잔여[잔류]의
particular a. 특정한, 특별한
divergent a. 분기하는, 다른, 일탈한
alternate a. 번갈아 생기는, 나오는

16. (d)

[해석] 회장이 큰 회사에 자신의 회사를 파는 이유를 설명하기 위해 주주들에게 성명을 발표하였다.

[해설] '성명을 발표하다'는 표현은 issue a statement이다.

[어휘] **surrender** v. 항복하다, (권리 등을) 포기하다
donate v. 기부하다
transfer v. 갈아타다

17. (c)

[해석] 시의회 회의에서 농민연합은 어떻게 수입식품이 국내 농업을 황폐화시킬 수 있는지에 대해서 심각한 문제점들을 제기하였다.

[해설] '문제를 제기하다'는 표현은 raise a question이다.

[어휘] **devastate** v. 유린하다, 황폐화시키다
coalition n. 연합
agricultural industry 농업

18. (b)

[해석] 많은 사람들은 투표를 함으로써 민주주의에 참여하는 자신들의 의무를 이행하였다고 믿는다.

[해설] '투표하다'는 표현은 cast a vote이다.

[어휘] **obligation** n. 의무, 책임
participate v. 참가하다(in)
democratic a. 민주주의의, 민주적인

19. (b)

[해석] 약초를 섭취하는 사람들이 질병에 걸릴 확률은 20배가 낮다.

[해설] '(병에) 걸리다'는 표현은 contract disease이다.

[어휘] **contaminate** v. 더럽히다, 오염시키다

20. (b)

[해석] 결정을 내릴 때 정치인들은 자신들의 직접적인 복지와 국가 전체의 복지를 위해 그 결정의 결과를 숙고해야 합니다.

[해설] '~를 숙고하다'는 표현에 사용되는 동사는 weigh이다.

[어휘] **weigh** v. 무게를 달다, 숙고하다
measure v. 재다, 계량하다
confirm v. 확실히 하다, 확인하다

21. (b)

[해석] 새로 발명된 치료법은 당뇨병 환자들의 기대 수명을 연장하고 삶의 질을 향상시켜 줄 것으로 보도된다.

[해설] '(기대수명을) 연장하다'는 표현에 사용되는 동사는 prolong이다.

[어휘] **postpone** v. 연기하다
lengthen v. 늘이다
elongate v. 길게 늘어지게 하다, 늘이다

22. (b)

[해석] 영 시정의 상황에서 2층에서 작업 중이던 소방관들은 침실 앞에서 두 명의 피해자들을 발견하였다.

[해설] '영 시정(대기의 혼탁도를 나타내는 척도로 육안으로 관측할 수 있는 최대거리가 0임)'는 표현은 zero visibility이다.

[어휘] **void** a. 빈, 무익한

23. (d)

[해석] 3년 후에 Josephine과 Sarah는 그들의 AP통신에 상당하는 New China News Agency인 Xinhua의 손님으로서 중국을 방문하였다.

[해설] '~에 상당하는' 의미는 equivalent로 표현한다.

[어휘] **replacement** n. 교체
substitute v. 바꾸다 n. 대리인, 대체물
complement n. 보충물

24. (b)

[해석] 서양 학생들이 교복을 입지 않는다고 이야기하는 것은 명백한 거짓말이다.

[해설] 문맥상 빈칸에는 '확실한, 명백한'의 의미를 갖는 형용사가 들어가야 하므로 (b) downright가 적절하다.

[어휘] **upright** a. 수직의, 곧은

25. (a)

[해석] 대가족은 아이를 양육하는데 더 낫다고 한다.

[해설] '대가족'은 extended family로 표현한다.

[어휘] **rearing** n. 양육
explode v. 폭발시키다, 급격히 불어나다

26. (c)

[해석] 비상상황을 대비하기 위해서는 집과 차에 구급상자를 구비할 필요가 있다.

[해설] '구급상자'는 first aid kit으로 표현한다.

[어휘] **gadget** n. 간단한 장치, 도구, 부속품

27. (c)

[해석] 뻔한 결정은 발생하기도 전에 이미 발생할 것을 알고 있는 것이다.

[해설] 문맥상 이미 일어나기도 전에 일어날 것을 알고 있는 결정이라는 의미에서 (c) foregone이 가장 적당하다.

[어휘] **foregone conclusion** 뻔한 결정, 이미 아는 결과

Review TEST

1. [**pay**] 그럼, 전 누구에게 이 계산서를 지불하면 되나요?

2. [**boost**] 판매량을 증가시킬 수 있는 방법이 있나요?

3. [**apply**] 내가 듣기로는 선블럭 크림은 비가 오는 날이거나 구름 낀 날에도 바를 필요가 있다고 들었어.

4. [**turned**] 아니, 출납원에게 환불 받고 싶다고 했더니 고약하게 변하더라고.

5. [**fix**] 오늘 피곤해 보이네. 내가 오늘 저녁 준비할게.

6. [**file**] 고용주를 상대로 소송을 제기하려나 봐.

7. [**striking**] 일과 휴식 간에 균형을 맞추기가 말처럼 쉽지는 않아.

8. [**make**] 이번 금요일까지 출장입니다. 만날 약속을 잡으시겠어요?

9. [**make**] 일본에 수신자 부담으로 전화하는 방법을 알고 싶어요.

10. [**put**] 난 그렇게 생각 안 해. 비록 그가 많이 노력하지 않았더라도 그는 우승했을 거야.

11. [**issued**] 회장이 큰 회사에 자신의 회사를 파는 이유를 설명하기 위해 주주들에게 성명을 발표하였다.

12. [**raised**] 시의회 회의에서 농민연합은 어떻게 수입식품이 국내 농업을 황폐화시킬 수 있는지에 대해서 심각한 문제점들을 제기하였다.

13. [**cast**] 많은 사람들은 투표를 함으로써 민주주의에 참여하는 자신들의 의무를 이행하였다고 믿는다.

14. [**contract**] 약초를 섭취하는 사람들이 질병에 걸릴 확률은 20배가 낮습니다.

15. [**weigh**] 결정을 내릴 때 정치인들은 자신들의 직접적인 복지와 국가 전체의 복지를 위해 그 결정의 결과를 숙고해야 합니다.

16. [**prolong**] 새로 발명된 치료법은 당뇨병 환자들의 기대 수명을 연장하고 삶의 질을 향상시켜 줄 것으로 보도된다.

17. [**zero**] 영 시정의 상황에서 2층에서 작업 중이던 소방관들은 침실 앞에서 두 명의 피해자들을 발견하였다.

18. [**equivalent**] 3년 후에 Josephine과 Sarah는 그들의 AP통신에 상당하는 New China News Agency인 Xinhua의 손님으로서 중국을 방문하였다.

19. [**downright**] 서양 학생들이 교복을 입지 않는다고 이야기하는 것은 명백한 거짓말이다.

20. [**extended**] 대가족은 아이를 양육하는데 더 낫다고 한다.

21. [**kit**] 비상상황을 대비하기 위해서는 집과 차에 구급상자를 구비 할 필요가 있다.

22. [**foregone**] 뻔한 결정은 발생하기도 전에 이미 발생할 것을 알고 있는 것이다.

Check Up 1

1. [정답] long

[해석] 사무실에서의 긴 하루를 마치고 젊은 회계사들은 바에서 휴식을 즐기고 있었다.

[어휘] **accountant** n. 회계사
long day 긴하루

2. [정답] foregone

[해석] 한 후보자는 투표에서 큰 강점을 갖고 있었기 때문에 선거에서의 그의 승리는 뻔한 결과였다.

[어휘] **candidate** n. 후보
advantage n. 장점
poll n. 투표
election n. 선거
foregone conclusion 뻔한 결과

3. [정답] bloomers

[해석] 일부 프로 운동선수들은 어린 나이에 크게 성공하지만, 나머지는 대기만성형으로서 늦게까지 성공하지 못한다.

[어휘] **late bloomer** 대기만성형 사람

4. [정답] naked

[해석] 경마 시합 관객들은 대개 육안으로 보는 것 보다는 쌍안경을 즐겨 사용한다.

[어휘] **spectator** n. 구경꾼, 관객
horse race 경마
prefer v. ~을 선호하다(to)
binoculars n. 쌍안경
naked eye 육안

Check Up 2

1. [정답] reach

[해석] 만약 회의 참석자들이 합의에 이르지 못하면 다수결에 따라 결정되어야 한다.

[어휘] **majority rule** 다수결
reach an agreement 합의에 도달하다

2. [정답] run

[해석] 새로운 프로젝트에서 투자를 증가시키기 위해서는 위험을 감수해야 한다.

[어휘] **investment** n. 투자
increase v. 늘리다, 증가시키다
run a risk 모험을 하다

3. [정답] running

[해석] 그 신생아는 열이 났었고 몸무게가 평균 이하였다.

[어휘] **weigh** v. 몸무게를 달다, 몸무게가 나가다
run a fever 열이 나다

4. [정답] recover

[해석] 우리는 비용을 회수하는 방법을 찾아야 한다.

[어휘] **recover the cost** 본값을 건지다

Check Up 2

1. [정답] turns

[해석] 그는 때때로 예상치 못한 질문을 받게 되면 난폭해 진다.

[어휘] **unpredicted** a. 예상치 못한
turn nasty 난폭해지다

2. [정답] stay

[해석] 나는 어제 밤새 깨어 있으려고 알약 몇 알을 복용하였다.

[어휘] **take pills** 알약을 복용하다
stay awake 깨어있다

3. [정답] turned

[해석] 그들의 결혼생활이 잘못 틀어졌을 때, 그들은 별거하기 시작하였다.

[어휘] **live separately** 별거하다
turn sour 틀어지다

4. [정답] serving

[해석] Maria는 웨이트리스이다. 그래서 그녀의 직업은 손님을 접대하고 주문을 받는 것이다.

[어휘] **take an order** 주문을 받다

01. (b)　02. (c)　03. (a)　04. (a)　05. (c)
06. (d)　07. (b)　08. (a)　09. (c)　10. (b)
11. (c)　12. (d)　13. (c)　14. (a)　15. (c)
16. (c)　17. (a)　18. (b)　19. (b)　20. (a)
21. (a)　22. (a)　23. (c)　24. (c)　25. (a)
26. (b)　27. (c)　28. (c)　29. (a)

01. (b)

[해석] A: 캐나다에 사는 것에 대해 어떻게 생각하세요?

B: 글쎄요, 저는 캐나다에 대해서 낙관적인 생각을 갖고 있습니다. 아이들은 그곳에서 더 나은 삶은 살 수 있으며, 사람들은 3년 더 오래 삽니다.

[해설] '낙관론'은 rosy view로 표현한다.

02. (c)

[해석] A: 머리카락이 많이 빠지는 것 같아. 뭘 해야 하지?

B: 너는 머리카락이 얇은 것 같아. 머리 말릴 때 둥근 브러시를 사용하면 도움이 될 거야.

[해설] '성긴 머리카락'은 thin hair로 표현한다.

[어휘] **sporadic** a. 간헐적인, 산발적인
bald a. 대머리의, 있는 그대로의

03. (a)

[해석] A: 세관을 통과하기 위해 제일 먼저 무엇을 해야 하나요?

B: 세관신고서를 먼저 작성해 주세요.

[해설] '세관 신고서'는 customs declaration form이다.

[어휘] **fill out** (서류 등을) 작성하다

04. (a)

[해석] A: 장난 전화가 많이 와서 전화번호를 바꾸었어.

B: 정말? 새로운 전화번호가 뭐야?

[해설] '장난 전화'는 a crank call로 표현한다.

[어휘] **trick** n. 장난, 농담
fake n. 위조품, 가짜

05. (c)

[해석] A: Terry가 내 비밀을 사무실 사람들 모두에게 말했다니 믿을 수가 없어.

B: 그가 입이 싼 것은 놀라운 일도 아니지.

[해설] '입이 싸다'는 표현은 have a big mouth이다.
참고로 bigmouth는 수다쟁이라는 의미의 명사이다.

[어휘] **noisy** a. 시끄러운
talkative a. 수다스러운

06. (d)

[해석] A: 그 연극에서 당신이 주인공이 아니라고 말할 수밖에 없어서 유감입니다.

B: 아, 정말 실망스럽습니다.

[해설] '주연 또는 주인공'이라는 표현은 lead (leading) role이다.

[어휘] **disappoint** v. 실망시키다, 낙담시키다

07. (b)

[해석] A: 오늘 저녁 특별 강연에 참석할 거니?

B: 물론이지. 초청강사는 우리가 오랜 기간 모시기를 원하였던 교수님이야.

[해설] '초청강사'는 guest lecturer로 표현한다.

[어휘] **attend** v. 참석하다
keynote n. 기조, 요지

08. (a)

[해석] A: 상식 있는 사람이 그걸 믿겠니?

B: 하지만 사실인걸.

[해설] '상식'은 common sense이다.

[어휘] **normal** a. 보통의, 평범한

09. (c)

[해석] A: 이 호텔에서 인터넷 사용할 수 있나요?

B: 물론입니다. 무료 음료와 스낵은 물론 TV도 있습니다.

[해설] '무료 음료'는 complimentary beverage로 표현한다.

[어휘] **complementary** a. 보충하는
complimentary a. 칭찬의, 무료의
commentary n. 주석서, 시사해설

10. (b)

[해석] A: 어제 소개팅 했다고 들었어.

B: 맞아. 하지만 내가 어제 만난 여자는 그저 속물이었어.

[해설] '소개팅'은 blind date로 표현한다.

[어휘] **snobbish** a. 속물인, 잘난 체 하는

11. (c)

[해석] A: 제가 제일 좋아하는 배우가 저 아래 길에서 영화를 찍고 있는데요. 동네에서 그 분을 잠깐이라도 볼 수 있기를 바라고 있지만, 운이 계속 없네요.

B: 아무래도 더 주의를 기울이고 살펴보셔야 할거예요. 그 분은 사람들이 알아보는 것을 꺼리셔서 일반인들 사이에서는 변장하고 계신다고 들었어요.

[해설] B의 응답에서 그 배우는 대중의 눈을 피하려 한다고 했으므로, 빈칸에는 그가 공공 장소에서 자신을 감추려고 변장을 한다는 의미로 (c) disguise가 적절하다.

[어휘] **shoot a movie** 영화를 촬영하다

glimpse n. 잠깐 봄
catch a glimpse of ~을 힐끗 보다
recognize v. (어떤 사람을 보거나 듣고 누구인지) 알아보다, 알다
in public 공공 장소에서

12. (d)

[해석] A: 취업 인터뷰 때문에 초조해요. 경력이 그리 많지가 않거
든요.

B: 괜찮으실 거예요. 출중한 본인 학력이시라면, 싸워 볼 가
능성이 있어요.

[해설] 경력이 없어 취업 인터뷰가 불안하다는 상대방에게 여전히
싸워볼 여지가 있다며 용기를 북돋아 주고 있는 내용으로,
빈칸에는 보기 중 (d) chance가 가장 적절하다. 'fighting
chance'는 '열심히 노력하면 성공할 수도 있는 가능성'을 의
미하는 말로 '가망은 희박하나마 그래도 노력해 싸워볼 여지
(a chance to win but only with a struggle)'를 표현할 때
사용한다.

[어휘] **work experience** (근무) 경력, 현장 실습
impressive a. 인상적인, 인상 깊은
educational background 학력, 학벌
fighting chance 성공의 가능성

13. (c)

[해석] A: 마지막 지원자가 오디션을 꽤 잘 봤는데요. 왜 그냥 보내
셨던 거죠?
B: 좋은 연기자였지만, 그 역할에 딱 맞는 외모를 갖고 있지
않았거든요.

[해설] 오디션을 잘 치른 지원자를 돌려보내는 이유를 묻는 질문에,
'그 지원자의 어떠한 부분이 역할에 적합하지 않았다'고 답
하고 있다. 보기 중 그 사유가 될만한 적절한 명사는 '외모,
외관'을 뜻하는 (c) look이다.

[어휘] **audition** v. 오디션을 받다
dismiss v. 보내다, 물러가게 하다
form n. 종류, 방식
grasp n. 이해, 파악
look n. 외모
sight n. 시력, 시야

14. (a)

[해석] A: 우리 생활비가 새 집으로 이사온 이후로 왜 그렇게 많이
늘었는지 이해가 안되요.
B: 이 집이 크기 때문에 난방을 하는 데 비용이 더 들고, 채
소밭을 만들 공간이 없어서 음식을 더 사야 되요.

[해설] 새 집으로 이사와 난방비며 식료품비가 증가되었다는 B의
응답에서 빈칸에 들어갈 단어는 살림을 하는데 드는 비용임
을 알 수 있다. 보기의 형용사 중 빈칸에 삽입되어 생활비의
의미를 만드는 것은 (a) living이다.

[어휘] **expense** n. 돈, 비용
cost v. (비용이) 들다
heat v. 뜨겁게[따뜻하게] 만들다

room n. 자리, 공간
vegetable garden 채소밭
living expense 생활비
running expense 운전[항]비, 경상[영]비
working expense 사업비, 경영비
operating expense 경영비, 운전 경비, 작업비

15. (c)

[해석] A: 우리는 Jason이 정말 자랑스러워요. 노력 끝에 결국은,
우주 비행사 양성 학교에 입학됐어요.
B: 대단하네요! 그 아이가 어려서 우주 탐사에 흥미를 가졌던
건 알았지만, 그렇게 전념했었는지는 모르고 있었어요.

[해설] 만고의 노력 끝에 우주비행사 학교 입학을 이뤄낸 Jason의
어릴적 관심사 역시 우주 비행과 관련이 있을 것이다. 따라
서 보기의 명사들 중 삽입되어 '우주 탐사'의 의미를 만드는
space가 적절하다.

[어휘] **be proud of** ~을 자랑으로 여기다, 의기 양양해 하다
astronaut n. 우주 비행사
exploration n. 탐사, 답사
dedicated a. 전념하는, 헌신적인
range n. (방)목장, 방목 구역
void n. 빈 공간, 공허감
space n. 빈 공간, 우주
field n. 들판, 현장

16. (c)

[해석] 군의 복무규정은 군인들이 조용히 또는 은밀하게 거짓으로
살기보다는 공개적으로 진실 되게 살도록 허용해야 한다.

[해설] 문맥상 군인들에게 적용되는 복무규정이라는 의미가 되어
야 자연스럽다. 따라서 빈칸에는 (c) military가 들어가야 한
다.

[어휘] **code of conduct** 복무규정
moral a. 도덕적인, 윤리의
covertly adv. 은밀하게

17. (a)

[해석] 기형을 고치기 위해 발전되었던 성형수술이 지금은 여러 가
지 이유로 사용되고 있습니다.

[해설] '성형수술'은 plastic surgery이다.

[어휘] **deformity** n. 기형

18. (b)

[해석] 해왕성은 때때로 간신히 육안으로 볼 수 있는데, 너무 희미
해서 심지어 쌍안경으로 봐도 창백한 별같이 보인다.

[해설] '육안'은 naked eye로 표현한다.

[어휘] **Neptune** n. 해왕성
binoculars n. 쌍안경
faint a. 희미한

19. (b)

[해석] 코로나 바이러스는 심각하고 고통스러운 호흡기 징후를 야기하는 것으로 알려져 있다.

[해설] 질병은 심각하게 고통스러운 것이므로 (b) acute가 적절하다.

[어휘] **acute** a. 극심한, 날카로운
respiratory a. 호흡의, 호흡기관의

20. (a)

[해석] 전염병은 세균에 의해 생기고 한 사람으로부터 다른 사람으로 쉽게 전염된다.

[해설] '전염병'은 contagious disease로 표현한다.

[어휘] **germ** n. 세균
chronic a. 만성의, 오래 끄는
viral a. 바이러스성의

21. (a)

[해석] 그의 젊은 시절은 역경에 대항하는 숭고한 투쟁의 역사이다.

[해설] 문맥상 빈칸에는 '역경 또는 불리한 환경'이라는 의미가 들어가야 자연스럽다. 따라서 빈칸에는 (a) adverse가 적절하다.

[어휘] **noble** a. 귀족의, 고귀한
adverse a. 거스르는, 반대하는
averse a. 싫어하여, 반대하여

22. (a)

[해석] 그 상은 시각장애인이 받을 수 있는 가장 높은 영예로 여겨진다.

[해설] '시각장애인'은 visually impaired person이라고 표현한다.

[어휘] **impair** v. 손상시키다, 상하게 하다
damage v. 손해를 주다, 손상시키다
cripple v. 확실히 하다, 확인하다
retard v. 지체시키다, 성장을 방해하다

23. (c)

[해석] 많은 사람들은 여러가지 복잡한 감정적인 이유에서 사형에 대한 부정적인 관념을 갖고 있다.

[해설] '사형'은 capital punishment로 표현한다.

[어휘] **negative** a. 부정적인
notion n. 관념, 개념
emotion n. 감정
lethal a. 죽음을 가져오는, 치명적인

24. (c)

[해석] 내가 TV를 보거나 신문을 읽지 않기 때문에, 나는 현 이슈에 관해 아무것도 모른다.

[해설] TV나 신문은 정보를 얻을 수 있는 매개체 이므로, 이를 이용하지 않는다는 것은 세상 물정을 모른다는 의미이다. 따라서 '현 이슈'라는 의미의 형용사로 current가 적절하다.

[어휘] **current issue** 시사, 현 이슈

25. (a)

[해석] 심지어 디지털 시계도 정전, 배터리 방전 또는 시간 변경으로 인해 잘못된 시간을 나타낼 수 있다.

[해설] '정전'은 a power outrage로 표현한다.

[어휘] **surge** n. 큰 파도, (전기의) 서지
spark v. 바꾸다 n. 불꽃, 섬광

26. (b)

[해석] 정말 운이 좋아서 복권에 당첨된 사람이 있는 반면 말 그대로 수백 만 명의 그렇지 않은 사람들이 있다.

[해설] '정말 운이 좋아서'라는 표현은 by sheer luck으로 표현한다.

[어휘] **purely** adv. 순전히, 전적으로
literally adv. 글자 뜻 그대로, 정말로

27. (c)

[해석] 그의 논문 초안은 문법적 오류와 줄그어 지운 흔적들로 가득 차 있었지만 최종본은 거의 완벽했다.

[해설] '초안'은 (rough) draft로 표현한다.

[어휘] **harsh** a. 거친, 모진
cross out 줄을 그어 지우다

28. (c)

[해석] 비공식적인 결과에 따르면 Hamas는 최초의 팔레스타인 의회 선거에서 압승을 거두었다.

[해설] '압도적인 승리'라는 표현은 sweeping victory로 표현한다.

[어휘] **sweeping** a. 전면적인, 광범위한[포괄적인]

29. (a)

[해석] 의회는 이것을 현안으로 하여 대통령 선거에서 사용된 금전에 대한 철저한 조사를 시행할 것이다.

[해설] 문맥상 '철저한 조사'라는 의미의 형용사가 빈칸에 들어가야 한다. searching은 일반적으로 '수색하는, 찾는'이라는 의미이지만 searching investigation은 '철저한 조사'라는 의미가 된다.

[어휘] **observe** v. 관찰하다
presidential election 대통령 선거

1. [rosy] 글쎄요, 저는 캐나다에 대해서 낙관적인 생각을 갖고 있습니다. 아이들은 그곳에서 더 나은 삶은 살 수 있으며, 사람들은 3년 더 오래 삽니다.

2. [thin] 너는 머리카락이 얇은 것 같아. 머리 말릴 때 둥근 브러시를 사용하면 도움이 될 거야.

3. [declaration] 세관신고서를 먼저 작성해 주세요.

4. [crank] 장난 전화가 많이 와서 전화 번호를 바꾸었어.

5. [big] Terry가 내 비밀을 사무실 사람들 모두에게 말했다니 믿을 수가 없어.

6. [lead] 그 연극에서 당신이 주인공이 아니라고 말할 수밖에 없어서 유감입니다.

7. [guest] 물론이지. 초청강사는 우리가 오랜 기간 모시기를 원하였던 교수님이야.

8. [common] 상식 있는 사람이 그걸 믿겠니?

9. [complimentary] 물론입니다. 무료 음료와 스낵은 물론 TV도 있습니다.

10. [blind] 어제 소개팅 했다고 들었어.

11. [military] 군의 복무규정은 군인들이 조용히 또는 은밀하게 거짓으로 살기보다는 공개적으로 진실 되게 살도록 허용해야 한다.

12. [Plastic] 기형을 고치기 위해 발전되었던 성형수술이 지금은 여러 가지 이유로 사용되고 있다.

13. [Contagious] 전염병은 세균에 의해 생기고 한 사람으로부터 다른 사람으로 쉽게 전염된다.

14. [adverse] 그의 젊은 시절은 역경에 대항하는 숭고한 투쟁의 역사이다.

15. [impaired] 그 상은 시각장애인이 받을 수 있는 가장 높은 영예로 여겨진다.

16. [capital] 많은 사람들은 여러가지 복잡한 감정적인 이유에서 사형에 대한 부정적인 관념을 갖고 있다.

17. [current] 내가 TV를 보거나 신문을 읽지 않기 때문에, 나는 현 이슈에 관해 아무것도 모른다.

18. [outages] 심지어 디지털 시계도 정전, 배터리 방전 또는 시간 변경으로 인해 잘못된 시간을 나타낼 수 있다.

19. [sheer] 정말 운이 좋아서 복권에 당첨된 사람이 있는 반면 말 그대로 수백 만 명의 그렇지 않은 사람이 있다.

20. [rough] 그의 논문 초안은 문법적 오류와 줄그어 지운 흔적들로 가득 차 있었지만 최종본은 거의 완벽했다.

21. [sweeping] 비공식적인 결과에 따르면 Hamas는 최초의 팔레스타인 의회 선거에서 압승을 거두었다.

22. [searching] 의회는 이것을 현안으로 하여 대통령 선거에서 사용된 금전에 대한 철저한 조사를 시행할 것이다.

Check Up 1

1. [정답] passed

[해석] 그 나이든 외교관은 말기 질병과 오랜 사투 끝에 결국 죽었다.

[어휘] **diplomat** n. 외교관
terminal a. 말기의
pass away 죽다

2. [정답] give

[해석] 유명인들은 종종 유명한 자선단체에 그들의 수입의 일부를 기부한다.

[어휘] **celebrity** n. 유명인
earning n. 수입
give away 나누어주다

3. [정답] run

[해석] 아이는 그의 양부모 집에서 너무 불행해서 한 달 동안 수차례 가출을 하였다.

[어휘] **foster home** 양부모의 집
run away from home 가출하다

4. [정답] carried

[해석] 난 내 자신이 그의 음악에 열광하고 있음을 알았다.

[어휘] **carry away** 열광하다

Check Up 2

1. [정답] drop

[해석] Marty 삼촌은 매일 퇴근하시는 길에 잠깐 동안 잡담을 나누기 위해 들르시는 것을 좋아했다.

[어휘] **drop by** 잠깐 들르다

2. [정답] get

[해석] 그 공장의 많은 노동자들은 제공되는 적은 봉급으로 살아가기 매우 힘들다는 것을 알았다.

[어휘] **factory** n. 공장
get by 그럭저럭 지내다

3. [정답] break

[해석] 자동차는 길고 먼 길을 달릴 경우 고장 나기가 매우 쉽다.

[어휘] **be likely to** ~하기 쉽다
break down 고장나다

4. [정답] burn

[해석] 적정한 화재 안전장치 없이 건축된 건물들은 화재로 소실되기 쉽다.

[어휘] **safety measure** 안전조치(대책)
burn down 전소하다

Check Up 3

1. [정답] down

[해석] 많은 고객들이 하나를 사면 추가 하나는 무료로 판매하는 제안을 거절하기가 매우 어렵다는 것을 알았다.

[어휘] **turn down** 거절하다

2. [정답] down

[해석] 그 개는 도로로 뛰어 들어서 자동차에 치였다.

[어휘] **run down** 차로 치다

3. [정답] cut

[해석] 불황기에는 많은 사람들이 정말로 필요한 물건들만 사는 방법으로 비용을 줄이려고 노력해왔다.

[어휘] **recession** n. 경기후퇴(불황), 물러남
expense n. 비용
definitely adv. 분명히, 틀림없이
cut down 수, 양을 줄이다

4. [정답] in

[해석] 주말에 채점을 시작할 수 있도록 선생님들은 학생들에게 한 주가 끝나기 전에 과제를 제출할 것을 요구하였다.

[어휘] **turn over** ~을 뒤집다
turn in 제출하다

Practice Test

01. (a)	02. (d)	03. (d)	04. (a)	05. (d)
06. (a)	07. (d)	08. (a)	09. (c)	10. (d)
11. (a)	12. (a)	13. (c)	14. (b)	15. (d)
16. (b)	17. (d)	18. (c)	19. (d)	20. (d)
21. (a)	22. (d)	23. (b)	24. (c)	

01. (a)

[해석] A: 신문에서 읽었는데 갱 범죄자들과 경찰 간에 폭력이 점점 더 심해지고 있다고 하더라.

B: 모든 사람이 무기를 내려놓고 집에 갔으면 좋겠다.

[해설] 문맥상 빈칸에 '무기를 내려 놓다'는 의미의 어구가 들어가는 것이 적절하다. '~을 내려 놓다'는 표현은 lay something down으로 표현한다. 따라서 (a)가 정답이다.

[어휘] **criminal** n. 범죄자 a. 형사의, 범죄의

side with ~의 편을 들다

make up 화장하다, ~를 이루다

plow through 힘겹게 ~하다, ~을 뚫고 지나가다

02. (d)

[해석] A: 영화관에서 네가 좋아하는 영화를 자정에 상영한대. 같이 갈래?

B: 오늘 긴 하루였어. 아마도 거절해야 할것 같아. 내일 저녁에는 갈 수 있을 거야.

[해설] 문맥상 영화보러 가자는 A의 제안을 '거절하다'는 의미가 되는 것이 자연스럽다. '거절하다'는 표현은 turn down 또는 reject이다. 따라서 (d)가 정답이다.

[어휘] **turn in** 제출하다

turn out ~로 판명되다

turn over 뒤집다

03. (d)

[해석] A: 너는 왜 수학과제를 도와주겠다는 Barbara의 제안을 거절했니?

B: 내 생각에 그녀가 다른 사람들이 말하는 것만큼 똑똑하지는 않은 것 같아. 마지막으로 그녀가 나를 가르쳐주었을 때, 거의 낙제할 뻔했어.

[해설] 공부를 도와주겠다는 제안을 거절한다는 내용이 되는 것이 자연스럽기 때문에 turn down이 적절하다.

[어휘] **turn into** ~로 변하다

turn up 나타나다

turn over ~을 뒤집다

04. (a)

[해석] A: Jason, 너의 고양이가 뭔가 잘못된 것 같아. 문을 계속 발톱으로 긁고 있어.

B: 그냥 나가고 싶어서 그래.

[해설] 문맥상 고양이가 문을 발톱으로 긁는 것은 밖으로 나가고 싶다는 것으로 추측할 수 있으므로 let out이 적절하다.

[어휘] **let out** ~을 해방시키다, 풀어주다

tie up 단단히 묶다

call in 전화를 하다, ~를 부르다

push away 밀어젖히다

claw v. 할퀴다, 긁다

05. (d)

[해석] A: Beth에게 무슨 일 있어? 그녀가 마치 나를 모르는 것처럼 내 옆을 지나갔어.

B: 자기가 좋아하던 배우가 자살한 소식을 듣고 충격을 받았나 보네.

[해설] 문맥상 빈칸에는 '힘없이 ~하다'는 의미가 들어가야 한다. cut in은 '끼어들다, 시작되다', pass on은 '넘겨주다, 전달하다', nod off는 '깜박 졸다'는 의미로서 문맥과 어울리지 않는다. (d) trudge along은 '터덕거리다'는 의미로서 힘없이 걷는 것을 의미하므로 빈칸에 가장 적절하다.

[어휘] **kill oneself** 자살하다

silence n. 침묵

06. (a)

[해석] A: 저분이 새로 오신 교장선생님이야?

B: 맞아, 다음 학기부터 하실 거래.

[해설] 문맥상 빈칸에는 '~을 맡다'는 의미의 어구가 들어가야 한다. (b) run for는 '~에 출마하다, ~를 부르러 달려가다', (c) make out은 '알아보다, 파악하다, 작성하다', (d) hold over는 '미루다'는 의미로서 빈칸에 부적절하다. (a) take up은 '~을 차지하다'는 의미로서 문맥상 빈칸에 가장 적절하다.

[어휘] **headmaster** n. 교장

duty n. 의무

07. (d)

[해석] A: 지난밤 추가적인 세금인상에 관한 TV 포럼을 시청했나요?

B: 그럼요, 집권당에서 나온 사람은 정말이지 정치적으로 민감한 이슈들로부터 잘 빠져나가는 것 같았어요.

[해설] 문맥상 빈칸에는 '민감한 정치적 이슈들을 잘 다루거나 혹은 잘 빠져나가다'는 의미의 어구가 들어가야 하는데, 가장 적절한 어구는 (d) slipping away이다.

[어휘] **make out** 알아보다, 파악하다, 작성하다

take back 취소[철회]하다, 반품 받다

wrap up 마무리 짓다, 따뜻하게 입다

08. (a)

[해석] A: 화산폭발이 태음주기에 따른다는 이론을 믿으세요?

B: 글쎄요, 저는 그 이론이 그다지 설득력 있다고 생각하지 않아요.

[해설] 문맥상 빈칸에는 태음주기에 '따르다'는 의미의 어구가 들어가야 하므로 (a) tied up이 가장 적절하다. cancel은 '취소하다', name after는 '~의 이름을 따서 명명하다', fill up with는 '가득 채우다'는 의미이므로 부적절하다.

[어휘] **volcanic eruption** 화산폭발

persuasive a. 설득력이 있는

09. (c)

[해석] A: 공개강좌 어때?

B: 제발 묻지 말아줘. 난 말이야, 불안하면 장황하게 이야기 하는 경향이 있어.

[해설] 문맥상 빈칸에는 불안한 경우에 나타나는 증상에 관한 내용이 들어가야 한다. jump at은 '덥석 붙잡다, 받아들이다', idle away는 '빈둥빈둥 시간을 보내다', calm down은 '진정하다'는 의미로서 빈칸에 부적절한 반면, ramble on은 '장황하게 이야기하다'는 의미로서 불안한 경우에 나타나는 증상의 하나로 볼 수 있으므로 정답이 된다.

[어휘] **open class** 공개강좌
tendency n. 경향
nervous a. 불안한, 초조한

10. (d)

[해석] A: 운전하는 것보다 지하철 타는 게 더 쉽지 않니?
B: 맞아. 시내에서는 쉽게 돌아다니기에는 교통량이 너무 많아.

[해설] 문맥상 빈칸에는 교통량이 너무 많아서 운전하기 힘들다는 내용이 들어가야 하는데 take up은 '~을 차지하다', pass on은 '~을 넘겨주다, 전달하다', tag along은 '따라가다'는 의미로서 빈칸에 적절하지 않다. get around는 '돌아다니다'는 뜻이므로 빈칸에 가장 적절하다.

11. (a)

[해석] A: 제가 보고서 제출 기한을 이야기하지 않았나요?
B: 안 하셨습니다. 보고서 주제만 공표하셨습니다.

[해설] 문맥상 보고서 '제출기한'이라는 의미가 되어야 하므로 정답은 (a) turning in이 된다.

[어휘] **cutoff** n. 절단, 분리, 마감일
make up 화장하다, 이루다
work on ~를 설득하려고 공을 들이다
skim through 훑어 보다

12. (a)

[해석] A: 회의에 참석하시어 필요한 경우 저를 도와주시겠습니까?
B: 물론입니다. 필요하실 때 말씀만 해주세요.

[해설] 문맥상 회의에 '참관 또는 참석하다'는 의미가 되어야 하므로 정답은 sit in이 된다. cut in은 '말을 자르다, 끼어들다', drop by는 '잠깐 들르다'는 의미이므로 부적절하다. take part in은 '참석하다'는 의미이지만 전치사가 적절하지 않기 때문에 정답이 될 수 없다.

[어휘] **sit in** 참석하다, 참관하다

13. (c)

[해석] A: 빙빙 돌려서 말할 필요 없어. 그냥 말하렴.
B: 그렇게 말한다면 본론으로 들어갈게.

[해설] 문맥상 빙빙 돌려서 말하지 말고 바로 요점을 말해달라는 내용이므로 (c) talk around가 적절하다.

[어휘] **spit out** 내뱉듯이 말하다
talk on 계속 이야기하다
talk over ~에 대해서 이야기하다
talk around 빙빙 돌려 이야기하다
talk through ~에 대해 자세히 이야기를 하다

14. (b)

[해석] 재정경제부에 따르면 국내 경제는 2/4분기 이후 호전되기 시작하고 있다.

[해설] 문맥상 '국내 경제가 2/4분기 이후로는 ~하기 시작한다'는 의미인데 pile up은 '축적하다', tag along은 '~를 따라가다', come about은 '일어나다, 발생하다'는 의미로서 문맥상 빈칸에 부적절하다. 반면 look up은 '나아지다, 방문하다, 찾아보다'는 의미로서 문맥의 흐름상 가장 적절하다.

[어휘] **domestic** a. 국내의, 집안의

15. (d)

[해석] 그 지역을 운전하여 돌아보았던 Bob은 자신이 15개의 사이클론을 경험하였지만 자신이 본 것 중에 가장 큰 피해였다고 이야기하였다.

[해설] 문맥상 '15개의 사이클론(열대성 태풍)을 겪었다(살아남았다)'는 의미가 되어야 하므로 빈칸에 가장 알맞은 말은 live through가 된다.

[어휘] **talk over** ~에 대해 이야기하다
break into ~에 침입하다
live through ~을 겪다

16. (b)

[해석] 당신은 그것이 끝났는지, 즉 혼인관계에 패배를 인정할 시기가 언제인지를 어떻게 아시나요?

[해설] 문맥상 be over(끝내다)와 동일 또는 유사한 의미의 어구가 빈칸에 들어가야 한다. call back은 '~에게 다시 전화하다'이며, tear down은 '허물다, 해체하다', 'snatch away'는 '빼앗다, 낚아 채가다'는 의미이므로 문맥상 빈칸에는 부적절하다. throw in the towel은 '패배를 인정하다'(admit defeat)는 의미로 문맥상 적절하다.

[어휘] **marriage relationship** 혼인관계

17. (d)

[해석] 이러한 범죄를 유발하는 것으로 주장되는 약자를 괴롭히는 행위는 더 이상 무시되어서는 안 된다.

[해설] 문맥상 약자를 괴롭히는 행위를 적절히 다루어야 한다는 내용이므로 give up(포기되다), turn over(뒤집히다)는 빈칸에 적절하지 않다. deal with는 '다루어진다'는 의미이므로 가능할 것도 같으나 부정문으로 되어 있으므로 부적절하며 brush aside(무시되다)가 가장 적절하다.

[어휘] **bullying** n. 약자를 괴롭히는 것

alleged a. (근거 없이) 주장되는

motivate v. 유발하다, 이유가 되다

18. (c)

[해석] 그들은 가격을 인하함으로써 판매를 자극하려고 노력하여 왔다.

[해설] 문맥상 판매를 자극하기 위해서 어떤 구매 유인책을 사용하였다는 의미이므로 (c) mark down(가격인하)이 적절하다.

[어휘] **stimulate** v. 자극하다

pull down 허물다, 무너뜨리다

bend down 아래로 굽히다

19. (d)

[해석] 4강에서의 독일의 뜻밖의 선전 때문에 나는 저녁식사를 제대로 할 수가 없었다.

[해설] 문맥상 저녁을 제대로 먹지 못했다는 의미이므로 빈칸에 가장 적절한 동사는 '빼앗다'는 뜻의 (d) snatch이다.

[어휘] **unexpected** a. 예상치 못한

quarterfinal n. 4강

snatched A away from B B로부터 A를 잡아채다, 빼앗다

20. (d)

[해석] 밖은 너무 추웠지만 그들은 따뜻하게 입고 있었기 때문에 추위를 타지 않았다.

[해설] 밖은 추웠지만 어떤 이유에서 추위를 느끼지 않았다는 의미이므로 빈칸에 가장 적절한 어구는 '따뜻하게 입다'는 뜻의 (d) bundle up이다.

[어휘] **feed up** ~을 살찌우다, 튼튼하게 하다

pick up 고르다, 들다

dress up 격식을 갖춰 옷을 차려 입다

bundle up 따뜻하게 입다

21. (a)

[해석] 요즘 제조업자들은 심각한 하자가 있는 제품들을 기꺼이 회수한다.

[해설] 하자가 있는 제품들은 회수 되어야 하므로 '부르다, 회수하다'의 뜻인 (a) call in이 가장 적절하다.

[어휘] **manufacturer** n. 제조업자

call in ~를 부르다, 회수하다

pay for 대금을 지불하다

feed back (개선을 위한 정보나 의견) 주다

shoot down 격추하다, ~을 쏘아 넘어뜨리다

22. (d)

[해석] 나는 그녀의 소설이 놀라운 환상과 상상력으로 넘친다는 것을 인정하지 않을 수 없다.

[해설] 문맥상 그녀의 소설이 놀라운 환상과 상상력으로 인해 매우 훌륭하다는 의미이므로 '넘쳐 흐르다'는 의미의 (d)

brimming over가 적절하다.

[어휘] **admit** v. 인정하다

amazing a. 놀라운

fantasy n. 공상, 상상

feed up 살찌우다

keep on 계속~하다

speak up 크게 말하다, 거침없이 말하다

23. (b)

[해석] 사무실 보조원이 휴가를 보내는 동안 그 회사는 문서 정리원에게 며칠 간 대신 일해 줄 것을 요청하였다.

[해설] 문맥상 휴가기간 동안 '대신 일한다'는 의미이므로 (b) fill in 이 적절하다.

[어휘] **act up** 말을 안 듣다, 버릇없이 굴다

fill in 서식을 작성하다, 대신 일을 봐주다

black out 깜깜하게 만들다, 잠깐 의식을 잃다

hang on 꽉 붙잡다, 매달리다

24. (c)

[해석] 식당 직원들은 언제 위생 검열관이 들이닥칠지 모르기 때문에 항상 주방을 깨끗이 하고 정리정돈을 한다.

[해설] pull through는 '회복하다', cash in은 '현금으로 바꾸다', take over는 '인수하다'는 의미이므로 문맥상 빈칸에 부적절하다. 반면 drop by는 '잠깐 들르다, 불시에 찾아가다'는 의미이므로 문맥상 빈칸에 가장 적절하다.

[어휘] **health inspector** 위생검열관

Review TEST

1. **[lay down]** 모든 사람이 무기를 내려놓고 집에 갔으면 좋겠다.

2. **[turn down]** 오늘 긴 하루였어. 아마도 거절해야 할 것 같은데. 내일 저녁에는 갈 수 있을 것 같아.

3. **[turn down]** 너는 왜 수학과제를 도와주겠다는 Barbara의 제안을 거절하였니?

4. **[let out]** 문을 계속 발톱으로 긁고 있어.

5. **[trudged along]** Beth에게 무슨 일 있어? 그녀가 마치 나를 모르는 것처럼 내 옆에서 터덕거렸어.

6. **[take up]** 맞아, 다음 학기부터 하실 거래.

7. **[slipping away]** 집권당에서 나온 사람은 정말이지 정치적으로 민감한 이슈들로부터 잘 빠져나가는 것 같았어요.

8. **[tied to]** 화산폭발이 태음주기에 따른다는 이론을 믿으세요?

9. **[ramble on]** 제발 묻지 말아줘. 난 말이야, 불안하면 장황하게 이야기하는 경향이 있어.

10. **[get around]** 시내에서는 쉽게 돌아다니기에는 교통량
이 너무 많아.

11. **[turning in]** 제가 보고서 제출 기한을 이야기하지 않았
나요?

12. **[take part]** 회의에 참석하시어 필요한 경우 저를 도와
주시겠습니까?

13. **[talk around]** 빙빙 돌려서 말할 필요 없어. 그냥 말하
렴.

14. **[look up]** 재정경제부에 따르면 국내 경제는 2/4분기 이
후 호전되기 시작하고 있다.

15. **[living through]** 그 지역을 운전하여 돌아보았던 Bob
은 자신이 15개의 사이클론을 경험하였지만 자기가 본 것
중에 가장 큰 피해였다고 이야기하였다.

16. **[lay off]** 연간 예산을 검토한 후에 경영단은 직원들을 해
고하는 것이 최선이라고 결정했다.

17. **[throw in]** 당신은 그것이 끝났는지, 즉 혼인관계에 패
배를 인정할 시기가 언제인지를 어떻게 아시나요?

18. **[marking]** 그들은 가격을 인하함으로써 판매를 자극하
려고 노력하여왔다.

19. **[snatched]** 4강에서의 독일의 뜻밖의 선전 때문에 나는
저녁식사를 제대로 할 수가 없었다.

20. **[bundled up]** 밖은 너무 추웠지만 그들은 따뜻하게 입
고 있었기 때문에 추위를 타지 않았다.

21. **[call in]** 요즘 제조업자들은 심각한 하자가 있는 제품들
을 기꺼이 회수한다.

22. **[brimming over]** 나는 그녀의 소설이 놀라운 환상과
상상력으로 넘친다는 것을 인정하지 않을 수 없다.

23. **[fill in]** 사무실 보조원이 휴가를 보내는 동안 그 회사는
문서 정리원에게 며칠 간 대신 일해 줄 것을 요청하였다.

24. **[drop by]** 식당 직원들은 언제 위생 검열관이 들이닥칠
지 모르기 때문에 항상 주방을 깨끗이 하고 정리정돈을 한
다.

Check Up 1

1. [정답] in

[해석] 은행이 문을 닫은 후 절도범들이 침입하려고 하였을 때 경보가 울렸다.

[어휘] **break in** 침입하다
break down 고장 나다, 부수다

2. [정답] fend

[해석] 한 여성이 경찰관이 나타나서 자신을 도와줄 때까지 수분 동안 노상강도의 공격을 막을 수 있었다.

[어휘] **fend off** ~의 공격을 막다, 버티다
level off 고정된 높이를 유지하다
mugger n. (노상)강도
show up 나타나다

3. [정답] let

[해석] 보안 경비원은 적절한 신분증을 갖고 있지 않은 사람을 통과시켜서는 안 된다.

[어휘] **let in** 들어오게 하다, 통과시키다
pass in 안에 들어가다

4. [정답] call

[해석] 심판들은 경기장 근처에서 번개가 치는 것을 보고 게임을 취소하기로 결정하였다.

[어휘] **call off** 취소하다
lightning n. 번개

Check Up 2

1. [정답] count

[해석] 환자들은 그 외과의사를 신뢰하게 되었고, 가장 선진적이고 도움이 되는 보살핌을 제공할 수 있는 그 의사를 믿을 수 있다는 것을 알았다.

[어휘] **surgeon** n. 외과의사
count on 신뢰하다, 의지하다
touch on ~을 간단히 언급하다, 건드리다
advanced a. 선전의, 진보된

2. [정답] on

[해석] Jan은 자신의 시간을 관리하고 매일 가장 많은 시간을 관리하는 방법을 터득한 다음부터는 추가적인 책임을 맡을 수 있었다.

[어휘] **take on** ~을 부담하다, ~를 고용하다
take after ~를 닮다
responsibility n. 책임

3. [정답] on

[해석] 코치들은 시즌 오프 동안 노력해야 할 게임의 부분들을 각각의 선수에게 설명함에 있어서 매우 확고하였다.

[어휘] **adamant** a. 요지부동의, 확고한
work on ~을 해내려고 시도하다, 노력하다
work off 풀다, 해소하다
off season 비수기

4. [정답] hang

[해석] 나는 수업 후에 커피숍에서 친구들과 어울려 시간을 보내곤 했다.

[어휘] **hang out** 어울려 다니다, 빈둥거리다

Check Up 3

1. [정답] out

[해석] 최고의 회사에서 자리를 얻으려고 노력할 때에는 긍정적인 면에서 다른 후보자들에 비해 탁월하게 눈에 띄는 것이 매우 중요하다.

[어휘] **secure** v. 얻다, 획득하다, 확보하다
stand out 탁월하게 눈에 띄다, 두드러지다
positive a. 긍정적인

2. [정답] pick

[해석] 젊은 여성들에게 가장 흥분되는 날 중 하나는 자신들의 결혼식에서 입게 될 드레스를 고르는 날이다.

[어휘] **turn out** 모습을 드러내다, 쫓아내다
pick out 고르다, 선발하다

3. [정답] out

[해석] 그의 제안은 너무 비현실적이어서 제외되었다.

[어휘] **suggestion** n. 제안
unrealistic a. 비현실적인

4. [정답] make

[해석] 처음에 나는 저 사람이 무엇을 말하려고 하는지 이해하지 못했다.

[어휘] **make out** 이해하다
see out ~의 여생(남은 기간)보다 오래가다

1. [정답] over

[해석] 저는 당신이 직면하고 있는 어려움을 극복할 수 있도록 도와줄 수 있습니다.

[어휘] **get over** 극복하다, 견뎌내다
difficulty n. 어려움, 곤란함

2. [정답] over

[해석] 오늘 회의 의제는 회사 경영을 맡으실 분을 선출하는 것입니다.

[어휘] **agenda** n. 의제, 안건
take over 인수하다

3. [정답] passed

[해석] 멀리 수평선에 있던 새들이 갑자기 사라졌다.

[어휘] **horizon** n. 수평선, 지평선
pass over 사라지다

4. [정답] over

[해석] 저를 무시하지 마세요. 더 이상 참지 못하겠습니다.

[어휘] **stand** v. 참다
walk over 무시하다

Practice Test

01. (c)	02. (a)	03. (d)	04. (a)	05. (b)
06. (d)	07. (d)	08. (c)	09. (a)	10. (d)
11. (b)	12. (c)	13. (a)	14. (c)	15. (d)
16. (a)	17. (c)	18. (b)	19. (b)	20. (d)
21. (d)	22. (c)	23. (d)	24. (b)	25. (a)

01. (c)

[해석] A: 내일 수학시험 준비 다되었다고 생각하니?
B: 거의, 하지만 부분별로 다시 검토할 필요가 여전히 있어.

[해설] '점검, 검토하다'는 의미의 표현은 (c) go over이다. get behind는 '뒤지다, 밀리다', put down은 '내려놓다', come through는 '들어오다, 피하다'는 의미로서 빈칸에는 부적절하다.

[어휘] **fraction** n. 부분, 일부

02. (a)

[해석] A: 제가 그 위험한 개를 찾았어요. 제 침대 아래에 온종일 있더라고요.
B: 다행이군요. 당신이 그 개를 찾았기 때문에 주변 동네 수색은 취소하도록 하겠습니다.

[해설] '취소하다'는 의미의 어구는 (a) call off이다. hold out은 '지속되다, 내밀다', drum up은 '성원/지지를 얻으려 애쓰다', give in은 '항복하다, 제출하다'는 의미로서 문맥상 적절하지 않다.

[어휘] **mischievous** a. 유해한, 짓궂은
search party 수색조

03. (d)

[해석] A: 우리가 결국에는 휴가를 오게 되어 너무 흥분된다. 무엇을 가장 먼저 할까?
B: 호텔에 투숙하고 나서 해변 찾으러 가자.

[해설] 호텔에 '투숙하다'는 의미의 표현은 (d) check into이다.

[어휘] **sniff around** (정보를 캐내려고) 돌아다니다
sleep over 자고가다
fall behind 뒤지다, 뒤떨어지다

04. (a)

[해석] A: 저는 절도범이 보안문을 어떻게 통과했는지 이해할 수가 없어요. 건물에는 다른 출입구가 없잖아요.
B: 아마도 그들이 경비원을 처리했거나 또는 경비원이 갱의 일원일지도 몰라.

[해설] 문맥상 절도범들이 경비원을 처리했다는 내용이므로, '멈춰 세우다'는 의미의 (a) flag down이 적절하다.

[어휘] **flag down** ~에게 정지신호를 하다
cash in 현금으로 바꾸다
pay off ~을 청산하다, 성공하다
kick up 법석을 떨다, 쳐 올리다

05. (b)

[해석] A: 미국 경제 불황을 어떻게 생각하세요?
B: 가능한 한 빨리 위기를 잘 넘기기를 기원합니다.

[해설] 경기 불황을 잘 넘기길 기원하므로, '극복하다, 잘 넘기다'는 의미의 (b) ride out이 적절하다.

[어휘] **let out** (소리 따위를)내다, 끝나다
put out 내다 놓다
take out 제거하다, 데리고 나가다

06. (d)

[해석] A: 아직도 안 갔네요?
B: 죄송합니다만 시험을 위해 일본어를 다시 공부해야 합니다.

[해설] '공부를 다시 하다, 기억을 새로이 하다'는 표현은 (d) brush up on이다.

[어휘] **fill up** 가득 차다, 채우다
touch on 살짝 건드리다, 언급하다

07. (d)

[해석] A: 왜 혼자 있니? Kate는 어디에 있어?
B: 감기에 걸렸어요. 그녀는 아마도 당분간 우리와 함께하지 못할 거예요.

[해설] Kate를 찾는 질문에 감기에 걸렸다는 대답이 적절하므로, '~에 걸리다'는 표현의 come down with이 정답이다.

[어휘] **put up with** 참다, 받아들이다
get over 극복하다
break up with ~와 헤어지다

08. (c)

[해석] A: 어디 계셨어요? 하루 종일 찾았습니다.
B: 무슨 일이신데요?

[해설] '~를 찾다, 연락하다'는 표현은 get hold of이다.

[어휘] **call for** 요청하다
stand by ~의 곁을 지키다, 가만히 있다
keep in touch ~와 연락하다

09. (a)

[해석] A: 전화비 안 내면 조만간 전화가 끊길 거야.
B: 걱정하지마. 오늘 해결할거야.

[해설] 전화비를 안 내면 전화가 끊길 지 모른다는 내용이므로 '~를 끊다, 자르다'는 표현인 (a) cut off가 가장 적절하다.

[어휘] **cut out** ~을 만들다, 오려내다
break down 고장 내다
settle down 진정시키다, 편안히 앉다

10. (d)

[해석] A: 더 이상 다른 사람으로부터 상처받고 싶지 않아요.
B: 내가 널 실망시키지 않겠다고 약속할게. 날 믿어줘.

[해설] 다른 사람한테 상처받고 싶지 않다고 하고, 이에 약속하는 내용이다. 따라서 '믿다, 의지하다'는 표현인 (d) count on이 적절하다.

[어휘] **live on** ~을 먹고 살다
hang on 꽉 붙잡다, 매달리다
let down 실망시키다

11. (b)

[해석] A: 휘발유 값이 다시 오를 거라는데 들었니?
B: 정말? 이런, 내 차를 싸게라도 팔아야 할 것 같네.

[해설] 문맥상 '휘발유 값이 인상되다'는 의미가 되어야 한다. 따라서 빈칸에는 jack up이 들어가야 한다.

[어휘] **beef up** 보강하다, 강화하다
jack up 잭으로 들어올리다, 인상하다
make up 화장하다, ~을 이루다[형성하다]
build up 창조하다, 개발하다
sell off 싸게 팔아 치우다

12. (c)

[해석] A: 나는 왜 할리우드 커플들이 그렇게 빨리 헤어지는지 이해하지 못하겠어.
B: 그들은 때때로 자신들의 스캔들을 이용한다고 하더라.

[해설] 문맥상 자신들에 대한 스캔들을 '이용하다'라는 의미가 되어야 한다. 따라서 빈칸에는 cash in on이 들어가야 한다.

[어휘] **break up** 헤어지다
let out (소리 등을) 내다, 끝나다
speak up 큰소리로 말하다, 거리낌 없이 말하다
cash in on ~으로 돈을 벌다, 이용하다
make fun of ~을 놀리다

13. (a)

[해석] A: 이런, 젠장. 다시 비가 올 것 같네. 뭘 해야 하지?
B: 단지 우리가 출발하기 전에 비가 잦아들기를 바래야지.

[해설] 문맥상 '비가 많이 와서 걱정되는데 출발 전에 비가 그치거나 약해지기를 바란다'는 의미가 되어야 한다. 따라서 빈칸에는 let up이 들어가야 한다.

[어휘] **set off** 출발하다, 터뜨리다
dry up 바짝 말리다
come down 무너져 내리다
get down 내리다
let up 약해지다, 잦아들다

14. (c)

[해석] A: 영화 어땠어? 내가 본 영화 중에서 가장 슬픈 영화라고 확신해.
B: 나도 그렇게 생각해. 영화 끝 부분에서는 더 이상 눈물을 참을 수 없었어.

[해설] 문맥상 눈물을 '참다'는 의미가 되어야 한다. 따라서 빈칸에는 '제지하다'는 의미의 (c) hold back이 들어가야 한다.

[어휘] **hold on** 계속 잡고 있다, 고정시키다
hold up 떠받치다
hold back 참다, 제지하다, 비밀로 하다
hold over 미루다, 협박하다

15. (d)

[해석] Fiona는 결국 자신의 새로운 무용화를 뽐낼 수 있는 기회를 갖게 되었기 때문에 그 춤에 관해서 흥분하였다.

[해설] 문맥상 빈칸에는 '자랑하다, 뽐내다'는 의미의 어구가 들어가야 한다. 따라서 (d) show off가 적절하다.

[어휘] **bring on** 야기하다, 향상시키다
pull over 길 한쪽으로 차를 빼다
find out 찾아내다, 알아내다
show off 자랑하다, 뽐내다

16. (a)

[해석] 경제적 어려움과 같이 스트레스가 많은 일들을 극복하는 건 고사하고, 상황이 좋을 때에도 결혼생활을 유지하는 것은 충분히 어려울 수 있다.

[해설] 문맥상 어려울 때뿐만 아니라 상황이 좋을 때에도 결혼 생활을 유지하기는 어렵다는 의미이다. 따라서 빈칸에는 '~은 고사하고'라는 의미의 (a) let alone이 가장 적절하다.

[어휘] **survive** v. ~보다 오래 살다, 극복하다
stressful a. 스트레스가 많은
financial a. 재정적인
hardship n. 어려움, 곤경
call for 필요로 하다
idle away 빈둥거리다
let alone ~커녕, ~은 고사하고

17. (c)

[해석] 경영팀은 그 계획을 승인하기 전에 세금문제를 해결하였다.

[해설] 문맥상 계획 승인 전에 세금문제를 '처리하다, 말끔히 해결하다'는 의미가 되어야 하므로, 빈칸에 가장 알맞은 표현은 (c) ironed out이다.

[어휘] **call off** 취소하다
beef up 보강하다, 증강하다
iron out 문제 거리를 잘 처리하다, 주름을 잘 펴다
bring about 유발[초래]하다

18. (b)

[해석] 오바마 행정부는 일요일에 내년 여름에는 미군을 아프가니스탄에서 철수시키기 시작하겠다고 재확인하였다.

[해설] 문맥상 아프가니스탄에서 미군을 '철수시키다, 빼내다'는 의미가 되는 것이 적절하다. 따라서 pull A out of B(B에서 A를 빼내다)에서 pull이 정답이다.

[어휘] **reaffirm** v. 재확인하다
troop n. 군대, 부대

19. (b)

[해석] 당신의 아이에게 글씨를 잘못 쓴다고 하여 그에게 큰 소리치는 것은 사려 깊지 못한 행동입니다.

[해설] '아이의 필체가 좋지 않아서 소리지르다'는 의미가 되어야 하므로 빈칸에 가장 적절한 것은 (b) bawl이다.

[어휘] **inconsiderate** a. 사려 깊지 못한
handwriting n. 필체
roar v. 포효하다
bawl out ~에게 소리지르다
shout v. 소리치다
scream v. 소리지르다

20. (d)

[해석] 이러한 상과 벌을 설명하기 위해서는 평가시스템이 먼저 언급되어야 한다.

[해설] 문맥상 평가시스템이 먼저 '다루어지다, 언급되다'라는 의미가 되어야 한다. 따라서 (d) touch on이 가장 적절하다.

[어휘] **penalty** n. 처벌, 벌금
reward n. 보상
assessment n. 평가
wipe off 닦아내다, 제거하다
turn out 드러내다, 나타나다
carry out 실행하다
idle away 간단히 언급하다, 다루다

21. (d)

[해석] 내가 공짜 선물을 받기 위해 안내 데스크에 앞에서 30분 이상 줄을 서 있을 사람들 중의 하나였다는 사실을 인정해야 한다.

[해설] 문맥상 공짜 선물을 받기 위해 '줄을 서다'는 의미가 되어야 하므로 빈칸에 가장 알맞은 표현은 (d) queue up이 된다.

[어휘] **admit** v. 인정하다, 시인하다
throng n. 군중, 다수
information desk 안내 데스크
stick to ~을 고수하다, 집착하다
pull over 자동차를 갓길에 세우다
run after 뒤쫓다, 추적하다
queue up 줄 서서 기다리다

22. (c)

[해석] 만약 네가 오지에 편지를 배달하는 것이 어떤 것인지가 늘 궁금했었다면, 하루 동안 New South Wales에 우체부를 따라가서 직접 경험할 수 있다.

[해설] 문맥상 지역 우체부를 '따라가다'는 의미인 (c) tag along이 가장 적절하다.

[어휘] **make up** 화장하다, ~을 이루다
get along ~와 잘 지내다, 사이좋게 지내다(with)
tag along ~뒤를 쫓아 가다(with)
shake hands with ~와 악수하다
outback n. 오지

23. (d)

[해석] 영화 상영을 촉진시키기 위해서 주연배우들은 몇몇 아시아 국가들의 방문을 계획하고 있고 각각의 투어는 팬들과의 만남으로 끝이 난다.

[해설] round off A with B는 'A를 B로 끝마치다'는 뜻으로 "투어가 팬미팅을 마지막으로 하여 종료된다"는 의미가 되어야 하므로 빈칸에는 (d) round off가 적절하다.

[어휘] **stick to** ~을 고수하다, 집착하다
move on 계속 전진하다
work out 운동하다, (문제가) 풀리다
round off A with B A를 B로 끝마치다

24. (b)

[해석] 일부 사람들은 비용을 공제할 수 있기 때문에 사업을 하면 크게 절세할 수 있을 것으로 생각한다.

[해설] 문맥상 사업을 운영함으로써 비용을 공제한다는 의미가 되어야 하므로 빈칸에는 write off가 들어가야 한다.

[어휘] **run a business** 사업을 하다
tax break 세금 절약
write off 결손 처리하다
see off 배웅하다, 호되게 꾸짖다
get rid of 제거하다
keep A away from B B로부터 A를 멀리하게 하다

25. (a)

[해석] 우리는 우리가 가는 곳마다 이 영향을 목격하였는데, 우리 모두에게 영향을 주는 것 같았다.

[해설] 문맥상 '이 영향이 우리 모두에게 어떤 영향을 주기 때문에 그 영향을 목격한다'는 의미가 되어야 하므로 빈칸에는 rub off on이 들어가야 가장 적절하다.

[어휘] **rub off on** 본받다, 감염되다
look up to 존경하다
lean back on ~뒤로 젖혀 기대다
keep in touch with 연락하다
influence n. 영향, 세력

Review TEST

1. [go over] 거의, 하지만 부분별로 다시 검토할 필요가 여전히 있어.

2. [call off] 다행이군요. 당신이 그 개를 찾았기 때문에 주변 동네 수색조는 취소하도록 하겠습니다.

3. [check into] 호텔에 투숙하고 나서 해변 찾으러 가자.

4. [flagged down] 아마도 그들이 경비원을 처리했거나 또는 경비원이 갱의 일원일지도 몰라.

5. [cut off] 전화비 안 내면 조만간 전화가 불통될 거야.

6. [count on] 내가 널 실망시키지 않겠다고 약속할게. 날 믿어줘.

7. [jack up] 휘발유 값이 다시 오를 거라는데 들었니?

8. [cash in on] 그들은 때때로 자신들의 스캔들을 이용한다고들 하더라고.

9. [lets up] 단지 우리가 출발하기 전에 비가 잦아들기를 바랄 뿐이야.

10. [hold back] 나도 그렇게 생각해. 영화 끝 부분에서는 더 이상 눈물을 참을 수 없었어.

11. [show off] Fiona는 결국 자신의 새로운 무용화를 뽐낼 수 있는 기회를 갖게 되었기 때문에 그 춤에 관해서 흥분하였다.

12. [let alone] 경제적 어려움과 같이 스트레스가 많은 일들을 극복하는 건 고사하고, 상황이 좋을 때에도 결혼생활을 유지하는 것은 충분히 어려울 수 있다.

13. [ironed out] 경영팀은 그 계획을 승인하기 전에 세금문제를 해결하였다.

14. [pulling] 오바마 행정부는 일요일에 내년 여름에는 미군을 아프가니스탄에서 철수시키기 시작하겠다고 재확인하였다.

15. [touched on] 이러한 상과 벌을 설명하기 위해서는 평가시스템이 먼저 언급되어야 한다.

16. [queue up] 내가 공짜 선물을 받기 위해 안내 데스크에 앞에서 30분 이상 줄을 서있을 사람들 중의 하나였다는 사실을 인정해야 하겠지.

17. [tag along] 만약 네가 오지에 편지를 배달하는 것이 어떤 것인지가 늘 궁금했다면, 하루 동안 New South Wales에 우체부를 따라가서 직접 경험할 수 있다.

18. [round off] 영화 상영을 촉진시키기 위해서 주연배우들은 몇몇 아시아 국가들의 방문을 계획하고 있고 각각의 투어는 팬들과의 만남으로 끝이 난다.

19. [write off] 일부 사람들은 비용을 공제할 수 있기 때문에 사업을 하면 크게 절세할 수 있을 것으로 생각한다.

20. [rub off on] 우리는 우리가 가는 곳마다 이 영향을 목격하였는데, 우리 모두에게 영향을 주는 것 같았다.

Check Up 1

1. [정답] taken with

[해석] 그 젊은이는 정말이지 Maria에게 첫눈에 반했다.

[어휘] **at first sight** 첫눈에
be taken with ~에 매혹되어

2. [정답] By all accounts

[해석] 다른 사람들 말에 따르면 그 노인은 20대에 큰 재산을 모았다고 한다.

[어휘] **by all means** 반드시
by all accounts 다른 사람들 말에 따르면
earn a fortune 큰 돈을 벌다, 횡재하다

3. [정답] last resort

[해석] 만약 자연분만이 어렵다면, 최후의 수단으로서 그녀는 제왕절개를 하게 될 것이다.

[어휘] **carry on** 계속하다, 속행하다
as a last resort 최후의 수단으로
cesarean n. 제왕절개

4. [정답] slim

[해석] 우리 팀이 전 세계에서 가장 우수한 팀을 이길 가능성은 매우 낮다.

[어휘] **a slim chance** 가망성이 적은 기회

Check Up 2

1. [정답] drawing

[해석] 철저한 조사에도 불구하고 경찰은 아무런 결과를 얻지 못하고 있다.

[어휘] **thorough** a. 철저한
investigation n. 조사, 연구
draw a blank 아무 결과를 얻지 못하다

2. [정답] in reserve

[해석] Jane은 비상시를 대비하여 예비로 약간의 돈을 남긴다.

[어휘] **keep in reserve** 예비로 남겨두다
emergency n. 비상(사태), 위급

3. [정답] charge

[해석] 어떤 분이 인사과의 책임자인지요?

[어휘] **human resource** 인적자원

in charge of ~을 맡아서, 담당해서

4. [정답] sense

[해석] 우리는 작가의 이야기를 통해서 그의 삶을 엿볼 수 있다.

[어휘] **get a sense of** ~을 엿보다

Practice Test

01. (d)	02. (b)	03. (c)	04. (d)	05. (a)
06. (d)	07. (a)	08. (a)	09. (c)	10. (b)
11. (a)	12. (c)	13. (c)	14. (a)	15. (a)
16. (b)	17. (c)	18. (c)	19. (b)	20. (b)
21. (d)	22. (b)	23. (d)	24. (c)	

01. (d)

[해석] A: 당신의 따님은 새로운 뮤지컬 연극 수업을 좋아하나요?
B: 좋아합니다. 그녀는 항상 주목을 받고 싶어해서, 연기는 그녀에게 정말로 매력적입니다.

[해설] 문맥상 '주목의 대상'이라는 의미의 어휘가 빈칸에 들어가야 하는데, 이는 center of attention으로 빈칸에는 (d) center가 들어가야 한다.

[어휘] **belly** n. 배
heart n. 심장
inside n. 내부
appeal v. 호소하다, 간청하다

02. (b)

[해석] A: 제가 당신의 이야기를 이해하려고 하는데 당신이 이야기하는 사건의 순서는 정말이지 뒤죽박죽이어서 제가 헷갈립니다.
B: 제가 약간 산만해진 것 같습니다. 속도를 늦추고 처음부터 다시 시작하겠습니다.

[해설] 문맥상 이야기의 순서가 두서없이 중구난방이라는 의미가 되어야 한다. 따라서 빈칸에는 (b) place가 들어가야 한다.

[어휘] **all over the place** 두서 없는

03. (c)

[해석] A: 대부분의 사람들은 그 파티가 재앙이 될 것이라고 생각했지만, 사람들이 이야기하기를 그 파티는 정말 크게 성공했다고 하네요.
B: 무슨 말인지 알아요. 모든 사람이 즐거운 시간을 보냈다고 이야기 했어요.

[해설] 문맥상 사람들의 이야기에 따르면 그 파티가 큰 성공이었다는 의미가 되어야 한다. 이와 같은 의미는 by all accounts

로 표현하므로 빈칸에는 accounts가 적절하다.

[어휘] **disaster** n. 재해, 참사
turn out ~로 판명되다

04. (d)

[해석] A: Mary가 나한테 화났어요. 제 생각에 제가 그녀가 못들어
간 대학을 언급했을 때 그녀의 신경을 건드린 것 같아요.
B: 네, 그녀는 그 문제에 대해 매우 민감해요. 그 문제는 언
급하지 않는 것이 최선이에요.

[해설] 문맥상 Mary가 들어가지 못한 대학에 관해서 이야기함으로
써 '그녀의 신경을 건드리다'는 의미가 되어야 한다. '신경을
건드리다'는 표현은 (d) hit a nerve이다.

[어휘] **mention** v. 언급하다
sensitive a. 민감한
make a killing 갑자기 큰 돈을 벌다
miss a beat 순간적으로 주저하다

05. (a)

[해석] A: 저 소년이 여기에서 뭘 하고 있나요? 21세 이하는 바 출
입이 금지되어 있다고 생각했는데.
B: 일반적으로는 사실입니다만, 그는 바텐더의 아들이라서
출입시켰습니다.

[해설] 문맥상 빈칸에는 '일반적으로, 대체로'라는 의미의 어휘가
적절하다. in general은 generally와 같이 '일반적으로'라는
의미이므로 빈칸에는 (a) general이 들어가야 한다.

[어휘] **let in** 출입시키다

06. (d)

[해석] A: 안녕, Rachel. 나 기억 못하겠니? Paula야. 우리 같은 학
교 다니잖아.
B: 미안, Paula. 기억이 안 나네. 우리 수업 같이 듣니?

[해설] 문맥상 '생각이 나지 않는다'는 의미의 어구가 적절하다. 이
러한 의미는 draw a blank로 표현할 수 있으므로, 빈칸에는
drawing이 들어가야 한다.

[어휘] **shoot** v. 발사하다, 쏘다
throw v. 던지다

07. (a)

[해석] A: 저는 당신이 무도장에서 시간을 보내셨다는 이야기를 듣
고 놀랐습니다. 저는 당신이 춤추는 것을 싫어하시는 줄
알았습니다.
B: 사실을 말씀 드리자면, 제가 무용가 중 한 분에게 정말
반했고, 저는 그녀에게 말을 걸 수 있는 기회를 갖게 되
기를 희망해 왔습니다.

[해설] 문맥상 무용수에게 반했다는 의미의 어구가 들어가야 하는
데, take는 수동태로 사용되어 '매혹되다, 반하다'는 의미를
표현하는 동사이다. 따라서 빈칸에는 taken이 들어가야 한
다. 이때 전치사는 with를 사용해야 한다.

[어휘] **to tell (you) the truth** 진실을 말하자면, 사실대로 말하자면
grab v. 꽉 잡다, 움켜 쥐다
seize v. ~을 잡다[쥐다]

08. (a)

[해석] A: 의사선생님, 이 새로운 약이 효과가 없습니다. 저는 여전
히 매일 고통스러워요.
B: 저희는 새로운 처치방법을 시도하게 될 것입니다. 먼저
물리 치료를 시도하고 마지막 수단으로 수술을 할 계획
입니다.

[해설] 문맥상 물리치료를 먼저 해보고 '다음으로 혹은 가장 마지막
수단으로' 수술을 하는 것이다. 이와 같은 의미는 as a last
resort로 표현할 수 있으므로 빈칸에는 (d) resort가 들어가
야 한다.

[어휘] **physical therapy** 물리치료

09. (c)

[해석] A: 의사선생님이 Lucy가 무릎 부상 후에 농구를 다시 시작
할 수 있을 지에 대해 언급하셨나요?
B: 가능성은 낮지만, 만약 그녀가 물리치료 시 열심히 운동
한다면 약간의 운동능력은 회복할 수 있을 거예요.

[해설] 문맥상 무릎 부상으로 인해 농구는 다시 시작하기는 '어렵
다'는 의미가 되어야 한다. 따라서 빈칸에는 slim이 들어가
야 한다.

[어휘] **slim** a. 호리호리한, (가능성 따위가) 낮은
knee injury 무릎수술

10. (b)

[해석] A: 어제 내 차가 고장 났을 때, Carol이 조수석에 앉아서 킥
킥 웃고 있었어.
B: 난 무엇이 그녀를 즐겁게 했는지 전혀 이해가 안돼. 그녀
는 단지 별난 유머감각을 갖고 있어.

[해설] 문맥상 도저히 웃을 수 없는 상황에서 웃는 그녀의 유머감
각이 이상하다 또는 별나다는 의미가 되어야 한다. 유머감
각은 sense of humor로 표현하므로 빈칸에는 humor가 적
절하다.

[어휘] **mischief** n. 해악, 장난
banter n. (가벼운) 조롱, 놀림
laughter n. 웃음(소리)

11. (a)

[해석] A: 저도 제가 약간의 수면이 필요하다는 것을 알지만, Tony
를 병원에 혼자 두어야 한다니 신경이 쓰이네요.
B: 이 시설은 이 지역 내에서 가장 좋은 병원이니까, Tony
는 잘 돌봐질 거예요. 집에 가서 좀 쉬세요.

[해설] 문맥상 Tony가 지역의 가장 좋은 병원에 입원해 있기 때문
에 잘 관리될 것이라는 의미의 어구가 들어가야 한다. be in
good hands는 '안심할 수 있는, 잘 관리되는'의 의미를 갖

는 표현이므로 빈칸에는 (a) hands가 적절하다.

[어휘] **nervous** a. 신경질적인, 과민한

12. (c)

[해석] A: Fredrick씨, 저는 우리 재정 기록에 대해서 언론인에게 이야기 하는 것이 회사정책에 반한다는 것을 알지 못했습니다.

B: 이는 심각한 비밀누설이에요, Evelyn. 저는 우리 상업 윤리 위원회에 이 사건을 보고할 수밖에 없습니다.

[해설] 문맥상 회사 재정기록 또는 상황을 기자들에게 이야기하는 것은 회사 정책에 반하고 이는 '비밀 누설이다, 비밀유지 의무 위반이다'는 내용이다. 따라서 빈칸에는 '~위반 또는 침해'라는 어휘가 들어가야 한다. recess는 '휴식, 움푹 들어간 곳', offense는 '범죄, 공격, 모욕, 위반', clash는 '충돌, (의견)불일치'라는 의미인데 반해, breach는 '침해, 누설'이라는 의미이므로 빈칸에 가장 적절한 어휘는 breach가 된다.

[어휘] **company policy** 회사정책
journalist n. 기자, 언론인
financial a. 재정상의, 금융의
confidentiality n. 기밀성, 비밀유지

13. (c)

[해석] A: 다시 만나게 되어 정말 반갑습니다. 우리가 그렇게 오랫동안 서로 이야기를 하지 않았다는 것이 믿기지가 않습니다.

B: 네 그렇습니다. 이번에는 반드시 서로 연락하는 것을 잊지 말아요.

[해설] 문맥상 오랫동안 서로 연락하지 않던 사람들간의 대화이다. 이번에는 서로 연락을 잘하자는 내용인데, keep in touch는 '접촉하다, 연락을 유지하다'는 의미로 자주 쓰인다. 따라서 빈칸에는 touch가 들어가야 한다.

[어휘] **reach** v. 도착하다
line n. 줄, 선
drop n. 방울, 떨어짐

14. (a)

[해석] A: 당신의 경찰 동료들이 제 도난 당한 차량을 찾기 위해 그다지 노력을 하고 있지 않습니다. 별다른 이야기 들으신 것 있으신지요?

B: 아무도 저에게 별다른 이야기를 해주지는 않았어요. 그러나 제가 계속 주의를 기울이고 있다가 새로운 소식이 있으면 전화드릴께요.

[해설] 문맥상 '무슨 일이 있는지 알아보다'는 의미가 되어야 한다. keep one's ear to the ground는 '여론에 귀를 기울이다, 남들의 이야기를 듣다'는 의미로서 내용상 적절한 표현이다. 따라서 빈칸에는 ear가 들어가야 한다.

[어휘] **colleague** n. 동료, 동업자

15. (a)

[해석] A: Angela가 떠났다니 정말 유감이다. 많이 슬프지.

B: 응, 그녀는 내 가슴을 찢어 놓았어. 다시 그렇게 누군가를 사랑한다는 것은 상상하기 조차 힘들어.

[해설] 문맥상 Angela와 헤어짐으로써 '가슴이 아프다, 가슴이 찢어졌다'는 의미가 적절하다. break one's heart(가슴을 찢어 놓다)가 이에 가장 적당한 표현이므로 빈칸에는 broke가 들어가야 한다.

[어휘] **rot** v. 썩다, 부패하다, 상하다
crack v. 철썩 소리를 내다, 금이 가다
tear v. 찢다

16. (b)

[해석] A: 전 당신이 좋아하는 팀이 올해 결승전에서 졌다고 해서 당신께서 너무 실망하지 않기를 바랍니다.

B: 전혀요. 사실 저는 스포츠를 따라다니는 것을 그만두고 제 인생에서 중요한 일에 좀더 집중하기로 결정했어요.

[해설] as a matter of fact는 '사실은, 실제로'라는 표현이다. 따라서 빈칸에는 (b) matter가 들어가야 한다.

[어휘] **disappoint** v. 실망시키다
favorite a. 마음에 드는, 좋아하는
pay attention to ~에 집중하다, 관심을 갖다

17. (c)

[해석] 도보 여행가는 위험을 무릅쓰고 삼림 속으로 더 깊이 들어갈수록 어두워지기 전에 나오기에 너무 늦을 수 있다는 가능성은 절대 생각나지 않는다.

[해설] 문맥상 길을 잃을 가능성에 대해서는 전혀 '생각을 하지 않는다'는 의미가 되어야 하는데, cross one's mind가 '생각이 나다, 생각이 들다'는 표현이다. 따라서 빈칸에는 (c) crossed가 들어가야 한다.

[어휘] **venture** v. 모험을 하다, 위험을 무릅쓰고 하다
forest n. 숲, 삼림
possibility n. 가능성

18. (c)

[해석] 건설현장 관리인은 노동자들이 너무 피곤해 하는 것을 알 수 있었으므로, 그는 모든 사람들에게 그만할 시간이 되었다고 이야기 하였다.

[해설] 문맥상 너무 힘들기 때문에 '오늘 일은 여기서 끝내다'는 의미가 되어야 한다. 이러한 표현으로 call it a day, wrap it up과 같은 어구가 쓰인다. 따라서 빈칸에는 call이 들어가야 적절하다.

[어휘] **construction** n. 건설, 공사
supervisor n. 관리자, 감독관

19. (b)

[해석] 회사의 모든 부서는 예산 부족의 영향을 받았지만, 마케팅 부서는 예산 삭감을 정면으로 받아들일 것이라는 소문이 있다.

[해설] foot the bill은 '셈을 치르다', hit the sack은 '잠자리에 들다', jump the gun은 '조급히 굴다, 성급한 짓을 하다'는 의미인 반면, bear the brunt of는 '~을 정면으로 맞서다'는 의미이다. 따라서 빈칸에 가장 적절한 표현은 bear the brunt가 된다.

[어휘] **budget deficit** 예산 부족
rumor v. 소문을 내다
cutback n. 삭감, 줄임

20. (b)

[해석] 풀장을 책임지는 새로운 구조원이 왔기 때문에 규칙은 더욱 엄격해질 것이다.

[해설] 문맥상 '풀장을 책임지는'이라는 의미의 'be in charge of the pool'이라는 표현이 적절하다. 따라서 빈칸에는 charge가 들어가야 한다.

[어휘] **lifeguard** n. (수영장 따위의)구조원, 감시원
strict a. 엄격한, 완전한

21. (d)

[해석] Karen은 자신이 아파서 비싼 약품을 필요로 하게 되었을 때 자신이 비상시를 대비해서 돈을 예비로 모아놨던 것이 너무 기뻤다.

[해설] 문맥상 '비상시를 대비해서 예비로 모아두다'는 의미가 되어야 하므로 keep ~ in reserve가 가장 적절한 표현이 된다. 따라서 빈칸에는 (d) reserve가 들어가야 한다.

[어휘] **expensive** a. 값비싼
medicine n. 의약품

22. (b)

[해석] Tom이 저녁식사 내내 자신의 업적에 대해서 이야기하면서 시간을 보낸 후, 다른 손님들은 그가 너무 자만심으로 가득 차 있다고 느꼈다.

[해설] 문맥상 자기 자신의 잘난 것만을 이야기하는 상황이므로 '자만심이 크다'는 의미가 되어야 한다. be full of oneself는 '자만하다'는 표현으로서 빈칸에는 (b) full이 들어가야 한다.

[어휘] **achievement** n. 성취, 업적

23. (d)

[해석] 가족들의 항의에도 불구하고 Laura는 자신에게 정서적으로 큰 가치를 갖는 오래된 담요를 가지고 나오기 위해 불타는 집으로 뛰어 들어갔다.

[해설] fundamental은 '근본적인, 기초의, 필수의', temperamental은 '기질의, 개성이 강한, 타고난', instrumental은 '기계를 쓰

는, 유용한, 도움이 되는', sentimental은 '감정적인, 감성적인'이라는 의미이다. 문맥상 빈칸에 가장 어울리는 어휘는 (d) sentimental이다.

[어휘] **protest** n. 항의, 저항
retrieve v. 만회하다, 구하다

24. (c)

[해석] 일단 웨딩 플래너들이 어떤 가족의 취향을 엿보게 되면 그들은 어떤 음식과 장식을 주문할지를 알게 된다.

[해설] 문맥상 '~을 살짝 엿보다'는 의미가 되어야 자연스럽다. get a sense of는 '~을 엿보다'는 의미이므로 빈칸에는 (c) sense가 들어가야 한다.

[어휘] **taste** n. 취향
decoration n. 장식

Review TEST

1. [center] 좋아합니다. 그녀는 항상 주목을 받고 싶어해서, 연기는 그녀에게 정말로 매력적입니다.

2. [place] 제가 당신의 이야기를 따라가려고 합니다만 당신이 이야기하는 사건의 순서는 정말이지 뒤죽박죽이어서 제가 헷갈리고 있습니다.

3. [sense] 일단 웨딩 플래너들이 어떤 가족의 취향을 엿보게 되면 그들은 어떤 음식과 장식을 주문할지를 알게 된다.

4. [accounts] 대부분의 사람들은 그 파티가 재앙이 될 것이라고 생각했지만, 사람들이 이야기하기를 그 파티는 정말 크게 성공했다고 하네요.

5. [hit a nerve] Mary가 나한테 화났어요. 제 생각에 제가 그녀가 들어가지 않은 대학을 언급했을 때 그녀의 신경을 건드린 것 같아요.

6. [drawing] 미안, Paula. 기억이 안 나네. 우리 수업 같이 듣니?

7. [taken] 사실을 말씀 드리자면, 제가 무용가 중 한 분에게 정말 반했고, 저는 그녀에게 말을 걸 수 있는 기회를 갖게 되기를 희망해 왔습니다.

8. [resort] 저희는 새로운 처치방법을 시도하게 될 것입니다. 먼저 물리 치료를 시도하고 마지막 수단으로 수술을 할 계획입니다.

9. [slim] 가능성은 낮지만, 만약 그녀가 물리치료 시 열심히 운동한다면 약간의 운동능력은 회복할 수 있을 거에요.

10. [humor] 난 무엇이 그녀를 즐겁게 했는지 전혀 이해가 안돼. 그녀는 단지 별난 유머감각을 갖고 있어.

11. [hands] 이 시설은 이 지역 내에서 가장 좋은 병원이므로, Tony는 잘 돌봐질 거에요. 집에 가서 좀 쉬세요.

12. [breach] 이는 심각한 비밀누설이에요, Evelyn. 저는 우리 상업 윤리 위원회에 이 사건을 보고할 수밖에 없습니다.

13. [touch] 네 그렇습니다. 이번에는 반드시 서로 연락하는 것을 잊지 말아요.

14. [ear] 아무도 저에게 별다른 이야기를 해주지는 않았어

요. 그러나 제가 계속 주의를 기울이고 있다가 새로운 소식
이 있으면 전화드릴께요.

15. [broke] 응, 그녀는 내 가슴을 찢어 놓았어. 다시 그처럼
누군가를 사랑한다는 것은 상상하기 조차 힘들어.

16. [matter] 전혀요. 사실 저는 스포츠를 따라다니는 것을
그만두고 제 인생에서 중요한 일에 좀더 집중하기로 결정
했어요.

17. [stroke] 우리는 너 없이는 할 수 없었어. 인간 피라미드
에 대한 너의 아이디어는 정말 천재적인 수완이었어.

18. [crossed] 도보여행가가 위험을 무릅쓰고 삼림 속으로
더 깊이 들어갈수록 어두워지기 전에 나오기에 너무 늦을
수 있다는 가능성은 절대 생각나지 않는다.

19. [call] 건설현장 관리인은 노동자들이 너무 피곤해 하는
것을 알 수 있었으므로, 그는 모든 사람들에게 그만할 시간
이 되었다고 이야기 하였다.

20. [bear the brunt] 회사의 모든 부서는 예산 부족의 영
향을 받았지만, 마케팅 부서는 예산 삭감을 정면으로 받아
들일 것이라는 소문이 있다.

21. [charge] 풀장을 책임지는 새로운 구조원이 왔기 때문에
규칙은 더욱 엄격해질 것이다.

22. [reserve] Karen은 자신이 아파서 비싼 약품을 필요로
하게 되었을 때 자신이 비상시를 대비해서 돈을 예비로 모
아놨던 것이 너무 기뻤다.

23. [full] Tom이 저녁식사 내내 자신의 업적에 대해서 이야
기하면서 시간을 보낸 후, 다른 손님들은 그가 너무 자만심
으로 가득 차있다고 느꼈다.

24. [sentimental] 가족들의 항의에도 불구하고 Laura는
자신에게 정서적으로 큰 가치를 갖는 오래된 담요를 가지
고 나오기 위해 불타는 집으로 뛰어 들어갔다.

Check Up 1

1. [정답] purpose

  [해석] 뺑소니 운전자는 자신이 고의로 하지 않았다고 이야기 하였다.

  [어휘] **hit and run** 뺑소니

  on purpose 고의로, 일부러

2. [정답] on the ground of

  [해석] 그는 아프다는 이유로 직장을 그만두었다.

  [어휘] **quit** v. 그만두다

3. [정답] nose

  [해석] 월 비용 추산액은 정확하였다.

  [어휘] **estimate** n. 견적서, 추산액

  expense n. 비용

4. [정답] on the mend

  [해석] 내 형은 장염에 걸렸지만 지금은 회복 중이다.

  [어휘] **stomach flu** 장염

Check Up 2

1. [정답] mark

  [해석] 그의 추측은 크게 빗나갔다. 오히려 그 반대였다.

  [어휘] **guess** n. 추측

  reverse n. 반대, 역전

2. [정답] ups and downs

  [해석] 우리의 삶은 단조롭지 않고 끝없는 굴곡으로 가득 차있다.

  [어휘] **monotonous** a. 단조로운, 지루한

  ins and outs 상세한 내용

3. [정답] right

  [해석] 네가 정확하다. 이것이 바로 내가 찾아왔던 것이다.

  [어휘] **look for** 찾다

4. [정답] taste

  [해석] 노란색 드레스는 제 취향이네요. 구매하겠습니다.

Practice Test

01. (c)	02. (d)	03. (c)	04. (c)	05. (b)
06. (d)	07. (d)	08. (b)	09. (b)	10. (d)
11. (b)	12. (a)	13. (b)	14. (b)	15. (c)
16. (b)	17. (c)	18. (a)	19. (b)	20. (a)
21. (d)	22. (d)	23. (b)	24. (c)	25. (d)
26. (c)	27. (c)	28. (c)		

01. (c)

[해석] A: 이 드레스를 어머니께 사드려야 할 것 같은데. 어머니께서 노란색을 좋아하시지?

  B: 네, 그런데 디자인은 정말이지 그녀의 취향은 아닌 것 같아요. 어머니는 좀 더 전통적인 스타일을 더 선호하세요.

[해설] 문맥상 디자인이 어머니의 취향이 아니라는 의미가 되어야 하므로 빈칸에 가장 적절한 것은 (c) taste이다.

[어휘] **traditional** a. 전통적인

02. (d)

[해석] A: Sanders양, 이번 주말까지 보고서가 필요하시다고 저에게 말씀하셨던 것을 압니다만, 제가 며칠이 더 필요합니다.

  B: 정말 제 인내심을 시험하시는 군요, Charlie. 수요일까지 시간을 드리겠지만, 다시 한 번 지체 되면 참지 않겠어요.

[해설] 문맥상 시간이 지체되는 것에 대해 매우 불쾌하게 생각하고 있다는 의미이므로 다음에 나오는 my patience를 보았을 때 (d) test가 들어가야 한다. test one's patience는 '~의 인내심을 시험하다'이다.

[어휘] **tolerate** v. 참다, 인내하다

03. (c)

[해석] A: 기억하십시오. 버스는 9시 30분에 출발합니다. 만약 늦으시면 저희는 당신이 오지 않아도 그냥 출발할 것입니다.

  B: 걱정하지 마세요. 9시 30분에 정확히 그곳에 있을게요.

[해설] 문맥상 B가 버스시간에 늦지 않도록 버스 출발시간인 9시 30분에 정확히 도착한다는 의미이므로 빈칸에는 '정확하게' 라는 의미의 어구가 들어가야 한다. 따라서 지문의 어구 중에서는 (c) on the nose가 가장 적절하다.

[어휘] **in the red** 적자를 내고 있는

  over the top 최종적 상태로, 목표 이상으로

  for a song 헐값으로, 싸구려로

04. (c)

[해석] A: 신문에 따르면 George가 구속될 때 소리지르고 저주하고 했대요. 그러한 행동은 그답지 않네요.

B: 그 이야기는 틀렸어요. 제가 그곳에 있었는데 George가 화는 났었지만 정말 소리를 지르지는 않았어요.

[해설] 문맥상 George가 화는 났지만 신문 기사 내용과는 달리 체포 당시 소리를 지르거나 저주하지는 않았다는 의미이므로 지문 중에서 빈칸에 가장 알맞은 표현은 '빗나간, 틀린'의 뜻인 (c) wide of the mark이다.

[어휘] **the salt of the earth** 세상을 정화하고 숭고하게 하는 사람
out of woods 위기를 모면하여
state of the art (과학기술 등의) 현재 발생 상태

05. (b)

[해석] A: 처음에는 군에 입대하는 것에 대해 정말 신경과민이었지만, 어떤 위험이 있더라도 단행하기로 결심하였어요.

B: 와, 정말 용감하시군요. 너무 성급하게 결정하지 않으셨다고 확신하는지요?

[해설] 문맥상 군에 입대하기 너무 싫었지만 결국 위험을 감수하고 입대하는 결정을 하였다는 내용이다. 따라서 '단행하다'의 뜻의 (b) take the plunge가 가장 적절하다.

[어휘] **hit the sack** 잠자리에 들다
beat the rap 무죄가 되다, 벌을 면하다
have the floor (토론 따위에서) 발언권을 갖다

06. (d)

[해석] A: 모든 사람들이 당신이 감기에 심하게 걸린 것에 대해 매우 걱정하고 있어요. 당신이 회복되고 있는 것을 보니 기쁘네요.

B: 네, 정말이지 지난 주보다는 훨씬 나아졌어요.

[해설] 문맥상 '회복 중'이라는 의미의 어구가 빈칸에 들어가야 한다. on the mend가 회복 중이라는 뜻이므로 빈칸에는 (d) mend가 들어가야 한다.

[어휘] **heal** v. 치유하다
cure v. 치료하다
patch v. (천을 대고) 수선하다

07. (d)

[해석] A: 너 내 친구 David랑 꽤 닮았어. 걔랑 친척이니?

B: 어, David가 우리 형이야. 우리 꽤 닮아서, 사람들을 종종 누가 누구인지 혼동하게 하곤 해.

[해설] 서로의 얼굴이 닮아 사람들에게 혼동을 준다는 표현의 과거분사(p.p)형태의 (수동)형용사를 고르는 문제이다. 보기의 형용사는 모두 '어리둥절한, 혼란스러운, 당혹스러운' 등의 유사한 의미를 갖고 있지만, 두 대상을 서로 '혼동하게 된'의 뜻을 만드는 것은 (d) confused뿐이다.

[어휘] **be related to** ~와 관련[연관] 있다
bewilder v. 어리둥절하게[혼란스럽게] 만들다

perplex v. (무엇을 이해할 수 없어서) 당혹하게 하다
disconcert v. 불안하게[당황스럽게] 만들다
confused a. 혼란스러워[혼동하게] 된
get confused with ~을 혼란스러워[혼동하게] 하다

08. (b)

[해석] A: 돈 빌려줘서 고마워요. 여분의 돈이 저희에게 얼마나 큰 도움이 되는지 모르실 거에요.

B: 걱정 마세요. 사모님께서 직장을 잃으신 후 힘들게 생계를 유지하셨을 것이라는 것을 알고 있습니다.

[해설] 문맥상 '힘들게 겨우겨우 벌어먹고 살다'라는 의미가 되어야 자연스럽다. make와 meet와 함께 쓰여 이와 같은 의미를 이루는 (b) ends가 적절하다.

[어휘] **loan** n. 대출, 대여금
make ends meet 겨우겨우 먹고 살만큼 벌다

09. (b)

[해석] A: 누나가 대학 다니기 위해 집을 떠나게 되어서 너무 슬퍼요. 정말 보고 싶을 거에요.

B: 음, 긍정적으로 생각하렴. 적어도 너는 이제 네 방을 갖게 될 거야.

[해설] 'on the bright side'와 함께 사용될 수 있는 동사는 look이다. look on the bright side는 '긍정적인 면을 보다'는 뜻으로 (b) look이 적절하다.

[어휘] **leave for college** 대학에 다니기 위해 집을 떠나다
to oneself 혼자, 독차지하는

10. (d)

[해석] A: William, 당신이 제출한 비용보고서의 몇 개 항목이 적법한 것처럼 보이지 않습니다. 전 당신이 사기 치지 않길 바랍니다.

B: 저는 절대로 회사를 상대로 사기 치려고 하지 않았습니다. 만약 잘못된 것이 있다면 그것은 순전히 실수입니다. 약속 드립니다.

[해설] fast one과 함께 사용되어 '사기 치다'는 의미를 이루는 동사는 (d) pull이다. pull a fast one on somebody는 '~에게 사기를 치다'는 의미이다.

[어휘] **cheat** v. 속이다, 사기 치다

11. (b)

[해석] A: Jane은 괜찮아요? 여기로 서둘러 들어왔을 때 그녀는 땀을 흘리면서 숨을 헐떡거리고 있었어요.

B: 그녀는 미팅에 늦을 것을 걱정하였고 그래서 버스 정류장에서부터 계속 뛰었어요.

[해설] 문맥상 '계속 뛰어서 숨이 헐떡거리다'는 의미가 되어야 하는데, '숨이 차다, 숨이 헐떡거리다'는 표현은 out of breath이므로 빈칸에는 (b) breath가 들어가야 한다.

[어휘] **be afraid of** ~할까 두려워하다

12. (a)

[해석] A: 어제 저녁 우리가 보았던 코미디언은 대중을 즐겁게 할 수 있는 새로운 농담을 빠르게 생각해내는데 능하더라.
B: 맞아. 그는 맨 앞줄의 야유하는 사람에 대해 반응할 때도 전혀 주저함이 없었어.

[해설] 문맥상 a beat와 함께 사용되어 야유하는 관객에 대해 적절히 잘 반응하였다는 의미를 뜻하는 어휘가 들어가야 한다. miss a beat는 '순간적으로 주저하다'는 의미의 어구이므로 (a) miss가 들어가야 한다.

[어휘] **be good at** ~에 능하다, 잘하다
crowd n. 사람들, 관중
respond v. 응하다, 대답하다
heckler n. 방해꾼, 야유하는 사람

13. (b)

[해석] A: 실례합니다. 전화통화를 방해하고 싶지 않습니다만 지금 이 문제는 매우 급합니다.
B: 들어오세요. 제가 지금 기다리고 있는 중이에요. 교환원 말로는 약 20분 정도 걸린다는 군요.

[해설] 문맥상 전화대기 중이라는 표현이 들어가야 한다. be on hold는 '지금 연기[보류]된 상태이다'라는 의미로서 (b) on hold가 적절하다.

[어휘] **in debt** 빚지고 있는
under fire 집중포화를 받고, 맹비난을 받고
behind bars 철창 속에 갇힌

14. (b)

[해석] A: 토요일 농구 경기 질 준비나 하렴. 우리 팀은 올해 들어 불패야.
B: 오 그래? 내 경고하는데 우리 팀은 수개월 동안 연습해왔고, 인정사정 없을 거야.

[해설] 문맥상 B의 팀도 열심히 연습하였으므로 인정사정 없이 열심히 한다는 의미가 되어야 한다. show no와 호응하는 명사 어휘는 mercy이므로 빈칸에는 (b) mercy가 들어가야 한다.

[어휘] **tribute** n. 헌사, 찬사
mercy n. 자비

15. (c)

[해석] A: 어제 어디 있었니? 난 우리가 시계탑에서 만나기로 되어 있는 줄 알았는데 넌 나를 계속 기다리게 하였어.
B: 미안해. 같이 나가기로 한 걸 완전히 잊어버렸어.

[해설] 문맥상 '계속 기다리게 하다'는 의미가 되어야 하는데, leave와 호응하는 어휘는 hanging으로서 leave ~ hanging은 '~를 계속 기다리게 하다'는 의미가 되어야 한다. 따라서 빈칸에는 (c) hanging이 들어가야 한다.

[어휘] **completely** adv. 완전히, 철저히
be supposed to ~하기로 되어 있다

16. (b)

[해석] 그 회사는 좋은 시절과 나쁜 시절이 있었지만, 지금은 나빠질 기미 없이 꾸준히 이익이 증가하고 있다.

[해설] 문맥상 회사가 이전에는 좋기도 하고 나쁘기도 하는, 즉 불안정하였지만 지금은 꾸준히 좋아지고 있다는 의미이다. 따라서 빈칸에는 (b) ups and downs가 가장 적절하다.

[어휘] **odds and ends** 잡동사니, 자질구레한 것들
ups and downs 좋을 때와 나쁠 때
nuts and bolts 기본, 요점
skin and bones 피골이 상접한, 말라빠진

17. (c)

[해석] 신문에 따르면 Tom은 시장 선거 출마를 선언하였을 때 가망이 전혀 없었기 때문에 그가 선거에서 승리하였을 때 많은 사람들이 놀랐다고 한다.

[해설] 문맥상 '~할 가망이 없다'는 의미의 어구가 들어가야 하는데, not have a prayer (of doing)를 사용하여 그와 같은 의미를 표현할 수 있다. 따라서 빈칸에는 (c) prayer가 들어가야 한다.

[어휘] **run for** ~에 출마하다
election n. 선거, (선거에서의) 당선

18. (a)

[해석] 선생님은 Mathew가 진정으로 사고를 치고 싶지 않다면 그의 오래된 사고뭉치 친구들로부터 멀어지도록 제안하였다.

[해설] 문맥상 '멀리하다, 가까이 하지 않다'는 의미가 되어야 한다. give와 어울리는 어휘는 (a) wide berth로서, give ~ wide berth는 '~를 가까이 하지 않다'는 의미이다.

[어휘] **mischievous** a. 짓궂은, 말썽꾸러기의
stay out of trouble 사고 치지 않다
hot ticket 인기 있는 사람(것)
dark horse 복병[의외의 강력한 경쟁상대]
big picture 전체적인 상황

19. (b)

[해석] Paula는 사람들에게 사고로 손가락이 부러졌다고 이야기하였지만, 실은 직장에 나가지 않기 위해서 고의로 부러뜨렸다.

[해설] 문맥상 accidentally에 반대되는 의미의 어구가 필요하다. 전치사 on과 호응하여 '고의로, 일부러'라는 의미가 되기 위해서 빈칸에 (b) purpose가 적절하다.

[어휘] **on purpose** 일부러, 고의로
accidentally adv. 우연히, 사고로
scheme n. 계획

20. (a)

[해석] Donald는 Mary가 항상 학교가 끝나자마자 정확히 집에 도착하였기 때문에 그녀가 늦자 걱정이 되었다.

[해설] 문맥상 빈칸에는 '시계처럼 정확히'라는 의미의 어구가 들어
가야 하는데, 이러한 의미를 표현하기 위해 like와 호응하는
어휘 clockwork를 써서 '정확히, 규칙적으로'라는 의미를 이
루는 것이 적절하다. 따라서 빈칸에는 (a) clockwork가 들
어가야 한다.

[어휘] **thunder** n. 천둥
drumbeat n. 북소리

21. (d)

[해석] Susan이 세 번째 아이를 낳았을 때 그녀는 이미 육아의 자
질구레한 것들을 모두 잘 알고 있었다.

[해설] 세 번째 아이를 낳기까지 아이 둘을 키웠기 때문에 육아에
관하여 잘 알고 있다는 의미이다. 육아의 '자질구레한 것들'
을 잘 안다는 의미에서 빈칸에는 (d) odds and ends가 적
절하다.

[어휘] **kith and kin** 친지들과 친척들
mom and pop 부부[가족] 경영의
give birth to ~를 낳다
be acquainted with ~를 알다, 숙지하다

22. (d)

[해석] 많은 부모들은 그들의 아이들이 캠핑여행 후 집에 무사히
돌아올 때까지 약간은 초조해 할 것이다.

[해설] 문맥상 아이들이 캠핑여행에서 '안전하게' 집으로 돌아온
다는 의미가 되어야 한다. 따라서 빈칸에는 (d) safe and
sound가 들어가야 한다.

[어휘] **fair and square** 공명정대하게, 정정당당하게
high and mighty 잘난척하는
touch and go 아슬아슬한
safe and sound 무사히, 탈 없이

23. (b)

[해석] Bert의 가족은 그가 예술가로서는 전혀 돈을 벌지 못할 것이
라고 그에게 이야기 하였지만, 그는 자신의 조각품을 팔아
서 큰돈을 벌어 그의 가족들을 놀라게 하였다.

[해설] 문맥상 '큰돈을 벌다, 크게 성공하다' 의미의 어휘가 들어
가야 하는데, make a killing은 '갑자기 큰돈을 벌다, 크게
한몫 잡다'는 의미이다. 따라서 빈칸에는 (b) killing이 들어
가야 한다.

[어휘] **sculpture** n. 조각품, 조각

24. (c)

[해석] 경찰은 혐의자를 어두운 골목에 몰아넣었을 때 온데간데없
이 사라진 것처럼 그가 탈출해서 완전히 당황하였다.

[해설] 문맥상 '갑자기 사라지다, 흔적도 없이 사라지다'는 의미가
되어야 하는데, vanish into와 호응하는 어구는 thin air로서
vanish into thin air는 '온데간데없이 사라지다, 흔적도 없
이 사라지다'는 의미이다. 따라서 빈칸에는 (c) thin이 들어

가야 한다.

[어휘] **baffle** v. 완전히 당황하게 만들다
alley n. 골목, 좁은 길

25. (d)

[해석] Elizabeth는 파티를 할 때는 다른 사람이 훔쳐갈까 걱정되
어 항상 자신의 은식기류 수집품을 보이지 않게 숨겨둔다.

[해설] 문맥상 은식기류를 '보이지 않게 숨겨놓는다'는 의미가 되어
야 한다. out of와 함께 쓰여 이러한 의미를 표현하기 위해
서는 빈칸에 (d) sight가 들어가야 적절하다.

[어휘] **out of heart** 기운 없이, 맥없이
collectible a. 모을 수 있는, 징수할 수 있는
out of sight 보이지 않는 곳에, 먼 곳에

26. (c)

[해석] Ralph는 자신의 친구들 앞에서 체면을 세우기 위해서 실은
자신의 여자 친구가 자기를 떠났음에도 자신이 그 여자 친
구를 떠난 것 처럼 하였다.

[해설] 문맥상 '체면을 구기지 않다, 체면을 세우다'는 의미가 되어
야 자연스럽다. 따라서 빈칸에는 (c) save face가 들어가야
한다.

[어휘] **save face** 체면을 세우다, 잃지 않다
eat crow 마지못해 자신의 실패를 인정하다
make waves 풍파를 일으키다
take stock 잘 살펴보다, 검토하다
pretend v. ~인 척 하다

27. (c)

[해석] Warren의 주치의는 그가 당뇨병과 같은 질병에 걸릴 수 있
는 위험에 있기 때문에 단 음식은 피하라고 이야기하였다.

[해설] 문맥상 당뇨병과 같은 성인병을 예방하기 위해서는 단 음
식을 피해야 한다. steer와 어울리는 어휘는 clear of로서
steer clear of는 '~를 피하다, ~에 가까이 가지 않다'는 의
미이다. 따라서 빈칸에는 (c) clear가 들어가야 한다.

[어휘] **develop** v. 성장하다, 발달하다
disease n. 질병
diabetes n. 당뇨병

28. (c)

[해석] 그 변호사는 자신의 의뢰인이 범행 당시 제정신이 아니었고,
따라서 정신이상을 이유로 석방되어야 한다고 주장하였다.

[해설] 변호사가 자신의 의뢰인이 제정신이 아니라고 주장하고 있
음에 비추어 '정신이상을 이유로' 석방을 주장한다는 의미가
되어야 한다. 따라서 빈칸에는 (c) on grounds of가 들어가
야 한다.

[어휘] **in terms of** ~에 관하여
on top of ~위에, ~뿐만 아니라
on grounds of ~이유로
in light of ~에 비추어, ~을 고려하여

insanity n. 정신이상

in one's right mind 제정신으로, 본심으로

commit a crime 범죄를 저지르다

Review TEST

1. [taste] 네, 그런데 디자인은 정말이지 그녀의 취향은 아닌 것 같아요. 어머니는 좀더 전통적인 스타일을 더 선호해요.

2. [test] 정말 제 인내심을 시험하시는 군요, Charlie. 수요일까지 시간을 드리겠지만, 다시 한 번 지체 되면 참지 않겠어요.

3. [on the nose] 걱정하지 마세요. 9시 30분에 정확히 그곳에 있을게요.

4. [wide of the mark] 그 이야기는 틀렸어요. 제가 그곳에 있었는데 George가 화는 났었지만 정말 소리를 지르지는 않았어요.

5. [take the plunge] 처음에는 군에 입대하는 것에 대해 정말 신경과민이었지만, 어떤 위험이 있더라도 단행하기로 결심하였어요.

6. [mend] 모든 사람들이 당신이 감기에 심하게 걸린 것에 대해 매우 걱정하고 있어요. 당신이 회복되고 있는 것을 보니 기쁘네요.

7. [ends] 걱정 마세요. 사모님께서 직장을 잃으신 후 힘들게 생계를 유지하셨을 것이라는 것을 알고 있습니다.

8. [pull] William, 당신이 제출한 비용보고서의 몇 개 항목이 적법한 것처럼 보이지 않습니다. 전 당신이 사기 치지 않길 바랍니다.

9. [breath] Jane은 괜찮아요? 여기로 서둘러 들어왔을 때 그녀는 땀을 흘리면서 숨을 헐떡거리고 있었어요.

10. [miss] 맞아. 그는 맨 앞줄의 야유하는 사람에 대해 반응할 때도 전혀 주저함이 없었어.

11. [on hold] 들어오세요. 제가 지금 기다리고 있는 중이에요. 교환원 말로는 약 20분 정도 걸린다는 군요.

12. [mercy] 오 그래? 내 경고하는데 우리 팀은 수개월 동안 연습해왔고, 인정사정 없을 거야.

13. [hanging] 어제 어디 있었니? 난 우리가 시계탑에서 만나기로 되어 있는 줄 알았는데 넌 나를 계속 기다리게 하였어.

14. [rampant] 다람쥐들이 내 정원에서 난무하고 있어. 그것들이 모든 식물들을 먹어 치우고 있어.

15. [safe and sound] 많은 부모들은 그들의 아이들이 캠핑여행 후 집에 무사히 돌아올 때까지 약간은 초조해 할 것이다.

16. [ups and downs] 그 회사는 좋은 시절과 나쁜 시절이 있었지만, 지금은 나빠질 기미 없이 꾸준히 이익이 증가하고 있다.

17. [prayer] 신문에 따르면 Tom은 시장 선거 출마를 선언하였을 때 가망이 전혀 없었기 때문에 그가 선거에서 승리하였을 때 많은 사람들이 놀랐다고 한다.

18. [wide berth] 선생님은 Mathew가 진정으로 사고를 치고 싶지 않다면 그의 오래된 사고뭉치 친구들로부터 멀어지도록 제안하였다.

19. [killing] Bert의 가족은 그가 예술가로서는 전혀 돈을 벌지 못할 것이라고 그에게 이야기 하였지만, 그는 자신의 조각품을 팔아서 큰돈을 벌어 그의 가족들을 놀라게 하였다.

20. [thin] 경찰은 혐의자를 어두운 골목에 몰아넣었을 때 온데간데없이 사라진 것처럼 그가 탈출해서 완전히 당황하였다.

21. [sight] Elizabeth는 파티를 할 때는 다른 사람이 훔쳐갈까 걱정되어 항상 자신의 은식기류 수집품을 보이지 않게 숨겨둔다.

22. [purpose] Paula는 사람들에게 사고로 손가락이 부러졌다고 이야기하였지만, 실은 직장에 나가지 않기 위해서 고의로 부러뜨렸다.

23. [clockwork] Donald는 Mary가 항상 학교가 끝나자마자 정확히 집에 도착하였기 때문에 그녀가 늦자 걱정이 되었다.

24. [odds and ends] Susan이 세 번째 아이를 낳았을 때 그녀는 이미 육아의 자질구레한 것들을 모두 잘 알고 있었다.

25. [save face] Ralph는 자신의 친구들 앞에서 체면을 세우기 위해서 실은 자신의 여자 친구가 자기를 떠났음에도 자신이 그 여자 친구를 떠난 것처럼 하였다.

26. [clear] Warren의 주치의는 그가 당뇨병과 같은 질병에 걸릴 수 있는 위험에 있기 때문에 단 음식은 피하라고 이야기하였다.

27. [on grounds of] 그 변호사는 자신의 의뢰인이 범행 당시 제정신이 아니었고, 따라서 정신이상을 이유로 석방되어야 한다고 주장하였다.

Check Up 1

1. [정답] adapt

[해석] 몇몇 외국 외교관들은 새로운 환경에 잘 적응하기 때문에 다양한 문화에 매우 성공적으로 융화된다.

[어휘] **diplomat** n. 외교관
blend v. 섞이다, 융화하다
environment n. 환경
adapt v. 적응하다
adopt v. 채택하다

2. [정답] altercation

[해석] 격렬한 논쟁에 연루된 두 학생들은 진정될 때까지 서로에게 격리되어야 한다.

[어휘] **involve** v. 수반하다, 포함하다
separate v. 분리하다, 나누다
settle down 정착하다, 진정하다
alteration n. 변경
altercation n. 다툼, 언쟁

3. [정답] effect

[해석] 비가 오는 날씨는 야외 카니발을 취소하는 결정에 큰 영향을 주었다.

[어휘] **huge** a. 거대한
cancel v. 취소하다
effect n. 영향
affect v. 영향을 끼치다

4. [정답] boost

[해석] 학기 첫 시험에서 점수를 잘 맞는 것은 나머지 학기 동안 학생의 자신감을 정말 크게 증대시킬 수 있다.

[어휘] **confidence** n. 자신감
remainder n. 나머지
boost v. 증대시키다
boast v. 자랑하다

5. [정답] edible

[해석] 많은 식용 야생 식물은 독성으로 인해 사망을 야기할 수 있는 식물들과 매우 흡사하다.

[어휘] **resemble** v. 닮다
poison n. 독
edible a. 먹을 수 있는
arable a. 경작할 수 있는

6. [정답] bailout

[해석] 작년에 경제적으로 어려움을 겪었던 몇몇 은행들은 도산 당하지 않기 위해서 정부로부터 긴급구제를 요청하였다.

[어휘] **struggle** v. 투쟁하다, 싸우다
ask for 요청하다
afloat a. 물에 뜨는, 도산 당하지 않는
bailout n. 기업 규제
blackout n. 통화관제

7. [정답] comprehensive

[해석] 많은 수학 강좌들의 기말시험은 포괄적인데, 이는 강의 자료의 전 범위에 수록된 정보를 포함한다는 의미이다.

[어휘] **information** n. 정보
entire a. 전체의
comprehensive a. 포괄적인
comprehensible a. 이해할 수 있는

Check Up 1

1. [정답] confident

[해석] Don은 출근 첫날 자신의 모든 업무를 정확히 종료한 후 문제없이 일을 할 수 있을 것이라고 확신했다.

[어휘] **complete** v. 완료하다, 마치다
confident a. 확신하는
confidential a. 기밀의

2. [정답] redeemed

[해석] 주장은 비록 게임 처음 부분에서는 최악으로 경기하였지만 후에 자신의 팀을 위해 결승골을 넣어 자신의 실수를 만회하였다.

[어휘] **redeem oneself** (실수를)만회하다
horribly adv. 무시무시하게, 끔찍하게
winning goal 결승골
deem v. ~로 여기다

3. [정답] conservative

[해석] 정부에 관한 한 많은 젊은 사람들이 매우 혁신적이고 자유주의적인 것으로 여겨지지만, 여전히 자신들의 자리에서 전통적이고 보수적인 대다수의 젊은이들이 있다.

[어휘] **innovative** a. 혁신적인, 획기적인
when it comes to ~에 관한 한
traditional a. 전통적인
conservative a. 보수적인
considerate a. 이해심이 많은

4. [정답] confirm

[해석] 많은 병원에서는 예약을 확인하기 위해 하루 전에 환자들에게 확인 전화를 한다.

[어휘] **reminder** n. (약속 등을 상기시켜주는) 메모 또는 편지
confirm v. 확실히 하다
confer v. 수여하다

5. [정답] contend

[해석] 경쟁이 매우 심한 구직시장에서 잠재적인 근로자들은 많은 자격 있는 지원자들이 지원하는 자리를 위한 인터뷰의 압력을 싸워 이겨내야 한다.

[어휘] **competitive** a. 경쟁적인, 경쟁력이 있는
job market 구직시장
potential a. 잠재적인
qualified a. 자격 있는
contend v. 다투다, 논쟁하다
content a. 만족하는

6. [정답] credible

[해석] 대부분의 경우 경험 많은 의사는 어떤 약이 환자들에게 안전한지 혹은 위험한지 판단하는 데 있어서 믿을 만한 정보원이다.

[어휘] **credible** a. 신뢰할 수 있는
credulous a. 쉽게 속는
experienced a. 경험 있는
medication n. 약(물)

7. [정답] dispose

[해석] 흘린 피나 다른 체액을 깨끗이 치운 후 간호사들은 질병을 퍼트릴 수 있는 가능성을 없애기 위해 매우 특별한 방법으로 오염물질을 처리해야 한다.

[어휘] **spill** n. (액체 따위의) 흘림
contaminate v. 오염시키다
dispose v. 처분하다
expose v. 노출하다

8. [정답] delegation

[해석] 전쟁 참전 용사를 대표하여 수도에 파견된 대표단에는 나이 들고 전쟁에서 다친 퇴역 군인들이 포함되어 있다.

[어휘] **on behalf of** ~를 대표하여
wound v. 상처를 입히다
delegation n. 직무 대행
deliberation n. 숙고

9. [정답] double-check

[해석] 안전을 위해서 긴 캠핑 여행을 떠나기 전에 모든 필요한 물품들이 구급상자에 포함되었는지를 다시 확인하는 것은 항상 도움이 된다.

[어휘] **safety** n. 안전
first aid kit 구급상자
double-check v. 다시 확인 하다
double-book v. 이중 예약을 받다

10. [정답] eclectic

[해석] 인도, 아메리카, 일본 그리고 남아프리카 출신 거주자들로 인해서 그 도시는 매우 절충적인 인구구조를 갖고 있었다.

[어휘] **resident** n. 거주자
eclectic a. 절충의
elective a. 선택에 의한

11. [정답] illusion

[해석] 마술사들은 종종 관객들이 물체가 사라진 것으로 생각하도록 속이는 다양한 형태의 착시현상을 사용한다.

[어휘] **fool** v. 놀리다, 우롱하다
illusion n. 환영, 환각
delusion n. 망상

12. [정답] defer

[해석] 황무지에서 길을 잃은 사람을 찾을 때 지방 경찰은 추적 전략에 관하여 이방인을 찾는 전문가에게 일임할 것이다.

[어휘] **wilderness** n. 황무지
strategy n. 전략, 작전, 책략
deter v. 저지하다
defer v. 지연하다, 미루다

13. [정답] deficit

[해석] 수년간 이자를 지불함이 없이 계속되는 금전을 차용함으로 인하여 도저히 변제할 수 없을 정도의 거대한 적자에 이르게 되었다.

[어휘] **completely** adv. 완벽하게, 철저히
pay off 다 갚다, 청산하다
deficit n. 적자
deceit n. 기만, 속임

Check Up 1

1. [정답] ensure

[해석] 부모들은 때때로 접촉 스포츠를 하지 못하게 함으로써 아이의 안전을 보장하고자 한다.

[어휘] **prohibit** v. 금지하다
ensure v. 확실히 하다, 보장하다
insure v. 보증하다

2. [정답] revoked

[해석] 다수의 과속 티켓을 받고 음주운전으로 체포된 후 Jan의 운전면허는 취소되었다.

[어휘] **speeding ticket** 과속 티켓
driver's license 운전면허
arrest v. 체포하다
revoke v. 취소하다, 무효로 하다
rebuke v. 꾸짖다, 비난하다

3. [정답] observation

[해석] 범죄자가 경찰에 의해 조사받을 때에는 일반적으로 조사 기간 동안 자세히 관찰된다.

[어휘] **interrogate** v. 질문하다, 심문하다
observation n. 관찰
observance n. 준수

4. [정답] introverted

[해석] 머리가 뛰어난 학생들 중 일부는 매우 내성적이었고 아예 학교에서 다른 사람들과 얘기조차 나누지 않았다.

[어휘] **brilliant** a. 머리가 뛰어난, 비상한
introverted a. 내성적인
inadvertent a. 부주의한, 경솔한

5. [정답] tenable

[해석] 많은 야생동물들은 공격에 견딜 수 있는 방어 전략을 사용하여 다른 동물들로부터 자신의 새끼들을 보호한다.

[어휘] **protect** v. 보호하다
defense strategy 방어전략
wild animal 야생동물
tenable a. 유지할 수 있는
tenacious a. 고집이 센

6. [정답] status

[해석] 판사들은 대개 높은 사회적 지위를 지닌다.

[어휘] **stature** n. 신장
status n. 지위

7. [정답] spacious

[해석] 우리는 5명의 아이들을 위해서는 더 넓은 거실이 필요하다.

[어휘] **spacious** a. 넓은, 거대한
specious a. 그럴듯한
living room 거실

8. [정답] secular

[해석] 일반 교육이 강화되어야 한다는 주장이 일고 있다.

[어휘] **secular** a. 일반적인, 세속화된
securable a. 손에 넣을 수 있는
strengthen v. 강화시키다

9. [정답] rendition

[해석] 다음 주에 열리는 포크음악 가수의 공연에 가고 싶어.

[어휘] **repetition** n. 반복, 되풀이
rendition n. 공연, 번역, 연출
folk n. 민속[전통] 음악

10. [정답] regretful

[해석] 그녀는 남편에게 나쁜 이야기를 한 것을 후회했다.

[어휘] **regrettable** a. 유감스러운
regretful a. 후회하는, 슬퍼하는

11. [정답] splinter

[해석] 조심스럽게 발가락에서 그 가시를 빼내세요.

[어휘] **get rid of** ~을 제거하다[없애다]
splinter n. 가시
sprint v. 전력질주하다
toe n. 발가락

12. [정답] moderate

[해석] 정기적으로 적당한 운동을 하는 것은 너의 몸을 건강하게 유지시켜준다.

[어휘] **modest** a. 겸손한
moderate a. 적당한, 온건한

13. [정답] hotbed

[해석] 이 지역은 흉악범죄의 온상이다.

[어휘] **heretic** n. 이단자
hotbed n. 온상
hideous crime 극악무도한 범죄

14. [정답] exempted

[해석] 자선단체들은 세금이 면제된다.

[어휘] **exempt** v. 면제하다
exonerate v. 무죄임을 입증하다

15. [정답] **feud**

[해석] 개 짖는 소리 때문에 이웃들은 개를 키우는 것에 관하여 심각한 분쟁을 하고 있다.

[어휘] **bitter** a. 격렬한, 쓰라린
feud n. 분쟁
feat n. 위업, 공적

16. [정답] **toddled**

[해석] 아기가 엄마에게로 아장아장 걸어갔다.

[어휘] **toddle** v. 아장아장 걷다
totter v. 비틀거리다, 흔들리다

17. [정답] **expansion**

[해석] 도로의 확장은 심각한 교통정체 문제를 해소할 것이다.

[어휘] **expansion** n. 확대, 팽창
extension n. 연장

18. [정답] **foliage**

[해석] 나는 정원에 잎이 많은 관목들을 기르고 싶다.

[어휘] **bush** n. 관목, 덤불
flotage n. 부양, 부력
foliage n. 잎

19. [정답] **healthy**

[해석] Susan은 어젯밤에 건강한 여자 아이를 낳았다.

[어휘] **healthful** a. 건강에 좋은
healthy a. 건강한

Check Up 1

1. [정답] accomplish

[해석] 만약 학생이 법률가가 되고 싶다는 자신의 목표를 달성하고 싶다면, 수년간 성실해야 한다.

[어휘] **accomplish** v. 달성하다
acclaim v. 칭송하다

2. [정답] adjourned

[해석] 잠시 후 클럽 회장은 현재 토의할 내용이 별로 없기 때문에 회의를 다음 주로 연기하기로 결정하였다.

[어휘] **decide** v. 결정하다
discuss v. 토의하다, 의논하다
adjourn v. 휴회하다
adhere v. 들러붙다

3. [정답] anomaly

[해석] 시험을 통과한 유일한 아이는 일반적으로 그룹에서 매우 저조한 성적을 내는 매우 이례적인 아이였다.

[어휘] **pass the test** 시험을 통과하다
perform v. 수행하다, 이행하다
anomaly n. 변칙, 이례
anarchy n. 무정부 상태

4. [정답] anatomy

[해석] 만약 간호사나 의사가 되고자 한다면, 인체 해부학을 공부해 놓는 것이 현명하다.

[어휘] **anatomy** n. 해부학
analogy n. 비유

5. [정답] annihilate

[해석] 세계 지도자들의 공통적인 공포는 핵전쟁이 인류의 문명을 완전히 절멸시키게 될 것이라는 것이었다.

[어휘] **fear** n. 공포
nuclear war 핵전쟁
anesthetize v. 마취시키다
annihilate v. 전멸시키다

6. [정답] antidote

[해석] 동물에게 물림으로써 생기는 일부 독은 해독제가 없는 것으로 알려져 있고 이러한 동물들에게 물리면 치명적일 수 있다.

[어휘] **poison** n. 독(성)
bite v. 물다
deadly a. 치명적인
antidote n. 해독제

antibiotic n. 항생제

7. [정답] beneficial

[해석] 만약 Mary가 몇 년 전에 그 회사에 투자했었다면 매우 이익이 되었을 것이다. 그 이유는 그때보다 지금 그 회사 주식이 수백 배는 더 가치가 있기 때문이다.

[어휘] **invest** v. 투자하다
valuable a. 가치 있는
beneficial a. 유익한, 이로운
benign a. 양성의, 인자한

8. [정답] coworker

[해석] 만약 어떤 사람이 절대로 한번 이상 같은 직장동료와 짝을 지어 함께 출근하지 않는다면, 직장에서 다른 사람들과 친밀한 관계를 발전시키기는 매우 어려울 수 있다.

[어휘] **develop** v. 발전[발달]시키다
friendship n. 우정
coworker n. 직장 동료
coalition n. 연합

9. [정답] coherent

[해석] 증인으로서 일관되고 잘 구성된 증언을 하는 것은 단순히 무작위의 정보를 무심결에 입 밖에 내뱉는 것보다 훨씬 도움이 된다.

[어휘] **well-organized** a. 잘 조직된
blurt out 불쑥 내뱉다
coherent a. 일관성 있는
compassionate a. 연민 어린

10. [정답] collaborate

[해석] 정부조직은 다양한 주된 정보원으로부터의 광범위한 정보 저장소를 공동 합작하기 시작하였다.

[어휘] **primary source** 주된 정보원
extensive a. 광범위한
tructure n. 구조
collaborate v. 협력하다
collapse v. 붕괴되다, 무너지다

11. [정답] confront

[해석] 특정 공포를 이겨내는 전략들 중의 하나는 그 공포를 선택하여 직접적으로 대면함으로써 대항하는 것이다.

[어휘] **strategy** n. 전략
overcome v. 극복하다
face v. 직면하다
confront v. 맞서다
convert v. 전환시키다

12. [정답] **consistent**

[해석] 그 학생의 학업수행은 어느 일정한 시점에서 매우 뛰어나거나 아주 나쁘지 않았지만 학기 동안 매우 꾸준했다.

[어휘] **outstanding** a. 매우 뛰어난
horrible a. 무서운, 잔혹한
consistent a. 꾸준한, 일정한
consecutive a. 연속적인

13. [정답] **conspiracy**

[해석] 많은 사람들은 케네디 대통령 암살은 한 사람의 단독행동이 아닌 많은 사람들의 공동행위에 의해 시행된 음모라고 믿는다.

[어휘] **assassination** n. 암살
carry out 실행하다, 거행하다
collaborate v. 공동으로 하다, 합작하다
conspiracy n. 음모
condolence n. 애도, 조의

14. [정답] **demolish**

[해석] 건물철거 직원들은 다이너마이트로 그 건물을 폭파하기 위해 도착하였다.

[어휘] **wrecking crew** 건물철거 직원
demolish v. 철거하다
deteriorate v. 악화되다

15. [정답] **deviation**

[해석] 결정된 계획으로부터의 어떠한 이탈, 즉 계획을 바꾸는 것은 모든 이사회 구성원들의 승인을 필요로 한다.

[어휘] **departure** n. 출발, 이탈
approval n. 승인, 인가
deviation n. 일탈, 탈선
deduction n. 추론, 추정

16. [정답] **descend**

[해석] 화려한 입장을 위해 그 록스타는 서까래에 연결된 케이블을 이용하여 천정으로부터 스테이지에 내려오기로 결정하였다.

[어휘] **showy** a. 눈에 띄는, 화려한
descend v. 내려오다
demote v. 강등시키다

17. [정답] **disperse**

[해석] 경기가 끝난 후 수많은 관중들은 모두 다른 방향으로 흩어지기 시작하였다.

[어휘] **distill** v. 증류하다
disperse v. 흩어지다

18. [정답] **display**

[해석] 그 박물관은 세기적으로 유명한 예술작품들 사이에서 스탠드에 그 우승한 예술 프로젝트를 전시하기로 결정하였다.

[어휘] **famous** a. 유명한, 멋진, 훌륭한
display v. 전시하다
dispense v. 나누어 주다

19. [정답] **distract**

[해석] 학생들로 하여금 교실에 동물을 데리고 올 수 있도록 허용하는 것의 한가지 문제점은 다른 학생들이 수업하는데 있어 정신을 혼란스럽게 할 수 있다는 것이다.

[어휘] **allow** v. 허용하다, 허락하다
distract v. 산만하게 하다
divulge v. 알려주다, 누설하다

20. [정답] **exposure**

[해석] 잘 알려진 잡지에 기사를 싣는 것은 새내기 작가에게는 세상에의 큰 노출과 공개가 될 것이다.

[어휘] **well-known** a. 잘 알려진
publicity n. 명성, 평판
exhibition n. 전시
exposure n. 노출

21. [정답] **excavation**

[해석] 고대 유적지에 대한 발굴계획은 다수의 흥미로운 수천 년 전 일상생활용품을 드러냈다.

[어휘] **reveal** v. 드러내다
artifact n. 공예품, 생활용품
excavation n. 발굴
exhilaration n. 기분을 돋움

Check Up

1. **[정답]** **intermission**

   [해석] 그 연극의 막들 사이의 휴식시간은 겨우 5분 밖에 되지 않았다.

   [어휘] **act** n. (연극의) 막
   intermission n. 휴식 시간
   interception n. 차단, 방해

2. **[정답]** **malfunction**

   [해석] 모든 제품에 동일한 하자를 유발하는 기계의 기능불량이 있었다.

   [어휘] **machinery** n. 기계류
   cause v. 야기하다
   defect n. 하자
   malfunction n. 기능부전, 오작동
   malpractice n. 직무상 과실

3. **[정답]** **prevent**

   [해석] 소방관들의 모든 노력에도 불구하고 어느 누구도 진실로 산불 발생을 막을 수는 없다.

   [어휘] **despite of** ~에도 불구하고
   effort n. 노력
   prevent A from B A가 B하는 것을 예방하다
   wild fire 산불

4. **[정답]** **intake**

   [해석] 당뇨가 있는 사람들은 소금 섭취를 줄여야만 한다.

   [어휘] **diabetes** n. 당뇨병
   intake n. 섭취
   influx n. 유입, 도래

5. **[정답]** **malignant**

   [해석] Jason의 뇌에서 악성 종양이 발견되었다.

   [어휘] **malignant** a. 악성의
   malicious a. 악한
   tumor n. 종양

6. **[정답]** **permitted**

   [해석] 박물관에서 사진 촬영하는 것은 허용되지 않는다.

   [어휘] **persist** v. 고집하다
   permit v. 허락하다

7. **[정답]** **transferred**

   [해석] Smith는 영업부서로 이전될 거야.

   [어휘] **transport** v. 수송하다
   transfer v. 이동하다

8. **[정답]** **unprecedented**

   [해석] 올 여름의 폭우는 지금까지 유례 없는 일이다.

   [어휘] **unequivocal** a. 분명한, 명확한
   unprecedented a. 유례 없는

9. **[정답]** **impeached**

   [해석] 그 고위 공무원은 뇌물수수 사건으로 탄핵당했다.

   [어휘] **impeach** v. 탄핵하다
   implant v. 주입시키다

10. **[정답]** **mishaps**

    [해석] 불행의 연속으로, 나는 강도를 당했다.

    [어휘] **misdeed** n. 범죄
    mishap n. 불행

11. **[정답]** **unscrupulous**

    [해석] 아이들은 더 이상 거침없는 불량배에 대해 참을 수 없었다.

    [어휘] **unscrupulous** a. 거리낌 없는
    unparalleled a. 견줄 수 없는
    bully n. 약자를 괴롭히는 사람

12. **[정답]** **reclaim**

    [해석] 짐을 되찾으려면 역으로 가세요.

    [어휘] **reclaim** v. 되찾다
    recall v. 상기시키다, 취소하다

13. **[정답]** **submerged**

    [해석] 우리 집 지하실은 홍수 때문에 하룻동안 물에 잠겨 있었다.

    [어휘] **basement** n. (건물의) 지하층
    subdue v. 복종하다
    submerge v. 물에 잠기다

14. **[정답]** **misdemeanor**

    [해석] 길거리에 쓰레기를 버리는 것은 경범죄이다.

    [어휘] **litter** v. (쓰레기 등을) 버리다[버려서 지저분하게 만들다]
    misdemeanor n. 비행
    miscalculation n. 계산착오

15. **[정답]** **refinance**

    [해석] 그 은행은 그 회사에 1억 원을 재 융자해주기로 결정했다.

[어휘] **refinance** v. 재 융자하다
refurbish v. 일신하다, 개장하다

16. [정답] **supplant**

[해석] 새로운 학생회장 후보는 현 학생회장을 밀어낼 것이다.

[어휘] **submit** v. 제출하다
supplant v. 밀어내다

17. [정답] **sympathetic**

[해석] Cathy는 그녀가 지금 읽고 있는 로맨스 소설의 등장인물들에게 동정심을 느낀다.

[어휘] **sympathetic** a. 동정적인
synchronous a. 동시 발생의

18. [정답] **indifferent**

[해석] 많은 사람들이 노숙자들을 돕는 것에 냉담하다.

[어휘] **indifferent** a. 냉담한
intact a. 그대로 있는

19. [정답] **unbuckled**

[해석] Ken은 새로 생긴 부페에서 일곱 접시를 먹어 치운 다음 그의 벨트를 풀었다.

[어휘] **unearth** v. 발굴하다
unbuckle v. 죔쇠를 끄르다

20. [정답] **intense**

[해석] 노동조합은 계속되는 강도 높은 노동과 초과 근무에 반대하여 파업에 들어갔다.

[어휘] **go on a strike** 파업에 들어가다
intense a. 과도한
invaluable a. 매우 소중한

Practice Test

01. (a)	02. (b)	03. (c)	04. (d)	05. (c)
06. (c)	07. (c)	08. (c)	09. (b)	10. (a)
11. (b)	12. (c)	13. (b)	14. (d)	15. (a)
16. (a)	17. (c)	18. (d)	19. (a)	20. (b)
21. (d)	22. (a)	23. (b)	24. (a)	25. (d)
26. (b)				

01. (a)

[해석] A: 저는 아이들의 쉼터에서 자원봉사를 해왔는데, 다른 사람들을 도와주는 것은 제 기분을 좋게 한다는 것을 깨달았어요.
B: 무슨 말인지 알아요. 다른 사람의 삶에 변화를 주는 것은 정말 보람되는 일이죠.

[해설] 문맥상 남을 돕는다는 것은 정말 할만한 일이고 보람된다는 의미가 되어야 자연스럽다. 따라서 (a) rewarding이 적절하다.

[어휘] **volunteer** v. 지원하다, 자원하다
discover v. 발견하다
make a difference 차이가 있다
rewarding a. 보람되는
renovating a. 개선하는
resounding a. 반향하는, 울리는
reclining a. 기대하는, 의지하는

02. (b)

[해석] A: 저희 식당은 매우 유명해졌습니다. 매일 밤 대부분의 좌석들은 다시 오시는 고객 분들로 꽉 찹니다.
B: 사람들이 계속해서 다시 오다니 정말 대단합니다. 뭔가를 제대로 하시는 것이 틀림없습니다.

[해설] recall은 '상기하다, 생각해내다', repeat는 '되풀이하다, 반복하다', receipt는 '수령(증), 영수(증)', refund는 '반환, 환불'이라는 의미이다. 문맥상 '자주 오는 단골고객'이라는 의미의 어휘가 빈칸에 들어가야 자연스럽기 때문에 (b) repeat가 정답이다.

[어휘] **popular** a. 대중적인
repeat customer 다시 찾아오는 고객, 단골
recall v. 상기하다, 생각해내다
receipt n. 영수증
repeat v. 되풀이하다, 반복하다
refund n. 반환, 환불

03. (c)

[해석] A: 의사가 너의 발에 난 발진에 대해 뭐라고 했니?
B: 그녀도 잘 모르겠다면서 나를 피부 전문가에게 보냈어.

[해설] refund는 '환불하다, 반환하다', refuse는 '거부하다, 거절하다', refer는 '참고하다, ~에 보내다', reflect는 '반영하다, 반사하다'는 의미이다. 문맥상 의사가 병의 원인을 잘 몰라서 피부 전문가에게 환자를 보낸다는 의미가 되어야 자연스럽다. 따라서 (c) referred가 정답이다.

[어휘] **skin specialist** 피부전문가
refund v. 환불하다, 반환하다
refuse v. 거부하다, 거절하다
refer v. 참고하다, ~에 보내다
reflect v. 반영하다, 반사하다

04. (d)

[해석] A: 그 비극적인 비행기 추락으로 인해 몇 명이나 사망했습니까?
B: 4명이 현장에서 사망 진단을 받았고, 2명은 나중에 병원에서 사망하였습니다.

[해설] propose는 '제안하다', provision은 '제공[공급]하다', profess는 '공언하다, 고백하다', pronounce는 '선언하다, 단언하다'는 의미이다. 문맥상 빈칸에는 '사망으로 인정

되다, 선언되다'는 의미가 되어야 자연스럽다. 따라서 (d) pronounced가 정답이다.

[어휘] **propose** v. 제안하다

provision v.제공하다, 공급하다

profess v. 공헌하다, 고백하다

pronounce v. 선언하다

05. (c)

[해석] A: 이런, Jane에게 실수로 그녀를 위한 깜짝 파티 초대장을 보내다니! 이제는 놀래킬 수가 없겠는데.

B: 아마도 Jane이 사는 아파트로 가서 그녀가 편지를 받기 전에 편지를 중간에서 가로챌 수 있을 거야.

[해설] interject는 '불쑥 끼워 넣다, 던져 넣다', intersect는 '가로지르다, 교차하다', intercept는 '도중에서 빼앗다, 가로채다', interchange는 '교환하다, 주고받다'는 의미이다. 문맥상 Jane의 우체통으로 미리 가서 Jane이 편지를 받기 전에 편지를 가로채 올 수 있다는 의미가 되어야 적절하다. 따라서 빈칸에 들어갈 가장 알맞은 어휘는 (c) intercept가 된다.

[어휘] **invitation** n. 초대장

surprise party 깜짝 파티

interject v. 불쑥 끼워 넣다

intersect v. 가로지르다

intercept v. 도중에서 빼앗다

interchange v. 교환하다

06. (c)

[해석] A: 너 저 큰 아이스크림 콘을 먹을 거야? 난 네가 다이어트 중인 줄 알았어.

B: 맞아, 그렇지만 대부분의 시간을 잘 먹은 것에 대한 보상으로 가끔 즐기기도 해.

[해설] insulate는 '격리하다, 고립하다', infuse는 '주입하다, 우려내다', indulge는 '만족시키다, 즐겁게 하다', inhibit은 '금하다, 방해하다'는 의미이다. 지금 다이어트 중이기는 하지만 가끔은 아이스크림을 먹음으로써 내 자신을 기쁘게 하고 즐긴다는 의미가 되어야 자연스럽다. 따라서 빈칸에는 (c) indulge가 들어가야 한다.

[어휘] **be on a diet** 다이어트 중이다

reward n. 보상

occasionally adv. 때때로, 가끔

insulate v. 격리하다, 고립하다

infuse v. 주입하다, 우려내다

indulge v. 만족시키다, 즐겁게하다

inhibit v. 금하다, 방해하다

07. (c)

[해석] A: 당신의 어머니께서 생존하시기 위해서는 신장이식이 필요하실 텐데, 이는 가족으로부터 이루어지는 것이 가장 이상적일 것입니다.

B: 선생님, 제가 제 신장 중 하나를 어머니께 기증하겠습니다.

[해설] transfusion은 '옮겨 붓기, 수혈', transmission은 '전달, 양도', transplant는 '이주, 이식', transcription은 '사본, 등본'이라는 의미이다. 문맥상 빈칸에는 '신장이식'이라는 의미가 들어가는 것이 적절하다. 따라서 (c) transplant가 들어가야 한다.

[어휘] **kidney** n. 신장

volunteer v. 자원하다

transfusion n. 수혈

transmission n. 전달, 양도

transplant n. 이주, 이식

transcription n. 사본

08. (c)

[해석] A: 어떻게 이 강도가 주유소를 턴 강도인지 아시는지요?

B: 그의 인상착의가 주유소 직원이 우리에게 준 인상착의와 일치합니다.

[해설] '강도의 인상착의가 점원이 건네준 것과 일치하다'는 내용이 들어가야 자연스럽다. '~과 일치하다'는 의미는 be consistent with로 쓰이기 때문에 (c) consistent가 정답이다.

[어휘] **contingent** a. 불확정의, 우발적인

concurrent a. 동시에 발생하는, 동반하는(with)

confident a. 확신하는, 자신하는

09. (b)

[해석] A: 네가 새로운 집을 사기에 충분한 돈을 모았다는 것에 대해 난 정말 감동받았다. 어떻게 한 거니?

B: 나는 늘 매 급료의 절반을 저축해왔어. 10년 후에 나는 결국 충분한 돈을 모으게 된거야.

[해설] declare는 '선언하다', delegate은 '위임하다', debit은 '차변에 기입하다, 감소시키다'는 의미이다. 반면에 deposit은 '맡기다, 저축하다'는 의미이므로 문맥상 가장 적절한 어휘는 (b) deposit이다.

[어휘] **declare** v. 선언하다

delegate v. 위임하다

debit v. 차변에 기입하다

deposit v. 맡기다, 저축하다

10. (a)

[해석] A: 나는 출산이 인간이 겪을 수 있는 가장 고통스러운 경험 중에 하나라고 들었습니다.

B: 제가 남자라는 게 너무 행운이고, 그래서 저는 출산의 고통을 참을 필요가 전혀 없을 것입니다.

[해설] endure는 '참다, 인내하다', envision은 '상상하다, 마음속에 그리다', endeavor는 '노력하다, 애쓰다', engulf는 '삼키다, 가라앉히다, 몰두케 하다'는 의미이다. 문맥상 '출산의 고통을 참는다'는 의미가 되어야 적절하므로 빈칸에는 (a) endure가 가장 적절하다.

[어휘] **childbirth** n. 출산

painful a. 고통스러운

experience n. 경험

go through 겪다, 경험하다

endure v. 참다, 인내하다

envision v. 상상하다, 마음속에 그리다

endeavor v. 노력하다

engulfendeavor v. 삼키다, 가라앉히다

11. (b)

[해석] A: 겨우 두 시밖에 안되었어요. 왜 판사는 법정을 그렇게 빨리 휴정했을까요?

B: 수사관이 새로운 증거를 찾았고, 그래서 판사는 법률가들로 하여금 정보를 검토할 수 있는 추가적인 시간을 주고 있는 것입니다.

[해설] adopt는 '채택하다, 받아들이다', adjourn은 '연기하다, 휴회하다', admonish는 '훈계하다, 깨우치다', adorn은 '꾸미다, 치장하다'는 의미이다. 문맥상 판사가 법률가들로 하여금 새로운 증거에 관한 정보를 검토할 수 있도록 재판을 연기했다는 의미가 되어야 자연스럽다. 따라서 빈칸에는 (b) adjourn이 들어가야 한다.

[어휘] **evidence** n. 증거

investigator n. 수사관, 조사관

adopt v. 채택하다, 받아들이다

adjourn v. 연기하다, 휴회하다

admonish v. 훈계하다, 깨우치다

adorn v. 꾸미다, 치장하다

12. (c)

[해석] 분노를 조절하는 수업을 들은 후 Susan은 기존의 경우라면 그녀의 감정을 조절할 수 없었던 상황에서 정말 자제할 수 있게 되었다.

[해설] respect는 '존경, 존중, 주의, 관심', response는 '응답, 반응', restraint는 '제지, 금지, 자제', research는 '연구'라는 의미이다. 문맥상 빈칸에는 '분노를 조절하는 자제력'이라는 의미의 어휘가 들어가는 것이 자연스럽다. 따라서 (c) restraint가 가장 적절하다.

[어휘] **anger management** 분노 조절

emotion n. 감정

respect n. 존경, 존중

response n. 응답, 반응

restraint n. 제지, 금지

research n. 연구

13. (b)

[해석] 건설공사인부들은 자신들 스스로 구매해야 했던 물품들에 대해 상환할 때까지 작업을 종료하는 것을 거부하고 있다.

[해설] reiterate는 '되풀이하다, 반복하다', reimburse는 '상환하다, 변상하다', reincarnate는 '다시 환생시키다', reintroduce는 '다시 소개하다, 도입하다'는 의미이다. 문맥상 빈칸에는 건설현장인부들이 스스로 구매한 물품들에 대해 보상을 받지 못하면 작업을 끝내지 않겠다는 의미가 되어야 자연스럽다.

따라서 (b) reimbursed가 들어가야 한다.

[어휘] **refuse** v. 거절하다

supply n. 공급, 물품

reiterate v. 반복하다

reimburse v. 상환하다, 변상하다

reincarnate v. 다시 환생시키다

reintroduce v. 다시 소개하다

14. (d)

[해석] Linda는 대부분의 식료품을 수퍼마켓에서 구매하지만, 신선한 제품을 위해서 자신이 좋아하는 과일 가게에 가는 것을 더 선호한다.

[해설] 문맥상 빈칸에는 '신선한 제품 또는 물건'이라는 의미의 어휘가 들어가야 하므로 (d) produce가 된다.

[어휘] **prefer** v. 선호하다

fruit stand 과일가게

property n. 재산

prospect n. 조망, 경치, 예상

progress n. 전진, 진보

produce n. 산출, 제품

15. (a)

[해석] Robert는 진실을 이야기 하지 않을 때 신경질적으로 자신의 손톱을 물어뜯음으로써 자신을 드러내기 때문에 그의 거짓말은 정말 빤히 들여다 보인다.

[해설] 문맥상 Robert는 거짓말을 잘 하지 못해서 빤히 들여다 보이는 거짓말을 한다는 의미가 되어야 하므로 빈칸에는 (a) transparent가 들어가야 한다.

[어휘] **give away** 드러내다, 나타내다

nervously adv. 신경질적으로

fingernail n. 손톱

transient a. 일시적인, 덧없는

transitive a. 이행하는, 과도기적인

transferable a. 양도할 수 있는

16. (a)

[해석] James는 비록 대학이 지루하기는 했지만 자신의 가족 중에서 어느 누구도 학교를 중퇴한 사실을 들어본 적이 없기 때문에 그냥 다니기로 하였다.

[해설] unheard는 '알려지지 않은, 들리지 않는', unexpected는 '예상치 않은, 의외의', untried는 '해보지 않은, 확인되지 않은', undertake는 '떠맡다, 착수하다'는 의미이다. 문맥상 학교 중퇴는 자신의 가족사에는 유래가 없다는 의미가 가장 적절하다. 따라서 빈칸에는 (a) unheard가 가장 적절하다.

[어휘] **bore** v. 지루하게 하다

drop out of school 학교를 중퇴하다

unheard a. 알려지지 않은

unexpected a. 예상치 않은

untried a. 해보지 않은

undertake v. 떠맡다, 착수하다

17. (c)

[해석] 구조원들은 모든 사람들에게 지급되는 음식 바구니가 그들이 부양하는 가족의 크기에 비례할 수 있도록 확인하였다.

[해설] promiscuous는 '문란한, 그때그때의', provisional은 '임시의, 일시적인', proportionate은 '균형 잡힌, 비례를 이룬', proprietary는 '소유자의, 독점의'라는 의미이다. 문맥상 식품을 가족의 크기에 맞추어 지급한다는 의미이므로 빈칸에는 '~에 비례하여'라는 의미인 (c) proportionate이 들어가는 것이 적절하다.

[어휘] **feed** v. 부양하다, 음식을 먹이다
promiscuous a. 문란한
provisional a. 임시의, 일시적인
proportionate a. 균형 잡힌
proprietary a. 소유자의, 독점의

18. (d)

[해석] Barbara가 몇몇 스포츠 경기 결과를 성공적으로 추측한 후 그녀의 친구들은 배팅하기 전에 그녀의 예상을 알려달라고 요청하였다.

[해설] preparation은 '준비', preoccupation은 '선취, 선점, 선입견', precaution은 '조심, 경계, 예방책', prediction은 '예상'이라는 의미이다. 문맥상 빈칸에는 '경기결과에 대한 예상'이라는 의미의 어휘가 들어가는 것이 적절하다. 따라서 (d) predictions가 정답이다.

[어휘] **guess** v. 추측하다
outcome n. 결과
ask for 요청하다
bet n. 내기
preparation n. 준비
preoccupation n. 선취, 선입견
precaution n. 조심, 경계, 예방책
prediction n. 예상

19. (a)

[해석] 서로 몇 달 동안 말을 하지 않은 후 David과 Susan은 자신들의 차이를 조정하고 다시 친구가 되기로 결정하였다.

[해설] reconcile은 '화해하다, 조정하다', reconstruct는 '재건설하다, 재구성하다', reconsider는 '다시 생각하다, 재고하다', reconfigure는 '부품을 바꾸다'는 의미이다. 문맥상 빈칸에는 서로 싸운 후에 서로간의 의견차이를 조정한 후 다시 친구가 된다는 의미의 어휘가 들어가는 것이 적절하다. 따라서 (a) reconcile이 정답이다.

[어휘] **become friends** 친구가 되다
difference n. 차이
reconcile v. 화해하다, 조정하다
reconstruct v. 재건설하다
reconsider v. 다시 생각하다
reconfigure v. 부품을 바꾸다

20. (b)

[해석] 새로운 과학 잡지는 과학적 배경을 반드시 갖고 있지 않지만 호기심이 많은 사람들의 관심을 끌 수 있도록 만들어졌다.

[해설] informing은 '알려주는', inquiring은 '묻는, 탐구하는', inciting은 '자극하는, 선고하는', infecting은 '감염시키는, 영향을 미치는'이라는 의미이다. 문맥상 빈칸에는 '호기심이 많은'이라는 의미가 들어가는 것이 가장 적절하다. 따라서 (b) inquiring이 정답이다.

[어휘] **design** v. 고안하다, 계획하다
appeal v. 호소하다, 간청하다
necessarily adv. 반드시, 필연적으로
informing a. 알려주는
inquiring a. 묻는, 탐구하는
inciting a. 자극하는
infecting a. 감염시키는 영향을 미치는

21. (d)

[해석] 선생님들은 학교 예산이 불균형하게 배분되어 왔다고 불평하면서, 예산이 각 학과마다 공평하게 분배되기는 것을 요구하고 있습니다.

[해설] disingenuously는 '솔직하지 않게', distinctively는 '분명하게, 특징적으로', disapprovingly는 '불찬성하여, 비난하듯이, 비난하여', disproportionately는 '불균형하게'라는 의미이다. 문맥상 학교 예산이 각 학과마다 균등하게 분배되고 있지 않다는 의미가 되어야 자연스럽다. 따라서 (d) disproportionately가 정답이다.

[어휘] **complain** v. 불평하다
budget n. 예산
distribute v. 분배하다
demand v. 요구하다
disproportionately adv. 불균형하게
disingenuously adv. 솔직하지 않게
distinctively adv. 분명하게
disapprovingly adv. 불찬성하여, 비난하듯이

22. (a)

[해석] 그 선생님은 어린아이들에게 버려진 섬에 좌초된 도시 출신 남자가 어떻게 스스로 생존하는 가에 관한 이야기를 읽어주었다.

[해설] 문맥상 도시출신 남자가 무인도에 표류하게 되었다는 의미가 되어야 한다. 따라서 '버려진'의 의미인 (a) deserted가 들어가는 것이 적절하다.

[어휘] **desert** v. 버리다, 도망가다
depart v. 출발하다
defer v. 연기하다, (남의 의견에) 따르다
defeat v. 쳐부수다, 좌절시키다
strand v. 좌초시키다, 궁지에 몰다

23. (b)

[해석] 그 판매원은 고객에게 매장에 전시되어 있는 것은 오직 전시용 제품이기 때문에 냉장고를 구입하려면 창고에 방문해야 한다고 설명하였다.

[해설] 문맥상 매장에는 오직 전시되고 있는 물건 하나 밖에 없기 때문에 고객이 제품을 구매하기 위해서는 창고에 직접 가야 한다는 의미가 되어야 자연스럽다. 따라서 빈칸에는 (b) display가 가장 적절하다.

[어휘] **distinct** a. 분명한, 명백한
display v. 전시하다 n. 표시, 전시
discovery n. 발견
discharge v. 면제하다, 이행하다
warehouse n. 창고
refrigerator n. 냉장고

24. (a)

[해석] Brian은 사다리에서 떨어졌을 때 뼈 하나 부러진 곳이 없었기 때문에 정말 행운이었지만, 불행히도 어깨가 탈골 되었다.

[해설] 문맥상 다른 곳은 모두 괜찮았지만 어깨만이 다쳤다는 의미이어야 하는데, dissolve는 '녹이다, 용해하다; 풀다, 해제하다', dismantle은 '제거하다, 분해하다', discourage는 '용기를 잃게 하다, 단념시키다'는 의미이다. dislocate는 '관절을 삐게 하다, 탈구시키다'는 의미이므로 빈칸에 가장 적절하다.

[어휘] **ladder** n. 사다리
unfortunately adv. 불행히도
dissolve v. 녹이다, 용해하다
dismantle v. 제거하다
discourage v. 단념시키다
disclose v. 탈구시키다

25. (d)

[해석] 소방관들은 화재로 인해 지지대가 약해졌기 때문에 지붕에 자신들 모두의 무게가 균등하게 배분되었는지 확인해야만 했다.

[해설] disjoint는 '관절을 삐게 하다, 해체하다', dispatch는 '급파하다, 신속히 처리하다', distinguish는 '구별하다, 눈에 띄게 하다', distribute는 '분배하다, 나누어주다'는 의미이다. 문맥상 화재로 약해진 지붕이 무너지지 않도록 체중을 고루 분산시킬 필요가 있다는 의미가 되어야 자연스럽다. 따라서 빈칸에는 (d) distributed가 들어가야 한다.

[어휘] **firefighter** n. 소방관
disjoint v. 해체하다
dispatch v. 급파하다
distinguish v. 구별하다
distribute v. 분배하다

26. (b)

[해석] 그 작가는 단순한 문체를 사용하려고 하였을 때, 아이로서

의 주인공의 목소리를 전달하려고 노력하였다.

[해설] confront는 '대항하다, 맞서다, 직면하다', convey는 '전달하다, 운반하다', construct는 '건설하다, 짓다', contain은 '담다, 내포하다, 참다'는 의미이다. 문맥상 단순한 문체는 결국 아이의 목소리로 이야기를 전개한다는 의미가 되어야 자연스럽다. 따라서 빈칸에 가장 적절한 어휘는 '전달하다'의 의미인 (b) convey가 된다.

[어휘] **language** n. 문체, 언어
main character 주인공
confront v. 대항하다, 맞서다
convey v. 전달하다, 운반하다
construct v. 건설하다, 짓다
contain v. 담다, 내포하다

Review TEST

1. **[rewarding]** 무슨 말인지 알아요. 다른 사람의 삶에 변화를 주는 것은 정말 보람되는 일이죠.

2. **[repeat]** 저희 식당은 매우 유명해졌습니다. 매일 밤 대부분의 좌석들은 다시 오시는 고객 분들로 꽉 찹니다.

3. **[referred]** 그녀도 잘 모르겠다면서 나를 피부전문가에게 보냈어.

4. **[pronounced]** 4명이 현장에서 사망 진단을 받았고, 2명은 나중에 병원에서 사망하였습니다.

5. **[intercept]** 아마도 Jane이 사는 아파트로 가서 그녀가 편지를 받기 전에 편지를 중간에서 가로챌 수 있을 거야.

6. **[indulge]** 대부분의 시간을 잘 먹은 것에 대한 보상으로 가끔 즐기기도 해.

7. **[transplant]** 당신의 어머니께서 생존하시기 위해서는 신장이식이 필요하실 텐데, 이는 가족으로부터 이루어지는 것이 가장 이상적일 것입니다.

8. **[consistent]** 그의 인상착의가 주유소 직원이 우리에게 준 인상착의와 일치합니다.

9. **[deposit]** 나는 늘 매 급료의 절반을 저축해왔어. 10년 후에 저는 결국 충분한 돈을 모았습니다.

10. **[endure]** 제가 남자라는 게 너무 행운이고, 그래서 저는 출산의 고통을 참을 필요가 전혀 없을 것입니다.

11. **[adjourn]** 겨우 두 시밖에 안되었어요. 왜 판사는 법정을 그렇게 빨리 휴정했을까요?

12. **[restraint]** 분노를 조절하는 수업을 들은 후 Susan은 기존의 경우라면 그녀의 감정을 조절할 수 없었던 상황에서 정말 자제할 수 있게 되었다.

13. **[reimbursed]** 건설공사인부들은 자신들 스스로 구매해야 했던 물품들에 대해 상환할 때까지 작업을 종료하는 것을 거부하고 있다.

14. **[produce]** Linda는 대부분의 식료품을 수퍼마켓에서 구매하지만, 신선한 제품을 위해서 자신이 좋아하는 과일 가게에 가는 것을 더 선호한다.

15. **[transparent]** Robert는 진실을 이야기 하지 않을 때 신경질적으로 자신의 손톱을 물어뜯음으로써 자신을 드러

내기 때문에 그의 거짓말은 정말 빤히 들여다 보인다.

16. **[unheard]** James는 비록 대학이 지루하기는 했지만 자신의 가족 중에서 어느 누구도 학교를 중퇴한 사실을 들어본 적이 없기 때문에 그냥 다니기로 하였다.

17. **[proportionate]** 구조원들은 모든 사람들에게 지급되는 음식 바구니가 그들이 부양하는 가족의 크기에 비례할 수 있도록 확인하였다.

18. **[predictions]** Barbara가 몇몇 스포츠 경기 결과를 성공적으로 추측한 후 그녀의 친구들은 배팅하기 전에 그녀의 예상을 알려달라고 요청하였다.

19. **[reconcile]** 서로 몇 달 동안 말을 하지 않은 후 David과 Susan은 자신들의 차이를 조정하고 다시 친구가 되기로 결정하였다.

20. **[disproportionately]** 선생님들은 학교 예산이 불균형하게 배분되어 왔다고 불평하면서, 예산이 각 학과마다 공평하게 분배되는 것을 요구하고 있습니다.

21. **[deserted]** 그 선생님은 어린아이들에게 버려진 섬에 좌초된 도시 출신 남자가 어떻게 스스로 생존하는 가에 관한 이야기를 읽어주었다.

22. **[display]** 그 판매원은 고객에게 매장에 전시되어 있는 것은 오직 전시용 제품이기 때문에 냉장고를 구입하려면 창고에 방문해야 한다고 설명하였다.

23. **[dislocated]** Brian은 사다리에서 떨어졌을 때 뼈 하나 부러진 곳이 없었기 때문에 정말 행운이었지만, 불행히도 어깨가 탈골 되었다.

24. **[distributed]** 소방관들은 화재로 인해 지지대가 약해졌기 때문에 지붕에 자신들 모두의 무게가 균등하게 배분되었는지 확인해야만 했다.

25. **[convey]** 그 작가는 단순한 문체를 사용하려고 하였을 때, 아이로서의 주인공의 목소리를 전달하려고 노력하였다.

26. **[inquiring]** 새로운 과학 잡지는 과학적 배경을 반드시 갖고 있지 않지만 호기심이 많은 사람들의 관심을 끌 수 있도록 만들어졌다.

Actual TEST 01

01. (c)	02. (a)	03. (d)	04. (a)	05. (c)
06. (b)	07. (b)	08. (d)	09. (a)	10. (c)
11. (a)	12. (c)	13. (d)	14. (b)	15. (d)
16. (c)	17. (b)	18. (a)	19. (d)	20. (b)
21. (c)	22. (c)	23. (a)	24. (b)	25. (b)
26. (b)	27. (c)	28. (d)	29. (d)	30. (b)
31. (b)	32. (c)	33. (c)	34. (a)	35. (c)
36. (c)	37. (d)	38. (b)	39. (a)	40. (d)
41. (c)	42. (c)	43. (a)	44. (b)	45. (c)
46. (d)	47. (d)	48. (b)	49. (a)	50. (c)

01. (c)

[해석] A: 너의 집을 찾지 못해서 거의 파티에 늦을 뻔 했어.

B: 그랬구나. 네가 제 시간에 맞춰 와줘서 기뻐.

[해설] '(순조로이)도착하다, 시간에 대다, 해나가다, 성공하다, 회복하다'는 의미로 사용되는 어휘로서 it과 호응하는 동사는 make이다.

[어휘] on time 제시간에, 정시에

02. (a)

[해석] A: 난 지금도 누가 내 차를 훔쳤는지 알 수 없어.

B: 넌 경찰을 불러야 해. 경찰이 조사를 잘 해줄거야.

[해설] 문맥상 '사건을 잘 조사하다'라는 의미의 어구가 들어가는 것이 적절하다. 동사 get과 가장 잘 어울리는 명사는 bottom으로서 get to the bottom of~는 '~의 진상을 규명하다'는 의미로 사용된다. 따라서 빈칸에는 bottom이 들어가야 한다.

[어휘] steal v. 훔치다

surface n. 표면

03. (d)

[해석] A: 커텐에 관해서 마음을 바꿨어. 내 생각엔 우리가 파란색을 사야해.

B: 너무 늦었어. 난 이미 노란색 커튼을 샀는걸.

[해설] A와 B의 대화를 보면 A가 원래 사기로 했던 커튼의 색깔과는 다른 색깔의 커튼을 사려고 한다는 사실을 알 수 있다. 따라서 빈칸에 가장 적절한 표현은 '마음을 바꾸다'는 의미의 어구가 들어가야 하는데, 지문 중에서 가장 적절한 표현은 change my mind가 된다.

[어휘] try one's best 최선을 다하다

throw a fit 경련을 일으키다

make a mess 엉망으로 만들다, 망치다(of)

04. (a)

[해석] A: 요리하고 있었어? 주방에서 뭔가 타는 것 같은데.

B: 이런. 빵을 빼낸 후 스토브 끄는 것을 잊어버렸네.

[해설] 문맥상 전열기구의 전원을 차단하지 않았기 때문에 무엇인가 타는 듯 하다는 내용이 자연스럽다. 따라서 빈칸에 가장 알맞은 표현은 turn off(전원을 끄다)가 된다.

[어휘] bring down (물건을) 내리다, 하락시키다

take in 받아들이다, 끌어들이다, 안내하다

05. (c)

[해석] A: 학교의 건강식품섭취 프로그램이 David에게 강한 인상을 주었어.

B: 그거 잘됐네. 아마도 이제 그는 그렇게 많은 불량식품을 먹지 않을거야.

[해설] 문맥상 빈칸에는 '영향을 주다'는 의미의 어구가 들어가야 자연스럽다. 보기 중에서 make및 on과 어울리는 명사는 impression으로서 make impression on은 '~에 인상을 주다, 감동시키다'는 의미이다.

[어휘] provision n. 준비, 대비

concession n. 양보, 요인

decision n. 결정, 결단

06. (b)

[해석] A: 경찰관님, 제가 너무 과속해서 죄송합니다. 저에게 과속티켓을 주실건가요?

B: 이번에는 아닙니다. 하지만, 좀더 안전하게 운전하세요.

[해설] 내용상 경찰관이 과속한 차량을 세운 다음에 일어나는 대화이다. A는 차량 운전자로서 자신이 과속티켓을 받는지 여부를 문의하고 있다. 따라서 빈칸에는 (speeding) ticket이 들어가야 한다.

[어휘] receipt n. 영수증

carefully adv. 안전하게

07. (b)

[해석] A: 커피 마실 수 있을까요?

B: 네, 그러세요. 드시고 싶으신 만큼 드세요.

[해설] 문맥상 '간청, 청원'하는 물음에 긍정적으로 수락하는 내용이 이어지는 것이 자연스럽다. 따라서 가장 어울리는 표현은 be my guest로서 '그러세요, 좋으실대로 하세요'라는 의미가 들어가야 한다.

[어휘] have a heart 인정이 있다

give one's best 최선을 다하다

08. (d)

[해석] A: 오늘 네 마당에 개가 있는 것을 보았어. 애완동물이 있는

줄은 몰랐네.

B: 그건 내 개가 아니야. 내가 계속 길 아래쪽으로 쫓아버렸
지만 항상 돌아오네.

[해설] 대화 내용상 A가 개를 데리고는 있지만 자신의 개가 아니고
계속 '쫓아 버려도' 다시 찾아온다는 의미가 되어야 한다. 따
라서 빈칸에 들어갈 가장 적절한 어휘는 chasing이 된다.

[어휘] **warn** v. 경고하다
follow v. 따라가다
knock v. 치다, 부딪히다, 우연히 만나다

09. (a)

[해석] A: 제 이야기가 아이들에게는 너무 무서울지도 모른다고 생
각합니다.

B: 이야기의 대부분은 괜찮습니다. 단지 폭력적인 부분만을
빼면 됩니다.

[해설] 문맥상 폭력적인 부분만을 제외하면 전체적으로 괜찮다는
의미이다. 따라서 빈칸에는 '제외하다, 배제하다, 빼다'는 의
미의 어휘가 들어가야 한다. 따라서 보기 중에서 leave out
이 정답이다.

[어휘] **scary** a. 무서운, 겁나는
violent a. 폭력적인
leave out 빼다, 배제시키다
mark down 감점을 주다, 가격을 인하하다
turn in 반납하다, 고발하다
get through 빠져나가다, 통과하다

10. (c)

[해석] A: 당신의 아들은 여전히 빡빡 깎은 머리인가요?

B: 아니요, 그때는 단지 지나가는 유행이었어요. 최근에는
다시 머리 기르고 있습니다.

[해설] 문맥상 당시에 머리를 밀고 다니는 것이 '한때의 유행'이었
다는 의미가 되어야 하므로 지문에 나오는 어휘 중에서 가
장 어울리는 것은 passing이다.

[어휘] **shave** v. 면도하다, 깎다
fad n. 유행
moving a. 가슴을 뭉클하게(아프게)하는, 움직이는
leading a. 가장 중요한, 선두적인
passing a. 지나가는

11. (a)

[해석] A: 홍수 피해를 복구하였나요?

B: 대부분이요. 하지만 지하실에는 몇 센티미터의 물이 고
였어요.

[해설] 문맥상 홍수로 인해서 지하실에 들어왔던 물이 아직 남아있
다는 의미가 되어야 자연스럽다. 따라서 빈칸에 가장 알맞
은 어휘는 standing이 된다. standing water는 '고인(괴어
있는) 물'을 의미한다.

[어휘] **repair** v. 수리하다, 고치다
damage n. 손해, 피해

flood n. 홍수
basement n. 지하실
shifting a. 이동하는, 변하기 쉬운
sorting n. 구분, 분류
splattering a. (물을) 덤벙덤벙
splatter v. 후두둑 떨어지다, 튀기다

12. (c)

[해석] A: 과일 사러 Leo네 가게를 갔는데, 모든 물건이 너무 비싸
더군요.

B: 다른 가게들에서는 더 싼 과일을 판매하지만, Leo네 가
게의 과일들이 항상 더 맛있어요.

[해설] B의 말을 통해서 Leo네 가게의 과일 값이 너무 비싸다는 의
미가 들어가는 것이 적절하다. 따라서 빈칸에는 overpriced
가 들어가야 한다.

[어휘] **overwrought** a. 잔뜩 긴장한, 몹시 걱정하는
overblown a. 잔뜩 부풀려진, 과장된
overpriced a. 너무 비싼, 값이 비싸게 매겨진
oversized a. 특대의, 너무 큰

13. (d)

[해석] A: 차를 고쳐야 하는데 그럴만한 금전적인 여유가 없네.

B: 정비하는 내 친구에게 가져가 봐. 공정한 가격에 수리해
줄 거야.

[해설] 문맥상 금전적 여유가 없어 차를 고치지 못할 것 같다는 말
에 자신의 친구에게 가면 '좀더 싼 가격에 하거나 혹은 바가
지를 쓰지는 않을 것'이라는 의미가 되어야 한다. 따라서 '정
당한 가격, 타당한 가격'이라는 의미의 fair가 빈칸에 가장
적절하다.

[어휘] **afford** v. (금전적, 시간적) 여유(형편이)가 되다
mechanic n. 정비공
neat a. 정돈된, 깔끔한
fair price 공정 가격, 적정 가격

14. (b)

[해석] A: 내 새로운 조수 땜에 걱정이야. 계속 나에게 문의하지도
않고 결정을 내려.

B: 반드시 자네 조수가 자신의 분수를 알도록 해야 할거야.
그렇지 않으면 그녀는 자신이 상급자라고 생각하게 될
거야.

[해설] 문맥상 A는 조수가 상의하지 않고 마음대로 결정하는 것에
대한 불만을 이야기하고 있다. 따라서 빈칸에는 그 조수로
하여금 '자신의 위치(분수)를 잘 알도록' 한다는 의미의 어구
가 들어가야 한다. 따라서 knows her place가 가장 적절한
표현이 된다.

[어휘] **make decision** 결정을 내리다
consult v. 상담하다, 상의하다
assistant n. 조수, 보조원
have one's way 뜻대로(마음대로) 하다
meet one's match 호적수를 만나다

eat one's words 자신의 잘못을 인정하다

15. (d)

[해석] A: 웨이터, 이 계란들은 너무 많이 익었어요. 저는 반숙을 주문했는데.

B: 제가 요리사에게 계속 너무 많이 익히지 말라고 이야기 하는데, 충분히 이해를 못한것 같아요.

[해설] 문맥상 웨이터가 요리사에게 계속 계란을 너무 익히지 마라고 주문함에도 불구하고 서로간에 의사소통이 잘 이루어지지 않는다는 의미가 되어야 한다. 따라서 빈칸에 가장 알맞은 표현은 sink in이 된다.

[어휘] **over-easy** a. 계란이 반숙인
overcook v. (음식을) 너무 오래 익히다
carry out ~을 수행(이행)하다
let down 내려가게 하다, 실망시키다
run through 재산을 날리다, 칼로 찌르다(찔러 죽이다)
sink in 충분히 인식되다, 열등해지다

16. (c)

[해석] A: 당신의 딸이 저 좋은 대학에 가지 못하게 되어 유감입니다.

B: 보내고는 싶었지만 우리에게 경제적으로 너무 힘들어서요.

[해설] 문맥상 좋은 학교에 딸을 보내고 싶었지만 경제적 문제 때문에 그렇게 하지 못하였다는 의미가 되어야 하므로 정답은 hardship이 된다.

[어휘] **financial** a. 경제적인
turmoil n. 소란, 혼란
repression n. 탄압, 억압
hardship n. 어려움, 곤경,
independence n. 독립, 자립

17. (b)

[해석] A: 빨리 와봐! 네 앵무새가 이상해.

B: 걱정하지마, 괜찮아. 가끔 앵무새들은 죽은 척 하는 걸 좋아해.

[해설] 문맥상 앵무새는 때때로 죽은 척 한다는 의미가 되어야 하는데, 지문 중에서 dead와 어울리는 동사는 play이므로 빈칸에는 play가 들어가야 한다.

[어휘] **parrot** n. 앵무새, 구관조
pull v. 끌어당기다
play dead 죽은 척하다
prove dead 죽은 것으로 판명되다

18. (a)

[해석] A: 사장님, 아버지가 건강이 악화되셔서 휴가를 좀 쓰겠습니다.

B: 물론입니다. 아버지가 아프시다니 유감입니다.

[해설] B의 대화 내용상 아버지의 건강이 좋지 않다는 의미가 되어

야 자연스럽다. '건강이 악화되다'는 표현은 health fails이므로 빈칸에는 failing이 적절하다.

[어휘] **fail** v. (건강이) 나빠지다
etire v. 은퇴하다
expire v. 만료되다, 만기가 되다
loosen v. 느슨하다, 헐겁다

19. (d)

[해석] A: 승진한 뒤로 Rachel은 예전처럼 우리의 사생활에 대해서 이야기하려고 하지 않아.

B: 맞아. 지금 그녀와의 모든 대화는 순전히 사업에 관한 내용이야.

[해설] 문맥상 예전과는 달리 Rachel과의 대화 내용은 개인적인 것이 아닌 모두 사업에 관한 내용뿐이라는 의미가 되어야 자연스럽다. 따라서 보기 중에서 빈칸에 가장 알맞은 어휘는 strictly이다.

[어휘] **promote** v. 홍보하다, 승진(진급)시키다
nearly adv. 거의
sternly adv. 근엄하게, 심각하게,
abruptly adv. 갑자기
strictly adv. 엄격히, 절대적으로

20. (b)

[해석] A: 회사 면접할 때 너의 화학 학위에 대해서 물어보았어?
B: 아니. 사실 나의 교육적 배경은 전혀 언급되지 않았어.

[해설] 문맥상 면접시 B의 교육적인 배경에 대해서는 전혀 묻지 않았다는 의미가 되어야 한다. 따라서 보기 중에서 빈칸에 들어갈 수 있는 가장 적절한 어구는 came up이 된다.

[어휘] **chemistry** n. 화학
background n. 배경
come through 해내다, 완수하다, 회복하다
come up (땅을 뚫고)나오다, 다가가다
go over 검토하다
go down 넘어지다, 떠나다

21. (c)

[해석] A: 이 자켓 소매에 아직도 얼룩이 있어요.

B: 죄송합니다. 옷깃을 세탁할 때 못 보고 지나쳤나 봅니다.

[해설] A가 아직 소매에 얼룩이 있다고 하였다. 따라서 문맥상 빈칸에는 '못 보고 지나가다, 간과하다'는 의미의 어구가 들어가야 하므로 정답은 overlooked이다.

[어휘] **stain** n. 얼룩
sleeve n. 소매
overtake v. 추월하다, 불시에 닥치다
overshot v. 더 가다, 더 많이 쓰다,
overlook v. 못 보고 지나가다, 간과하다
overthrow v. 타도하다, 전복시키다

22. (c)

[해석] A: Johnson씨, 용의자가 식당을 떠나는 것을 본 것이 확실

합니까? 다른 사람을 본 것 같은데요.

　　B: 용의자를 본 것을 생생하게 기억해요. 다른 사람일 리가
　　　　없어요.

[해설] B가 다른 사람일 리가 없다고 하였다. 따라서 문맥상 '기억
　　이 잘 난다, 기억이 생생하다'의 의미가 되어야 한다. 보기
　　중에서 빈칸에 가장 적절한 어휘는 vividly가 된다.

[어휘] **apparently** adv. 듣자(보자)하니, 분명히

　　vividly adv. 생생하게, 선명하게

　　roughly adv. 대략, 거의

23. (a)

[해석] A: 아들 얘기로는 자기가 오후 내내 도서관에 있었다고 하
　　　　지만 저는 그 말을 믿지 않아요.

　　B: 왜 걔 말을 믿지 않으세요? 대개 어디 있었는지에 대해서
　　　　는 거짓말을 하지 않아요.

[해설] 문맥상 B가 한 말 중 believe라는 동사에 상응하여 '믿다'라
　　는 의미의 동사가 사용되어야 하므로 정답은 buy가 된다.

[어휘] **buy** v. 사다, 구입하다, 매수하다

24. (b)

[해석] A: Robert를 다시 고용하고 싶은 게 확실하니? 그는 자신의
　　　　업무에 너무 감정적이었잖아.

　　B: 그가 이번에는 다를 거라 생각해. 그는 정말이지 변화를
　　　　겪었어.

[해설] 문맥상 로버트가 예전과는 다른 사람이 되었다는 의미가 되
　　어야 하므로, 보기 중 가장 적절한 어휘는 transformation(변
　　화, 변신)이다.

[어휘] **hire** v. 고용하다

　　emotional a. 정서의, 감정의

　　transaction n. 거래, 매매

　　transference n. 이동, 이전, 양도

25. (b)

[해석] A: 당신 집에 머물게 해주셔서 정말 감사 드립니다. 제가 당
　　　　신 가족께 폐를 끼치는 건 아닌지요?

　　B: 물론 아닙니다. 당신이 저희와 함께 머무시게 되어 정말
　　　　행복합니다.

[해설] 문맥상 빈칸에는 '폐를 끼치다, 짐이 되다'라는 의미의 어휘
　　가 들어가야 하는데, 보기 중에서 가장 적절한 것은 imposing
　　이다.

[어휘] **overstay** v. 더(너무) 오래 머무르다

　　impose v. 부과하다, 강요하다, 폐를 끼치다

　　inflict v. 가하다, 안기다

　　disrupt v. 방해하다, 지장을 주다

26. (b)

[해석] 그 의사는 불량식품 섭취와 흡연이 어떻게 운동의 목적을
　　무산시키는지에 대한 강의를 하였다.

[해설] 문맥상 건강하고자 운동을 하는데 불량식품과 흡연으로 인
　　해서 이러한 목적이 방해받는다는 의미가 되어야 하므로 빈
　　칸에 가장 알맞은 어휘는 defeat가 된다.

[어휘] **junk food** 불량식품, 질 낮은 식품

　　exercise v. 이행하다, 운동하다

　　displace v. 대신(대체)하다, 쫓아내다

　　defeat v. 패배시키다, 이해가 안되다

　　deploy v. 배치하다, 효율적으로 사용하다

　　disarm v. 무장 해체시키다, 마음을 누그러뜨리다

27. (c)

[해석] 그 신문기자는 그 연극에 관하여 열정적인 비평을 기고하였
　　는데, 특히 주인공의 사실적이고 강렬한 연기를 칭찬하였
　　다.

[해설] 문맥상 '훌륭한 연기'를 칭찬하였다는 의미가 되어야 하므
　　로, 보기 중에서 빈칸에 가장 적절한 어휘는 compelling이
　　된다.

[어휘] **enthusiastic** a. 열렬한, 열광적인

　　opposing a. 서로 겨루는, 대립하는

　　compelling a. 주목하지 않을 수 없는, 설득력 있는

28. (d)

[해석] 학교 캠핑 출발 전에 선생님은 학생들에게 곰과 대치하게 되
　　었을 때 어떻게 자신들을 보호할 것인지를 가르쳐 주었다.

[해설] 문맥상 빈칸에는 '곰을 만났을 때'라는 의미의 어휘가 들어
　　가야 하는데, 보기 중에 가장 적절한 어휘는 confronted가
　　된다.

[어휘] **protect** v. 보호하다

　　displace v. 이주시키다, 내쫓다

　　burden v. 짐을 지우다, 부담을 주다

　　recover v. 회복하다

　　confront v. 맞서다, 직면하다

29. (d)

[해석] 전쟁터에서는 아무도 죽지 않았지만 몇몇 군인들은 전투 중
　　에 입은 부상으로 인하여 나중에 전사하였다.

[해설] 빈칸에는 전투 중에 '당한(입은)' 부상이라는 의미의 어휘가
　　들어가야 하므로 정답은 inflicted가 된다.

[어휘] **battlefield** n. 전장, 전쟁터

　　inhabit v. 살다, 거주하다

　　influence v. 영향을 주다

　　intend v. 의도하다

　　inflict v. 가하다, 입히다

30. (b)

[해석] 그 미술 수집가는 그가 구매한 그림이 진품이 아닌 복제품
　　이란 사실을 발견하고 매우 화가 났다.

[해설] 문맥상 빈칸에는 original의 반대말이 들어가야 하므로 정답
　　은 replica이다.

[어휘] **inkling** n. 눈치챔, 느낌

replica n. 복제품, 모형

spectrum n. 스펙트럼, 범위(영역)

present n. 선물 a. 현재의, 참석한 v. 제시하다, 보여주다

31. (b)

[해석] 경찰은 주거침입 사건 후 그 집을 면밀히 조사하였으나 빈집털이범을 찾는데 도움이 되는 증거를 전혀 찾지 못하였다.

[해설] 문맥상 '정밀 조사'하였음에도 증거를 찾지 못하였다는 의미가 되어야 하므로 정답은 scrutinized가 된다.

[어휘] **break-in** n. 침입

burglar n. 절도범, 빈집털이범

evidence n. 증거

berate v. 질책하다

scrutinize v. 정밀(꼼꼼히) 조사하다

decipher v. 판독(해독)하다

appreciate v. 고마워하다, 인식하다, 평가하다

32. (c)

[해석] 이 법률회사는 도시에서 가장 좋은 회사였으나, 지금은 그의 훌륭한 변호사들이 모두 은퇴하였다.

[해설] 문맥상 예전에는 가장 좋은 법률회사였지만 지금은 어떠한 이유에서 그렇지 않다는 의미이므로, 보기 중에서 빈칸에 가장 알맞은 어휘는 retired(은퇴하였다)가 된다.

[어휘] **law firm** 법률회사

relate v. 관련(결부)시키다, ~에 대해서 이야기하다

refund v. 환불하다

retire v. 은퇴하다

relieve v. 없애주다, 덜어주다, 안도하게 하다

33. (c)

[해석] 요즘 학생들은 대학 학위가 예전보다 지금 더 중요하기 때문에 학교에서 열심히 공부한다.

[해설] 문맥상 빈칸에는 '중요성'이란 의미의 어휘가 들어가야 하는데, 보기 중에서 가장 적절한 것은 weight이다.

[어휘] **range** n. 범위, 영역

weight n. 무게, 중요성, 영향력

reason n. 이유

34. (a)

[해석] 건설감독관은 그 계획이 예정보다 늦은 것을 발견하고, 그의 근로자들이 일을 하고 있는 것을 확실하게 하기 위해 이따금 건설현장을 방문하고 있다.

[해설] 문맥상 빈칸에는 '시간 부사'가 들어가야 하므로, 정답은 sporadically가 되어야 한다.

[어휘] **construction** n. 건설

behind schedule 예정보다 늦은

sporadically adv. 간헐적으로, 산발적으로

confidently adv. 확신을 갖고, 자신 있게

severely adv. 심하게, 혹독하게

---

inherently adv. 선천적으로

35. (c)

[해석] Susan은 자신의 아이들이 중요한 영양적인 가치를 갖고 있는 음식들을 먹지 않으려고 하기 때문에 아이들의 건강을 걱정한다.

[해설] 문맥상 빈칸에 가장 적절한 어휘는 음식의 영양분과 관련되어 있는 nutritional이 되어야 한다.

[어휘] **significant** a. 중요한

refuse v. 거부하다, 거절하다

intentional a. 의도적인, 고의적인

historical a. 역사적인, 역사학의

nutritional a. 영양상의

rhetorical a. 수사적인, 미사여구의

36. (c)

[해석] 때로는 문장에서 두 가지 사물이나 사상을 연결하기 위해 접속사 대신 세미콜론이 사용된다.

[해설] 두 개의 사물이나 사상을 연결하기 위해 세미콜론이 대신 사용될 수 있는 것은 접속사이므로 정답은 conjunction이다.

[어휘] **conviction** n. 유죄(평결), 확신

congestion n. 혼잡, 막힘

37. (d)

[해석] David은 자신의 수하물의 수상한 물건 때문에 공항경찰에게 구금되었을 때 비행기를 거의 놓쳤다.

[해설] 문맥상 공항경찰에 '붙잡혔을 때'라는 의미가 되어야 하므로 빈칸에는 detained가 들어가야 한다.

[어휘] **suspicious** a. 수상한, 의혹을 갖는

deploy v. 배치하다, 효율적으로 사용하다

detailed a. 상세한, 자세한

defy v. 반항(저항)하다, 견뎌내다

detain v. 구금(억류)하다, 지체하게 하다

38. (b)

[해석] 그 아이는 자신의 형편없는 성적에 관하여 이야기하기를 원치 않았기 때문에 부모님이 학교 이야기를 꺼내셨을 때 화제를 돌렸다.

[해설] 아이는 성적에 관한 이야기가 나오지 않도록 부모님이 학교에 관하여 이야기하려고 할 때 주제를 다른 걸로 바꾸었다는 내용이므로 정답은 changed the subject가 된다.

[어휘] **egrade** n. 품질, 등급, 성적,

foot the bill 비용을 부담하다

change the subject 화제를 바꾸다

hit the ceiling 길길이 화내다, 폭등하다

chew the fat 오래 담소를 나누다

39. (a)

[해석] 그 도시의 시장이 범죄자들로부터 돈을 받은 것이 포착되었

을 때, 그의 도덕성에 관하여 의문이 제기되었다.

[해설] 문맥상 call into와 호응하여 '문제시 되다, 의심스러워지다'
라는 의미를 표현할 수 있는 명사는 question이다.

[어휘] **ecriminal** n. 범죄자
moral a. 도덕적인
call ~ into question 의문을 제기하다
argument n. 논쟁, 언쟁, 논거
protest n. 항의, 시위

40. (d)

[해석] 은행가와 수위는 각자의 직업이 어떤지 알아보기 위해 하루
동안 처지를 바꾸는데 동의하였다.

[해설] 문맥상 change와 호응하면서 빈칸에 가장 적절한 것은
places이다. 이때 place는 서로 바꾸는 것이기 때문에 반드
시 복수 places로 사용해야 한다.

[어휘] **janitor** n. 수위, 문지기
piece n. 조각
part n. 부분, 부품
plan n. 계획, 방법
place n. 장소, 위치(자리)

41. (c)

[해석] 노동자들은 회사의 처음 사장이 그의 뒤를 이은 새로운 사
장보다 더 나은 사업가이기 때문에 걱정하고 있다.

[해설] 문맥상 빈칸에는 '그 뒤를 잇다, 계승하다'라는 의미의 동사
가 들어가야 하므로 정답은 succeeded가 된다.

[어휘] **employee** n. 피고용인, 근로자
concede v. 인정하다, 수긍하다
exceed v. 넘다, 초월하다
succeed v. 계승하다, 성공하다
recede v. 물러나다, 약해지다, (머리카락이) 벗어지다

42. (c)

[해석] 대학 학장은 학생들을 속상하게 만드는 것을 원치 않았기
때문에 경찰에게 사실인 사건 수사를 신중하게 다뤄주길 부
탁하였다.

[해설] 학생들을 자극하지 않기 위해서는 살인 사건 수사를 '조심스
럽게 또는 신중하게' 진행해야 할 것이므로 문맥상 빈칸에
가장 어울리는 부사는 discreetly가 된다.

[어휘] **handle** v. 다루다, 처리하다
murder investigation 살인사건 수사
upset v. 속상하게 만들다, 잘못되게 만들다,
diversely adv. 다양하게, 다각도로
dependently adv. 남에게 의지하여, 종속적으로
discreetly adv. 신중하게, 용의주도하게
domestically adv. 가정적으로, 가사상, 국내에서

43. (a)

[해석] 학교 밴드부가 퍼레이드에 맨 앞에 있었고 가든 협회가 맨

뒤에 섰다.

[해설] 지문에서 bring up과 호응하는 명사는 rear이므로 빈칸에는
rear가 들어가야 한다. bring up the rear는 '맨 뒤에 서다'
라는 의미이다.

[어휘] **hind** a. 뒤의
stern n. (배의) 고물, 선미 a. 엄중한, 심각한

44. (b)

[해석] 가게 주인이 보안카메라를 설치한 후 몇몇 도난사례(사건)
를 확인하여 도난 당한 물건들을 회수할 수 있었다.

[해설] 문맥상 빈칸에는 도난 사건(사례)이라는 의미의 어휘가 들
어가야 하므로 가장 적절한 어휘는 instances가 된다.

[어휘] **situation** n. 상황, 환경
instance n. 사례, 경우
illustration n. 삽화, 도화, 실례
simulation n. 가장, 속임, 모의시험

45. (c)

[해석] 의대학생들은 어떻게 희귀한 혈액조건이 혈액응고의 다른
비율을 야기하는지에 관하여 학습하고 있다.

[해설] 지문에서 혈액과 관련되는 어휘는 coagulation이므로 정답
이 된다. collision은 '충돌', concavity는 '오목함, 오목하게
패인 곳', combination은 '결합, 조합'이라는 의미이므로 빈
칸에는 부적절한 어휘들이다.

[어휘] **medical student** 의대생

46. (d)

[해석] 관람객들로 하여금 과거 사람들의 삶의 방식을 엿볼 수 있
도록 하기 위해 박물관은 복원된 19세기 가정주택 투어를
제공하고 있다.

[해설] 문맥상 빈칸에는 19세기 가정을 복원한다는 의미의 어휘가
들어가야 하므로, 보기 중에서 가장 적절한 어휘는 restored
가 된다.

[어휘] **glimpse** n. 잠깐(언뜻) 봄, 짧은 경험
reduce v. 축소하다, 줄이다
renew v. 새롭게 하다, 부활하다, 갱신하다
replace v. 제자리에 놓다, 대신하다
restore v. 복원, 복구하다, 되찾다

47. (d)

[해석] 다른 비평가들이 그 영화를 단순한 사랑이야기로 보는 반면,
몇몇 영화 비평가들은 강한 정치적 진술로 해석하였다.

[해설] 문맥상 빈칸에는 영화비평가들이 영화를 '해석하고 평가하
다'라는 의미의 어휘가 들어가야 하는데 보기 중에 가장 적
절한 어휘는 interpreted이다.

[어휘] **critic** n. 비평가
political a. 정치적인
research v. 연구하다, 조사하다

estimate v. 어림잡다, (가치에 대해서) 평가하다
adapt v. 적합(적응)시키다, 개작, 번안하다
interpret v. 해석하다, 이해하다

48. (b)

[해석] John은 동물들과 물고기들이 계속 살 수 있는 장소를 만들어 주기 위해서 삼림과 강을 보존하는 일을 하는 조직을 이끈다.

[해설] 문맥상 빈칸에는 '보존, 보호하다'라는 의미의 동사가 들어가야 하므로 정답은 preserve가 된다.

[어휘] **preserve** v. 보존, 유지하다
predict v. 예언하다, 예보하다
prevent v. 막다, 예방하다

49. (a)

[해석] 몇몇 Susan의 친구들은 작은 문제들에 과민반응을 하는 그녀의 버릇 때문에 그녀를 드라마 퀸이라고 부른다.

[해설] 작은 문제를 가지고 과장하거나 호들갑을 떠는 사람을 일컬어 drama queen이라고 한다.

[어휘] **opera singer** 오페라 가수
tragic hero 비운의 영웅
stage actor 연극배우

50. (c)

[해석] Robert의 부모님은 그의 친구 Rachel이 그로 하여금 규칙을 어기도록 부추기기 때문에 그녀가 Robert에게 나쁜 영향을 준다고 이야기한다.

[해설] 문맥상 Rachel이 Robert에게 나쁜 영향을 준다는 의미가 되어야 하므로 빈칸에는 influence가 들어가야 한다.

[어휘] **tencourage** v. 용기를 돋우다, 격려하다
break the rules 규칙을 위반하다
inspiration n. 영감, 고취, 고무
influence n. 영향
infection n. 전염, 감염, 전염병

Actual TEST 02

01. (d)	02. (c)	03. (d)	04. (c)	05. (b)
06. (a)	07. (b)	08. (d)	09. (a)	10. (c)
11. (c)	12. (a)	13. (d)	14. (b)	15. (a)
16. (a)	17. (d)	18. (c)	19. (b)	20. (d)
21. (c)	22. (c)	23. (a)	24. (c)	25. (a)
26. (c)	27. (b)	28. (d)	29. (c)	30. (b)
31. (b)	32. (c)	33. (b)	34. (a)	35. (b)
36. (d)	37. (b)	38. (b)	39. (d)	40. (d)
41. (a)	42. (d)	43. (b)	44. (c)	45. (b)
46. (d)	47. (b)	48. (a)	49. (d)	50. (d)

01. (d)

[해석] A: 안내서에 따르면 새들이 이런 형태의 나무에 둥지 틀기를 좋아한다고 하지만, 한 마리의 새도 보이지 않네.
B: 더 자세히 보렴. 새들은 나뭇잎과 섞여 있어서 찾기가 쉽지 않아.

[해설] 문맥상 빈칸에는 '찾다, 발견하다'라는 의미의 어휘가 들어가야 하므로, 보기 중에서 spot이 가장 적절하다. spot은 발견하다, 탐지해 내다'라는 의미이다.

[어휘] **guidebook** n. 안내서, 편람
blend v. 섞다
peek v. 살짝 들여다보다, 엿보다

02. (c)

[해석] A: ABC 회사는 다음 달에 우리 회사를 인수할거야. 그들은 이미 회계부서의 Sophia를 교체하기로 결정했대.
B: 이런. 그 말은 ABC가 우리 자리에도 다른 사람을 고용할 수 있다는 이야기인데.

[해설] 문맥상 ABC가 우리 회사를 '인수하다'는 의미가 되어야 하므로 보기 중에서 빈칸에 가장 어울리는 표현은 take over이다.

[어휘] **replace** v. 교체하다
hire v. 고용하다
bring about 유발하다, 초래하다
put away 넣다, 치우다
take over 인수하다
drop by 잠깐 들르다, 불시에 찾아가다

03. (d)

[해석] A: 저녁으로 스파게티 하려고 했는데, 치킨도 조금 있네. 뭐 먹고 싶어?
B: 아무거나 괜찮아. 네가 먹고 싶은 거 나도 먹을게.

[해설] 문맥상 빈칸에는 '문제되다, 중요하다'라는 의미의 어휘가 들어가야 하므로 matter가 가장 적절하다.

[어휘] **mind** v. 주의를 기울이다, 걱정하다, 신경 쓰다
prefer v. 선호하다
care v. 걱정하다, 돌보다, 좋아하다
matter v. (부정문, 의문문) 중요하다

04. (c)

[해석] A: Joanna가 파티 후 네가 주방을 청소하는 것을 도와주지 않았다니 믿을 수가 없다.
B: 알아. 그리고 설상가상으로 그녀는 내가 끝냈을 들어와서 내게 접시들이 여전히 더러워 보인다고 말했어.

[해설] 문맥상 '설상가상'으로 라는 의미가 될 수 있는 어휘가 빈칸에 들어가야 하는데, to add insult to injury라는 표현을 사용하면 된다. 따라서 빈칸에는 insult가 들어가야 한다.

[어휘] **insight** n. 통찰력
intrigue n. 음모, 술책, 정사, 간통
insult n. 모욕, 무례
increase n. 증가, 증진

05. (b)

[해석] A: 오늘 George하고 뭐 할거니?
B: 나중에 영화 보러 갈지도 모르지만, 그 동안에는 아마도 그의 집에서 시간을 보내게 될 거야.

[해설] 대화 내용상 영화보기 전까지 남은 시간을 George네 집에서 보내게 될 거라는 의미가 되어야 한다. 따라서 보기중 가장 알맞은 표현은 hang out이다.

[어휘] **probably** adv. 아마도
break away 달아나다
hang out 많은 시간을 보내다
listen up 경청하다
turn over 뒤집다

06. (a)

[해석] A: 네 아들이 지붕 끝 자락을 한 손으로 잡고 매달려 있는 것을 보았을 때 너는 정말 무서웠을 거야.
B: 정말 놀랐어. 그들이 안전하게 내 아들을 안전하게 내려 줄 때까지, 내 심장이 쿵쿵 뛰는 소리를 들을 수 있을 정도였으니까.

[해설] 문맥상 '심장이 뛰는 소리를 들을 수 있었다'는 의미가 되어야 하므로, 정답은 pounding이다.

[어휘] **pound** v. (소리를 내며) 치다(두드리다)
wring v. 짜다, 비틀다
crash v. 요란한 소리를 내다, 돌진하다, 충돌하다

07. (b)

[해석] A: 어젯밤 Mary와 전화 통화했는데 그녀의 불분명한 발음 때문에 하는 말을 거의 알아들을 수가 없었어.
B: 별로 좋지 않게 들리네. 혀가 꼬이는 것은 항상 그녀가

다시 술에 취하였다는 것을 폭로하는 신호야.

[해설] 문맥상 빈칸에는 '결정적인' 징후라는 의미의 어휘가 들어가야 한다. 따라서 보기중에서 중에서 가장 적절한 어휘는 telltale이 된다.

[어휘] **slur** v. 불분명하게 말하다
gateway n. 출입구, 통로
telltale a. 숨길 수 없는
offhand a. 즉석의, 준비 없이 하는
deadbeat a. 몹시 지친, 빈털터리의

08. (d)

[해석] A: 네가 자동차 경주에서 이기지 못해서 유감이야. 네가 참가하는 것에 대해 얼마나 흥분했는지 알고 있어.

B: 승패 여부는 그다지 중요하지 않아. 난 단지 스릴 때문에 경주하기를 좋아해.

[해설] 대화 내용상 B는 경기 승패보다는 경주의 스릴 그 자체 때문에 경주를 좋아한다는 의미이다. 따라서 빈칸에는 thrill이 적절하다.

[어휘] **participate** v. 참가하다
shake n. 동요, 흔들림
grab n. 움켜잡기, 횡령
spark n. 불꽃, 섬광
thrill n. 부르르 떨림, 전율

09. (a)

[해석] A: 이번 주 문학 클럽을 위해 읽어야 할 책을 잘못 읽었어. 다음 번에 네가 책을 변경하기로 결정하였으면 누군가가 나에게 단서를 주었으면 좋겠어.

B: 미안해. 난 Jane이 너에게 우리의 결정을 알려주었다고 생각했어.

[해설] 문맥상 빈칸에는 '넌지시 알려주다'라는 의미의 어휘가 들어가야 한다. 따라서 clue나 hint가 적절하다. clue는 타동사로서 '~에게 넌지시 알려주다'라는 의미가 있지만, hint는 자동사로서 전치사 at을 동반하여 '~을 넌지시 알려주다'라는 의미가 된다. 따라서 빈칸에 가장 알맞은 것은 clues가 된다.

[어휘] **selection** n. 선택
point v. 가리키다, 지적하다

10. (c)

[해석] A: 어젯밤에 어디 있었어? 난 네 약속대로 이미 볼링 치러 갔었는데, 넌 나타나지를 않더라.

B: 미안해. 오늘밤에 어제의 잘못을 만회하는 의미에서 저녁 같이 하자.

[해설] 문맥상 '화해하다, 만회하다'라는 의미가 되어야 한다. 따라서 빈칸에는 make가 들어가야 한다.

[어휘] **show up** 나타나다
make it up 화해하다, 만회하다

11. (c)

[해석] A: 이 재정 보고서들을 어떻게 정리해주기를 원하세요?

B: 달과 연 단위로 분류한 다음 알파벳 순서대로 넣어 주세요.

[해설] 문맥상 '알파벳 순서'대로 라는 의미가 되어야 한다. 따라서 빈칸에는 order가 가장 적절하다.

[어휘] **organize** v. 조직하다, 편제하다
sort v. 분류하다
cluster n. 덩어리, 송이
range n. 범위, 영역
series n. 일련, 연속, 시리즈

12. (a)

[해석] A: 난 어젯밤 내 가게를 털어간 놈이 누구인지 알고 싶어.

B: 내가 어제 창문 밖에서 어떤 사람이 어정거리는 것을 보았어. 아마도 그 사람이 침입을 계획했을 거야.

[해설] 문맥상 빈칸에는 창문 밖에서 '염탐하다, 엿보다, 어슬렁거리다' 등의 의미를 갖는 어휘가 들어가야 한다. wallow는 '뒹굴다, ~에 빠져있다', fester는 '곪다, 훨씬 심해지다, preside는 '주재하다', loiter는 '어정거리다'는 의미이다. 따라서 빈칸에 가장 적절한 어휘는 loitering이 된다.

[어휘] **be responsible for** ~에 대해서 책임이 있다
break-in n. 침입, 주거침입강(절)도

13. (d)

[해석] A: Charlie가 시험을 어떻게 보았나요? 제가 알기로 그는 문제를 곰곰이 생각하지 않고 충동적으로 대답하는 습관이 있어요.

B: 사실 그의 성적은 정말 개선되었어요. 그는 이번에 매우 논리적이고 사려 깊은 답변을 하였어요.

[해설] 대화 내용을 보면 이전에 Charlie는 충동적인 답변을 하였지만 지금은 그렇지 않다는 의미이므로 빈칸에는 '깊이 생각한, 고려한, 생각을 많이 한'과 같은 의미의 어휘가 들어가야 한다. 따라서 가장 적절한 어휘는 considered가 된다.

[어휘] **impulsively** adv. 충동적으로
performance n. 이행, 성적
improve v. 개량하다, 개선하다
conditioned a. 조절된, 조건 반사적인
conscripted a. 징집된
conduct v. (특정한 활동을)하다, 안내하다, 행동(처신)하다
considered a. 깊이 생각한(후의), 존경 받는, 중히 여겨지는

14. (b)

[해석] A: 사장님이 내일 비번인 날에 너를 일 시키다니 믿을 수 없어.

B: 어느 누구도 나에게 시킬 수 없어. 나는 내일 일하는 것에 대해 추가 급여를 받는 것에 자발적으로 동의했어.

[해설] 문맥상 B는 추가 급여 없이는 일을 하지 않고 따라서 추가 급여를 받는 조건으로 '자발적으로' 동의했다는 의미가 되어

야 하므로 빈칸에는 voluntarily가 가장 적절하다.

[어휘] **day off** 쉬는 날
extra pay 임시(추가) 급여
virtually adv. 사실상, 실질적으로
voluntarily adv. 자발적으로,
vehemently adv. 격렬하게, 맹렬하게
variably adv. 변하기 쉽게, 일정치 않게

15. (a)

[해석] A: 창문에서 테이프를 떼낸 이후 없어지지 않는 보기 싫은 찌꺼기가 남아 있어.
B: 끈적끈적한 물질을 없애는 데에는 알코올로 닦는 것이 좋다고 들었어.

[해설] 문맥상 테이프를 뜯어낸 자리에 남은 끈적거리는 물질을 의미하는 단어가 들어가야 한다. residue는 잔여(류)물이라는 의미이고 remnant는 남은 부분이라는 의미인데, 테이프를 떼내고 남아 있는 끈적거리는 물질은 어떤 물건의 남은 부분이 아닌 남아 있는 물질로 보아야 하므로 정답은 residue가 된다.

[어휘] **ocome off** 떼어 낼(제거할) 수 있다
dissolve v. 녹이다, 해산시키다
sticky a. 끈적거리는
repository n. 용기, 저장서, 창고
repellant a. 역겨운, 혐오감을 주는 n. 방충제, 방수제

16. (a)

[해석] A: Carol은 우리가 그녀의 책을 출판하는 것에 관심이 없다고 이야기하자 매우 화를 냈다. 하지만 그녀는 나에게 책 출판 문제에 관해서 정말 솔직해 주기를 요청했었거든.
B: 그녀는 자신이 원하는 것을 얻는데 익숙하다 보니, 가끔 거절당했을 때 이를 다루는 것이 서툴러.

[해설] 문맥상 Carol이 '거절'당하는데 익숙하지 않다는 의미다. 따라서 빈칸에는 rejection이 들어가야 한다.

[어휘] **publish** v. 출판하다, 게재하다
be accustomed to~ ~에 익숙하다
rejection n. 거절
intention n. 의도
deception n. 속임수, 기만
attention n. 주의, 응급처치, 배려

17. (d)

[해석] A: 어째서 제 집세를 내는 수표가 이번 달에 결제되지 않았는지 알 수 있을까요?
B: Williams부인, 죄송합니다만, 부인의 당좌예금계좌에 그 금액을 결제할 수 있을 만큼 충분한 금액이 남아있지 않았기 때문입니다.

[해설] 문맥상 빈칸에는 금액이 '부족하다'는 의미의 어휘가 들어가야 적절하다. 따라서 정답은 insufficient가 된다.

[어휘] **inconsiderate** a. 사려깊지 못한
inconvenient a. 불편한, 부자연스러운, 형편이 나쁜

indefinite a. 불명확한, 막연한, 한계가 없는
insufficient a. 불충분한, 부족한

18. (c)

[해석] A: James는 92게임을 연속으로 이긴 후 결국 체스 클럽의 신입 멤버에게 졌어.
B: 와! 그 새로운 멤버는 틀림없이 정말 잘할 거야. 마침내 James가 호적수를 만났어.

[해설] 문맥상 '호적수를 만나다'라는 의미의 어구가 들어가야 한다. meet one's match가 이와 같은 의미로 자주 쓰이기 때문에 빈칸에는 match가 들어가면 된다.

[어휘] **sidekick** n. 짝패, 동료, 친구
second n. 2대, 보조자

19. (b)

[해석] A: 이 식당에서 어떻게 테이블을 찾도록 되어 있지? 너무 어두워서 아무것도 볼 수가 없어.
B: 우리가 이곳에 몇 분 서 있으면 우리의 눈이 어둠에 적응할 거야.

[해설] 문맥상 눈이 어둠에 '적응하다'라는 의미가 되어야 한다. 따라서 빈칸에는 (b) adjust가 들어가면 된다.

[어휘] **modify** v. 수정하다, 변경하다, 바꾸다
adjust v. 맞추다, 조정하다, 조정되다
submit v. 제출하다, 복종하다
comply v. 동의하다, 승낙하다, 따르다(with)

20. (d)

[해석] A: 뭐가 잘못 됐니? 아까 인사했을 때 너 나한테 매몰차게 굴더라.
B: 무례했다면 미안해. 아마도 아까 너를 보았을 때 조금 정신이 없었나봐.

[해설] 문맥상 빈칸에는 '모른 체하다, 매몰차게 굴다'라는 의미의 어휘가 들어가야 하므로 정답은 (d) short가 된다.

[어휘] **rude** a. 무례한
distract v. 산만하게 하다, 빗나가게 하다
be down with ~와 친하게 지내다
be close to ~에 가깝다
be short with 매몰스럽게 굴다

21. (c)

[해석] A: 뉴스에서 이번 주에 큰 눈폭풍 닥칠지도 모른다고 하니, 식량을 비축해 놓는 게 좋겠어.
B: 좋은 생각이야. 작년 눈에 갇혔을 때 우리가 5일 동안 먹어야 했던 것은 토마토 소스뿐이었어.

[해설] 문맥상 눈폭풍에 갇힐 것을 대비하여 식량을 '비축하여 두자'라는 의미이므로 빈칸에는 (c) stock이 들어가야 한다.

[어휘] **square** v. 직사각형으로 만들다, 똑바로 펴다
stock v. 가게에 (판매할 상품을 갖춰 두고) 있다, 채우다
stock up on~ ~를 비축하다

22. (c)

[해석] A: 네 차가 가족 휴가 바로 직전에 고장 나다니 믿을 수가 없다. 네 어머니가 무척 화나셨겠지.

B: 응, 그래. 수개월간의 세심하고 신중한 계획 후 그녀는 모든 우리의 표와 호텔 예약을 취소할 수밖에 없었어.

[해설] 문맥상 어머니가 무척 화난 이유는 수개월간 꼼꼼하고 세밀하게 계획을 세웠지만 자동차가 고장이 나서 모든 계획을 취소했기 때문다. 따라서 빈칸에는 meticulous가 적절하다.

[어휘] **break down** (자동차 따위가) 고장 나다
metropolitan a. 수도권의, 대도시의
mechanical a. 기계적인, 기계로 작동하는
meticulous a. 세심한, 꼼꼼한, 지나치게 신중한
melancholy a. 우울한, 생각에 잠긴

23. (a)

[해석] A: 암 치료 어떻게 돼가고 있어? 지난 달에 또 다른 수술 받았다며.

B: 한 시름 덜었어. 내 최근 테스트 결과가 얼마 전에 나왔는데, 내가 드디어 위험에서 벗어났다고 의사가 그러네.

[해설] B의 대화 내용상 테스트 결과 암 치료가 큰 효과를 보고 있다는 의미의 내용이 들어가야 한다. over the hill은 '한물간, 인생의 전성기가 지난', on the run은 '도망 다니는, 분주한', out of the blue는 '갑자기, 예고도 없이', in the clear는 '깨끗한, 위험에서 벗어난'이라는 의미이다. 따라서 빈칸에 가장 적절한 것은 in the clear이다.

[어휘] **treatment** n. 치료, 처치
relieved a. 도하는, 다행으로 여기는

24. (c)

[해석] A: 왜 전기가 작동하지 않는지 이해가 안되네. 작년에 배선을 새로 했는데.

B: 배선에는 아무런 하자가 없습니다, 사모님. 사모님께서 밀린 요금을 내시자 마자 저희가 서비스를 다시 시작하도록 하겠습니다.

[해설] 문맥상 빈칸에는 연체 요금을 '처리하다, 내다'라는 의미의 어휘가 들어가야 한다. 따라서 보기 중에서 가장 적절한 어휘는 settle이 된다.

[어휘] **outstanding bill** 연체 공과금
settle v. (주어야 할 돈을) 지불(계산)하다, 정산하다

25. (a)

[해석] A: Simmons 박사님, 제가 최근 왜 그렇게 불행했는지 알 수 있도록 도와주셔서 정말 감사드립니다. 제 문제점들에 관해서 이야기하는데 큰 도움이 되었습니다.

B: 네, 저는 우리가 정말 훌륭한 돌파구를 찾았다고 생각해요. 슬프거나 화날 때마다 오늘 이야기한 모든 것을 기억하세요.

[해설] 문맥상 '큰 진전, 돌파구'와 같은 의미를 갖는 어휘가 들어가야 하는데, 보기 중에서 살펴보면 breakthrough가 가장 적

절하다.

[어휘] **figure out** 이해하다, 알아내다
breakthrough n. 돌파구
breakup n. 붕괴, 파괴
breakaway a. 탈퇴한, 독립한 v. ~에서 달아나다
breakdown n. 고장, 실패

26. (c)

[해석] 뜨거운 태양아래에서 많은 시간 동안 벽돌을 나른 후, 결국 패트릭의 다리는 힘이 빠져서 바닥에 주저 앉고 말았다.

[해설] 문맥상 계속되는 힘든 노동으로 인하여 다리에 힘이 풀려서 바닥에 주저 앉는 상황이다. 따라서 빈칸에는 '다리에 힘이 빠지다(풀리다)'라는 의미의 어휘가 들어가야 한다. 따라서 정답은 gave out이 된다.

[어휘] **come around** 정기적으로 돌아오다, 주변으로 몰려들다
blow over (심각한 피해 없이) 사그라 들다, 지나가다
give out 바닥(동)이 나다, 정지하다(멈추다), (다리에서) 힘이 빠지다
check in 탑승수속을 하다, 체크인 하다

27. (b)

[해석] Jason이 3년 연속 인상적인 학업성적을 거둔 후, 학교 교장 선생님은 자랑스럽게 그가 성공가도를 달리고 있다고 이야기 하였다.

[해설] 문맥상 교장선생님은 Jason이 3년 동안 공부를 잘해왔다고 이야기하는 것이다. 따라서 빈칸에 들어갈 가장 적당한 어구는 going places이다.

[어휘] **impressive** a. 인상적인
performance n. 실행, 이행, 성적
take stock ~을 잘 살펴보다, 검토하다

28. (d)

[해석] Loretta의 사장님은 그녀가 낸 이윤증가 아이디어로 인해서 깊은 인상을 받았고, 그녀에게 그녀와 같이 진취적인 근로자들은 더 많이 고용할 수 있다는 이야기를 하였다.

[해설] 빈칸 뒤의 workers를 적절하게 꾸며주는 형용사를 묻는 문제이다. 문맥상 사장이 Loretta의 아이디어에 깊은 인상을 받았다고 했으므로 '진취적인, 모험적인'의 뜻인 enterprising이 적절하다.

[어휘] **entrancing** a. 넋을 빼앗아 가는, 황홀하게 하는
engineering n. 공학기술, 공학
endearing a. 귀여운, 사랑스러운
enterprising a. 진취적인, 모험적인

29. (c)

[해석] 시상식에서 몇몇 재능 있는 기자들은 중요한 사회적 이슈들에 대한 사회적 인식에 공헌한 공로를 인정받았다.

[해설] 빈칸에는 시상식에서 기자들의 사회적 공로에 대해서 '알아주다, 인정해 주다'라는 의미의 어휘가 들어가는 것이 적절

하다. 따라서 가장 적절한 어휘는 recognized이다.

[어휘] **contribution** n. 기부, 기여, 기증
concede v. 양보하다, 인정하다
recognize v. 알아보다, 인지하다, 감사하다
permit v. 허가하다, 허락하다

30. (b)

[해석] Raynolds 박사는 점심시간에 친구들에게 자신의 외과 개업의 업무에서의 진기한 의료사건에 관해서 이야기 하곤 하였는데, 그의 친구들은 식사 중에는 직장이야기를 하지 말라고 요청하였다.

[해설] 문맥상 식사 중에 '수술이야기 기타 의료 관계되는 이야기'를 하지 않기를 요청하는 것이다. talk와 함께 '직장 이야기를 하다'라는 의미를 갖는 어휘는 shop이다.

[어휘] **task** n. 일, 임무
craft n. 기능, 기술, 직업
duty n. 의무, 임무

31. (b)

[해석] 지배인은 2주 동안 일을 쉬고 난 후 급여인상을 요구한 근로자의 대담함에 놀라지 않을 수 없었다.

[해설] 문맥상 2주간 쉰 후 급여인상을 요구하는 것은 상상하기 매우 어렵다는 의미가 되어야 자연스럽다. 따라서 빈칸에는 그 요청의 '대담성', 즉 audacity가 들어가야 한다.

[어휘] **ask for** 요청하다
raise n. (임금, 가격) 인상
austerity n. 엄격, 준엄, 간소
audacity n. 대담함, 뻔뻔함
authority n. 권위, 권력, 권한, 권위자
autonomy n. 자치, 자율(성)

32. (c)

[해석] 의사는 낸시가 골프공에 이마를 맞았을 때 가벼운 뇌진탕이 발생했지만 영구적인 손상을 받은 것은 아니라고 말하였다.

[해설] 골프공에 머리를 맞았을 경우 일어날 수 있는 현상은 '뇌진탕'이므로 정답은 concussion이 된다.

[어휘] **permanent** a 영구적인
congestion n.혼잡, 폭주
concussion n.진동, 충격, 뇌진탕
consumption n. 소비

33. (b)

[해석] 대통령은 도시에서 도시로 퍼지고 있는 폭력적인 정치적 불안을 통제할 수 없었기 때문에 대통령직을 물러서기로 성명을 발표하였다.

[해설] 대통령이 물러서는 원인으로서의 정치적인 문제가 폭력적이라면 이는 불안정한 정치적 사건을 의미한다. 따라서 빈칸에는 instability가 들어가는 가장 적절하다.

[어휘] **violent** a. 격렬한, 극단적인, 폭력적인

instability n. 불안정(성)
infertility n. 불모, 불임증

34. (a)

[해석] 축구 경기 전 치어리더들은 운동장으로 나와 관중들을 열광시키기 위해 일제히 구호를 외쳤다.

[해설] 문맥상 경기 전 치어리더들이 구호를 외침으로써 관중들로 하여금 '환호(열광)하게 한다'는 의미가 되어야 한다. 따라서 빈칸에는 fired up(불을 붙이다, 환호(열광)케 하다)이 들어가야 한다.

[어휘] **turn over** 뒤집다
burn out 태워버리다, 다 타버리다

35. (b)

[해석] 비록 십대들이 그들의 부모들에게 도서관에서 공부했다는 설득력 있는 이야기를 하더라도, 부모들은 자식들의 침실에서 티켓 조각을 발견하였기 때문에 그들이 콘서트에 다녀온 것을 알았다.

[해설] 문맥상 십대들의 거짓말이 상당히 '설득력 있다거나 그럴 싸하다'는 의미가 되어야 한다. 따라서 빈칸에는 convincing이 들어가야 한다.

[어휘] **ticket stub** 출입하고 받은 티켓 조각
conspire a. 공모·모의하다, 협력하다
convincing a. 설득력 있는, 납득이 가게 하는
constricting a. 수축되는, 조이는
concluding a. 종결의, 최후의

36. (d)

[해석] 어느 누구도 출판하지 않으려고 했던 단편 소설을 수년간 집필한 후, 마침내 그 작가는 자신의 최초의 장편소설로써 문학적 성공을 거두었다.

[해설] 작가가 거두는 성공은 글을 통한 '문학적' 성공이다. 따라서 정답은 literary가 된다.

[어휘] **literal** a. 문자(말) 그대로의
literate a. 읽고 쓸 수 있는, 문학적 교양이 있는
littoral a. 바닷가의, 해안의
literary a. 문학의, 학문의

37. (b)

[해석] 어린 시절의 비극에도 불구하고 Patrick은 충분히 훈련을 받고 자랐으며 늘 긍정적이면서도 현실적인 세계관을 유지하였다.

[해설] 문맥상 Patrick이 어린 시절의 불우함에도 불구하고 '잘 자랐다'는 의미의 어휘가 들어가야 한다. well-informed는 '박식한, 견문이 넓은', well-qualified는 '자격이 잘 갖춘, 적임의', well-established는 '자리를 확실히 잡은'이라는 의미이다. well-grounded는 '충분히 교육(훈련)을 받은'이라는 의미이므로 빈칸에 가장 적절하다.

[어휘] **tragedy** n. 비극(적인 사건)

grow up 자라다
maintain v. 유지하다, 지속하다
positive a. 긍정적인, 확신하는, 단정적인

38. (b)

[해석] 그 제조회사는 가장 인기 있는 제품에 대한 특허권을 잃은 후 상당한 손실을 입었다.

[해설] 문맥상 '손실을 많이 입었다'는 의미가 되어야 한다. 따라서 정답은 substantial(실질적인, 내용이 풍부한, 많은)이 된다.

[어휘] **patent** n. 특허권
popular a. 대중적인, 인기 있는
subsistent a. 실재하는, 현실의, 고유의
subjective a. 주관적인, 사적인, 주격의
subliminal a. 잠재의식의

39. (d)

[해석] 비록 두 책은 배경과 등장인물들이 매우 달랐지만, 모두 순결을 잃고 성인이 된다는 점을 다루고 있기 때문에 개념적으로는 유사하였다.

[해설] 비록 내용은 다르지만 두 책이 다루고 있는 주제가 순결의 상실과 성인이 되는 것이라는 점에서는 동일하다는 의미에서 빈칸에는 '개념상으로'라는 의미의 어휘가 들어가는 것이 가장 적절하다. 따라서 보기 중 정답은 conceptually가 된다.

[어휘] **innocence** n. 순진, 결백, 순결
adulthood n. 성인임
mythically adv. 신화적으로, 인위적으로, 가공하여
illusively adv. 혼미하게
conceptually adv. 개념상으로

40. (d)

[해석] Olivia는 자신의 농업학 수업에서 일정한 바람직한 특징을 얻을 가능성을 높이기 위해 과일과 야채들이 어떻게 유전적으로 조작되는지를 학습하였다.

[해설] 식물 또는 동물의 좋은 특성들을 얻기 위해서는 유전적으로 조작해야 하기 때문에 빈칸에는 '유전적으로'라는 의미의 어휘가 들어가야 한다. 따라서 genetically가 정답이 된다.

[어휘] **modify** v. 수정(변경)하다, 바꾸다
generously adv. 무짐하게, 관대하게
generically adv. 일반적으로
genuinely adv. 진정으로, 성실하게, 순수하게
genetically adv. 유전적으로

41. (a)

[해석] 선생님은 최근의 컨닝 사건이 단지 빙산의 일각이고 학생들은 시험 답안을 수개월 동안 바꿔치기 하고 있었다는 사실을 알고 충격을 받았다.

[해설] 주어진 문제는 '빙산의 일각'의 표현을 묻는 문제이다. 빙산의 일각은 tip을 사용하여 the tip of the iceberg로 표현한다.

[어휘] **cheating** n. 기만행위, 부정행위
iceberg n. 빙산

42. (d)

[해석] 임대 계약 조항에 따라 임대인은 임차인의 하자 있는 토스터에 의해 발생한 화재에 대해서 책임을 부담하지 않았다.

[해설] 문맥상 빈칸에는 화재에 대해서 '책임을 지다'라는 의미가 되어야 하므로 보기 중에서는 liable이 가장 적절하다.

[어휘] **term** n. 계약조항
landlord n. 임대인
damage n. 피해, 손해
deniable a. 거부할 수 있는
pliable a. 휘기 쉬운, 유연한
viable a. 실행 가능한, 실용적인
liable a. 책임이 있는, 부과되어야 할

43. (b)

[해석] 그 사람은 경찰서에 들어섰을 때 일관성 없이 횡설수설하였고, 그를 진정시켜 무슨 일이 일어났었는지를 밝히는데 서너 명의 경찰관이 동원되었다.

[해설] 동사 babble과 가장 잘 어울리는 부사는 incoherently(일관성 없이, 앞뒤가 안맞게)이다.

[어휘] **babble** v. 횡설수설하다, 옹알대다
calm down 진정시키다
insufficiently adv. 부족하게
intelligibly adv. 이해할 수 있게
insignificantly adv. 중요하지 않게

44. (c)

[해석] 비록 그 보고서의 실수에 대해서는 Ralph가 책임이 있었지만, 이미 사장님이 Ralph를 해고하겠다고 협박하고 있었으므로 Leon은 친절하게도 책임을 지는데 동의하였다.

[해설] 문맥상 사장님이 Ralph의 실수에 대해서 그를 해고하겠다고 하는 상황에서 레온 역시 그 실수에 책임을 지겠다는 의미이다. 따라서 빈칸에는 take the fall(책임을 지다)이 들어가야 한다.

[어휘] **toe the line** 통제에 따르다, 습관(규칙)을 지키다
hit the sack 잠자리에 들다
buy the farm 전사하다, 죽다

45. (b)

[해석] Benjamin은 자신의 법률문제가 너무 복잡했기 때문에 법정에서 자신을 대리하는 대신 변호사를 고용하기로 결정하였다.

[해설] 문맥상 자기 자신을 '대리[대표]하다'라는 의미가 되어야 한다. 따라서 빈칸에는 representing이 들어가야 한다.

[어휘] **complexity** n. 복잡성, 복잡한 것
render v. 만들다, 되게 하다, 주다
represent v. 대표하다

recommend v. 추천하다

repeal v. 무효로 하다, 폐지하다

46. (d)

[해석] Rachel은 처음 교편을 잡았을 때에는 교육에 대해서 열정적이었지만 해가 갈수록 점점 더 녹초가 되기 시작하였다.

[해설] 문맥의 내용상 빈칸에 가장 알맞은 어휘는 jaded가 된다.

[어휘] **reticent** a. 과묵한, 말이 적은

arduous a. 힘든, 곤란한, 끈기 있는

irksome a. 진력나는, 지루한

jade v. 혹사하다, 녹초가 되게 하다

47. (b)

[해석] 의사는 연구소에서 다양한 질병들에 대한 테스트를 할 수 있도록 혈액 샘플을 Robert에게 제공할지 물었다.

[해설] 다양한 질병을 확인하기 위해서는 혈액 '샘플'이 필요하다. 따라서 정답은 specimen(견본, 표본)이 된다.

[어휘] **analysis** n. 분석

organism n. 유기체

48. (a)

[해석] 그 학생은 자신의 수학 교과서에 있는 방정식 때문에 좌절해서 그녀는 교수님이 그 문제에 관해서 명백히 하기를 바라면서 교수님을 방문하였다.

[해설] shed와 어울려서 기존의 문맥과 가장 잘 어울리는 명사는 light이다.

[어휘] **shed light on~** ~을 비추다, ~을 명백히 하다

relief n. 경감, 제거, 구원

49. (d)

[해석] 그 집주인은 담벼락을 손상시킨 행위에 대한 운전자의 사과를 받아들였지만, 그녀는 또한 약간의 금전적인 손해배상을 바란다고 그에게 말했다.

[해설] 문맥상 빈칸에는 금전적 '보상'이라는 의미의 어휘가 사용되어야 하는데, composition은 '조직, 구성, 배합, 배치, commendation은 '칭찬, 추천, 위탁', commemoration은 '기념, 축하'라는 의미를 갖고 있는 어휘들이다. compensation은 '보상, 배상, 변상'이라는 의미이므로 빈칸에 가장 적절하다.

[어휘] **apology** n. 사과, 변명

monetary a. 금전적인

50. (d)

[해석] 건축업자는 그 집에 이미 TV 케이블이 있는 것을 인식하지 못하였고, 따라서 그는 불필요한 2번째 케이블의 설치를 끝냈다.

[해설] 이미 첫번째 케이블이 있었으므로 두번째 케이블은 '불필요하고 남아도는' 케이블이다. 따라서 빈칸에는 이와 같은 의미를 갖는 superfluous가 들어가야 한다.

[어휘] **Install** v. 설치하다

supercilious a. 거만한, 사람을 깔보는

superficial a. 표면상의, 외부의, 피상적인

supersonic a. 초음파의, 초음속의

superfluous a. 남는, 여분의, 불필요한